COACHING for Transformation
Pathways to Ignite Personal & Social Change

转化教练 上

［美］玛莎·莱斯利（Martha Lasley） ［美］维吉尼亚·凯洛格（Virginia Kellogg）
［美］理查德·迈克尔（Richard Michaels） ［美］莎伦·布朗（Sharon Brown）○ 著
李夏 杨华京 刘静 ○ 译　"转化教练"审校组 ○ 审校

华夏出版社
HUAXIA PUBLISHING HOUSE

图书在版编目（CIP）数据

转化教练 /（美）玛莎·莱斯利 (Martha Lasley) 等著；李夏，杨华京，刘静译 . -- 北京：华夏出版社有限公司，2022.7

书名原文：Coaching for Transformation：Pathways to Ignite Personal & Social Change

ISBN 978-7-5222-0189-4

Ⅰ.①转… Ⅱ.①玛… ②李… ③杨… ④刘… Ⅲ.①心理学 Ⅳ.① B84

中国版本图书馆 CIP 数据核字（2021）第 206410 号

Coaching for Transformation: Pathways to Ignite Personal & Social Change by Martha Lasley,Virginia Kellogg,Richard Michaels and Sharon Brown. Copyright © 2015 by Martha Lasley, Virginia Kellogg, Richard Michaels and Sharon Brown.
All rights reserved.

版权所有，翻印必究。

北京市版权局著作权合同登记号：图字 01-2020-7497 号

转化教练

作　者	［美］玛莎·莱斯利　　［美］维吉尼亚·凯洛格
	［美］理查德·迈克尔　［美］莎伦·布朗
译　者	李　夏　杨华京　刘　静
责任编辑	马　颖
责任印制	刘　洋
出版发行	华夏出版社有限公司
经　销	新华书店
印　刷	三河市万龙印装有限公司
装　订	三河市万龙印装有限公司
版　次	2022 年 7 月北京第 1 版　2022 年 7 月北京第 1 次印刷
开　本	710×1000　1/16 开
印　张	36.75
字　数	442 千字
定　价	139.00 元（全二册）

华夏出版社有限公司　网址：www.hxph.com.cn　电话：（010）64663331（转）
地址：北京市东直门外香河园北里 4 号　邮编：100028
若发现本版图书有印装质量问题，请与我社营销中心联系调换。

◇ 上册 ◇

序　名为转化，实为教练之本源　　001
致谢　　001

第一部分　开启旅程　　001

第一章　欢迎来到教练世界　　003
欢迎　　003
什么是教练　　004
什么是转化　　006
转化领导力组织　　007
核心原则　　010
转化教练过程　　013
教练的三个层面　　016
核心能力　　017
开启转化教练之旅　　018

第二章　培养临在　　021
觉察　　022
倾听　　024
直觉　　031
好奇心　　033
转化关系　　038
教练立场　　043

第三章　教练的核心技能——教练的调色板　　051
转化教练技能　　052
提出赋能式问题　　056

肯定、拥护、庆祝和欣赏　　　063
请求和挑战　　069
注意力放在哪里　　072
表面议程、深度议程和转化议程　　073

第四章　唤醒内在力量　　080
唤醒内在力量的本质　　081
激烈教练　　085
扩充力量　　088
前沿教练　　092
不提问的教练　　100
重构消极的语言　　106
从阴影中寻找力量　　107

第二部分　通往一致性的路径　　109

第五章　探索需要和价值　　117
共通的需要和价值观　　119
深化对需要的觉察　　119
转化客户所持有的评判　　127
化痛苦为光明　　133
个人价值　　136
明确价值　　138
运用价值的方法　　141
价值排序　　144
基于价值的行动　　145

第六章　体验当下　　146

此时此地——四步骤的过程　　147

何时选择"体验当下"　　149

"体验当下"路径中使用的主要技能　　150

身体的智慧　　156

走进抗拒　　176

历程工作　　181

与失败感工作　　182

第七章　展望未来　　183

设置舞台　　184

勇敢的愿景　　186

运用右脑创建愿景　　191

引导视觉化　　195

与未来的自己工作的方式　　197

展望愿景的仪式　　199

探索步行　　202

愿景静修　　203

目标　　205

第八章　扩展视野　　207

何时使用扩展视野　　208

扩展视野的四个步骤　　209

确认中性的主题　　210

发掘多个观点　　213

选择一个新观点　　216

头脑风暴可能采取的行动　　218

第九章　拥抱阴影　　229

内在社群　　231

自我整合　　　　　246
构建教练会话　　　247
与各部分的能量或生命力连接　　254
发现新部分　　　257
积极想象　　　258
与受伤的孩子一起工作　　259
不同部分的转化　　263
与内在压迫者一起工作　　268
何时选择拥抱阴影　　270
尊重教练的各个部分　　271

◇ 下册 ◇

第三部分　让愿景成真　273

第十章　策略与行动　275
策略规划　　276
平衡　　278
行动起来　　280
创建 SMART 目标　　282
设定有挑战性的目标　　285
扩大你的舒适区　　286
日常习惯　　289
规划工具　　290
问责制　　291
将"做更少"作为一种行动选择　　293
支持　　294

第十一章　教练事业　　　299
　获得客户　　300
　建立教练伙伴关系　　316
　展望你理想的事业　　335
　制订商业计划　　340
　创建你的事业　　341
　自我关爱和专业发展　　344
　回馈社会　　346

第四部分　教练辅导的进化　　349

第十二章　教练的学科基础　　350
　以人为本的方法　　352
　心理综合　　354
　体验式学习　　354
　存在主义疗法　　355
　完形疗法　　356
　行为科学　　357
　过程咨询　　357
　管理理论：X 理论和 Y 理论　　358
　情绪智力　　359
　积极心理学　　360
　非暴力沟通　　361
　神经语言程序学　　362
　成人学习理论　　363
　学习风格　　364
　认知疗法　　365

变革抗拒　　　　　366
神经生物学　　　　366
教练模型　　　　　371

第十三章　跨文化教练　　　375

概览　　　　　　　377
文化　　　　　　　378
跨文化能力　　　　380
跨文化教练技能　　384
文化能力框架　　　387
拓展跨文化意识　　392

第十四章　权力、特权和教练　　　395

概览　　　　　　　　　　397
为什么意识很重要　　　　400
理解权力的外部力量　　　401
特权　　　　　　　　　　407
微歧视　　　　　　　　　411
信任　　　　　　　　　　414
交叉性——同时生活在多重世界里　　　417
多样化的经历和声音　　　419
案例研究　　　　　　　　422
总结　　　　　　　　　　424

第十五章　组织中的教练　　　426

改变思维模式　　　　　　427
组织的挑战　　　　　　　428
组织中的教练的益处　　　430
建立多重关系　　　　　　433
领导力教练　　　　　　　435

GROW 模型　　　443
SWOT 分析　　　450
组织发展的五个阶段　　　451
欣赏式探询　　　453
文化变革　　　458
引领变革中的人员面向的七个步骤　　　459
教练评估　　　461

第十六章　社会变革教练　　　463
把教练带给全世界　　　463
社会领域教练的发展历程　　　464
社会领域的独特挑战　　　466
建立教练文化　　　475
合作项目和社群　　　480
社会领域的创新教练途径　　　486

第十七章　灵魂和精神　　　490
灵性、灵魂和精神　　　491
连接日常生活　　　494
以精神和灵魂与客户工作　　　495
与灵魂工作　　　496
与精神工作　　　499
发展内在的见证者　　　505
教练世俗的客户　　　509

附录 A　表格模板和资源　　　512
附录 B　国际教练联盟　　　541
附录 C　推荐阅读　　　555

序　名为转化，实为教练之本源

陈生民 / 清华大学经管学院领导力研究中心研究员，PCC

曾任国际教练联盟（ICF）北京分会会长

我在大学经济管理学院教授领导力多年。在教授过程中，面对许多优秀的学员，我深知他们的领导力并非来自课堂的传授，而是来自实际领导工作的历练，以及反思总结的领悟。在我学习教练后，我再次确定：教练状态和能力不是靠课堂的教导，而是自身实践后的得道。这正是一种转化（Transformation）之功。

转化，本来的定义是描述从一种状态改变成另一种状态的过程。简单地说，转化是"本质的改变"，很多神话故事讲的都是转化的隐喻。例如《庄子逍遥游》谈到"北溟有鱼"，是描述大鱼鲲转化为大鸟鹏，从北海腾飞到南海，掀起大风与巨浪。鲲或鹏都是自我本质的象征，但中间有转化。

但，转化可能会和创造一词混淆。创造是从无到有。转化在意义上，还保留原有的本质，可能是变得更好，或是增添了一些新的元素，变得不一样。

所以，转化可以是外观及功能层面的，例如科幻片中的变形金刚（Transformers），车子转变成巨型机器人；也可以是意识层面的，例如过去人们认为太阳绕地球转，后面证实地球绕太阳转；可以是个人认知层面的，例如：放下屠刀、地成佛；也可以是组织使命层面的，例如IBM从专营大型计算器产品转型为客户提供解决方案服务。

我认为转化最核心的是人意识层次的转化，因为这是文明进步的动力。在中国，研究人的意识层次最深的莫过于儒家。很多人谈到孔孟，会认为他们主张"人性本善"。其实不正确,因为人性如果完全是善、好,那就没有改善、教化的必要。孔孟学说的精髓是"人性向善",人的行为可能为善,可能为恶,但本质是向善,所以看到美好的事物会欣赏、会学习,看到不正义、不公平的会厌恶,想要改变它。

《礼记·中庸》开篇写道:"天命之谓性,率性之谓道,修道之谓教。"意思是:"上天赋予的就称为本性,顺着本性走就称为正路,修养自己走在正路上的就称为教化。"这里谈的天命就是人性,其本质是向善的,而率性(顺着本性)是择善,固守在正道上。所谓"择善固执"是诚。修道(教化以及学习)的目的在达到至善,如果用现代的语言来描述就是"人本性自足,要忠实于自我,并成为最好的自己"。自足不是已经完美了,而是具有向善的所有潜能,需要启发、需要引导、需要教练。

"转化教练"(Coaching for Transformation)的"转化"则点出了教练的目的在转化人成为更好的自己。我归纳出下列三点:

(1)全人的转化。作者又称之为"整全教练"(Holistic Coaching)。教练的目的是促使人内在发生改变,身体、心智、灵魂、精神都发生变化,让人内外更加一致。

(2)从本质连接到创新的转化。转化不否定过去、现在,而是看见、运用原来既有的天赋,同时深入探究人内心正在生发的东西,进而孕育、萌生新的事物。

(3)与被教练者共同转化。在"整全教练"中,教练与客户建立一种彼此内在本质坦诚相待(essence to essence)的互惠关系。教练在寻找客户的本质并让它显现出来的同时,也在与客户的相处中展现自己的本质。在这种坦诚相待的关系中,教练和客户都会经历转化。同时,教练在见证客户强大的转变时,自身也发生了转变。

这个观点,和孔孟的"人性向善"完全一致。

"整全教练"或"转化教练"也认为,每个人都有自己独特的天赋特质,希望被人看见，并愿意朝成为更好的自己的方向成长，而教练和客户透过教练伙伴关系建立彼此的本质的连接，接纳自己的弱点，强化自己的优点，相互砥砺、相互影响，成为更好的人。

再者，孔子思想中"仁"是核心。对于仁的解释，孔子因人而异。通读整部《论语》，仁可以指个人，也可以扩充到人际（推己及人），更可以推广至与群体、自然的关系（泛爱众而亲仁）。行仁（推行仁道）可以分为三个层次，如果引述孔子的话就是："修己以敬、修己以安人、修己以安百姓"。

这和转化教练的三个层次不谋而合。作者们给书名加了一个副标题：点燃个人转化和社会变革。具体地说，转化教练可以支持三个层面的转化，分别是：

第一层次：个体层面的转化，包括了与自己建立健康的关系；尊重内在智慧，相信直觉；从觉察到内外一致，再到采取行动。

第二层次：个人以及人际关系的转化，包括深化对话；支持连接与合作；建立有意识的关系。

第三层次：个人、人际关系以及集体层面的转化，包括尊重灵性的维度；在社群和组织中创造转化；支持系统性转化，实现社会公平。

最后，"止于至善"的境界是每个人向往的，但如何实现呢？本书的独特之处在于作者们主张转化关系是一种双修过程，不仅发生在客户身上，同时也发生在教练身上，而其中最重要的是从教练的一致性做起（详见本书第二部分）。

我愿意引用书中的一段话来阐述作者的见解：

> 教练从来没有停止过对转化的倾听。突出客户身上正在出现的东西的方法之一是，教练同时跟踪自身内心世界的转化过程。尊重客户的转化过程，唤醒教练的转化可能性。在每一个时刻，客户和教练都有可能发生转化。甚至更广泛地说，转化的涟漪影响客户和教练所接触的所有系统。双方都提升了自己的能力，为超越教练关系的转化抱持空间。"

我担任教练多年，非常认同这段话。在我初学教练阶段，我总以为教练是为了帮助客户解决问题而存在，慢慢才意识到客户的议题其实也是自己的议题，解决不了的问题源自自己的思维模式、情绪模式、习惯、意识有局限。教练会谈是一个容器，如果自己的容器狭隘，可以开展、解决客户议题的空间也很小。只有自我扩容并升级，才能开创转变的更大可能性。

此外，当客户愿意赤裸裸地将其生命难言之隐与教练分享时，教练也会承受信任、真实、脆弱等个人品质的考验，因此教练关系转化与否，要从教练自我觉察开始。随着教练关系的逐渐深化，我也发现，自己也是教练关系的受益者，我会被客户的真诚和勇气打动，或坚定信念，或敢于行动，或提升格局，成为一个更好的自己。而最终，也是最重要的心得，自己是什么样的教练，就能"转化"什么样的客户！

本书共分为四大部分十七章。第一部分是开启旅程，谈的是转化教练的理念和基础；第二部分是通往一致性的路径，谈的是转化教练五大方法论，前两部分可以作为学习转化教练的教材；第三部分是通向愿景之路，谈的是成为转化教练的策略、行动以及事业经营；第四部分是教练辅导的进化，谈的是转化教练的顶层设计，包括它的学科基础、应用领域、活出状态等。后面的两个部分谈的是转化教练的商业模式和社会价值。

总而言之，"转化教练"名为转化，实为教练之根本。所有学习教练者，不论是哪一个学派，都应该先从阅读本书入门。这是一本教练百科全书，其中有理念、有方法、有操作流程，还有数十位教练的案例见证（可见书中的"教练进行时"）。我非常喜欢作者们丰厚的人文素养、引用经典、行笔流畅、用词优美，随手都可摘出金句。同时，在阅读本书的过程中，我可以感受到作者们踏实的教练经验，提点到位。掌握其精髓，可以作为教练准则，故乐为之序。

附注：唯惟因本书英文版在2011年问世，书中所引用国际教练联盟的十一项核心能力，2020年已经修改为八项核心能力，读者可以上官网（https://coachingfederation.org）查询更新。

致　谢

转化教练（Coaching for Transformation, CFT）从诞生起就是一个大家合作的过程。我们非常感谢那么多人一直在支持我们。这一修订版凝聚了数百名教练的集体智慧，他们的反馈和经验成就了本书。感谢我们的客户和学生，感谢他们花了这么多时间来深化我们的集体成果。

我们四个人都想表达我们对夏洛特·莫尔斯（Charlotte Morse）的无尽的爱，因为她既有战略性思考能力，又有机巧的编辑能力，对内容清晰地进行编排，并带着惊人的轻松感完成了整个过程。

我们感谢所有与我们一起探索未知领域、提出并贡献想法的人，尤其是贝尔玛·冈萨雷斯（Belma González）、格思里·塞廷（Guthrie Sayen）、斯蒂文·菲兰特（Steven Filante）、安妮·亚德利（Anne Yardley）、克纳·阿库纳（Kena Acuña）和迈克尔·赖特（Michael Wright）。

对于以下所有分享故事、教练经验和学习技巧的人，我们感谢你们的贡献，你们的分享体现了教练对个人转化和组织变革的影响。这些人包括：阿尔塔夫·谢赫（Altaf Shaikh）、阿努拉达·普拉萨德（Anuradha Prasad）、比尔·普洛特金（Bill Plotkin）、达蒙·阿扎利-罗哈斯（Damon Azali-Rojas）、艾维·伍尔夫·特克（Ivy Woolf Turk）、雷诺兹（J. R. Reynolds）、贾古缇·盖拉（Jagruti Gala）、约翰尼·曼宗-桑托斯（Johnny Manzon-Santos）、凯伦·罗明（Karen Romine）、凯瑟琳·穆尔（Kathleen Moore）、金·弗劳尔（Kim Fowler）、利恩·怀廷（Leanne Whiting）、莱斯利·布朗（Leslie Brown）、卢皮塔·冈萨雷斯（Lupita González）、马尼西·斯利瓦斯塔瓦（Manish Srivastava）、玛丽亚·罗杰斯·帕斯夸尔（Maria Rogers Pascual）、迈克尔·怀斯（Michael Wise）、尼鲁帕玛·苏布拉米安（Nirupama Subramian）、拜林·奇雷夏萨库尔（Pailin

Chirachaisakul）、帕尼利·普兰特纳（Pernille Plantener）、瑞贝卡·埃斯德-莫里纳（Rebecca Aced-Molina）、罗布·麦高恩（Rob McGowan）、珊吉塔·库玛（Sangita Kumar）、施卢蒂·桑塞利亚（Shruti Sonthalia）、索纳莉·凯尔卡（Sonali Kelkar）和苏诗玛·夏尔马（Sushma Sharma）。

很多同事慷慨地贡献了他们的智慧和时间。我们非常感谢大家的反馈和支持。这些同事是苏西·比乔维斯基（Suzie Bichovsky）、马杜·马龙（Madhu Maron）、史黛西·斯特朗格龙（Stacey Strongarone）、安娜·马西森（Anna Matthisen）和辛迪·尼科尔（Cindy Nicole）。

最后，我们相互感谢——在创作过程中厘清我们的思考和发现彼此间高度的一致性是一件无比快乐的事情。我们为沙伦宝贵而清醒的头脑、理查德真挚的愿景、弗吉尼亚对拓展教练事业的承诺和玛莎的学习热情，共同举杯！

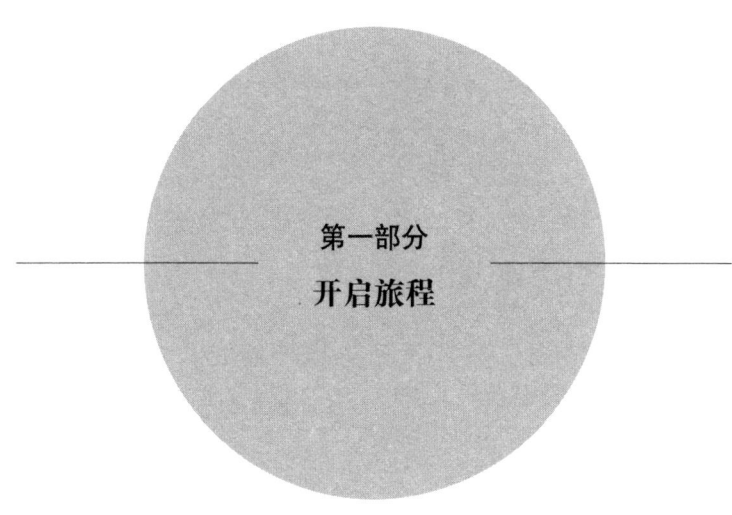

第一部分
开启旅程

我不会在真正活过以前死去。

我不会活在坠落或失火的恐惧中。

我选择安居在日子里,

容许生命打开我,

使我减少畏惧,

越发可亲,

松绑我的心灵,

直到它成为一只翅膀,

一把火炬,一个承诺。

我选择赌上自身的意义,

让一切来到我这儿的种子在他处盛放,

让来到我这儿的花在别处结果。

——朵娜·玛库娃(Dawna Markova)

欢迎来到教练世界!即使你已经做了很多年的教练,作为职业教练的旅程依然充满了希望,也有对未知的不确定感。我们邀请你走上这条神秘的新知之路,而你的生活和其他人的生活都将因此而改变。

本书第一部分为你介绍转化教练的基础——方法、核心原则和流程,与客户建立关系,发展真正有效的教练核心技能。愿你和你所接触的人,在这趟旅程中获得丰厚的回报。

第一章　欢迎来到教练世界

告诉我，你打算如何度过这狂野而珍贵的一生？

——玛丽·奥利弗（Mary Oliver）

主题

欢迎

什么是教练

什么是转化

转化领导力组织

核心原则

转化教练过程

教练的三个层面

核心能力

欢　迎

无论你是从事教练工作，还是把教练技能运用到你现在的职业中，或是使用教练技能来增进人际关系或提升社会公平度，都欢迎你走上这趟技能转化之旅。当你为他人进行教练时，你就和探索生命存在的核心的人建立了一种圣洁的关系。这种关系是一种支持人们探索自己的身份、愿望以及人们为家庭、工作、社区和世界做贡献的方式的基础。在进行教练的过程中，教练邀请人们采

> 教练之旅让你既深入了解自己，也让你深入探索周遭的世界。
> 教练工作既能改变外部世界，也能改变个人的生命。

取体现他们力量、创造力和真实性的行动。

教练之旅让你既深入了解自己，也让你深入探索周遭的世界。当你支持他人的转化时，你也唤醒了自己内在转化的过程。

我们在第一章探讨教练工作的基础和转化教练的流程。我们探讨相关的定义、指导方针、核心原则和教练能力等，并介绍教练工作如何让我们的世界变得更美好。

什么是教练

教练是支持和指导人们经历一个改变过程，继而提升个人效能和满足感的一种方式。与病理学的世界观看待人的方式不同，在教练的世界观里，教练认为人们自身具备丰富的资源。在从病理学的世界观（pathology worldview）到相信人自身的资源的世界观（resourceful worldview）的文化转向中，教练是这个文化转向的一部分。在病理学的世界观中，通常都是由外部专家确定和评估问题并实施解决方案。与此相反，教练以相信人自身的资源的世界观来开展工作——教练与客户共同寻找各种契机并找到可使用的资源，帮助客户进行觉察、看到选择并采取行动来创造振奋人心的未来。教练工作既能改变外部世界，也能改变个人的生命。

尽管教练是一个快速发展的职业，但许多人会把教练与给人建议混为一谈。给客户进行教练是赋能的过程，教练提出严谨的问题，并提供神圣的空间支持客户自己发现创造性的解决方案。

教练工作让教练和客户建立一种伙伴关系，支持客户最大限度地发挥潜能。我们把教练工作定义为教练运用一套综合技能和一种思维模式，挖掘人们内在的资源，引发创造性的解决方案产生。我们可以与个人、团体、组织或社群建立教练伙伴关系。

作为教练，我们久经训练，去倾听、观察和提出赋能式问题。我们向客户反映我们看到和听到的信息，帮助客户厘清感受和价值观，这些会让客户产生洞见和采取行动。我们根据个人、组织或社群的挑战、经历、文化准则、价值观和知识等量身定制教练方法。我们相信我们的伙伴资源丰富，他们有能克服困难的内在智慧，能找到令人信服的策略和行动计划。我们的任务是提供支持，进一步提高他们的技能、创造力，增加资源。另外，转化教练是一种整全的教练过程，综合了对身体、心灵、灵魂和精神的觉察。我们和被教练的伙伴一起深入探究文化属性、权力和特权、制度化的不平等对他们的影响，支持他们产生深入、持久和真正的转变。

在进行教练时，教练帮助客户清晰地表达愿景，明确他们的需要和核心价值，让他们的内心和外在世界保持一致，帮助他们设定渴望达到的目标并为自己的个人成长制订计划。教练给客户提供架构，让他们持续地反思和学习，并把新学到的东西直接应用于行动。通过教练伙伴关系，人们在朝着自己的目标不懈努力的同时，增强能力和可能性，获得更多的满足感，取得更大的成功。

教练这个职业与其他助人的职业有何不同？

教练不是督导（mentoring）、咨询（consulting）、培训（training）、心理治疗（psychotherapy）或心理辅导（counseling）。虽然教练的目标与这些职业的最终目标，也就是帮助人学习和成长是一致的，但是教练的重点和过程与其他这些职业有一些重要的不同。

治疗（心理治疗或心理辅导）通常关注的是过去以及治愈，也就是协助客户治疗抑郁、焦虑、恐惧、创伤、破坏性行为和上瘾等心理问题。教练接受的不是治疗心理问题的培训，在必要时还会把客户推荐给心理治疗师。在进行教练时，教练不分析过去，而是着眼于让客户对现在和更理想的未来有进一步的参与感。教练工作主要帮助人们提升觉察力和设计行动方案，帮助客户实现他们的生命目的、梦想和目标。尽管教练工作不是治疗，但它也可以是带来深刻疗愈的过程。

> 教练不教给人们做事的方法，而是支持和激励人们获取其内在和外在的学习资源。

咨询主要关注系统地发展整个组织。咨询人士为高层领导人提供专业知识和干预措施，帮助他们发展领导技能，制定战略、架构、政策和流程等，以提升组织的效能。通常，咨询人士被聘请去解决某个特定的问题，制定干预措施并提供解决方案。相反，教练支持客户发现和创建他们自己的解决方案。很多咨询人士把教练引导作为给客户提供的服务中的一部分，或者把教练方法整合到他们的咨询工作中。

培训和讲授是通过传授知识支持人们学习的职业。教练不教给人们做事的方法，而是支持和激励人们获取其内在和外在的学习资源。

什么是转化

你可以把这里描述的转化当作"老井汲新水"，你汲取的井水是你的水桶现在能打到的最深处的井水。要做到这一点，采取的方式是接受有力量的提问，而非直接跳到看起来有吸引力的答案上。

——约翰·谢勒（John Scherer）

人类有潜能和强烈的愿望学习、成长和进化。转化是让人深入彻底地改变的过程。它源自对自身深刻的觉察，并让人朝着崭新的目标和全新的方向努力。转化尊重事物本来的面目，同时深入人们的内心寻找正在萌芽的东西——也就是诞生的新事物。转化过程不否定过去或现在，而是抚育或拥抱我们的生命动力。教练在新事物诞生的过程中扮演助产士的角色——令人兴奋的新事物创造出来了。

当人们的天赋被真正地看到、听到、理解和肯定时，个人的转变就发生了。讽刺的是，当我们试图改变一个人的时候，通常会引发对方的抗拒。而教练工作帮助人们更接近他们自己本来的样子。教练只需全身心地和客户在一起并见证这一过程，就会产生转化影响。

转化是内在的变化，让人更加内外一致。

在整全的教练中，我们与客户建立一种彼此内在本质坦诚相待（essence-to-essence）的互惠关系。我们在寻找客户的本质并让它显现出来的同时，也在与客户的相处中展现自己的本质。在这种坦诚相待的关系中，教练和客户都会经历转化。教练在见证客户强大的转变时，自身也发生了转变。在进行教练时，教练说出当下自己身体、情绪和能量上的变化会强化转变。告诉客户他对教练的影响也能激发客户转化。

转化是内在的变化，让人更加内外一致。例如，一位年轻的父亲想要尊重他的家庭和责任方面的价值观，同时也想要自由。探索的过程让客户发生转变，也会让他在世界上的存在方式发生变化。转化几乎总是和模式的改变有关，无论是思维模式还是行为模式。我们发现转化可以随时发生，而无须等待某个重大的领悟时刻。

转化领导力组织

从 1997 年至今，转化领导力组织为拥有远见卓识的领袖提供教练和培训项目。由转化领导力组织的合伙人所发展的转化教练过程，源自人类发展领域、心理学、原住民文化的灵魂工作和东方哲学。我们致力提升人们对文化规范、权力、特权和社会不平等的觉察。我们站在不断发展的教练职业的前沿，把转化的核心及神秘，与务实的教练工具、技能和成果结合起来。我们的一部分使命是帮助人们唤醒他们的天赋并让他们与自己的内在智慧连接，以实现个人和全球的转化。

对情绪和需要的深入觉察

持久且可持续的变化根植于深入的觉察。通常，大多数的教练模式侧重于采取行动帮助客户实现目标，而客户的变化通常是暂时的。转化教练过程帮助人们突破限定性信念，觉察身体的智慧，识别情绪，并理解他们自身的需要和价值观。深入的觉察让人感到踏实和临在，人们可以找到与自己的价值观一致的策略并采取相应的行动。与推动人们实现最终目标相比，教练深度的、富同理心的临在，相较于鞭策客户完成目标，更有助于客户的转化。通过与客户建立深刻的心灵连接，我们重视在采取行动之前深入地觉察。

整全性——身体、心灵、灵魂和精神

我们整全的方法结合了对身体、心灵、灵魂和精神的觉察，以及扎实的教练技巧。当我们左右脑并用时，我们便将心灵、头脑和身体，与转化的逻辑性和神秘性整合起来。

文化意识和我们的承诺

我们致力向不同的社群提供教练服务，以改变教练行业的从业人员结构。我们积极寻找拥有优异的跨文化胜任力的转化教练培训师，以及来自不同社群与背景不同的参与者。我们探索创造性的方式，把教练工作分享给那些通常无法获得教练资源的人，例如社会工作人员、有色人种（communities of color，此处指欧美语境下的少数族群）、多元性别与性倾向群体（LGBTQQ，LGBTQQ 为 Lesbian——女同性恋、Gay——男同性恋、Bisexual——双性恋、Transgender——跨性别者、Queer——酷儿即性别身份拒绝被定义的人、Questioning——疑性恋即性别认同尚在探索中的人等英文单词的首字母缩写）等等。

教练立场

我们主张进行深入且转化性的教练。当我们倾听并探寻客户表象下的东西，取代那些僵化的、按流程进行的教练引导时，我们就会清晰、充满活力和大胆地回应客户。

通过发展出自己个性化的教练立场，我们可以活出自己有力量的临在，引发客户的转化。我们在教练过程中体现自己的教练立场，这是一系列在身体、视觉化、精神等方面的修习和承诺，目的是让每一个教练时刻和每一次的教练引导过程都更有力量。所有这些修习支持我们有效地唤醒客户的力量。通过冒险并跟从直觉感知而来的可能性，我们为客户抱持着（hold）比他们之前能看到的更大的愿景。这会呼唤客户成为完整、仁慈、有爱和有力量的人。

关注客户和教练两者的转化

尽管我们把注意力放在了客户的转化上，但教练的生命也在进行教练引导的过程中发生了转变，不再平庸。

价值观

在转化领导力组织，我们根据我们的核心价值来建立关系和决策。我们从这些指导原则中获得灵感，并将这些原则运用在组织内部，以及与学生、客户、合作伙伴和社群的日常互动中。

> 心的连接——我们相信人类有同理和慈悲的能力，这些能力帮助人们建立信任，培养真实且有意义的关系，并为合作赋能。我们致力为每个人内在的不同部分创造空间。我们相信爱和慷慨的力量，它们让人相互支持、发出挑战和接受挑战、相互尊重和彼此激励。
>
> 社会变革——我们坚持社会、经济和环境公正的立场。我们相信，每个人呈现出来的状态都是复杂的生活经历、社会身份、精神传统和文化背景的结合。我们秉持文化谦逊（cultural humility）的态度，真诚地探索我们的内在、我们所在的社群、我们所处机构的内部以及我们所处的社会体系中的权力、特权和等级等议题。
>
> 诚信（Integrity）——我们对所做的每件事情都力求卓越、勇于担当，

> 人有与生俱来的内在资源和智慧。

无论是创新的领导力项目还是包容性的组织实践。我们致力赢得和维持所有利益相关者和社群的信任。我们创造并传递支持人类进化的严谨的学习体验。

合作——我们相信，共同努力可以释放出比个体努力更大的潜力。要创建有意识的关系和团队，鼓励我们每个人做出独特、有力量的贡献。我们热情地与其他团体合作，以拓展我们集体的知识并促进协同效应。

创新——我们拥抱自身现有的智慧、好奇心和创业者精神，探索可能的领域，明确自然而然向我们敞开的方面以及实时的机遇。我们致力培养极具创造力和支持性的空间，邀请每个人探索和超越自己需要发展的领域。我们为了共同的学习，庆祝获得的成功，也庆祝遭遇的失败。

核心原则

整全性教练的基础建立在我们对人类和教练过程的信念之上。这些信念形成有效沟通的核心，影响我们建立的关系、逐渐形成的信任程度以及客户分享脆弱性的意愿。我们的信念渗透在教练引导时我们的肢体语言、能量和我们发出的信号中。当我们在内心整合这些信念或核心原则时，我们可以在所有可能的基础上建立更有力量的关系。

1. 人本来就是完整的，同时在朝着更充分地体验完整性努力。
2. 人有与生俱来的内在资源①和智慧。
3. 尊重体验的所有不同面向可以扩展觉察。
4. 人们有选择如何回应的自由。

---

① 内在资源（Resourcefulness）是指在新的情况下或在遇到困难时能够迅速和巧妙地处理问题的能力。——审校者注

5. 事物的可能性远超我们任何人的想象。

这些核心原则是一个容器，帮助我们建立有力量的和带来转化的教练关系。我们可以与客户分享这些核心原则，因为这些有关生命的强大的基本信念有助于我们建立真诚的连接。

完整性：人本来就是完整的，同时在朝着更充分地体验完整性努力

想象一下，我们和客户建立关系时，是根植于自身的完整性，尊重当下的一切，并且为还未诞生的事物保留空间。病理学的世界观关注有问题的或需要改善的地方，进行各种比较，并觉得客户是需要"修复"的。把人看作是完整的，就会转换我们的世界观，让我们以崇敬和尊重的眼光看人，这为建立有力量的、资源丰富的伙伴关系奠定了基础。

> 例如：
>
> 有人告诉梅（Mai）她太害羞，说话太温和，不可能成为坚强的领导。她的教练给她进行教练引导，帮助她了解是哪些积极的意图驱使她产生现在的行为。梅意识到她不需要嗓门很大、性格外向才能做个好领导；她只是需要更自信。她发展自己独特的能力培养人，并提升自己在组织中有效的领导力。

多样性：尊重体验的所有不同面向可以扩展觉察

当我们支持人们拥抱他们生命的完整性，包括他们的文化经历时，我们就是在帮助他们尊重和整合他们所有的方面。当他们留意自己的内心世界和外在世界中重要的东西时，他们就会产生进一步的觉察。我们越肯定和接纳自身的各个方面，就越能接受外部世界的多样性。

例如：

阿尚蒂（Ashanti）想换个职业。她梦想着疗愈内心的压抑带来的创伤。她很纠结，既渴望有所作为，又担心失去现有的稳定的工作。她的教练帮助她充分考虑这两个方面。在考虑的过程中，她拥有两种重要的价值观——贡献和安全感，并在此基础上制订了一个行动计划。

内在资源（Resourcefulness）：人有与生俱来的内在资源和智慧

内在资源是指在新的情况下或在遇到困难时能够迅速和巧妙地处理问题的能力。我们相信客户拥有智慧和丰盛的内在资源。这既可以让我们保持好奇心，也为新萌芽的一切事物留出了空间。我们支持他们挖掘充裕的资源之井，以帮助他们产生新的洞察、创造力和采取行动。

例如：

约翰（John）一直认为自己"不擅长与人相处"。他的教练让他把自己"与人相处得很好"的所有经历都记录下来。这样做了之后，他开始发现自己懂得全心全意地倾听、支持朋友以及帮助同事成长。

自由：人们有选择如何回应的自由

当我们记得客户可以自由选择如何回应生活中发生的事情时，我们就从评价他们和为他们承担责任中解放了自己。我们肯定他们的生活经历，尊重他们的选择，并且在彼此之间创造了有力量和尊重的连接以及尊重不同文化的空间。

> 转化过程的美妙和神秘之处在于,教练和客户都无法想象所有的可能性。

例如:

丽芙(Liv)经常说类似这样的话:"我必须……""我应该……""我不得不……"。在开始教练后,她的教练让她把这样的话改为以"我选择"开头的句子。

可能性:事物的可能性远超我们任何人的想象

转化过程的美妙和神秘之处在于,教练和客户都无法想象所有的可能性。这段旅程没有固定的目的地,但有巨大的希望和丰厚的回报。作为教练,我们敞开心扉并保持好奇心时,就有更多机会调动我们的右脑、直觉并让我们看到非凡的解决方案。事情的可能性远超我们任何人的想象。

例如:

罗斯(Rose)说:"在这个透明的天花板之下,我别无选择。"在开始教练后,她的教练让她集思广益,找出所有看似不可能的选择。很快,她意识到她的"不可能"清单上的事情实际上是可能的,她看到了多个可以采取的新行动。

转化教练过程

我们创造神圣的教练关系,将人们带到他们生命存在的核心。这种关系构成了他们发现自己是谁、他们想要什么以及他们想如何对世界做出贡献的基础。

转化教练是一个动态的过程。在这个过程中，我们把自己全部的好奇心、慈悲心和勇气都带到教练关系中。然而，我们首要关注的是被教练的对象。无论客户带来什么，一个问题、一个梦想或是一个渴望，我们都支持他产生觉察、内外一致和行动。

教练

教练通过在每次教练引导中都带着以下这三种品质来培养全然地处在当下：

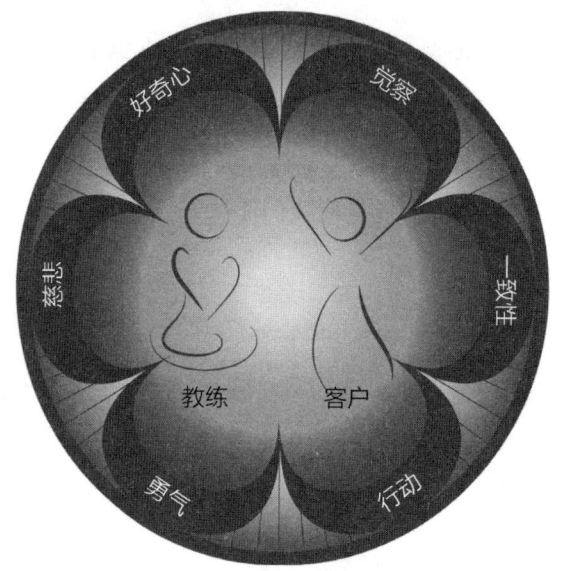

转化教练过程

好奇心——与评判相反，好奇心邀请我们接受事物原本的样子，并探索未知的领域。每一个评判，无论是针对我们自己还是我们的客户的，都包含一种内置的解药——好奇心。有了孩子般的好奇心，我们就能唤醒乐趣、快乐和创造力。

慈悲——和客户的同理连接能打开心灵的枷锁，因为人们被看到、被听到、被深刻理解。如果发现任何抗拒，我们可以有意识地选择把注意力放在我们的慈悲上。当我们敞开心扉时，我们的客户也会敞开心扉。

勇气——勇敢且真诚的交流帮助我们建立彼此信任的关系。勇气让一切变得清晰，也让我们相信直觉、保持透明，连接灵性的指引，并帮助我们保持文化意识。我们体察到缺失的东西，并在探索正在出现的东西时发出自己的声音。勇气意味着从心而发，即使感到害怕。

为了建立相互赋能的关系，教练需要强大的内心根基。我们深入自己的内心，拥抱、疗愈和转化内心世界。为了与被教练的对象建立亲近的关系，我们首先要为自我亲密创造空间。关注自己内心的风景让我们获得一种强大的内心自由，我们可以将其带入教练关系中。当我们培养正念时，我们与自己和客户的生命动力都建立了紧密的连接。

客户

"客户"这个词指的是接受教练的人，也许是雇用我们做教练的人，或者是我们的组织或社群里的人。我们可以给我们的老板、同事和直接下属做教练。教练关系充满了平等和可能性。我们支持客户关注以下方面来发展临在的状态：

觉察——调频到当下的一切。正念能激发出洞察力的火花，唤醒客户与生俱来的智慧和内在的清晰感。我们支持客户更加临在、善于反思和有意识。

一致性——找到内心体验和外在经历的一致性。把注意力放在当下鲜活以及散发光芒的东西上，以支持身体、心灵和精神等各方面的交融。这种"回到自己内在的家"的体验，能唤醒生命的活力，让人全身心体验。

行动——有目的地前进。基于觉察和内外一致的创造性行为具有美和力量。我们与心相连，让探索各种选择、计划行动步骤和确定责任的每个过程都充满活力。

> 连接是第一位的。没有连接，什么都不会发生。

客户决定每次教练引导的理想结果。结果的可能性是无限的。在抱持客户议程的同时，我们也抱持着让他们深化自我觉察、保持内外一致和采取行动的意图。缔造反思的空间让客户连接他们内在的智慧。在客户走向新的洞见以及深度的学习时，我们支持他们进行整合，让他们有意识地接受、细细品味和构建他们的智慧。当行动源于和自我的连接时，他们的目标就更容易实现了。①

教练关系

连接是第一位的。没有连接，什么都不会发生。强烈的爱和无条件的支持有助于建立信任和蓬勃发展的关系。教练和客户平等地共享权力。这种关系是尝试、炼金和进化的空间。客户和教练在每一刻都有可能发生转变。在这个深入连接的空间里，客户和教练的直觉会绽放。

客户和教练的共同转化

教练从来没有停止过对转化的倾听。突出客户身上正在出现的东西的方法之一是，教练同时跟踪自身内心世界的转化过程。尊重客户的转化过程，唤醒教练的转化可能性。在每一个时刻，客户和教练都有可能发生转化。甚至更广泛地说，转化的涟漪影响客户和教练所接触的所有系统。双方都提升了自己的能力，为超越教练关系的转化抱持空间。

教练的三个层面

在转化型领导力组织，我们支持三个层面的教练：

---

① 转化教练模型的客户端"觉察、一致性、行动"由维克拉姆·巴特（Vikram Bhatt）创造，它激发出了转化教练的一些教练合作开发模型的教练端——"好奇心、慈悲、勇气"。平面图由夏洛特·莫尔斯设计。

第一层　教练工作支持个体层面的转化。

　　　　与自己建立健康的关系

　　　　尊重内在智慧，相信直觉

　　　　从觉察到内外一致，再到采取行动

第二层　教练工作支持个人以及人际关系的转化。

　　　　深化对话

　　　　支持连接与合作

　　　　建立有意识的关系

第三层　教练工作支持个人、人际和集体层面的转化。

　　　　尊重灵性的维度

　　　　在社群和组织中创造转化

　　　　支持系统性转化，实现社会公平

核心能力

国际教练联盟（International Coach Federation，ICF）是全球领先的教练资格认证机构。转化教练是国际教练联盟认可的教练培训项目（Accredited Coach Training Program，ACTP）。本书的附录 B 中对 ICF 核心能力（这些能力是 ICF 认证的核心）进行了详细说明，这里概述如下：

A. 建立基础

　　遵守道德准则及职业标准

　　订立教练协议

B. 共创教练关系

　　与客户建立互信、亲和的关系

确保教练临在的状态
C. 有效沟通
　　积极倾听
　　提出有效力的好问题
　　直接沟通
D. 促进客户学习，得到预期结果
　　创造觉察
　　设计行动
　　制订计划，明确目标
　　管理进展及落实责任①

开启转化教练之旅

转化教练的核心价值、原则、过程和教练层次，形成了我们贯穿全书的教练技能、内外一致之路和探索机会的基础。无论你是刚刚开始了解教练工作，还是一位想要深化自己技能的资深教练，你都是这个致力改变生命和改变世界的社群的一员。我们很荣幸能与您同行！

教练进行时｜教练引导的力量　罗伯·麦高恩

我是一个超级害羞的人，所以我对达蒙（Damon）在30个人的注视下给我进行教练感到紧张，尽管我和达蒙的教练关系已经持续几年了。我们都是推动社会公正的组织者，我们也因为儿子都有健康问题而建立了非常密切的连接。我的二儿子死于脑癌。我们曾经深入地聊过我们的儿子的事

---

① 国际教练联盟，摘录自：http://www.coachfederation.org。

情。作为黑人，我们知道我们的孩子处于危险之中。他们今天还在这里，明天可能就死去了。

我们之间已经有了连接，所以教练引导马上从探讨作为一名父亲、一个黑人和这些对我们意味着什么等很亲密的话题开始了。我身高1.85米，皮肤黝黑，在亚拉巴马州长大。我妈妈教给我行为方式，告诉我如果我做了任何让人认为是威胁他们的事情都可能会让我付出生命的代价。她想保护我，我对我的儿子们也有同样的想法。

达蒙让我谈论对我来说最重要的事情——我随时会被带走的黑人儿子们的灵性和精神健康。我的大儿子高中毕业了，我觉得在他上大学之前，我没有和他进行过我想要的谈话。我错过了很多，因为在过去10年社会公正的职业生涯中，我没有平衡好个人生活和工作。我没有陪过他，也没有和他说过什么。我希望我和最小的儿子的关系能有所不同。

达蒙对我说："你说的这些事情对你很重要，我相信它们对你很重要。但是你做过什么事情让你腾出时间陪伴你的家人、陪伴你的儿子、陪伴你自己吗？"我很震惊，因为在完成社会公正工作的同时，这方面我做得还不够。我不能再继续欺骗自己说我有很好的意图，因为我根本没有采取任何行动。我必须好好认清自己了。

对我而言，那次教练引导非常深刻，给我带来了转变。它帮助我重新关注那些重要的事情。自从我的二儿子离世后，我就一直想成立一个基金会，但没有采取行动。那之后我为我的儿子创办了基金会，因为达蒙说："你什么时候能完成文件方面的工作？告诉我创立基金会的日期。你们什么时候开始对话？"我们设定了一些最后期限。他还让我告诉他进展情况。当我这么做的时候，很多事情改变了。

我开始关注我的健康，开始减肥，花更多的时间陪伴儿子。因为接受教练，我的整个人生都改变了。当我最小的儿子想跟我说话的时候，我就认真听他说。我更多地出现在他的生活里。我和我的大儿子之间也有了一些改变：我们更专心地对话，更多地关注当下。我和妻子还有我的朋友也是如此。

神奇的事情接连发生了。一旦我全心全意地对待我生命中最重要的事情，整个宇宙都在为我让路。一切都很顺利，因为我不再苦闷，而是专注于我真正的愿望。对于美国的黑人来说，这是一段艰难的旅程。我关心我儿子的安全。如果我不在他们身边，我就无法支持他们适应这个世界。我生命的所有方面都改善了。后来，我鼓励妻子参加一个教练入门课程。课程结束后的那个下午，我们进行了结婚十七年半以来最能带来转化的一次对话。

第二章 培养临在

在一个充斥着20秒时长的广播噪声、无休止的刺激和折磨人的焦虑的世界里，临在（presence）是一种罕见的品质。是什么造就了临在？拥有临在品质的人们有着不可言传的特质；他们就是"临在"本身，他们有着惊人的专注力，不会分心，他们身上散发出一种充实、中正和完满的光芒。我们喜欢跟他们相处，去感受他们的临在。你也可以培养临在。它是心灵感到安全时自然散发出的光芒。

——多克·奇尔德（Doc Childre）和布鲁斯·克莱尔（Bruce Cryer）

主题

觉察

倾听

直觉

好奇心

转化关系

教练立场

想象你是一名艺术家，正准备创作一幅杰作。你会如何与所处的环境互动？你的精神和情绪状态如何？你在内心里做着怎样的准备？对于摆在面前的颜料、画笔和画布，你持有怎样的态度？

你如何把注意力从日常事务转移到你的内在资源上来？你如何充分利用自

> 学习等于探索，而你要探索的就是你自己。

己的感知来唤醒心灵的自然迸发？

本章重点探讨的内容与艺术家创作前的准备类似——为创建有效的教练关系，你也要做好一系列准备：挖掘你所有的内在资源，关爱身为教练的自己，以便充分应对当下的挑战与各种可能性。所以，请放松，做几次深呼吸，准备好探索培养临在的方法吧。

觉 察

我们逐渐意识到，步入未来所需要的核心能力是临在。一提到临在，我们首先想到的是全然地意识到并觉察到当下发生的一切。然后，我们开始欣赏临在，因为它是一种深入且开放的倾听，这种倾听超越了一个人的先入之见，也超越了一个人为事物赋予意义的旧有方式。我们逐步认识到放下对旧身份的认同和控制的重要性，正如索尔克（Salk）所言，为生命的进化发声。最终，我们开始看到，是临在的每个方面把我们引向"迎接一切、顺其自然"的状态，即有意识地参与更广阔的转化领域。当发生这种情况时，原有的情况都会发生变化，影响局势的力量可能会从重现过去转变为显化或实现一个新兴的未来。

——彼得·圣吉（Peter Senge）

觉察涉及我们整个有机体的流动：情感、思想、能量和身体感觉。我们许多人在大部分时间里会依赖思考，但作为教练，我们需要不断地调谐到觉察的整个交响乐中去。完形疗法（Gestalt therapy，又被称为格式塔疗法）之父弗里茨·佩尔斯（Fritz Perls）曾说过："正是觉察，觉察到自己被卡住的完整经验，才能让你复原。"佩尔斯认为，学习等于探索，而你要探索的就是你自己。觉察是探索的一种方式。作为教练，你要使用客户的觉察来帮助他们发掘自我内在的知觉，包括身体、心灵、情感、灵魂以及精神等的智慧。

进入觉察，进入当下，人们便能保持清醒的心智。人们在情感上变得更加自由，这种自由让他们能够与创造力和内在资源连接。当我们为客户创造了觉察的空间后，他们会自发地为自己带来转化，创造性地找到我们想象不到的解决方案。

发展觉察力的四个简单步骤

我们随时随地都可以开启觉察，并且可以通过练习来提升觉察。就像不锻炼就不会有强壮的肌肉，提升觉察也是一样的道理。以下这些技能可以帮助我们提升对自我的觉察以及觉察客户和环境的能力。我们可以通过不带评判的、单纯的留意来加深与此时此地的连接，接纳发生的任何事情而不做强行的改变。我们还可以留意脑海中出现的各种想法而不陷入其中。

1. 留意呼吸

（请你）坐下，闭上双眼，将注意力放在呼吸上，不要尝试去改变呼吸。请留意呼吸时身体的膨胀和收缩，留意空气进出鼻腔的细微感觉。

专注于呼吸对你的身体、情绪和能量产生了什么影响。

2. 留意身体的感觉

现在，将你的注意力转移到身体的感觉上——任何你能觉察到的身体感觉。你可能会感到刺痛、紧绷、凉爽或放松。不要尝试改变这些感觉，不去评判它们，也不去为这些身体感觉编造故事，只是留意就好了。

把注意力集中在身体感觉上，会对你的呼吸、情绪和能量产生什么影响？

> 觉察打开了清明的内心和直觉的入口,也打开了我们的创造力、内在的资源和智慧。

3. 留意你的情绪

现在,(请你)将注意力放在当下的任何情绪上。(请你)接纳此刻所有的情绪而不去评判和改变,也不进行有关情绪的内在对话。你可能会留意到满足或不安,喜悦或悲伤,恐惧、爱或麻木。

此时此刻,将注意力集中在情绪上,会对你的呼吸、身体和能量产生什么影响?

4. 留意你的能量

现在,(请你)将注意力转移到你体内的能量上,接纳流经你内在的任何能量而不试图改变它们,也不参与和能量相关的内在对话。你可能会留意到能量的渴望或阻塞,能量的强度或流动。

此时此刻,将注意力集中在能量上,会对你的呼吸、身体和情绪产生什么影响?

我们可以集中注意力来留意在自然界、周围的环境中或与他人的交流中正在发生什么。只是简单地练习留意,就会调动我们的觉察,并把我们带入当下。当我们注意到客户陷入思想的纠缠时,我们可以引导他们进入觉察。觉察打开了清明的内心和直觉的入口,也打开了我们的创造力、内在的资源和智慧。

倾 听

当彼此深度倾听时,人们的精神状况就会得到改善。

倾听是教练过程的根基。倾听的三个层次分别是:关注自我的倾听、关注客户的倾听、关注转化的倾听。

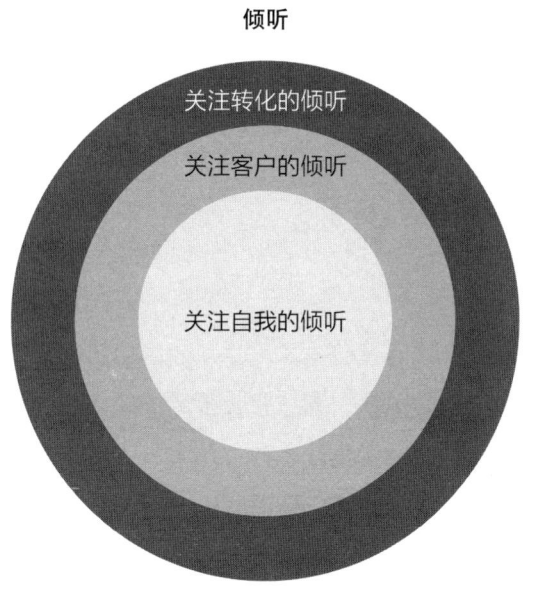

关注自我的倾听

关注自我的倾听包括关注我们的思想、身体、情绪和直觉。如果能够觉察到自己的内在发生了什么,我们就会发现一个新的选择——从本能反应和评判转向展现整个身心系统的智慧。这种提升了的觉察力更容易打开直觉之门。

比如,在一次教练对话中,如果我们注意到自己紧张了,或者我们开始回想昨天发生的冲突,那么我们可以把注意力放到内在的紧张上,然后身体便放松了。我们的身体感觉和情绪可能会分散注意力,同时也可能给教练过程带来信息。如果我们感到被自己的内在体验分散了注意力,我们可以把注意力召唤回来,更加临在地与客户同在。

如果感觉到客户的经历触发了我们自己的思绪,我们可以问自己:"我内心的冲突需要什么?"

当我们培养内在觉察力并跟从我们的直觉时,教练工作会与当下发生的一切更加调谐。我们会更加高效,也能更好地示范我们希望客户建立起来的实践方式。自我觉察培养了我们深度倾听他人的能力。

关注自我的倾听的范围包括从关注瞬间的想法到深度觉察当下所发生的一切。当我们的注意力集中在当下时，我们便从思考转向了觉察。觉察拥有允许选择的绝佳功能，并且更能与当下的需要协调一致。当我们注意到自己内在正在发生什么而对此不做评判时，我们会更成功地临在并更能支持客户。

例如：

留意到我们对客户所说的内容所抱持的限制性信念。

与我们的紧张情绪同在，或探索紧张背后的意义。

倾听我们的直觉，它在提醒我们去探索我们的情绪信号。

信任我们想要分享一个隐喻的渴望。

留意我们的内在被触发。我们选择在结束教练环节后做日志记录，这一做法可以让我们以临在的状态面对客户。

关注客户的倾听

在关注客户的倾听中，关注的范围缩小了，我们把全部注意力都放在了他人身上。倾听客户所说的内容和选择的措辞，可以让我们清楚地知道对讲话者来说最重要的是什么，但是我们也会倾听客户没有说什么。我们关注他们的举止、节奏、音量和语调的细微之处。有意识的、清晰的同理倾听可以增强自我觉察并对客户的经验予以肯定。

例如：

倾听客户讲述故事的用语并倾听其潜在的渴望。

当客户似乎卡住了时，倾听其话语中所隐含的价值观。

当客户的声音变得洪亮或充满活力时，留意其兴奋感。

当客户转换新的话题时，倾听其情绪变化。

关注转化的倾听是关注我们的内在、客户以及环境中发生的一切。倾听这首完整的交响曲，我们对教练对话的进程和客户的内在过程便有了更深的感知。

当客户反复说不想谈论其悲伤时，感知其潜在寻求解脱的愿望。

关注转化的倾听

关注转化的倾听是关注我们的内在、客户以及环境中发生的一切。倾听这首完整的交响曲，我们对教练对话的进程和客户的内在过程便有了更深的感知。我们能够感知到过程的关键点、新的可能性、新浮现的机会以及激发变化的力量。

觉察是关注转化的倾听所固有的。觉察为孕育深层个人转化的机会创造了条件。作为教练，我们凭直觉感知到开展转化教练的时刻——这恰恰是让客户探索感受和洞见，并觉察新生事物的良机。

关注转化的倾听的核心在于，我们同步到客户正在成为什么样的人，同频到有怎样的可能性正在浮现。秉持人是完整的且能善用内在资源的理念，能支持带来转化的倾听。

例如：

当客户谈论日常事件，然后看到了更加宏大的景象时，留意这种转变。

分享你的直觉，给客户带来有趣的认知。

与客户在同一时间以轻松的方式专注同一件事，从而进入新的领域。

跟随客户的引导，相互默契地在前进的过程中释放创造力。

留意客户在言谈中所流露出的特别的活力，并感知其话语与内在真相的调谐。

倾听的本质包括三个方面：厘清、反映与提炼。厘清可以确保理解，反映可以提升觉察，而提炼则可以捕捉正在呈现的事物的本质。

转换倾听的关注点

我们可以把注意力同时集中在倾听的三个方面，或者把注意力集中在其中一个方面，从而不断地觉察如何更好地为客户服务。例如，当我们与直觉连接时，我们也可以迅速地在三个关注的方面转换。直觉来自关注自我的觉察。当我们分享直觉时，我们留意客户的反应；与此同时，我们也会把关注点转向客户，接下来我们又会把关注点转向转化。

提升我们的倾听能力

通过以下练习，我们可以提升倾听能力：

建立信任——减少阻抗

保持好奇——提升接纳度

处于当下——提高参与度

反思核心价值——增强拥有感

允许沉默——为直觉和感受创造空间

抓住机会——激发积极主动的行为

厘清、反映与提炼

当我们有意识地倾听这三个层面时，我们会感知到所表达内容的本质。倾听的本质包括三个方面：厘清、反映与提炼。厘清可以确保理解，反映可以提升觉察，而提炼则可以捕捉正在呈现的事物的本质。当我们聚焦于措辞、语气和肢体语言，然后反映我们听到、看到和感知到的内容时，我们就会与客户建立起信任来。信任会带来理解和成长。倾听的本质意味着倾听并支持真正的自我表达。

作为教练，我们倾听对客户来说最重要的事情。反馈会带来对价值、信念、抱负、恐惧和梦想的深入理解，这些是客户经验的核心。反馈可以帮助人们保持清晰，让他们感受到被倾听，同时加深他们的自我理解。

> 反馈不仅仅是鹦鹉学舌一般地重复客户所说的话。反馈可以采取重新组织语言的形式，从而使客户在更深的层次去消化这番话语。

如果我们想要建立与客户的连接，与其说出"我懂你""我和你在一起""我理解"之类的话，倒不如提炼或概括客户富有情感和能量的谈话内容；与其说你理解，倒不如表达出你理解了的是什么——去展示出你深刻、精准且不带评判的理解。

即使你的反馈不够精准，但当客户看到你在努力尝试去理解时，他们也会体验到能量的变化，并有意愿进行更深入的探索。

反馈不仅仅是鹦鹉学舌一般地重复客户所说的话。反馈可以采取重新组织语言的形式，从而使客户在更深的层次去消化这番话语。请关注那些似乎抓住了所表达内容本质的特定词语。你可能会清晰地描述出你所看到的，在客户的内在、所处的空间或者教练关系当中正在发生着什么。

倾听本质的示例：

菲尔：我并没有以我期待的方式创作本书的这一章节。

教练（厘清）：你有更多的期待？

教练（反映）：那么，也就是说，你创作的并不是你所期待的？

教练（提炼）：你想获得创造力，是吗？

消极回应

许多习惯性的回应或反馈对于觉察和学习并无帮助。通过避免消极回应，我们帮助客户获得他们自己的洞见和力量。以下示例可能会让我们教练的对象变得消极：

认同评判：是的，那个家伙确实让人讨厌。

询问更多信息：所以她辱骂了你。当时还有谁也在，他们说了什么？

安慰：这不是你的错；换作是任何人，他们都会做一样的事情。

否认感受：你不应该为老板动用权力对你施压感到生气。他只是想帮忙。

不认同：你怎么能这么说呢？她可是很聪明的呢！

说教：想要让大家都听你的，你就要表现得更加果断。我希望你能学到这一点。

提供建议：如果我是你，我就去海滩。

评判：你没有人际交往能力。

教化：那件事情确实太敏感了，我觉得你需要道歉。

宽心：没事儿的，明天这一切都会过去。

占上风：这不算什么；我有过更惨的遭遇……

转移关注点：听起来你非常生气。我们回过头来讨论下周的面谈吧。

解决问题：你要做的就是取消合同，然后大步向前。

怜悯：哦，你这个小可怜儿……

告诉别人该有怎样的感受：我不明白你为什么会感到被边缘化。即便你是该部门中唯一的韩国人，你也应该为自己赚了那么多钱感到高兴呀！

讲述自己的故事：我也有过类似的经历……

把无效的行为转化为有效的干预

认可和否定：不是分享你的评估，而是反馈重点。

与自己做比较：不去想谁更聪明，你的经历有什么不同之处，或者假设如果是你，你会怎么做，而是专注于客户体验的独特之处。

评估或分析：不是做诠释或心理分析，而是反馈内容或者情绪和需要。

忽略非语言线索：倾听内容的本质，但也要识别肢体语言、语气、语速和能量线索。

专业术语：如果你发现自己正在使用客户在闲聊中不会使用的词

汇，说明你正在使用专业术语。请尽可能使用日常用语。

引导：不是去反馈你认为他们下一步应该走向哪里，而是反馈他们此刻身处何处。

长篇大论：简短的打断能帮助客户与自我连接。

多任务处理：不要一边倾听一边整理桌面，投入100%的专注力去倾听，停下其他所有活动来表现你的关注。

指出矛盾之处：当客户说的内容与他们之前说过的话前后矛盾时，不要指出矛盾之处，而要反馈最新的内容，指出他们的变化、进步、新的清晰之处、新出现的声音或其他内容。

假装理解：如果感到困惑，就说出来。"我不明白你的意思。你能换一种方式再说一遍吗？"

建议某一种应对措施："我认为你应该走过去告诉他。"这样的建议不会导向理解，同时，建议的策略也不会使任何人受益。可以发问："你期待接下来发生什么？"或"如果把后果暂时搁置一边，你会怎么做？"。

轻描淡写或夸大其词：如果你的客户表达了轻微的不满，不要说"听起来你真的很生气"。反馈时请保持同等水平的情绪强度和能量指数。同理，如果客户在大声表达愤怒，结果你只是平静地反馈说"听起来你有点恼火"，他也不会感到被理解。请充分理解他[①]的境况并做出合适的反应。（请根据他的内在状态做出相应的回应。）

直 觉

直觉是一个广义的认知术语，指的是在理性和逻辑思维渠道之外获得的信

[①] 本书涉及客户较多，英文原版书中，客户性别在他与她之间不停变换。为避免理解有误，翻译时把客户统一用"他"指代。——译者注

息、想法、知识和理解。直觉可能以图像、自发的思想、感受或强烈的感知等形式出现。直觉是对当下所有事物的回应。当我们分享某一刻的直觉时，新的可能性就会出现。如果我们仅依靠自己的思想，那么我们便会错过大量的知识。

当我们过度分析或猜测来自我们身体和情绪的信息时，我们反而错失了直觉。最坏的情况是，我们的预感落空了，不过我们可以从教训中学到东西。最好的情况是，我们在与客户的同步体验中受益，同时也加深了我们与更广阔的沟通领域的关系，这种沟通是来自意识的头脑之外的。

在现代社会中，人们对直觉的认可与欣赏在持续提升之中，因为直觉几乎影响着我们每天所有的决策。教练关系为我们双方提供了发展直觉、测试直觉以及学习信任直觉的良机。

发展直觉的七个步骤

劳拉·戴（Laura Day）在其《实践直觉》（*Practical Intuition*）一书中提出了发展直觉的几个阶段：

开场白
留意
假装
信任
报告
解释
整合

当我们培养直觉的开放性时，我们同样也能够拓展运用教练技能的方式。当我们跟从自己的直觉时，教练过程会更好地顺应当前正在发生的事情。我们与客户分享我们的感知或直觉上的触动，并评估他们会如何接受这样的信息。

例如：

我能感知到一个画面：在一个黑暗房间的一角有一个小女孩。这个画面是否会引起你的共鸣？

我有一种预感，你会以很大的魄力参加这次会议，就好像你是奎恩·拉提法①（Queen Latifah）本尊……对此，你有怎样的想法？

我能听出来，你所面对的情况很复杂。你的直觉会向你传递些什么？

我的直觉告诉我，此刻你正处于暴风雨来临之前的平静中。这里有什么值得你去探索的吗？

我看到了一个画面：一只熊正在大口地吃蜂蜜而无视蜜蜂的围攻。这对你来说有什么意义？

无论我们的直觉与我们的客户能否产生共鸣，表达我们的直觉所带来的信息有可能为探索和觉察开辟新的路径。

好奇心

好奇心是学习的核心。当我们选择以崭新的眼光看世界时，我们会抱有一种好奇的心态。无论要探讨的议题有多么消极或令人费解，我们都可以保持开放和好奇的心态。为了做到这一点，我们在进入教练对话时，不会抱有已经知道要怎么做的预设。那么可以做的有哪些呢？我们可以肯定当下鲜活的存在，而无须心切地赶往别的地方。当我们陪伴情绪并保持好奇时，更深层次的需要

---

① 女，1970年3月18日出生，美国歌手。拉提法以充满热情的演唱、高昂的旋律，成为20世纪90年代最著名的女性说唱歌手之一。20世纪90年代初，拉提法开始了银幕表演生涯，以开朗的性格形象出现，并日益受到欢迎。——译者注

> 无须施加任何压力，我们只需要对即将浮现的事物保持开放。

会浮现。无须施加任何压力，我们只需要对即将浮现的事物保持开放。

不存在"带有评判的好奇心"这回事儿。好奇意味着处于开放的状态。如果我们表现出如同一个孩子探索小溪般的热情，我们就会带着惊奇和敬畏心走进教练过程。

未知心态的智慧使我们能够以临在的状态来面对新事物。但是，如果我们已然知道，又该如何呢？假如说类似的事情曾经也发生在我们身上，我们清楚地知道客户应该怎么做，此时又该怎样呢？但由于客户的经历是独一无二的，因此我们依然对未知保持好奇。

我们可以用孩子般天真的开放性来走进未知的世界，以此来活出我们的好奇心。我们不把新的情形当作问题来回应，同时我们不试图解决问题，而是以初学者的心态来进行探索。比如，我们可以说："所以你卡住了。对你来说那是怎样的？"

通常，给客户一个正确的答案可能会在短期内有用，但从长远来看，我们并没有真正帮助到我们所教练的人成长。当人们有机会找到属于自己的答案时，他们通常会感到更有力量。即便我们能够想到解决方案，我们也不希望客户依赖我们的想法和建议。我们会期待客户在可能的基础上继续，提出比我们所能想象到的更适合的解决方案。

因此，我们以自己的"未知"为乐，珍惜发掘宝藏的机会。避免寻找快速解决方案，并聚焦于探索客户的深层智慧，这需要我们坚持不懈地练习。

凯伦（Karen）：我好像不能完成所有我想做的事情。我需要有人帮我做好优先排序工作。

教练：对你来说重要的都有哪些？

凯伦：嗯，我对目前从事的工作感到特别兴奋。我既独立，同时又能帮助他人，但我希望有更多的时间，以满足休闲、家庭关系、精神连接和照料家中事务的需要。

教练：如果你把所有这些事情都处理好了，那将给你带来什么？

凯伦：深切的喜悦——难以置信的喜悦，那是一种人生很美好的感觉！

教练：我听到的有和平、满足和感恩。那么美好的一天会是怎样的呢？

凯伦：（进入了状态，并开始留意）我将以瑜伽、祈祷和冥想开始新的一天。我会一直工作到能量开始下降，然后去散步。与大自然的连接会让我在下午的工作中充满活力，然后我想利用晚上的时间来做环保工作。

教练：所以，你看到了你的工作、服务和精神需要是如何融合在一起的。我的直觉告诉我，接下来要问问你的家庭和休闲时间了。

凯伦：是的！那些也很重要。我会把星期六安排为休闲日，把星期日安排为名副其实的家庭日。

教练：哪些休闲活动会带给你最深切的喜悦？

凯伦：阅读励志书籍，在湖边散步，跟我的狗共度时光，家庭聚餐。

教练：当你分享生活中的这些喜悦时，你注意到了什么？

凯伦：我注意到自己充满活力，并且有很兴奋的感受。

教练：要怎么才能保持活力和兴奋状态呢？

凯伦：我要拍一张笑容灿烂的照片，把照片放在我的书桌上。照片会提醒我每天留出让自己微笑的空间。

教练：在结束之前，我要提出一个问题留待你思考。怎样让每一天都过得美好？

尽管凯伦试图寻求快速解决方案，但在这个例子中，教练仍然保持着好奇心，同时抑制了采取行动的冲动。这样做的结果是，凯伦亲身体验到了真正重要的事情带给她的影响。

> 批判性倾听会打击士气，削弱信任。同理倾听则可以重建觉察和信任，激发潜藏的才华。

建立信任

我们可以像打开一个装着稀有珍宝的礼盒一样开启教练对话。在与客户的议程保持协调的同时，我们不费力地抱持着自己的议程。作为教练，我们不是专家，不是问题解决者，也不是对教练对话最终结果负责的人。我们不必提供改变生活的智慧。我们不必着力让客户改变。我们需要做的就是见证他们的探索。见证会成为真正的转化和赋能的根基。

我们通过信任的五个要素来创建安全的空间：可靠、接纳、开放、直率和关怀。当我们一如既往地言行如一，不加评判地接纳他人，坦诚地给予和接受反馈，说出我们真实的想法，并展现我们的关心时，我们就与客户建立起了信任关系。

例如：

> 胡里奥（Julio），你向父母坦承自己是同性恋，我为你的勇气和有爱的表达方式而感动。你真诚地承诺让我心生敬意。你对父母的爱，以及对他们可以看到完整的你的期望，深深打动了我。

玛丽·罗斯·奥雷利（Mary Rose O'Reilley）谈到像一头牛一样倾听能够帮助人们进入彻底的临在状态。她说："当你说话时，奶牛会瞪着棕色的大眼睛看着你，同时抽动它们的耳朵。这是对学术界普遍存在的批判性倾听所开出的一剂绝佳解毒药，因为在学术界，我们着力于倾听错误，倾听论点中的缺陷。"批判性倾听会打击士气，削弱信任。同理倾听则可以重建觉察和信任，激发潜藏的才华。

抱持容器

对于创建"容器"或建立信任与支持环境，我们有具体和含蓄的方法。具体的方法包括使过程清晰、规律、可靠以及遵守约定、追踪进展、明确界限，跟进请求、挑战和作业。含蓄的方法包括所有核心原则，比如把客户看作是有智慧和能力应对挑战、潜力无限的人。在为客户议程服务的过程中，教练的内在容器抱持着安全和十足的勇气，这为真实的探索打开了大门。

当教练能够做到言行如一，并致力于心灵和精神层面的发展时，客户就有了更大的空间，他们能够在这些领域自行探索。教练对话中进行的双重探索是鼓舞人心的，因为我们的客户在进行内在探索工作时，他们也会召唤我们对自己的内在进行更深入的探索。

自然流动

洞察力、觉察力或创造力的飞跃提升是自发性的。当自然的敞开出现时，我们便可以着手开采金矿了。想要处在自然流动之中，我们需要辨识出那份敞开，放下我们的议程，遵循我们的直觉并在当下做出回应。

例如，一名客户说，她对日复一日的老一套感到十分厌烦。教练没有试图去寻找针对"老一套"困境的解决方案，而是有了一种新的感觉，他旋即打断客户并指出："摆脱'十分厌烦'的简便方法是什么？"

如果我们眼前是客户正在飞翔的画面，那么我们要做的不是去斟酌利弊，而是用"我看到你在飞翔"这句话来回应这一刻。这样的回应有可能为客户打开一个视角，帮助他用一种全新的方式来审视生命。

自然的敞开不是在深思熟虑中出现的，所以我们只要做出回应即可。在学习了教练的技能和流程之后，最终我们要放下逻辑性的做法，进入客户的流动之中，用当下需要的方式与他们相遇。

处于流动之中意味着我们要关注各种机会，这些机会往往是口头上的——一不小心地口误，同样的话又重复一次，或者把谈论其他人当作探索自我的手段。当客户说"一只鸟刚刚落到我的窗台上"时，我们可以把他的话看作是分散注意力之举或者是自然的敞开。"和小鸟说说话吧……"跟"你在逃避什么？"相比较而言，前者显然更加赋能。

对肢体语言的觉察常常会支持自然流动。当客户从衣服上摘下一个线头时，教练可以通过把这个动作与他所说的内容联系起来，探索自然的敞开。教练可能会问"你想摆脱什么？"或"是什么让你烦恼？"。对于一个觉察力比较强并善于自我发现的客户，教练可以简单地说"你刚刚摘掉了一个线头"，然后留出空间让客户来探索或者创造属于他自己的意义。

如何顺势而为地进入自然流动之中？作为教练，我们有上百种选择。把自然的敞开与客户的教练对话议程联系起来，把微小的动作与价值或愿景相连接，或者跟客户的目标建立联系，这些做法都可以支持教练过程中的自然流动。

转化关系

并非所有的教练方法都强调转化关系。转化教练是一种开创性的范式，它既重视关注客户的重要性，同时也重视教练与客户之间的转化关系。通过分享自我的转化，我们可以全身心地做到这两点。作为教练，我们分享客户的转变所带来的影响，目的是给他们的经验增添价值，而不是在他们面前抢风头，或者从他们的个人转化中有所攫取。

教练的自我关爱

让你的工作和娱乐成为融合的一体……

为他人服务的同时滋养自己……

真正的成长，在于运用跟他人和自己和谐一致的方式，
去面对并解决生活中出现的问题。

——老子[①]

我们如何关爱自己的心、身体和灵魂？在生活中我们想要有多少意义、启发和目标？我们日常的身体锻炼与精神修为的规律是怎样的？我们的日常饮食如何支持我们呈现最佳状态？

我们可以用写日记的方式就自我关爱进行反思，可以在日记中向自己发问：

> 我的能量水平如何？
> 我的精神状态如何？
> 是什么启发了我？
> 我的健康状况如何？
> 我需要改变一下个人观点吗？

作为教练，平衡的生活和深度滋养的生活方式是我们知行合一的一部分。通过自我反思的过程，我们可以获得更多的智慧、创造力和幸福。

我们不在书本中搜寻有关平衡的概念，而是找到属于自己的实现自我满足的路径。当我们不去满足自我关爱的基本需要时，我们付出的代价是怎样的？既然我们一直在做选择，那么关于自我关爱我们要做出的选择是什么？作为教练，我们拥有的最为宝贵的资源就是我们的健康、活力、同理心和头脑的清晰。与这些资源相连接，可以让我们更有创造力地使用教练工具箱。

自我关爱也为我们提供了专业支持。人们聘请我们的主要原因在于我们是怎样的人，所以我们事业的成功和我们作为教练的效能，取决于我们的自我关

[①] 本段源自英文版《化胡经》第43章。又称《老子化胡经》，是道教经典，传为晋道士王浮著。原书至元代便告亡佚。清末敦煌石窟中发现残卷，后与蒋斧所辑佚文考、罗振玉补考、校勘记，一并刊入《敦煌石室遗书》中。——编者著

> 我们人类都有共通的需要，但每个人都有不同的优先事项清单。

爱。我们人类都有共通的需要，但每个人都有不同的优先事项清单。比如，某人每天晚上需要八小时的睡眠，而另一个人只需要睡六小时。如果我们的灵感和自我关爱是完整无缺的，我们便可以适量地工作，并会更深地爱上我们的工作。

要看到整个价值观的光谱，以及这些价值观如何在我们的生活中得到体现，我们可以使用生活平衡轮，例如第十章"策略与行动"中的平衡轮。

教练进行时 | 教练关系　CFT 转化教练帕尼利·普兰特纳

在我职业生涯的早期，我常问的一个问题是：我该如何治疗、治愈或改变客户？现在，我换了一种方式来表达这个问题：我该如何提供一种关系，好让客户借助这种关系实现个人成长？

——卡尔·罗杰斯（Karl Rogers）

心理治疗方面的大量研究表明，客户服务结果最重要的预测因素是客户体验到的咨访关系。最近几十年来的研究证实，咨访关系的重要性同样也适用于教练工作。

虽然我们在努力学习转化教练的技能和方法，但在建立和深化关系中，它们只是起到了辅助作用。正如卡尔·罗杰斯所指出的——关系使转化成为可能。

有帮助的教练—客户关系的重点

1. 无条件地积极关注。通过无条件地积极关注，我们为客户提供了成长的最佳条件。在这样的成长环境中，客户接受并承担起对自己的责任。很显然，任何有帮助的关系都会期待变化。在教练关系中，这种期待表现为希望——这是一种乐观主义观念，这一观念认为某些积极的事情将会发展，进而带来建设性的改变。因此，无条件地积极关注意味着教练表现出对客户的全然接纳——需要注意的是，对客户的全然接纳并不意味着对客户行为的全然接纳。教练会放下个人观点与偏见，并聚焦于客户的内在价值。无论客户说些什么或做些什么，我们都将其解释为某种积极意图的表达，并且我们会不断鼓励并培育这种意图。

2. 信任。当客户信任教练时，深入的探索便会发生。信任包括遵守约定，如果需要打破约定，我们会带着觉察温柔地做。当客户感觉到教练与他同在时，教练关系便达成了一致。我们共同创建了亲近的关系，这样的话，无论客户分享什么，我们都会将其作为一份珍贵的礼物而欣然接受。

3. 真实。我们通过每一个时刻的真实来示范彻底地自我接纳。如果我们走神了几秒钟，或不理解客户的话，又或被感动或被触发，我们会让客户知晓。当客户以教练的真实为榜样时，他们会被激励着表露自我，从而与我们建立信任关系。

4. 脆弱。有关真实的一个特别重要的方面，就是让客户体验到我们的脆弱。无论我们是感到不安全、羞耻还是害怕被拒绝，我们首先要做好自我管理，然后只有在相信分享自己的感受能够服务于客户的前提下，我们才会把自己的感受带入与客户的对话。我们不是去分享一个冗长的故事，而是去分享我们当下的感受和渴望，通过这种方式，我们与客户之间更有可能建立连接。

五个合约级别

1. 与世界和上帝的合约——个人道德。合约的第一级是每个教练所承担的个人承诺——我们不会妥协的领域。它可能是平等地对待所有人，或是不危害地球，又或是在法律允许的范围内工作。我们可以问自己："考虑到我的个人道德，我会拒绝从事哪些工作？或者出现什么情形会让我解除一份教练合约？"

2. 与客户或组织机构的合约——行政和期望。合约的第二级包括行政方面的因素——时间、地点、时长、背景、费用、评估方法和保密原则，以及学习和发展合约。当我们为组织机构的员工提供教练服务时，出资人可能有一个工作议程，而被教练的人可能有其他议程。比如，出资人希望新晋升的员工提高人际关系技能。而被教练的员工本人可能看不到在人际关系技能上着力的任何理由，因此他可能希望把教练过程的重点放在工作与生活的平衡上。另外，我们也需要贯彻教练关系的保密原则，鼓励透明和对话。

3. 教练进程合约——预期结果。教练关系通常始于对价值观、愿景和目标的厘清。我们签订使用其他流程或工具的合约：360°反馈、评估和其他形式的支持。我们确定教练过程的预期结果，定期检查进度，并经常调整或更改进程。

4. 教练对话合约——表面议程。我们还会为每次教练对话创建合约，首先是找到表面议程和深度议程。我们确认客户是否从教练对话中获得了他们想要的东西。我们会完成整个流程，比如重新检查客户紧缩的身体部位，就体现新观点达成约定，或总结行动步骤。为确保客户按时在教练进程中行动，我们可以要求设定底线，做扼要重述，中断或参考时间约定。

5. 当下的合约——此刻重要的是什么。利用我们的直觉，我们随时都可以追踪客户的能量状态。当他们的能量状态发生转化时，我们会指出来。如果客户提起别的事情，我们可以把他们带回到最重要的议题上来。帮助客户保持专注的方法之一是邀请他们"把它搁置一旁"，稍后处理它。

教练的艺术是同时坚守这五个级别的合约，这样做能帮助我们建立信任。

移情和反移情

有时客户会在无意识中把教练视为他们人生中的重要人物，他们会向教练索求爱，重演过往的人生戏剧，或试探虐待行为。有时，教练也会把客户视为与自己有未完结事务的人，比如想要去依赖的人、需要保护的人或给予认可的人。这种利用彼此充当我们各自人生过往代表的方式很常见，被称为移情和反移情。

从理查德·施瓦兹（Richard Schwartz）[①]的内部家庭系统工作中，我们了解到我们所有人都拥有众多次人格。客户内在社群的其中一部分可能被冻结在过去，并且会跟教练建立一种互动关系，就好像教练是他的父亲。而客户内在社群的另一部分则希望探索这种动态。通过对参与移情的部分保持好奇，我们可以支持对该部分的本质和意图的认识。我们可以与移情协作，使客户能够以充满爱意的接纳去拥抱这一部分，从而逐渐让它成为客户建设性的合作伙伴，而非杀伤力巨大的恐怖分子。这样一来，教练关系就成为转化的空间。

同样，如果我们未能看见客户是有智慧和能力应对挑战的人，那么我们可能需要开启反移情。持续的督导有助于我们处理自己未完结的事务和限制性信念，而不用客户帮助我们完成这一目标。

教练立场

连接我们的承诺和能量的方法之一，是培养我们所说的教练立场。教练立场指的是在一个坚实的基础上进行教练，并以具勇气和赋能的态度激发客户。

教练立场是我们在教练时所表现出的一系列身体、心理和灵性的素质。我们在自己的力量中稳稳站立，同时召唤客户迈入他自己的力量之中。

---

① Schwartz Richard C. *Internal Fanily Systems*. The Guiford Press, 1995.

> 我们在世界上的能量和影响力会受到我们身体的影响。

我们把教练立场分为三个部分:

身体立场或动作
教练关系的隐喻
对我们关心之事的承诺

身体立场或动作

我们在世界上的能量和影响力会受到我们身体的影响。当我们站立或准备移动时,我们会感到自信和强大。反之,如果我们双手交叠、双腿交叉,我们的思维也会很难拓展。作为教练,我们需要探索和发现最能赋予我们和客户力量的姿势和动作。不同的身体姿势对不同的教练有效,例如仰卧闭眼,双臂张开站立,某种有力量的武术姿势或把身体缩成球。以下是一些针对身体各部分立场可以尝试的方法:

跳舞
推墙
用力甩手臂

涂鸦

上下跳跃

走动或快走

扫描身体感觉

睁大眼睛

假装你在空中游泳

我们可以开发出一系列立场的身体姿势和动作，以便在不同的时刻使用。开发这些姿势和动作的最简单的方法，是在教练期间尝试不同的姿势和动作，并注意做出这样的姿势和做这些动作对教练、客户以及教练关系能量的影响。如果我们或客户陷入了僵局，那就动起来吧！我们可以去留意，我们的身体对我们的内在体验和外在姿势所产生的微妙影响。当我们更能处在当下时，我们可能会发现自己的呼吸变得更加深入，我们会放松，或者我们的背部会挺直。当我们就自我觉察的观点做实验时，我们会惊讶于我们的身体状态对教练关系能量的品质和量值竟然有着很大的影响。

隐喻

隐喻是强有力的象征。有些图像会引起反思，有些会产生能量，而有些则会引发行动。我们对教练关系的独特隐喻为教练和客户双方都带来了力量。

教练关系的隐喻示例：

作为共同探索者一起沿着海滩散步

像蜂鸟一样盘旋飞舞，欣赏美景

蚁丘上的蚂蚁们在交换关于社区的意见

握紧了绳索，为登山者提供安全防护

提供一面镜子，能够积极地揭示隐藏的内容

肩并肩站立

从乌鸦的窝里望出去

在拳击赛场里，站在拳击手的身后

像一个好奇的孩子那样坚持

利剑刺穿幻觉和自我欺骗

通过创建一个让我们充满活力的隐喻，我们把想要在教练中注入的品质展现出来。隐喻来自右脑。隐喻常常在我们想到它们之前就出现了。无须评判，我们便可以敞开接受出现在心中的任何图像。当我们跟图像在一起时，请注意它的寓意。隐喻可以帮助你呈现转化教练的核心原则以及你的个人原则。

承诺

当我们投入地参与每一次教练互动中所发生的事情时，我们不仅仅是在进行好奇的交谈。没有承诺与全情的投入，教练过程就会出现偏移。我们可能不知道教练辅导已经偏离了轨道，所以我们要训练自己去留意什么时候我们的能量正在衰退，或者什么时候我们错过了充分参与的机会。当我们做出承诺时，承诺可以帮助我们克服内在的批判。

为我们自己和客户寻求无条件的爱是一种自然的状态，这种状态也会提升亲近感和连接深度。但是有时候我们也会忘记自己的立场。我们会被触发，会不知所措，或者会发现自己处于惯性模式。我们要做的不是自我评判，而是欣然迎接这份紧张，并且花一点时间来回顾我们的承诺。然后我们可以问自己："在此刻，我要如何重新做出承诺或者改变立场？"通过寻找力量，我们创造了一个可以激发激情的、把愿景转化为现实的环境，进而扩展我们的想象力并突破界限，释放出无限可能。

一般而言，教练过程聚焦于期望的行为，而不是有问题的行为或不良行为；不过，有时候一些糟糕的事例也可能会指明前进的方向。下面这些承诺的示例降低了教练过程的有效性。

破坏性承诺的例子：

看起来很好

把事情做对

阻止客户退出教练关系

帮助客户留在舒适状态中

避免触礁（避免冲突）

保持礼貌

炫耀我知道很多

想要被喜欢

现在请问自己：

你执着于哪些故事或承诺，令你无法施展教练的力量？

你如何发展承诺，好让你和客户以及你们之间的关系充满活力，并且变得更强大？

你或许已经知道要建立怎样的承诺。倘若如此，请实验这些承诺，并探究它们如何影响你的教练。若非如此，你首先需要审视的是核心原则。遵循这些原则将确保你的承诺会支持客户的议程，而不是取代或废除该议程。

赋能而活跃的承诺示例：

我的客户与他们的灵魂连接并基于他们的本质去创造

我的客户基于全然的一致去选择有力的行动

我的客户的自由比我们两个人的舒适感都重要

客户可以信任我把最好的教练带到我们的对话中

我在向客户的伟大说话，并挑战任何不伟大的部分

> 新的方向和新的视角存在于一片神秘的土地上，在那个地方，我们谁都没有答案。

我为了客户的转化议程而竭尽全力，不断拓展自己

视角

要提升对客户的关注，可以问自己：
客户的生命中有哪些尚未被开发的资源呢？
我是如何抑制并遗忘客户的内在资源和智慧的呢？
客户如何展现当下的完整性，并朝着更好地展现完整性的方向发展呢？
我怎样停止解决问题，并开始信任客户内在的创造力？

想要成为出色的教练，我们需要超越自己已知的范围。对客户来说，最大的价值在于我们愿意去那些没有答案的地方。我们对他们的想法以及由此产生的可能性比我们对自己的想法更感兴趣。我们的个人经验或聪明的解决方案可能会引发客户产生短暂的兴奋感，但从长远来看，这些并不能为他们赋能。

想象一下，作为教练，我们的工作是探索我们未知的地方，这个未知的地方便是尚未出现的可能性。新的方向和新的视角存在于一片神秘的土地上，在那个地方，我们谁都没有答案。

教练进行时 | 我的教练立场　CFT转化教练迈克尔·怀斯

一开始，我在教练的立场上挣扎。我以为我已经发展出了几个很好的立场和隐喻，但没有一个有帮助。我陷入了迷失和困惑之中。我把自己的立场更换了好几次，但我没能跟任何立场建立连接。最终我想："我可以在没有立场的情况下进行教练，这样也行。"就这样，我尝试了一段时间。我发现很多次教练都没有得到我想要的结果，我的客户常常不是在故事中流连忘返便是在泛泛地聊天。

我的导师问我的教练立场是什么，然后我分享了自己的做法。她说没有感知到我的教练过程有任何的意图或者能量。在某一刻，她凭着直觉说："当我听你分享你的教练过程时，我不断地看到一个空中飞人的形象。"在那一瞬间，似乎有什么击中了我，我清楚地看到了我的教练立场将如何支持自己。从那天起，空中飞人便成为我的教练立场。

在每一次教练之前，我都会想象我的客户放开他们一直紧紧抱着的秋千杆，然后努力去够一根新的秋千杆。我的身体姿势是双脚稍微分开，双手向上伸出，仿佛是伸手去够秋千杆。我的隐喻是准备飞到下一根秋千杆上去的空中飞人艺术家。我的承诺是，我要创造一个安全的环境，让客户充分发挥自己的激情和优势，大胆放手，朝着他们最富有生命力的方向迈进，同时他们也知道，如果错过了下一根秋千杆，他们依然会生存下去并能学习到新东西。

与这个立场的连接使我的教练达到了一个新的高度。当我或者客户陷入困境时，我会想起空中飞人，那个画面能够激发出赋能的问题。当我表达我的身体立场并想象客户放开秋千杆的画面时，我把客户和召唤他们前进的东西联系了起来。这时候，不仅客户开始放手飞跃，我同样也做到了。

当我们呼应召唤，去成为跟过去的我们完全不同的人，或者做一些我们此前从未做过的事情时，我们会激发客户做同样的事情。我们可以用勇敢突破来代替僵化的、可预测的教练模式。通过冒险，我们撑起了比客户自己所能看到的更大的愿景，这把他们引入更深的空间或更大的挑战当中。

我们不是通过无视自己的感受，而是通过加深对自己的觉察，来培养勇敢的立场和呼唤力量的能力的。许多经验丰富的教练说，一些最有力量和最受启发的教练过程发生时，他们并没有注入太多的情感或身体的能量，但是他们能够连接到出其不意的能量和智慧。专注自我的倾听使我们意识到当下正在发生的事情，以及重新连接到我们力量的内在智慧。

当我们从自己的立场出发去发言、倾听或采取行动时,我们便拥有了一个空间,去创造新的存在方式。当我们大胆地公开宣示自己的立场时,我们也在承诺为自己和客户创造一个新的未来。

你的立场是什么?

慈悲的行动?

真实?

社会正义?

转化?

深刻的觉察?

丰富?

平衡?

充满活力?

当我们从自己的立场出发去发言、倾听或采取行动时,我们便拥有了一个空间,去创造新的存在方式。当我们大胆地公开宣示自己的立场时,我们也在承诺为自己和客户创造一个新的未来。

利用教练立场

一旦建立了教练立场的三个部分(身体、隐喻和承诺),我们就可以利用它们来唤起客户的内在力量。在每次教练环节开始之前,我们都将专注于承诺,投入隐喻当中,并用身体的各部分来体现。

要考虑的问题

尝试你的教练立场。对你来说,哪一个立场最强大?

在教练过程中,当你专注于倾听的三个层次时,你会注意到什么?

当你信任自己的直觉时,你会注意到你的临在感是怎样的?

当你感到好奇时,关于自己的临在感,你注意到了什么呢?

怎样才能充分地展现你的临在感呢?

第三章　教练的核心技能——教练的调色板

技术是工具，而不是目标……你必须了解你的工具，拥有最好的，并完美地运用它们。绘画需要出色的判断力和技巧。

——罗伯特·亨利（Robert Henri）

主题

转化教练技能

提出赋能式问题

肯定、拥护、庆祝和欣赏

请求和挑战

注意力放在哪里

表面议程、深度议程和转化议程

就像艺术家使用画笔、颜料和技巧一样，教练也使用各种技能和客户一起工作。在第三章，我们用案例为引子，逐一介绍转化教练的各种核心技能。之后，我们再具体地讨论教练工作的几个方面：赋能式提问、肯定、倾听、身体的智慧、情绪以及发掘客户的议程等。

教练技能帮助我们挖掘客户的最佳面，让他们连接自己完整的力量。我们可以选择各种方法帮助他们提升觉察，走向更多的满足状态和充实状态。精通教练技能可以帮助我们支持客户充分发掘潜能。

转化教练是以客户为中心的过程。在客户探索自己以及他们最大的梦想的过程中，我们跟随他们的议程，与他们的本质相调谐。当我们专注于客户时，我们可以问自己以下这样的问题：

对这个客户来说，什么最重要？
我如何把教练引导聚焦在客户带来的一切上？
什么方面最深刻地表达出我的客户的伟大之处？
我如何为客户赋能，让他看到全部的选择？

我们向客户提出他不敢问的问题。我们动用自身和周围环境中的资源，调谐到自己的身体感觉、语言以及客户没有说出的内容。我们感受能量，并运用自己的直觉。我们不执着于达到某种结果，并让客户带走任何他产生了共鸣的东西。

转化教练技能

下面列举了转化教练的部分核心技能。我们之后在本章更详细地探索几个转化教练技能。

肯定——与客户分享我们看到、听到和感觉到的品质，这样能帮助客户体会到他们真正的核心。指出他们鲜活的东西或热情。

示例："我听到了你对儿童的慈悲和对社会公平的强烈渴望。我体会到你做这一切都是为了保护孩子。""当我听你谈起你说出了真实的心声时，我被你巨大的勇气打动了。"

提出赋能式问题——提出赋能式问题，激发客户自我反思、明辨、提出洞见和行动。

示例："关于这个方面，你觉得有什么重要的？""有什么重要的东西出现了？""接下来呢？""如果当时你知道不会失败，你会做什么？"

头脑风暴——构想新点子，拓展新的可能性或开发各种策略。

示例："让我们探索一些选项。走出'盒子'后，你能看到什么？"

挑战——邀请客户突破现有的认知局限。挑战不是简单地提出请求。它推动人们走出他们认为的可能性，这样他们可以超越自己，最终做到的事情超出他们一开始认为的可能性。

示例："我给你的挑战是你别再一个人独自工作，在这个月找三个其他变革者来支持你。"你的客户可以接受、拒绝或与你协商你给他的挑战。

拥护——相信并鼓励客户运用自身丰富的资源，强调他们渴望或有能力迈出下一步。

示例："我之前见你做出过服务于生命的决定，而且相信你有能力成为一名有力量的执行经理。你需要什么来接受这次晋升的机会？"

厘清——提炼客户的需要和价值观，以确保自己理解正确。厘清不是重复对方的话，而是说出更深层的信息或含义。厘清包括提炼、重新架构问题和提出赋能式问题。

示例："我感到你在这项新举措中想获得尊重和自主权。还有其他什么重要的吗？"

拥抱对立——指出貌似冲突的经验、想法、感受或需要，并以尊重的态度对待它们，不偏重任何一面。

示例："所以你想要自由和安全。如何两者兼得呢？"你可以请客户先体会自由的经验，然后是安全的经验，并留心两者的不同之处。

建立问责制——建立架构，确认行动计划在轨道上，支持客户积极地活出自己的价值观，并朝着自己的愿景或目标前行。

示例："你会做什么事情？你什么时候做这些事情？我如何知晓这些情况？""当你在年底实现你的梦想时，你将如何庆祝？"

提升文化意识——建立对权力和特权的意识，支持文化谦逊，拥抱身份差异和文化差异，指明系统性的压迫。

示例："作为一名年轻的亚洲男性，当前的权力动态对你有什么影响？""你如何跨越文化差异？"

抱持客户的议程——确定客户想要什么。倾听对他们而言最重要的东西是什么，无论这些最重要的东西是与他们远大的人生图景、教练引导的过程有关还是与此时此刻有关。

示例："贾维尔（Javier），我知道你想探索你如何管理自己的时间。其中最重要的方面是什么？你的时间管理会如何影响你的生活？"

保持沉默——确认何时创造空间，让客户查看自己的内心状态。停顿给了客户更加靠近自己内心的空间，并让教练和客户的直觉呈现。

示例："……"

打断——为了捕捉客户话语中的本质，打断他讲故事或叙述其他内容。打断是为了让焦点回到最重要的事情上，或者从讨论转向亲身的体验。

示例："凯蒂亚（Katia），停一下。你所说的核心是什么？这里重要的东西是什么？你不愿意接受什么感受？"

直觉——相信内在认知，表达直觉反应。

示例："我有一种感觉（预感，直觉），整个情形像是被一层黑幕覆盖住了。你有共鸣吗？"

比喻——使用影像、故事和图画来调动右脑的参与，反映情境的本质以深化客户的学习。

例如："贾斯敏（Jasmine），你要和姐姐进行的对话很艰难，这就像一块石头压在你的心上。""什么影像或比喻最能代表你的体验的核心？"

采取行动——一起制订行动计划，或请求客户朝着与他们的价值观、愿景和渴望一致的目标采取行动。这可能需要双方一起进行头脑风暴，制订进一步的行动计划。

示例："这周你能做些什么来实现你的目标？""你这个月能做些什么

来保持势头？"

描述当下——简要描述当下正在发生的事情或表象下的东西,包括指出我们所看到的和感觉到的,提炼客户身上正在发生的事情或正有什么出现。我们可以观察模式,或指出他们没有说什么,或者指明教练关系中正在发生什么。

示例:安迪(Andy)正谈论他害怕的事情。你也听到他逐渐兴奋起来,然后你跟他说:"你已经受够了生活在恐惧中,你已经准备好接受这个机会带来的兴奋了。"

提出探究性问题——随着时间的推移不断提出问题,以帮助客户进一步探索新的知识和洞见。在教练引导之外的时间进行思考,探究重点放在学习的东西和觉察上,而不是放在行动上。

示例:"西蒙妮(Simone),爱对你而言意味着什么？""你和精神的联系与你前进的道路之间是什么关系？"

反映——向客户反映他的语言、能量、感受、需要、价值观或愿景。关注客户的核心需要,倾听客户最深层的动机。

示例:"佐伊(Zoë),你感到兴奋是因为你一直渴望互惠和伙伴关系吗？""奇特拉(Chitra),你说感到悲伤,我也听到了你对连接的渴望。"

重构——分享一个新的视角,帮助客户看到更广阔的可能性。

示例:"这似乎是一个死胡同。它对你和你的梦想有什么帮助呢？"

请求——让客户采取具体的行动,并且不期待某种必然的结果。客户回答"可以"、"不可以"或"商讨其他方案"。

示例:"伊伯尼(Ebony),你会每天和你最想要表现出来、最有力量的部分相处20分钟吗？"

自我管理——留意我们内在的体验或我们的议程正在影响我们全然地处在当下的能力,然后从中恢复。恢复可以包括做个透明人,或者告诉客户自己刚才怎么了。跟随直觉,而非评判、提建议或隐瞒。

示例：里奇（Rich）描述的一个关系危机，和你正在自己的关系里面临的危机相似。作为教练，你发现你受到了刺激，自我对话后愿意为自己在教练环节结束后安排时间回应这个情绪反应。然后你重新专注地倾听客户，并提出好奇的问题。

设定目标——让客户锚定意图去实现期待的结果，并制订具体的、可衡量的、鲜活的、相关的、有时间节点的并让别人知道的计划。

示例："你会创造什么？是什么激励你实现目标？你什么时候采取行动？结束后会是什么样子？你会和谁谈论你的目标？"

展望愿景——让客户探索宏大的图景，并为理想的未来创造视觉化的提醒。在问他们看到什么之前，我们先让他体验愿景。

示例："吉尔（Gil），抛开一切束缚，想象一下，你比自己最疯狂的梦想还要成功。你看到了什么？"

就像其他领域一样，精通教练技能需要不断练习这些基础技能，直至这种练习成为自己的第二天性。然后，我们就可以跳出这些技能的框架，进入自发即兴创造的新层次。

要考虑的问题

你运用得最自如的三个教练技能是什么？

哪三种教练技能是你想要进一步练习使用的？

你如何能更多地练习这些技能呢？

提出赋能式问题

有别于传统观点，教练不给建议。背后的理念是让客户考虑他们自己的情况，在思考过程中找到自己的解决方案。让客户理解这一点，是从教练提出有

> "为什么"式的问题往往会让人产生抵触情绪，断开连接。可以简单地回答"是"或"不是"的问题被认为是限制探索、可能性和对话的封闭式问题。

好奇心的赋能式问题开始的。赋能式问题是开放式的，邀请人们衡量、思索、敞开心扉、留意、发现和觉醒。它们引发客户的洞见、顿悟的时刻和机会。赋能式问题让客户全身心参与，并促进身心连接。

赋能式问题往往从"什么"或"如何"开始，它们通常是简单的，出自直觉或是即兴自然的。以"何时"开头的问题，如果不是为了满足教练对与客户议程无关的信息的渴望，也可以给客户赋能。"为什么"式的问题往往会让人产生抵触情绪，断开连接。可以简单地回答"是"或"不是"的问题被认为是限制探索、可能性和对话的封闭式问题。

赋能式问题的其他准则

带来清晰感

鼓励自省

指出矛盾之处

连接人的需要和渴望

考虑一个新的视角

帮助人们从不同的角度看待问题

深入探索或进入新的领域

给内心冲突带来光明

深入信念或特定模式的根源

帮助人们面对恐惧并从中学习

询问新的东西

创造特定的参与

邀请深度反思

引发反馈

激发行动

赋能式问题的例子

追问式问题

你想要什么?

那有什么重要的?

什么让你感到兴奋?

你的意图是什么?

你忽略了什么?

厘清价值

在这个处境下,你关心的是什么?

这段经历对你有什么价值?

你想要什么?如果你得到了,接下来你想要什么?

这个计划如何遵循你的价值观?

你致力于什么?

设定有挑战性的目标

如果你知道你将会成功,你还会做什么?

如果你提高标准,它会是什么样子?

你怎样才可以下一盘更大的棋?

你的宏大图景是什么?

什么行动会让你兴奋起来?

扩展选项

有什么可能性?

如果你有一根魔杖,你会做什么?

你希望产生什么影响?

你有哪些选择?

如果你当时不约束住自己，会有什么可能？

获得支持

谁能帮助你妥善回应文化差异？

你需要什么帮助？

谁能在那个方面帮助你？

你能委派别人做什么？

你能提出什么请求？

如果你知道对方会答应，你会向谁求助呢？

行动问题

你打算如何实现它？

你如何把它分解成更详细的步骤呢？

你打算做什么？什么时候之前？你会告诉谁？

还需要做什么吗？

从 1 分到 10 分给你在这个计划上的投入程度打分的话，你打几分？

突破障碍

你遇到了什么障碍？

在理想的世界里，你会如何应对这个问题？

什么会激励你改变？

如果事情没有变化，你会付出什么代价？

假设你知道答案……

减轻焦虑不安

你能对什么说"不"？

你能停止做什么，为重要的事情腾出空间？

你可以不再容忍什么？

你现在做的事情中，哪些是会起作用的？

如果你只关注一件事，那会是什么？

激发智慧

下次你会做些什么不同的事情呢？

关于这件事，你的内心告诉你什么？

当你处在巅峰状态时，有什么不同？

你的直觉告诉你什么？

你真正想要的是什么？

当你给客户进行进一步深入的教练引导时，下面的问题会对你有所帮助。

与灵魂连接

鲜活——你最鲜活的是哪些方面？

深度——最深入或最疯狂的可能性是什么？

进入内在——最深层的自己是什么样的？

一致性——你生命中最深刻依循的是什么？

在一起——和自己在一起是什么样的？

与精神连接

完整——完整意味着什么？

热情——你的热情在你内在的哪些地方？

臣服——向更伟大的事物臣服，会是什么样子？

信任——你身体里每个细胞深信的是什么？

挑战——宇宙想让你下一步挑战的是什么？

爱——你如何在工作中创造爱的文化？

与身体连接

笑——什么带给你欢笑？

轻盈——在你内在的哪里，你的忧虑不再存在？

能量——你什么时候发现自己情绪高涨？

行动——什么促使你行动起来？

感官——你的身体以什么方式流动？

美——爱和欣赏你身体的每个地方是什么样子？

与头脑互动

最佳思考——你如何开发大脑全部的能力？

想法——什么是可能的？

愿景——如果你可以拥有任何东西，你想要什么？

可能性——有别的吗？

判断——什么价值观遭到了威胁？

选择——你选择把注意力放在哪里？

与情绪连接

接纳——你可以如何拥抱你的情绪？

快乐——你在庆祝什么？

恐惧——你的恐惧在召唤你做什么？

悲痛——你错过了什么机会？

难过——难过中有什么是甜蜜的？

羞愧——你渴望疗愈什么？

愤怒——你的愤怒会召唤你做什么？

限制性问题范例

封闭式问题

你能修复它吗？

你能得到更多的资源吗？

你对此产生影响了吗？

"为什么"的问题问的是故事、逻辑以及选择背后的思考,它们往往暗示着评判或批评。"为什么"的问题可能会让人在心里重拾旧的信念。

这些问题的答案是"能"或"不能"。而开放式问题激发新的思考方式,例如:"你如何修复它?""你能做些什么以得到更多的资源?""你希望带来什么影响?"

信息类问题

你有多少员工?

你在大学主修什么?

还有谁参加了会议?

所有这些问题带给我们的信息并不是我们真正需要的。即使我们不了解整个状况,我们仍然可以有效地进行教练。

"为什么"的问题

你为什么不采取行动?

你为什么这么做?

你为什么要寻求帮助?

"为什么"的问题问的是故事、逻辑以及选择背后的思考,它们往往暗示着评判或批评。"为什么"的问题可能会让人在心里重拾旧的信念。在进行教练引导时避免"为什么"等评判性问题,这样你就能尊重客户过去的选择背后的需要,也能让他对未来的新选择保持开放的心态。当然也有一些例外,比如"为什么这对你很重要?"。

引领性问题

你不认为你应该……吗?

你试过……吗?

如果你……不是更好吗?

这些问题几乎都是不加掩饰的建议，它们没有帮助客户发现他自己的解决方案那么赋能。同样，如果你已经知道答案，就不要自找麻烦问问题了。

评判性问题

你认为那是正常的行为吗？

她以为她是谁？

你想侥幸逃脱吗？

好奇心与评判完全不同，好奇心是一种开放的状态。

退缩性问题

你是不是承担得太多了？

你确定能应对这一切吗？

你真的认为你准备好了吗？

出于保护客户避免潜在的失败的愿望，刚开始做教练的人有时会鼓励客户退缩。熟练的教练帮助客户拓展愿景的同时，也创造性地回应潜在的障碍，例如："你怎样才能跨越这些障碍？"

肯定、拥护、庆祝和欣赏

行人啊，世上本无桥，走着走着，人们就建起了桥。

——格洛丽亚·E. 安扎尔达（Gloria E. Anzaldúa）

肯定客户的本质，拥护他们的理想，庆祝他们的成功，欣赏他们所增加的价值。这些都是为生命服务的教练技能。

| 肯定不同于称赞，称赞意味着评估和评判。

肯定本质

肯定客户的本质是我们从心底"看见"客户的一种方式。我们通过分享自己看到、听到和感觉到的对方的品质来肯定他们。我们这么做的目的是支持他们感觉到自己的核心被真诚地看到了。

例如：

当我听到你在工作时说了真话时，我被你的勇气打动。你注意到了什么？

你很珍惜你的自我觉察，以及你在工作和家庭之间创造的平衡。

你非常关心人们理解做表面文章带来的影响。

我想肯定你承担责任的方式，那就是你针对最重要的事情采取行动。

听起来这和你的价值观非常相符，你完全尊重它们。

离开你的舒适区真是太好了。

你对成长的承诺是坚定不移的。

肯定不同于称赞，称赞意味着评估和评判。

例如模糊的称赞：

做得好！

你太棒了！

干得不错！

太出色了！

与称赞不同，我们肯定客户内在的核心本质。真正的肯定对客户当下而言是独特的，但也指向他们持久的品质。肯定的范围包括他们的立场、成长、学习和我们所看到的其他方面。我们说出客户的品质，这些品质似乎对当下正在发生的事情而言是核心的或重要的。当我们肯定客户独特的品质时，他们通常会更充分地体现它们。

我们可以通过直觉、意念、体察能量或观察来觉察客户的本质，并分享我们对他的肯定的来源，帮助客户了解我们肯定的基础。

肯定本质有三个步骤：

1. 表达肯定
2. 倾听对对方的影响
3. 当客户没有收到或部分收到肯定的时候，继续跟进。

用简短的话（直奔问题的核心）来表达肯定可以更有力量。我们不用一直说下去。我们说出对客户的肯定，然后暂停。一些客户在一开始想要继续进行教练引导，忽略或否认你的肯定。继续跟进包括放慢过程，重复或改变肯定的措辞，询问是什么阻碍他们接受肯定，或者邀请他们保持沉默并体会它。这并不意味着我们将我们的肯定强加给我们的客户；我们不执着于自己的肯定，并询问客户如何看待我们的肯定。因为每个人接受肯定的方式不同，所以我们要保持敏锐。即使客户并没有对我们所给出的肯定产生共鸣，也可能会出现一些新的东西，例如客户确实希望听到某个肯定。

拥护

当你拥护你的客户时，你帮助他们看到可能对他们来说感觉不明显的事情。你可以指出他们的优势和核心价值，强调他们的能力和他们自身丰富的资源，帮助他们提高自己的期望。本杰明·迪斯雷利（Benjamin Disraeli）说："你能为他人所做的最大的善事，不是分享你的财富，而是帮助对方发现他自己的财富。"

例如：

"多米尼克（Dominique），你去年接手了那个全球大项目，虽然很有挑战，但你按时在预算内完成了它。我相信你同样有能力把这个新项目做好！"

拥护客户就意味着我们站在客户的立场上为他们发声。我们提醒他们抱持的价值、他们的愿景、优势和过去的成功，唤醒他们自身的力量。我们知道他们可以跨越挑战，无论是在个人生活还是在工作中，无论是内心的挣扎还是外界的挑战，因为他们之前克服过挑战，我们可以说出一些他们曾经遇到过的具体的挑战。我们不仅可以引述他们采取过的行动，也可以引述他们的才能、蜕变或已扩展的意识。

我们发自内心的拥护会让客户突破现状，迈向新的可能性。当我们对客户的拥护自然地出现时，那将对客户产生最深刻的影响。相反，如果我们是为了让他们改变而刻意为之，他们会觉得自己的现状有哪里不好。当我们对客户的庆祝在心中升起，并且无法阻止它倾泻而出时，我们就知道这是真的。"你比我认识的任何人都更坚定地制止人口贩卖。我很肯定你不会选择放弃。我现在给你的挑战是，请你去帮10个人的忙。"

虽然这种支持客户立场的技能通常是在客户自我怀疑或质疑自身能力的时候使用，但我们也可以在客户完成项目的最后阶段，甚至在他们乐观自信时这样支持他们。"我还记得当你发起改变的倡议时，你是如何运用调解技巧来帮助那两个对立的团体合作的……现在就连接你那个部分吧。"

拥护技能包含两个主要元素：庆祝和挑战。两者协同产生的作用源自更深层的觉察和向前采取行动两个方面的结合。以客户曾经做过的具体的事情为例提出挑战。

相反，"我相信你"模糊且空洞，直到加上我们相信客户实际上可以做的事情才会不同。"你有人脉关系能在月底前筹集足够的资金启动这个项目。"

拥护并不是空洞的啦啦队口号（"你可以做到！"），因为它是基于数据的。如果试图在客户能量不足的时候让他们振作起来，那我们就太辛苦了。进行有事实依据的庆祝，然后邀请他们追求渴望的目标，这样的挑战才更真实和有效。"你每天都进行深入的自我觉察练习。我请求你把这种自我亲近感带到你和老板的关系中并向他敞开心扉。"

当我们的客户处于绝望的深渊时，否定他们的体验会让他们感到孤立无援。说"你是个坚强的人，你可以振作起来……"是没用的。不要试图把他们从深渊里拉出来，留心他们开始自己往外爬、不再绝望、看到希望的时候，因为这是激发他们的能量的时候。我们此时处在当下，迎接正在酝酿的势头。"你在黑暗中，但远方的光芒在召唤你。这个召唤让你既感到害怕也感到兴奋。你有走向光芒的自由。"

如果我们对客户的拥护用力过猛，就会让人听起来太过谄媚、做作或夸张。"你真勇敢……"听起来很单调，除非我们给出例子："你向那些投资者讲述了一个你内心感到很柔软的故事，并向他们提出了你的需要。"说出我们自己的体验可以提升连接的品质："当我想象你坐在驾驶员的位置时，我都起鸡皮疙瘩了——你拥有领导力，却真诚地分享你面对权力和特权时的挣扎。"

我们支持客户相信他们自己，同时也鼓励他们继续向前行动。我们呼吁他们自我肯定，让他们沉浸在自我肯定带来的自信和独特的美好之中，然后我们再呼吁他们付诸行动。"品位与更强大的力量连接，现在带着这力量制订你的行动计划吧。"

庆祝

为了充分体验这种快乐，我们会为客户庆祝。我们的客户希望庆祝哪些里程碑？他们将如何庆祝？我们不会等到目标完成和愿景实现时才庆祝，不会等到改变的计划完成了或者书完成了才庆祝。

> 寻找机会来庆祝过程中的小成功。改变我们的行为是一项不小的壮举，所以我们创造里程碑和仪式来支持这些改变的历程。

寻找机会来庆祝过程中的小成功。改变我们的行为是一项不小的壮举，所以我们创造里程碑和仪式来支持这些改变的历程。

庆祝不必是华丽的或昂贵的。你可以说："我庆祝你的勇气。你冒了很大的风险提出一个有争议的方案。"或者你可以问："你想如何庆祝这重要的一步？"

最终，我们希望通过提出赋能式问题帮助客户为他自己庆祝。我们可以共同创造一个影像或用一个比喻，如一些值得记忆的东西，作为他内心庆祝的一种方式。"我看见你被许多疗愈者包围着。当你踏进这些疗愈者的中心时，你会庆祝什么？"

庆祝的方式可以是激烈和大胆的，也可以是温和与敏感的。我们可以为客户创造空间，让他们以适合自己的方式接收我们的能量。在某些文化中，人们喜欢慢慢地沉浸在庆祝的能量中，享受柔和缓慢的庆祝之舞。

欣赏

人们依循自己的价值观而生活、产生新的洞见以及为重要的事情采取行动，常常会对作为教练的我们产生影响。他们的内在和外在的工作可以成为我们灵感的来源。肯定是纯粹地关注客户，而表达欣赏的焦点来自教练，后者可以强化双方的互动和连接的品质。肯定通常能帮助客户更全面地看待自己，或支持他们在生活中做出改变，而欣赏则是教练诚恳地表达自己内心鲜活的东西。

完整的欣赏包含三个部分：

1. 客户可被观察到的行为
2. 情绪影响
3. 教练感到满足的是什么

"凯莎（Keisha），当你和我提到对贫困人群所接受的医疗不公平所感到的愤怒时，我感恩你和我分享你的真实感受。你唤醒了我内心更真诚地表达自己的渴望。"

当我们和客户分享他的工作带给我们的影响，例如对我们的激励、给我们的想法带来哪些改变、我们自己的转变和成长等，我们和客户的伙伴关系就会深化。我们不是告诉对方类似于"我欣赏你"这样的含糊其辞的赞美，而是分享我们所欣赏的具体事物以增进双方的亲近感，并赋予教练伙伴关系以力量：

> 我欣赏你发自内心地探索，因为……
> 你想知道你是如何为我的幸福做贡献吗？
> 我感到内心很柔软，这连接到了我对……的渴望
> 你做的事情中最让我感动的地方是……
> 我被你的脆弱所触动——你对我心里打开了什么感兴趣吗？

构成欣赏的元素能促进双方建立公开透明的关系，帮助客户感知到自己的力量和影响力。在教练关系中双方都有所收获，能帮助双方建立更加牢固的关系，让双方更加亲近和真诚。当我们的客户了解了他们对我们的影响时，这种双方平等、互惠和权力共享的体验进一步强化了教练关系。

请求和挑战

请求和挑战的主要区别在于，客户通常会答应我们的请求，但面对我们提出的挑战时，他们会先屏住呼吸，考量如何回应我们提出的挑战。在这两种情况下，我们都会深入倾听客户看重的东西，而且我们提出请求是为了帮助他们走向更美好的未来。我们不命令客户，而是邀请客户采取行动，我们也会敞开心扉听他们回答"是"、"不"或"重新商量一下"。

请求和挑战都是为了客户提出的，而非为了教练。在外面的世界中，人们的请求经常是为了自己而提出的。

> 理想情况下,当客户对一个挑战说"不"时,我们就知道对他而言我们提出的是一个挑战,而不是一个容易答应的请求。

你把你正在读的那本书的书名发给我好吗?

你能推荐一位整形外科医生吗?

你会在我的网站上给我反馈吗?

但在教练过程中,我们专注于纯粹为客户提出的请求和挑战。

为了开始建立你想要的关系,你今天会给你女儿打电话吗?

你会给自己放个假,休息一晚上吗?

你会制订一个行动计划,去获得你需要的资金吗?

如果我们深入地倾听,客户通常会答应我们的请求,但往往会被我们提出的挑战吓倒,因为我们把他们带出了舒适区。

我们向客户提出一个挑战,一个真正的挑战,我们接收到的第一反应是对方好奇地睁大眼睛,而当他完全体会到挑战的影响时,还会略带一丝惊慌。例如,"你说你已经拖延了很多年,所以我对你提出挑战,请你在一个月内写完你的书。"起初,客户对这个大胆的挑战说"不可能"。但是当教练继续保持沉默不语时,客户会在惊讶之余说:"你认为那可能吗?那可太棒了!"

理想情况下,当客户对一个挑战说"不"时,我们就知道对他而言我们提出的是一个挑战,而不是一个容易答应的请求。从这个角度而言,我们提出的并不是不符合逻辑或和现实相差甚远的挑战,而是说它超出了客户的感知范围。如果客户毫不犹豫地说"是",就意味着我们发出的是一个请求。相反,挑战往往会遭到客户的拒绝或者讨价还价。

尽管挑战意味着推动客户超越他们所感知到的边界,但它必须是具体和明确的,才能对客户产生影响。"我向你提出挑战,那就是你会成为一个更好的盟友。"这句话具备了一个激励人心的挑战具备的要素,而且任何人都可以对此做出肯定的回答。所以,作为对客户的挑战,它是不完整的。挑战必须包含一些可行的东西!

"我请你挑战向更多的人寻求支持"不够具体。多少人算是更多呢？你想让客户寻求哪些具体的支持？

为了提出更清晰的挑战，我们需要加上一个具体的行动，例如，"请10个人帮助你开展你的艾滋病孤儿项目"，或"找3个伙伴帮助你启动你的项目"，或"请5个有可能会资助你的人为你的禁止切割女性生殖器的倡议捐款"。一旦我们得到客户的回应，即使是带着犹豫的回应，我们就可以补充说"在周末之前"。即使客户感到意外也不要后退。再推他一把！

如果客户马上对我们的挑战说"是"，那可能意味着没有挑战成功——我们只是提出了一个简单的请求。如果他们的表现是倒吸一口气、挺直身子或者大吃一惊，那么我们可能关注到了他们最深切的渴望。

挑战是在明确、正向、可行的请求之上的扩展，还包含了另一个要素——挑战的真正力量在于客户感受到被提出挑战的人深切地看见。挑战不仅仅是让某人针对自己某件重要的事情采取行动；它是一种强烈的同理心，让人们连接到自己的生命动力。当体验到深切的同理心时，人们通常会进入深度喜悦、幸福的状态。但是我们如何帮助人们把这个状态融入他们的生活呢？这是一个例子，"所以你想要更自爱一点？我请你挑战拥抱内心的'反抗者'，每天冥想30分钟并坚持一周——连接'反抗者'为你发出的真正的渴望。"

提出挑战的真正本质远不止如此。向客户提出的挑战的第一步是明确他们准备找回灵魂中丢失的哪些部分。这就是挑战的乐趣所在！在支持客户朝着本来整全的自我行进的位置上，我们欣喜地挑战他们的旧信念或假设，让他们不再谨小慎微，或者帮助他们释放热情。我们可以抱持着他们最高的梦想和可能性，即使他们自己可能还未看到。

挑战是为了挑战的接收者而不是挑战的提出者提出的。这和让你的孩子捡起他们的袜子，或是让你的下属在周五之前完成项目是不同的，因为这些都与你自己和你的议程有关。为了挑战客户，我们让他们知道我们看到了他们的梦想和他们的全部潜力。我们也表达我们对他们的信任。这就是我们让他们屏住呼吸的方式，因为他们开始重新审视自己。

再举几个挑战的例子，这些挑战必须与客户自己想着要进行的议程联系在一起，而非教练想要客户做什么：

你想要支持，所以我给你提出挑战：你在接下来的一个月内找到三个与你有共同价值观的模范给你做督导。

你厌倦了到每个月底没有足够的钱，所以我给你提出挑战：你这个月减少10%的开支。

所以你想成为一个更积极的行动者？我给你提出挑战：你召集10名以色列人和10名巴勒斯坦人一起制定一项社会改变倡议。

若我们将挑战与当下，也就是刚说出的话，以及客户的愿景和目标联系在一起，我们就深化了我们看到客户的方式。例如，"你刚刚提到很想收养一个有特殊需要的孩子。那么，我给你提出挑战——你每天承诺用一个小时的时间去实现它。现在，在你的日历上留出时间，给需要你的孩子高质量的生活。"

要考虑的问题

你想对自己提出哪三个请求？

你想要探索哪三个离谱的挑战？

注意力放在哪里

有这么多的选择，教练们要寻找什么？把注意力放在哪里？

关键词——客户说出的前几个词可能会揭露一些东西，所以要留心客户首先说出的那些事情。当客户重复说出一些词语时，留意它们并对它们保持好奇心。注意哪些词语里蕴含着能量。

渴望——我们时刻倾听客户想要什么。即使他们不停地说什么是他们不想要的，或者什么是行不通的，我们也可以倾听他们真正想要的。

没有说出来的东西——关注客户想要保护什么。有时他们会直接说"我不想谈我失去了什么"，这表示他们在保护一些有价值的东西。其他时候，他们回避的东西是更不容易觉察的。我们通过直觉了解表象下的东西，倾听有什么正在呈现出来。

有什么正在呈现——留意当下有什么鲜活的东西或出现了什么东西。回应正在发生的事情就会发现也许会被错过的东西。这些信号可表现为情绪、语调、话语、能量的转换、说话的节奏、呼吸等等。把我们的注意力放在此时此地，就会产生觉察、深度和鲜活性。

情绪——这是人类体验的仪表板，情绪让我们知道引擎盖下在发生什么。特别留意眼泪和笑声——它们指向客户内在世界流动的东西。

身体——身体显示出一切，留心身体姿势、面部表情的变化以及身体收缩了还是更舒展了。特别注意四肢——手和脚能给我们提供很多信息。

容易的地方——积极地指出客户当下有效的作为或者容易做到的下一步。如果客户缺乏资源或可能性，向客户指出之前有效的事情。专注于有效的方面将他们与过去的成功、创造力和他们自身具备的资源联系起来，而专注于问题往往会导致更多的问题以及更缺乏创造力。假设客户知道前进的道路，并能找到行动已经开始的地方。

表面议程、深度议程和转化议程

我们的职责是支持客户探索他想进行的议程。我们怎么做呢？客户的议程是什么？

询问我们的客户想要教练哪些方面，是将主导权交给客户，让他们思考和说出他们想要什么。他们的答案往往只是冰山的顶端。

例如，一个客户想知道如何开一个重要的会议。他希望能进一步清晰在会议上的发言和他该如何准备，以及他希望会议如何进行。这就是他的"表面议程"和教练引导的目标。从更深层的角度来看，很明显他想要更真诚和放松，而不是在会议期间戴上面具表演。这是他的"深度议程"。

表面议程和深度议程都是合理及重要的。作为教练，我们既要关注客户想要做什么，也要关注客户想成为什么样的人。这让他在会议朝着意想不到的方向发展时能够灵活应对。他会思考自己的观点，在那种情况下做什么以及如何表现。

客户经常带着想要处理的事情来到我们这里，然后发现背后还有更重要的东西。在这个例子中，他想成为他自己，放下他对自己必须成为所有事情的专家的期待。说到这一点时，他发现他对自己的期待阻碍了自己，而当他更自在地做自己时，会议就不再看起来像被阴霾笼罩。对自己的新发现改变了他对会议的看法，也改变了他要做的准备。通过改变他的观点，他跟自己越发亲近，能更流畅地回应会议中发生的任何事情。

教练进行时 | 寻找更深入的议程
CFT 转化教练马尼西·斯利瓦斯塔瓦

教练：那么，安雅（Anya），今天你想在什么方面接受教练？

安雅：愿景。我需要让我的愿景更清晰，真正了解我的愿景是什么。（表面议程：清晰愿景。）

教练：我们看看……如果你清晰了愿景，会给你带来什么？（寻找深度议程。）

安雅：更自信，还有更明确地行动。知道如何为自己找到事业和工作机会。（深度议程：找到事业。）

教练：让我们继续探讨一下你的愿景。关于你的愿景，哪些地方你已经清晰了？

安雅：我想在女性赋能领域工作。尤其是那些有一段时间离职休息，想要重新回去工作的人。还有……

教练：（这时，我问自己："她的灵魂在渴望什么？"当她谈到女性赋能时，我发现她在说这个词的时候有些犹豫。她把"赋能"这个词说了三遍。她说的女性赋能的故事与她自己的故事有相似之处。我对"赋能"这个词产生了一种直觉。）

教练：当你谈到女性赋能时，我有一个问题想问你：什么会激发你的力量？

安雅：（停顿和叹息）……别人从我身上夺走了力量。对我来说，激发自己的力量有些挣扎。今天我还在想，如果我想从事女性赋能的工作，我正在如何为自己赋能呢？当我给自己赋能的时候，进展很缓慢。（转化议程——释放我的力量。）

教练："力量"在你身体里的哪些地方？（我进一步探索转化议程，围绕"力量"自然展开。）

她指着她的下腹部/子宫，说她的力量在那里，像一个脉轮（能量之轮）一样。我们使用"拥抱阴影"与她的脉轮进行激烈的对话。脉轮说它在过去的五年里没有被重视，如今想要重新获得它的力量。当重新回到觉察的位置上时，脉轮来到了她的喉咙而不是腹部，想要表达它真正的力量。

后来，在反思这个过程时，安雅和我分享说，她感觉就像一个老朋友回来了。她也提到五年前（当脉轮休眠时），她的母亲去世了。她渴望与这种内在的力量重新建立连接（转化议程），这种力量现在在她的事业和实践中体现出来了（表面议程和深度议程）。

通过厘清深度议程，教练引导包含了会议准备行动和状态两个方面。客户产生更深入的自我觉察，从他的直觉、想象和兴奋中汲取灵感。

客户带来的议程的另一个方面是倾听客户想成为什么样的人以及还有什么可能性。转化式倾听引出转化议程——客户的核心需要或灵魂需要。

客户所展现的转化议程不仅与当下出现的问题有关，对客户的个人成长也至关重要，是超越了当前面临的很多问题的人生召唤或人生课题。有时教练会指出它来，有时选择默默地追踪它。我们不断地寻找转化议程，留出空间等待机会的出现。

在上述马尼西的故事中，客户的转化议程是为更大的善全力以赴——学会如何使用组织和科技为人类做贡献。

在任何教练引导中，我们都抱持这三个议程。我们知道客户想要开一个成功的会议（表面议程），当我们进一步探索时，我们会帮助他提升运用内在力量的技能和能力（深度议程），而最终浮现出来的是转化议程（为人类做出贡献）。同时，我们抱持着客户的转化议程，支持他对身体、心灵、灵魂和精神的觉察。调谐到客户的转化议程就像发现了源源不断的且滋养生命的地下泉，即使我们不是时刻觉察到它的存在。

帮助客户找到表面议程的问题：

今天你想在哪些方面得到教练？

现在最鲜活的是什么？

你今天想重点关注什么？

你希望这次教练引导如何开展？

你想探索什么？

你今天想要获得什么？

你对什么感到好奇？

你想怎么开始？

你此刻的感受是什么？

机会。(深度议程:找到事业。)

教练:让我们继续探讨一下你的愿景。关于你的愿景,哪些地方你已经清晰了?

安雅:我想在女性赋能领域工作。尤其是那些有一段时间离职休息,想要重新回去工作的人。还有……

教练:(这时,我问自己:"她的灵魂在渴望什么?"当她谈到女性赋能时,我发现她在说这个词的时候有些犹豫。她把"赋能"这个词说了三遍。她说的女性赋能的故事与她自己的故事有相似之处。我对"赋能"这个词产生了一种直觉。)

教练:当你谈到女性赋能时,我有一个问题想问你:什么会激发你的力量?

安雅:(停顿和叹息)……别人从我身上夺走了力量。对我来说,激发自己的力量有些挣扎。今天我还在想,如果我想从事女性赋能的工作,我正在如何为自己赋能呢?当我给自己赋能的时候,进展很缓慢。(转化议程——释放我的力量。)

教练:"力量"在你身体里的哪些地方?(我进一步探索转化议程,围绕"力量"自然展开。)

她指着她的下腹部/子宫,说她的力量在那里,像一个脉轮(能量之轮)一样。我们使用"拥抱阴影"与她的脉轮进行激烈的对话。脉轮说它在过去的五年里没有被重视,如今想要重新获得它的力量。当重新回到觉察的位置上时,脉轮来到了她的喉咙而不是腹部,想要表达它真正的力量。

后来,在反思这个过程时,安雅和我分享说,她感觉就像一个老朋友回来了。她也提到五年前(当脉轮休眠时),她的母亲去世了。她渴望与这种内在的力量重新建立连接(转化议程),这种力量现在在她的事业和实践中体现出来了(表面议程和深度议程)。

通过厘清深度议程，教练引导包含了会议准备行动和状态两个方面。客户产生更深入的自我觉察，从他的直觉、想象和兴奋中汲取灵感。

客户带来的议程的另一个方面是倾听客户想成为什么样的人以及还有什么可能性。转化式倾听引出转化议程——客户的核心需要或灵魂需要。

客户所展现的转化议程不仅与当下出现的问题有关，对客户的个人成长也至关重要，是超越了当前面临的很多问题的人生召唤或人生课题。有时教练会指出它来，有时选择默默地追踪它。我们不断地寻找转化议程，留出空间等待机会的出现。

在上述马尼西的故事中，客户的转化议程是为更大的善全力以赴——学会如何使用组织和科技为人类做贡献。

在任何教练引导中，我们都抱持这三个议程。我们知道客户想要开一个成功的会议（表面议程），当我们进一步探索时，我们会帮助他提升运用内在力量的技能和能力（深度议程），而最终浮现出来的是转化议程（为人类做出贡献）。同时，我们抱持着客户的转化议程，支持他对身体、心灵、灵魂和精神的觉察。调谐到客户的转化议程就像发现了源源不断的且滋养生命的地下泉，即使我们不是时刻觉察到它的存在。

帮助客户找到表面议程的问题：

今天你想在哪些方面得到教练？

现在最鲜活的是什么？

你今天想重点关注什么？

你希望这次教练引导如何开展？

你想探索什么？

你今天想要获得什么？

你对什么感到好奇？

你想怎么开始？

你此刻的感受是什么？

找到转化议程的重点不在于结果是否正确,而是与鲜活的东西连接,并在进行教练的过程中找到客户成长进程中有能量的线索。

你今天有什么议程?
你想从这次教练引导中得到什么?

有助于挖掘深度议程和转化议程的一些问题:

现在对你来说最重要的是什么?
这里潜藏的是什么?
还有比这更深的吗?
为了今天有所收获,你必须了解自己的哪些方面?
这件事情最重要的是什么?
你对此有何感受?
你真正想要的是什么?

作为教练,我们也向自己提问,帮助我们了解客户的转化议程:

当前最重要的是什么?
未开发的资源是哪些?
让我们感到惊讶的和伟大的事物,最深刻的表达是什么?
客户已经是完整的,他如何更充分地呈现完整性?
我是不相信还是忘记了客户有丰富的资源?
这个客户想创造什么不同?

关注转化议程并问自己这些问题,我们就会心胸开阔地接受当下出现的新事物。什么正在浮现?他们会成为什么样的人?问题的答案主要来自我们双方共同的直觉,而不是逻辑。就像在绘画或任何创作中,我们跟着直觉走,看它会把我们带向哪里。在这个层面上,我们进行心灵的交流。找到转化议程的重点不在于结果是否正确,而是与鲜活的东西连接,并在进行教练的过程中找到客户成长进程中有能量的线索。

教练进行时 | 解决问题或看见可能性
CFT 转化教练迈克尔·赖特

在教练的行话里,有一句是这么说的:"教练客户而不是教练问题。"这意味着客户遇到的问题不应该是教练过程的重心,客户才是。问题是有限的,通常有限定的范围和时长。然而,客户是智慧和知识的无限源泉。生命本身是客户的核心。

作为一名初出茅庐的教练和训练有素的律师,我非常想帮助客户解决他们的问题。谁不真心地希望帮助别人,让他们可以如释重负?我这个无意识的渴望,让我教练的是问题,而不是客户。

为了转换我解决问题的心态,我需要信任一点,那就是即使不纠缠于问题,我的工作仍然有价值。因此,我试着从客户那里得到一个表面的议程(他们知道的问题),然后深入深度议程(客户内心深处的渴望,以及回答这个问题:这个对你来说重要的是什么?)。之后,我拥抱深度议程,把它当成"北极星"。例如,不对客户提的问题"我不想过度承诺和压力过大"进行教练,我们探索客户为了"感到更平静、放松、有空间"的深度议程,甚至是"与朋友和爱人更美好地连接"的深度议程。

在与更深的渴望共舞时,教练过程的重点转移了。客户的内在核心和他们的心灵成为教练关注的重点。开始的时候,放手有点吓人。但在转换焦点的过程中,我可以感觉到我们正在走出旧的以问题为中心的模式,来到一个我们通常感觉不那么亲近的地方——我们最深处的真我。我们很少坐下来思考内心的渴望。

这种亲近的关系让我们更加关注自己的内心。当我们给客户内心的渴望注入生命力时,我们常常发现客户的问题会逐渐从眼前消失。心灵成了舞台的中央。深入内心深处让他们扎根于真我。在那里,愿景不再是问题,而是新的现实和可能性。

表面议程和深度议程是为转化议程服务的。当我们的客户探索深度议程时，我们处在当下并对自己的直觉开放，我们就能感觉到他们的表面议程和深度议程在服务什么。我们也会在探索环节或最初的环节得到线索，以了解客户的转化议程。探索环节的主要目的是更深入地了解客户。因此，我们庆祝鲜活性，作为助产士毫不犹豫地迎接要诞生的东西。

要考虑的问题

你想发展哪三种教练技能？

列出100个你可以询问客户的赋能式问题。

你的身体和你的感受如何告知你自己当下的觉察？

第四章　唤醒内在力量

在每个有机体的每个层级中，一股潜流流动着，不断充盈和完善着其固有的可能性。

——卡尔·罗杰斯

主题

唤醒内在力量的本质

激烈教练

扩充力量

前沿教练

不提问的教练

重构消极的语言

从阴影中寻找力量

回想你感觉自己很有力量的一个时刻。在那一刻，你与自己的内在力量源泉紧紧相连，与自己的核心协调一致。那些时刻带来了什么可能性？它为你打开了什么大门？什么比喻才能形容那种力量感和连接感？它可能就像是一只猛虎、一座火山或一股林间的风。

当我们连接到全部的内在力量时，我们就会变得更加自信，采取与我们的愿景和核心价值观一致的行动。唤醒内在力量是一个过程，它探索我们内在力量的全部维度，而不只是眼前立马可以看见的狭窄范围。唤醒内在的力量，就是要唤醒逐渐涌现出来的一切。在这一章中，我们将探讨如何唤醒我们自己的内在力量，以及如何唤醒客户的力量。

> 唤醒内在力量指的是我们与客户互动，促进客户连接其自身的创造力、整体性与全部潜能的过程。

唤醒内在力量的本质

唤醒内在力量指的是我们与客户互动，促进客户连接其自身的创造力、整体性与全部潜能的过程。当我们帮助客户探索他们最深层的渴望，而不急于解决眼前的问题时，我们可能就促进了客户的转化。当客户与他们自己的身体、情感和直觉智慧相连接时，其自然力量就会觉醒过来，得到成长。他们把连接自身的需要和渴求作为出发点，自然地演化到能够发现周遭世界的需要。

客户一旦汲取到自身的内在力量，就会调节他们做出观察、决策和行动的方式，对己对人都有好处。当客户与自身的核心相连接时，他们便会意识到什么才是真正重要的，从而生发出使命感，头脑清晰地采取行动。

当我们感觉到客户已经做好了准备，能够从事他们尚未意识到自己有能力从事的事情时，我们就唤醒了他们的内在力量。我们说出我们在客户身上看到的正在浮现的东西，这常常会促使他们进入崭新的自我体验。看似矛盾的是，这些崭新的体验，对于客户而言并非完全陌生，反而像是回家或重拾曾经迷失的部分。

教练进行时 | 唤醒内在力量
CFT 转化教练马尼西·斯利瓦斯塔瓦

当我与客户一同"唤醒内在力量"的时候，这引领我连接自己内在的全部力量与无条件的爱。我挖掘我内心深处无所畏惧的爱，定睛注视客户灵魂深处的渴望。我相信这种渴望的力量，并呼唤它进入意识。

我与客户一起进入未知的世界，发现魔法。只有我对客户的潜能充满爱和信心，才会得到积极的结果。有些时候，如果我达不到这种状态，持有评判、挑剔或苛刻的态度，就会遭遇失败，而客户会感到纠结，并以同样的态度回应我。反过来，我也将采取防御姿态，直到我回归到自己的中心，承认失败了，并重新启动这段教练关系。

我有一位客户，他曾在政府部门工作了很长时间，最近成为一家燃煤电厂（私营公司）的总经理。他发现，他在企业界比不上年轻、聪明的工商管理硕士，并一直认为他自己在私营领域表现得"不够好"。他讲这些话的时候，自始至终语调单一、毫无波澜。鉴于他的职业生涯堪称辉煌、他的职位很高，我对他显得死气沉沉且绝望感到惊讶。

我觉察到自己的沮丧，于是询问他："在你的工作和生活中，什么事情最让你有挫折感？"这时，他的语调才起了变化，言辞激烈地谈到公司对社区和环境缺乏责任感。他所在的公司污染水源以及破坏附近村庄的地下水，他对此感到愤怒。我问他想为此做些什么。他说："我什么也做不了，我在这个体系里没有多少权力。"

我看着他，思忖道："他是一家电厂的总经理，有15年的公共部门职业生涯，还有从事社会服务的家族传统。他父亲领导过一个合作社，他祖父是一名自由斗士。他怎么会什么都做不了呢？"不过，我没提出这个问题，而是问了一个让我自己都感到吃惊的问题。我问他："如果你的父亲和祖父现在走进这个房间，他们可能会说什么？"

我不知道这个问题会把我们之间的教练关系引向何方。这个问题让他感到震动。他盯着我看了很长时间，不回答我的问题。我也不说话，默默地注视着他的眼睛。我几乎要流泪了。

那一刻，我们之间产生了超越教练合同的深层连接。回想起来，那一刻我根本不关心教练合同及其是否续约。我只是在毫无畏惧地支持他内心深处的渴望。

沉默良久之后，我向他提出了一个挑战："我请求你在我们下次见面之前，给你父亲（已过世）写封信，请他来指引你的领导道路，看看他会说些什么。"

次月我再次见到他时，他的能量状态完全转变了。他的声音和外表都充满了激情。他说，他亲自会见了村民，让他们参与进来，并游说他的上司和公司老板，促使公司批准建设9家污水处理厂，其中3家污水处理厂已经建成。

这一切都发生在一个月的时间内。他不仅充分活出了他自己的力量，而且超越了既定的规范，真正地追随自己的热情。他在公司找到了新道路，担当可持续发展的领导者。完成与他的合作后，我意识到：我们的力量源泉往往就蛰伏在我们的人生旅程中，并且在我们人生的挑战中寻求展现。

你在客户身上看到了客户自己或许都看不清的什么东西？

来自一个非营利组织创始人的例子：

我刚开始接受教练的时候说："他态度敌对、脾气火暴，但他有政治关系，所以我考虑邀请他加入理事会。"教练说："真的吗？"我沉默了一会儿，接下来教练的话让我清醒过来。教练说："脾气火暴。我从你的声音里听到了五级火警的警报声。我还能闻到烟味。如果机构被'烧'成平地，那怎么办？"

来自一个政治活动家的例子：

我告诉教练："我的这个话题会让你感觉无聊。"她注意到了这一点，并迫使我意识到我自己限制性的思维。她有好几次都说："这很无聊。"

> 教练不是"租来的朋友"。教练不是跟着感觉走,而是有意识地建立一种严谨的支持型关系。

她对我的态度并非安抚式的,她不说"哦,你这个可怜的孩子……",而是对我说:"这是你的人生,你想要怎么过?"教练为了拓展我的生命而走出了她自己的舒适区。从来没人为我这样做。她是一个非常有爱心、有同理心的人,我没预料她会说那样的话,所以我很吃惊。我受到了震动,不再故步自封,也不再固守原来的做事方式。她为了拓展我的生命而变身成为战士。

来自一位新任执行理事的故事:

我刚刚加入这家组织时,犯了一些错误。我刚刚重新获得员工的信任,理事会就坚持让我接受高管教练。我认为这是一种变相的批评,完全抗拒与教练合作,毕竟我经验丰富,已经运作过好几个非常成功的组织。我很不情愿地开始了教练。结果你知道是什么赢得了我的心吗?事情经过是这样的:教练一听完我说的情况,就知道我在试图把大事化小。他说:"如果你不把这个错误彻底更正,游戏就结束了。"我艰难地咽了咽口水。他保持着沉默。最后,我说:"我需要你的帮助。"这个时刻对我来说意义重大。以前,我从来没说过"我需要帮助"这种话,但当我说出这句话的时候,我感到如释重负,这让我感觉很惊讶。

教练不是"租来的朋友"。教练不是跟着感觉走,而是有意识地建立一种严谨的支持型关系。我们主张,教练与客户双方共享权力,共同决定如何开展合作,以共创赋能式关系。双方都要承担风险,并就教练关系的进展情况给予彼此反馈。教练与客户一起努力寻找客户期待的结果。双方在互相尊重、信任、开放和诚实的基础之上,共同创建协议和架构,以唤醒客户的全部力量。

激烈教练

教练这种职业往往吸引着富有爱心、善于滋养他人的同僚入行，而这些人有时不知道什么时候该展现出强硬的一面。对于倾向于共情和鼓励别人的人来说，激烈教练可能是个挑战。教练引导需要勇气，而激烈教练就是对这种勇气的考验。

有别于回避带来不适感的行为，我们为了客户直面风险，走出舒适区。如果我们敢于激烈一些，进一步拓展我们自己，就能给教练关系注入更多活力和更深的信任。

激烈教练建立在弗兰克·法雷利（Frank Farrelly）工作的基础上。他是一名治疗师，对自己原来的工作效果感到不满意。于是，他为长期客户和顽固的客户创制了启发性的教练方式。激烈教练不使用一成不变的老办法，而是促使我们这些教练从业者不断拓展前沿的工作方式。我们不再依赖那些早已得心应手的方法，而是尝试用新方法与客户互动，拓展我们的工作视域。我们可以通过直面风险，来唤醒客户的力量。如果我们以前总是让客户听从指令，那就试着去为客户创造一个柔软、有爱、亲密的空间。如果我们以往习惯于提供温暖和支持，那我们可以尝试雷厉风行的干练风格。如果你一直以来习惯共情客户，那就尝试彻底诚实地表达。

激烈教练举例

卡梅丽塔（Carmelita）：我在想，我是否应该大胆地指出老板对年轻员工有偏见？

教练：这个问题你已经有答案了。

纽特（Newt）：如果我有勇气，我就会辞职。

教练：我看看我猜得对不对。你之所以不辞职，是不是为了让你自己感到痛苦，并且余生都继续痛苦下去？

纳迪亚（Nadia）：我好像在原地打转。我受够了。

教练：我也受够了。

特雷弗（Trevor）：我从来都不善于与人相处。

教练：那是从前。

苏兹（Suze）：我不知道如何做一个好盟友。

教练：我的测谎仪刚刚响了。你知道该怎么做。

妮可（Niko）：我母亲拥有所有的力量。

教练：那你打算什么时候开始掌管你自己的人生呢？

乔（Joe）：所以，我用拳头砸桌子，告诉他们我无法接受被拒绝，然后把手机扔到对面。

教练：你这样做，是为了明确地告诉他们……你只是想要被爱？

格雷琴（Gretchen）：我因为生病失去了这么多年时间。所有朋友都取得了很大成就，而我却远远落在后面。自从我父亲8年前去世后，一切都很糟糕。

教练：这些话我在教练过程中听到许多次了。难道你还想继续感到这么无能为力？你想要为此做什么？

通过激烈教练唤醒客户的内在力量，途径实在无穷无尽，这些简短对话只是简单举些例子。唤醒客户内在力量的时机就在当下每个瞬间。我们在真实、赋能的内在状态下做出回应，对各种可能性保持警觉。尤其当客户周复一周卡在同一个教练议题上的时候，你可以考虑扮演一下魔鬼提倡者，摧毁客户的旧有信念体系，淘气一点、发挥幽默感、提出离谱的建议或长时间保持沉默。

一些激烈教练的语句例子：

你这样自我设限有多久了？

这有什么不对吗？

如果发生了那种事，你可能会死。

那你为什么要操心呢？

要么这就是你的命，要么就是你在演苦情戏。

以上每句话乍听起来都与教练背道而驰，但如果带着关爱传递，它们可以让客户迅速走出困境。客户无论是感觉震惊、震撼、困惑还是愤怒，都能获得一些突破，这是因为你作为教练深爱着客户，唤醒他们去发现自己的洞见。客户以往认为绝对不可能改变的行为，突然变得令他们难以继续忍受，他们迫不及待地想要改变。

做好准备

激烈的语言可能会产生不理想的影响。如果客户感到紧张、自我封闭或退缩起来寻找安全感怎么办？如果你感到把他们逼到了这种境地，那就暂停下来。教练可以先转换能量的焦点，创造出更多的空间，身体靠后，并袒露自身的脆弱。我们可以指出当下的情况："我刚才的话好像让你感觉更困难了。我想调整过来，想知道怎样才能帮助你重建信任。"我们坦诚表露自身情感，有助于同客户建立连接。当我们与客户一起探索客户当下的鲜活感受时，我们就可以通过发现他们重视的价值，与他们重新建立连接。

如果教练与客户在教练关系开始时已经达成协议，双方都愿意接受一些风险，那么我们就可以庆祝小的挫败有助于带来长期的信任和最终的转变。

教练实践有挑战。当我们全力支持客户，在每个当下充分连接他们的感受、梦想和目标时，我们就是在挑战他们摆脱限制性的信念。我们怎样才能同时既提供支持和同理，又勇敢无畏地说出真相呢？我们期待客户提供教练引导的焦点、议程和目标，同时也坚持作为教练的议程，以充分服务客户。

唤醒客户的内在力量，通常需要教练采取一些舒适区之外的行动。我们可能营造更强烈的亲密感和连接。我们可能会态度激烈、言辞有力或提出挑战。有的时候，我们可能会慢下来，创造广阔的空间；我们可能会相较平常提高或降低音量，语速加快或放慢。我们也可能会做一些让客户感到不舒适的事情。这些都是教练的一部分。

请注意，一些客户在完全连接到自身力量时，不会总是乐观或愉悦，他们也可能感到哀恸、受伤或愤怒，同时拥有着强大的力量。

要考虑的问题

在激烈教练领域，你可以朝哪个方向成长？

你怎么才能在这个方向获得成长和超越？

实验这种教练方法后，产生了什么影响？

扩充力量

唤醒客户的内在力量，不是一种放之四海而皆准的做法。在一种文化背景下适用的方法，在另一种文化背景下可能令人感到被冒犯。当我们带着觉知建立教练关系时，我们就在开始唤起客户的内在力量了。我们在教练过程中发现

> 教练的一个美好之处在于,即使我们还没有做到完全释放我们自身的力量,但只要我们渴望全面地赋能,就能给教练和客户双方都带来提升。

什么为教练关系赋能、什么损害教练关系,再基于此继续构建教练关系。我们带着好奇心和谦虚的态度,创造有力量的教练关系,这段关系尊重客户和教练双方,为教练引导奠定坚实的基础。我们带着我们全部的能量、激情和承诺,让客户体验到充分的理解、尊重和赋能。

在跨文化的教练关系中,你在试图唤醒客户内在力量的时候,会考虑到什么因素?

释放教练自身的力量

当我们释放了自身的力量时,我们也就为唤醒客户的内在力量打开了门。教练的一个美好之处在于,即使我们还没有做到完全释放我们自身的力量,但只要我们渴望全面地赋能,就能给教练和客户双方都带来提升。

我们的教练立场于我们而言是一种资源,让我们重新连接自身的力量。我们袒露自身的脆弱,也呼唤出力量,这让客户不再自满,而是充满勇气,建立心灵的连接,焕发活力和真诚。我们可以在每次教练时,建立起走出舒适区的意图,而不是谨小慎微,只追求舒适。当我们敢于冒险时,我们就获得了一系列好玩、看似无厘头、大胆的介入方式,贡献生命。

> 有哪些办法可以让你更充分地打开你自身的力量?
> 什么能帮助你记得你自身的力量?

支持与赋能

无论我们是进行个人教练还是团体教练,我们在这个连续体上支持客户走向全面地赋能。随着客户不断进化并建立他们的自我连接,教练促进客户"自己工作",而这相对于"替客户工作",能做出更大的贡献。教练为客户赋能,除了为客户的内在工作创造空间之外,还有一种办法,就是将教练技巧转移到客户身上。下面的表格列出了支持型教练和赋能型教练的区别。

支持型教练 教练做更多的工作	赋能型教练 客户做更多的工作
我感觉，你感到泄气因为你渴望进展。你有共鸣吗？	你需要什么？
你想把重点放在 x 还是 y 上？	你想把重点放在哪里？
让我们来头脑风暴。	你想通过头脑风暴找出一些选项吗？
你会做些什么？什么时候做？我将如何得知这些？	你想如何承担责任？
与其说"我应该……"，你要不要将其重新表述为"我选择……"？	你说"我应该……"的时候，有什么感觉？
你说你感觉害怕的时候，你笑了。你感觉害怕，是因为你需要被接纳吗？	你说你感觉害怕的时候，你笑了。你笑是因为什么？
你想要探索你的失望感或饥饿感吗？	我不知道往哪一个方向进行，你的直觉怎么认为？
这是给你的挑战……	你想给自己什么挑战？
我的直觉告诉我……	你的直觉告诉你什么？
我有一个探究的主题给你……	你想要思考什么问题？
我感激你，因为你为我贡献了……	你欣赏自己的哪些方面？
我听到你的能量状态发生了转变……	你现在的能量状态如何？

尽管表格右侧的干预方式更赋能，但左侧的方式同样可以发挥作用。教练越多地示范哪些技能，客户就越容易自行实践哪些技能。在与新客户开展工作的早期，教练可以花更多时间用左侧的方法。但是随着客户发展进步，能够为自己的内在和外在工作担负更多责任，我们肯定客户的能力已经得到了提升，可以转而使用右侧的方法。

我们之所以将支持型教练和赋能型教练区分开来，是因为我们常常由于渴望做出贡献，而太久停留在支持型区域，使得阻碍进一步增加。此外，另一种通常，人们都会习惯性地还不清楚自己需要什么，就先考虑应对策略。首先，他们在自我同理方面需要大量帮助。当人们失去自我连接或意识不到自身的需要时，我们可以帮助他们先重新与自我连接，然后再探索他们的创造性潜能。

相反的可能性是客户还没有建立起自我连接、感到舒适或还没有具备一定的技能时，教练就过早地使用赋能型的方法。归根结底，我们希望当教练提供观察时，客户能够自己解读其中的意义。

有别于向客户提出一些建议性的问题，或者提出教练认为自己知道答案的问题，我们分享对客户的观察，来帮助他们探索自身的内在以及让他们决定接下来探索的东西。不过，我们如何决定分享哪些观察呢？我们时时刻刻都可以观察到客户的许多行为表现（例如：我注意到你的声音变得柔和了；你闭上了眼睛；当你说起米拉这个人时，你坐得更直了）。我们可以利用直觉，请求客户允许我们大胆地尝试，并请客户反馈哪些尝试有效、哪些尝试不管用。

当我们亲身示范如何建立自我连接和同理时，我们就帮助别人发展了这些技能。我们生活在一种缺乏同理的文化中，大多数人都需要填补这个空缺，尤其是当我们的情绪被触碰或处于紧张状态的时候。例如，假如客户说他想靠打扑克谋生，而教练恰好有个好朋友沉迷于赌博，因而情绪被触碰，这时教练面临着几种选择。如果教练没有建立自我连接，不停地想"你个白痴，打扑克怎么能养活家人？"，那么这个信号表明，教练需要先从他人那里获得同理支持。反之，如果教练有更多的自我觉察，教练就能在当下自我同理——教练会注意到自身的状态，并意识到他自己之所以警惕打扑克这件事，是因为他想为客户的福祉做出贡献，并支持客户为他自己开创有意义的人生。然后，教练立足于不评判、自我连接的心态，会好奇客户秉承什么价值观，了解客户希望通过成为职业扑克玩家来满足什么需要，并帮助客户发展自我觉察。

如果客户处于好奇的状态，而非评判的状态，或者客户能高度意识到自身需要，或至少能连接到这些需要，那就是很好的邀请他们确认自己的感受、需要及对自己的请求的时机。通常，人们都会习惯性地还不清楚自己需要什么，就先考虑应对策略。首先，他们在自我同理方面需要大量帮助。当人们失去自我连接或意识不到自身的需要时，我们可以帮助他们先重新与自我连接，然后再探索他们的创造性潜能。

我们如何提升我们的教练实践，发出勇敢的声音，为客户挺身而出？首先，停止怜悯客户。其次，唤醒客户，让他们意识到更充实地生活的机会。最后，我们唤醒我们自身的力量，进入教练的前沿领域。

前沿教练

当我敢于发挥出我的力量，利用我的力量为我的愿景服务时，我怕还是不怕就越来越无足轻重了。

——奥德·洛德（Audre Lorde）

太多时候，教练引导是可预测的。当我们问客户他们想要什么时，大多数客户都会说："我想要你让我挑战……"

我们如何提升我们的教练实践，发出勇敢的声音，为客户挺身而出？首先，停止怜悯客户。其次，唤醒客户，让他们意识到更充实地生活的机会。最后，我们唤醒我们自身的力量，进入教练的前沿领域。现在，让我们来看看为什么要唤醒客户的力量。

接纳客户当下的样子不是更好吗？毕竟，这是最有可能见证客户转化的时刻——当一个人被看到、听到和深刻理解时，他就会经历转化。诚然如此，然而，还有别的途径能促进转化，即我们为他们创造空间，让他们活出全部的力量，发出他们真实的声音。

每个人都有将自己的力量拱手送出的时刻——交给家人、老师、同事、教会、政府、医生甚至整个体制。我们大多数人从小被鼓励、被教导或被期待放弃我们自身的力量。我们被告知该怎么思考，该怎么穿衣，该和谁出去玩，该相信什么。当真理来自外界的灌输时，它就剥夺了我们和直觉指引的深层连接。

那么，我们如何才能帮助客户挣脱思维桎梏呢？他们已然接受了那些消极信念和自我设限为真理，我们如何才能帮助他们超越自身极限？有什么方法可以帮助他们重新找回他们内心的力量和他们自己真实的声音？

要是提醒告诫管用就好了。我们可以告诉他们：你是自己人生的主宰，只有你自己才有能力超越任何阻碍你发挥才华的障碍。不过，他们已经熟知这一点了，如果他们能够不再自我设限，不再内化压迫，不再沉迷于电子邮件，他们早就这么做了。

我们教练的作用是帮助客户超越他们目前的振动频率或意识水平，提升他们的整体能量场。客户的不和谐能量只有在与客户强大的神性自我连接后，才能得到转化，抵达纯粹的真实。

教练有两种主要途径来提高客户的振动能量——支持和挑战，从而唤醒客户的内在力量。

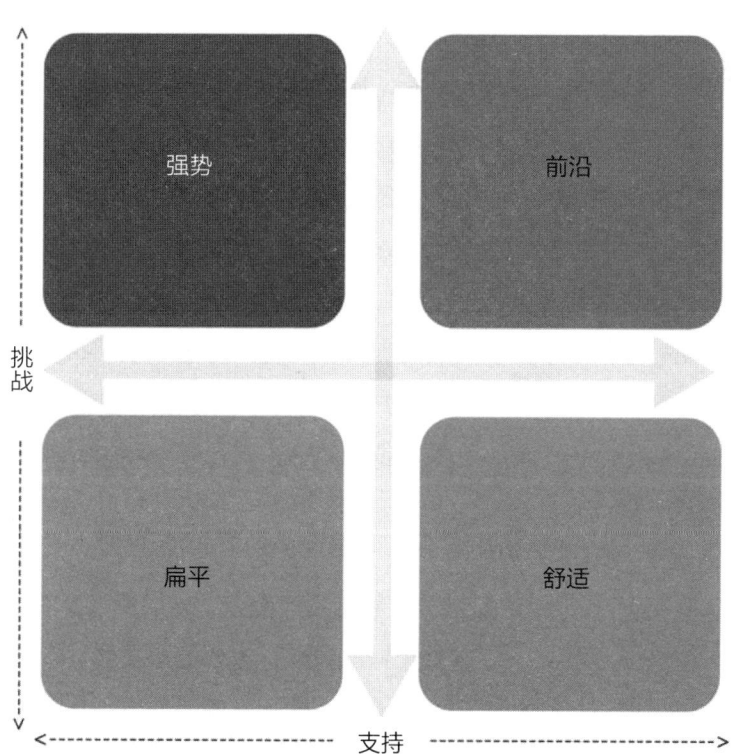

图片来源：改编自约翰·布莱克利（John Blakely）和伊恩·戴（Ian Day），《挑战型教练》（*Challenging Coaching*）。

最有力的支持来自提供深切的同理和保持沉默。尊重客户，即尊重他们当下的状态。为什么呢？因为当我们放慢速度，建立深度连接，创造出空间让觉知浮现的时候，内在转变就会发生。

然而，教练面临最大挑战的时刻，就是请求客户采取一些行动，来改变客户自己的旧行为或限制性信念的时刻。为什么呢？因为客户有觉知而没有行动，就会导致"感觉良好"式的教练，或导致客户在泥坑中打滚、止步不前；只有把新觉知落实在新行动中，客户才会经历真正的学习。

上页模型图的左下象限是扁平式教练，这种教练实践与客户完全没有连接，因为它既不提供支持，也不提供挑战。

当教练仅仅支持客户而不给客户挑战时，就进入了感觉很温馨的象限。如果我们作为教练喜欢舒适，或最重视和谐安宁高于一切，那么我们很可能会停留在这个象限。许多客户觉得这种教练实践很治愈，有利于恢复活力；而另一些客户则觉得这里软弱无力、放任自流。

与此对照的是强势教练，这种教练实践只提供挑战，但没有支持。我们不会在这个象限花太多时间，除非我们极其着重强调觉察、真实性和勇气。许多客户喜欢这个象限的刺激和严谨；其他客户则觉得这样的教练方式很残酷。

然而，还有第四个象限，即通过前沿教练将支持和挑战相结合，让客户达到他们自己的最佳状态。我们邀请客户摘下面具，变得比以往更加真实、更有力量。在这个象限中，严谨、充满激情的教练方式占据主导，促使客户进入内外部世界协调一致的空间。

为什么人们难以掌握前沿教练？被誉为"教练之父"的托马斯·莱纳德（Thomas Leonard）毫不犹豫地说："从经济角度来说，如果你承受不起丢失客户的代价，你就会胆小如鼠。一定是这样。同样，简单的解决办法就是有钱。你不能让自己陷入经济窘迫的境地，以至于把偿还抵押贷款看得比诚实地对待客户更重要。"

让我们把莱纳德的概念推进一步。如果你更在乎被客户喜欢，而非更在乎突破前沿，你就无法为任何人服务，教练过程中的每个人都会遭遇损失。帮助客户重获力量需要极大的勇气。为了客户的成长和发展，我们必须愿意冒失去教练关系的风险。

作为教练，我们需要打开我们自己的力量，以此帮助客户打开他们的力量。

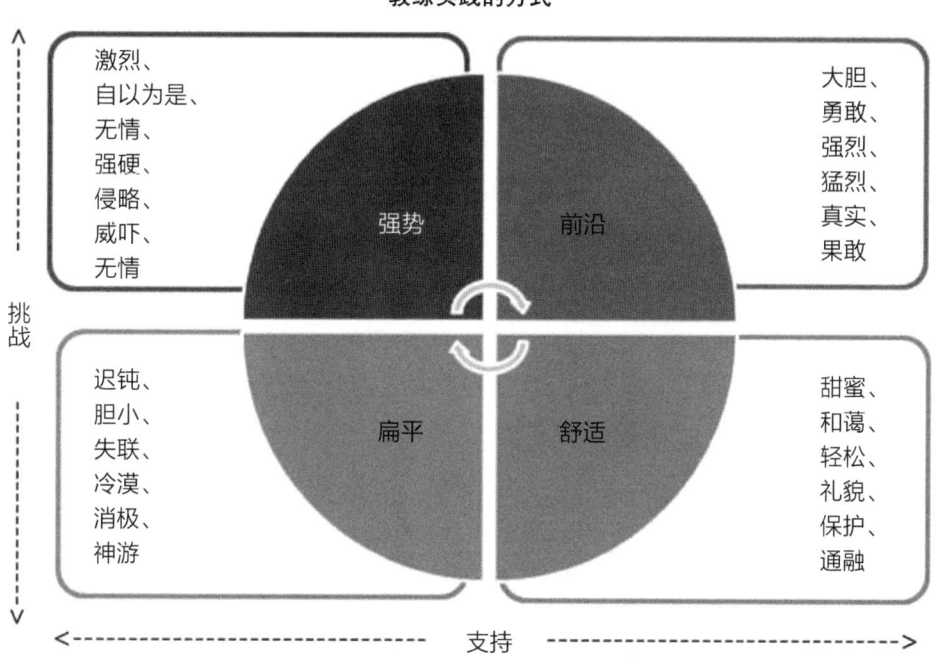

客户和教练都会在某些时刻体验到这些不同的存在方式。那么，既然"强势象限"与教练的职业原则背道而驰，那么为什么还要在这里花时间关注呢？我断言，你如果不尝试强势教练，就不可能实现前沿教练。我知道这一点，因为我过去把99%的时间都花在舒适象限，不愿打破现状。我如果发现自己不能进入前沿象限时，我就会提醒自己："我怎样才能足够地"关爱"这位客户，促使他成长呢？"我给客户做教练的时候，好像客户的人生取决于我所说的下一句话，而事实确实如此。

——玛莎·拉斯利

前沿教练并不意味着总是要求客户树立自信，而是意味着帮助客户进入他

> 当我们诚实地袒露我们的脆弱时，我们便能邀请客户连接他们的内在力量，而这力量正是与他们的无力感如影随形的。

们未曾表达出来的真实部分。例如，呼唤内在力量是唤醒客户去拥抱哀伤、探索内心深处的恐惧，或者表达对过往的遗憾。我们可以帮助客户重拾他们对自己的爱，表达出他们内心深处的渴望，或成为他们一直都想成为的领袖。

我们身为教练，就是接受召唤来为他人服务的，我们如何回应这个召唤呢？我们如何才能承担起唤醒客户内在力量的责任？接下来的话可能听起来违背了直觉：当我们诚实地袒露我们的脆弱时，我们便能邀请客户连接他们的内在力量，而这力量正是与他们的无力感如影随形的。

你先找到你自己心灵的钥匙，就能够发现进入别人心灵的钥匙。给予之后，才能得到。打开你自己的心灵之后，才能打开别人的心灵。

——杰西·杰克逊（Jesse Jackson）

挑战 ↑		
	强势教练 你要努力克服。 别发牢骚。 你开玩笑的吧。 我很厌倦这些了。 现实点。 别和我说细节。 过你自己的生活。	**前沿教练** 让思维超越可能的边界。 现在就连接你的力量吧。 释放你的激情。 别再这样和你自己说话了。 放下这种想法。 加把劲，去追求你真正想要的。 裹足不前并不能帮助你。 现在就发出你自己的声音。
	扁平教练 有趣…… 嗯…… 吃顿好的来换换心情怎么样？ 真的吗？我对此表示怀疑。 你确定想谈这个话题吗？ 换个更有趣的话题怎么样？	**温馨教练** 什么是重要的？ 此时此刻，什么价值最重要？ 与你的神性能量连接起来的感觉如何？ 你需要什么来疗愈你的痛苦？ 你热爱什么？
←	支持	→

唤醒内在力量的例子

下面是一些回应客户的能量、开展前沿教练的例子：

客户：我知道我在拖延，但我想等我儿子大一点再说。
教练：好主意。再过五分钟，你儿子就大了一点。

客户：我准备好采取行动了。我和一个很棒的电影制片人是大学同学——我可能会联系她。我还认识另一位制片人——不确定他是否会给我回电话。也许我可以和某位经纪人见个面。
教练：信息太多了。你确定会采取的行动是什么？

客户：我不能总是玩、开心。那是不负责任的。
教练：责任和开心地玩对你都很重要。现在，你要为你生活中能有更多快乐和更好地玩承担起全部责任。

更多前沿教练的例子：

你真的很想要、却不允许你自己拥有的东西是什么？

我曾看到你勇担风险、采取行动，但现在你似乎在退缩。你深深地呼吸，延展你的身体，有什么感觉？

你曾对我说，你想接受挑战。不如，你现在就给自己提出那个终极挑战。

你总说"我试试"、"我可能"或"也许"。你把它们改成"我要"，会怎么样？把你答应自己要做的事情列一个清单。

你似乎对这个计划并没有投入感。聆听你的心，让这个计划扎实起来，坚不可摧。

> 如果我们对客户变化的节奏缺少耐心，那么我们可能是忘记了要相信教练过程的固有魔法。如果我们因客户似乎抗拒改变而感到受挫，我们可以考虑这样一种可能性，即他们的旅程正在以他们自己的完美节律进行着，而我们产生受挫感是由于我们自己的改变速度很慢。

可以了。为了实现这个目标，你会停止做哪些事，开始做哪些事？

你的什么事迹会让你的子孙后代为你骄傲？

如果你是这家公司的老板，你会怎么做？

如果你上了报纸的头版或电视，你希望报道怎么描述你？

如果客户不兑现他们的大胆承诺该怎么办

当客户说到做不到、拒绝做出明知需要做出的改变或不持之以恒时，我们可能会感到受挫。

> 你有没有注意到，当你快速成长时，你的客户也会迈出重要的步伐？我不想说得过于直白，但实际上客户就是我们的镜子。他们的问题很可能非常像我们自己的问题。如果我的客户总是不能充分发挥出他们的潜能，我就要照镜子看看我自己。如果我能看出我在哪些方面让我自己失望、逃避做我自己需要做的工作或者在哪些方面避重就轻，我就可以做出一些相应的改变。而后，我的客户通常也会做出改变，这毫不奇怪。与我说出口的话相比，客户对我的能量和真实状态有更多的回应。
>
> ——玛莎·拉斯利

如果我们对客户变化的节奏缺少耐心，那么我们可能是忘记了要相信教练过程的固有魔法。如果我们因客户似乎抗拒改变而感到受挫，我们可以考虑这样一种可能性，即他们的旅程正在以他们自己的完美节律进行着，而我们产生受挫感是由于我们自己的改变速度很慢。

我们不仅可以通过向客户提出赋能式问题唤醒客户的内在力量，还可以通过给他们提出挑战唤醒客户的内在力量。果敢的教练听起来很像发号施令，这么说好像是奇谈怪论，但它很有道理。只不过，我们在教练过程中发出的指令正好契合客户自身的渴望；我们与客户建立平等的关系，使客户有能力拒绝我们的指令，选择自己的方向。以下是一些契合客户自身渴望的指令：

> 不要只把你的愿景挂在嘴上。
> 现在是时候凸显你领导风格中幽默好玩的一面了。
> 把你对于社会变革的渴望发扬光大。

客户掌管着自己的人生。他们一直如此。如果他们固守某种信条或行动，那么它一定在某种程度上为他们服务，即使从表面上看不出来。每个人都会偶尔陷入僵局。深层的智慧和成长来自我们经历过的最黑暗的夜。因此，要唤醒客户的内在力量，我们要做的一部分事情是创造空间来容纳阴暗的时刻。

恐惧不是我们的敌人，而是指向重要事物的路标。我们一旦认识到恐惧的内核蕴含着纯粹的能量，就可以帮助客户将他们的恐惧重新定义为对最重要事物的渴求。我们的角色是让客户重拾勇气，从而直面风险，勇敢地行动。

如何突破我们自身的边界：获得客户对于前沿教练实践的反馈

为了拓宽我们自身的边界，我们向客户寻求反馈。在每次的教练环节结束后，我们可以问客户，我们在每个象限花了多大比例的时间，然后把客户的回答与我们自己以为的时间比例进行比较。

提升前沿教练实践的另一个方法是和同伴一起练习教练技术。我们可以邀请一名观察者，每次教练说话的时候，观察者就在四个象限中做个记号。随着教练关系的逐渐深入，我们可以拓展到更前沿的教练方式。

我们也征求客户给予我们的具体反馈，比如教练在哪些时刻最具支持性、在哪些时刻最具挑战性、在哪些时刻兼具两者——引领他们成长的前沿。

我们教练的方式会随着时间而发生改变……在教练关系早期，教练会提供更多的支持，而随着信任加深，教练就会提供更多的挑战。教练不能裹足不前。如果教练不从一开始就采取前沿策略，大多数客户甚至都不会聘请这样的教练。我们可以根据个体客户的反馈和特别情况，来不断调整教练策略，让支持和挑战相得益彰。

当我们进入前沿领域时，我们就不会再感受到要"修理"或"拯救"客户这种荒唐的压力。我们用直觉感知空气中的微妙变化，本能地判断在教练过程中什么时候该乘风破浪，什么时候该随波逐流。教练的作用是保持生命活力的通道畅通，使客户觉察到他们自身的美及不安中所包含的祝福。

不提问的教练

教练并非一个我们知道答案、再为答案设计问题的电视问答游戏。一个问题接着一个问题，会令人感到疲倦，因此我们可以说出我们的观察、做出陈述或发出指令，来提升给予客户的支持水平，而不完全依赖提问。我们希望客户每时每刻都是有选择的，我们可以更多地通过语气和接纳向客户传递选择，而非将选择表述为问题。有的时候，客户需要我们少一点赋能的提问，多一点直接的陈述。挑战在于，给出能唤醒客户的内在力量的陈述。

大多数提问的背后都带有一个陈述，因此我们可以通过提供不包含评判的观察、陈述或指令，来更明确、更直接地与客户沟通。

以下是一些教练分享观察所见的例子：
你垂手坐着，咬着嘴唇。
你说话的音量提高了，语速也比平时快。

以下是一些教练直接做出陈述的例子：
你改变了协议。
你的行动计划里没有约会这一条。

> 如果我们只是看，而不掺杂思绪，不给我们所看见的事物添加文字注解，我们就会有完全不同的体验。

教练给出指令的例子：
> 大声说出最后的那个词语。
> 把它转换成一个请求。

我们常常视观察为理所当然，因为在我们看来它们非常明显。然而当人们深陷在思绪中的时候，人们可能会无法完整地观察眼前的情况。思绪的流动把我们与生命的流动隔开。我们可以从思绪的流动中抽身出来，成为一个观察者，单纯地注意我们看到了什么或听到了什么。当我们只是观察而不给我们的体验贴标签时，我们就能学会用新眼光去观看。如果我们只是看，而不掺杂思绪，不给我们所看见的事物添加文字注解，我们就会有完全不同的体验。当我们直接感知而不掺杂思绪时，我们就与环境中的事物合而为一。如果我们留出更多只是用来观察的空间，就能更充分地体验生命，更多地活在当下，与我们的力量协调一致。鉴于我们作为教练要决定分享哪一点观察以及什么时候分享，分享观察所见便成了一门艺术。下文提供了更多观察的示例。

通过观察支持客户的身体觉知

> 刚刚，你的肩膀垂了下去。
> 留意你的身体。
> 留意你的呼吸。
> 让这种姿势更夸张点儿。
> 感知整个身体，留意所有感觉。
> 用动作来表达。
> 大声呼吸。
> 放松所有限制，放松你的咽喉。

站起来跳舞——想怎么跳就怎么跳。

留意你缩回去的左脚想对你说什么。

你手里握着什么东西，把手打开。

你刚把衬衫上的毛球揪掉了。

尝试一个沉思的姿势，看看你会产生什么想法。

你的身体在向内坍缩。

你的身体给你传递着一个信息。

设想，你用语言及非语言表达的一切都有意义。

试着一边重复那句话，一边面带微笑仰望天空。

当我按你的肩膀时，你重复这句话："我肩上的担子太重了。"

深呼吸，把你想要给予的事物呼出去，把你希望接收的事物吸进来。

描述一下你现在的姿势。

发出一个声音来配合你手臂的动作。

你对她说话时，看着我。

通过观察支持客户的声音觉知

你的声音变小了。

发出能表达你内心感受的声音。

你刚刚用力地咽了口口水，请把你想咽下去的话说出来。

放松你的喉咙，再说一遍。

你有话要说。

让你的骨盆大声表达。

强调性地说那个词。

发出能表达你内心深处渴求的声音。

大声重复这句话。

唱一句歌——想到什么唱什么。

再说一遍，说完每个名词后都停顿一下。

通过观察支持客户的语言觉知

你在用第二人称指代你自己。

试着说出你想到的第一件事。

如果不在意礼貌问题，你会说什么。

把"我应该"改成"我选择"。

重复一遍刚才的话，这次不要使用限定词。

把你刚才所说的话的意思反过来说。

直接对她说："雪莉，你……"

把这个问句变成一个陈述句。

说要点。

将这句话改为"我"做主语。

把"我不能"改成"我不愿意"。

别说假想的情况，说说对你而言真实的情况。

叫出他的名字"戴尔（Dell）"，而不是只说"他"。

拓展图像

你得到了一份礼物。

留意你想到的第一个画面。

深深地吸气到你身体需要更多氧气的部位。

允许自己幻想。

想象你正在杀死什么东西。

向未来的你自己寻求建议。

细细咀嚼你的经历，说说它的口感和味道。

给自己充分的许可。

你在分娩。

我看见你在一艘船上。

让客户的观察更加清晰

注意是什么引起了你的注意。

试着说出是哪些话触发了你的情绪。

留意你观察到什么突出的事物。

留意是什么抓住了你的注意力。

回想你开始感到生气的那一刻。

把你的注意力放在最重要的事物上。

注意有什么从你的内在浮现出来。

说一说你观察到什么促使你做出了评判。

你耳朵里有什么东西在响。

让客户的感受更加清晰

把"他让我感到"改成"我感到"。

你在经历着什么。

你的感受是一份礼物。

陪伴这些感受。

把你的感受表现出来。

释放痛苦。

承认伤痛。

发泄怒气。

把愤怒释放出来。

对你的感受说话。

连接你的内在情感体验。

体验你得到彻底释放的感觉。

注意喜悦住在你身体里的什么部位。

让客户的需要更加清晰

注意什么能让你充满活力。

连接你内心的渴望。

慢下来,感受自己的内心。

首先对你自己敞开心扉,现在对另一个人敞开。

列出你欣赏你自己的所有方面。

抱持你的需求,像轻摇婴儿一样轻摇它们。

不再冻结你的需要,想象你的需要完全得到了满足。

花一分钟,坐下来感受你的需要所蕴含的美好。

连接那些让你感到快乐的事。

让客户的请求更加清晰

想象你在请求你真正想要的东西。

把这句话表述为一个请求。

你想要有人与人之间的连接感,那就把这个请求表达出来。

提出具体可行的请求。

以"你愿意……吗"的句式,提出你的请求。

在提出你的请求之前,尝试再次连接你自己需要什么。

把"我希望你尊重我"变成一个具体可行的请求。

想象着你想要的,再提出相关请求。

对你自己提出一个请求。

你在尝试无问题教练时,注意到了什么?

重构消极的语言

唤醒客户内在力量的一方面是让他们意识到什么语言是消极的。这种消极语言通常是习惯性的、无意识的。把这些语言带到阳光下，给客户机会来清晰地看到它们并选择改变，这将使客户汲取到更多的力量。

我们如何才能帮助客户找到舒适的立足点，承认自己所使用的语言？教练的美妙之处在于，我们可以提出赋能式问题，在不让客户感觉他们有错的情况下，提升他们的觉知。随着时间推移，他们能够在没有教练提醒的情况下，自行调整语言。

重构消极的语言		
消极的语言	来自客户的例子	来自教练的赋能式问题
没有选择	我不得不，我必须，我不能……	如果你知道你有选择余地，会怎么样？
不做出承诺	我试试，我可能，我也许……	你到底会做什么？
二元对立	只能是这个或者那个……	你怎么才能两者兼得呢？
标签	我很懒；他如此聪明……	如果你放下那个标签，会怎么样？
责怪	是我的错，是她搞砸了……	如果没有人该受责备，那么会怎样？
模棱两可	那个，这个，那些，这些，这事……	你说"我愿意做那个"的时候，是什么意思？
不具体	有些，不多，很少，许多，很多，更多，几个，大多数，一些，足够……	有些是几个？

我们只有面对阴影，才能驾驭它所蕴藏的能量。如果我们忽视阴影，那么阴影也不会消失，而且很可能以破坏性的方式显现出来。

续表

消极的语言	来自客户的例子	来自教练的赋能式问题
总括式陈述	所有，每一个，从来没有，永远，绝对……	当你说"一直都这样"的时候，是什么感觉？
不确定	有点，好像，几乎，也许，或许……	你犹豫的是什么？
没有时间框架	很快，有时，偶尔，经常，最终……	很快是什么时候？
比较	他比我成功多了……	你愿意谈谈你的成功，而不做比较吗？
道德评判	应该，应当，好，坏，对，错……	请你把这个评判打开看，它里面包含着你对什么的渴望？
不具体	有些，不多，很少，许多，很多，更多，几个，大多数，一些，足够……	有些是几个？

从阴影中寻找力量

我们每一种轻快或阳光的情绪都对应着它的反面，我们通常称之为阴影。快乐的反面是悲伤。

作为一名教练，你不仅可以承认、肯定和接纳客户的所有阴影，还有机会抱持这些情绪开展工作，让客户更加协调一致，支持客户的蜕变。

所有这些情绪都蕴含着巨大的能量，而许多教练和客户不敢触碰这些情绪。我们只有面对阴影，才能驾驭它所蕴藏的能量。如果我们忽视阴影，那么阴影也不会消失，而且很可能以破坏性的方式显现出来。关于如何从阴影中汲取力量，第九章中有更详细的论述。

要考虑的问题

你可以承担一些什么风险,来支持客户完全地连接到他们的力量?

你可以与各个客户一起做些什么,以使你更有能力来唤醒他们的力量?

你可以请求得到什么支持,以更充分地发挥出你自身的力量?

探索阴影将如何帮助你唤醒客户的力量?

第二部分
通往一致性的路径

据说,我们每个人都在寻求生命的意义……我认为,我们真正寻求的是活着的体验。只有让我们的生理存在与精神内核协调共鸣,我们才可以真正品味到活着的狂喜。

——约瑟夫·坎贝尔(Joseph Campbell)

作为教练,我们不仅帮助客户"弄清楚"他们想做什么,而且帮助他们更进一步,体验到他们自身的核心活力。当客户找到让他们的灵魂产生共鸣的事物时,他们做出的人生选择就会带有更明确的目标,内容更加丰富,为他们带来更深的满足感。

在本部分里,我们将提供五种实现一致性状态的途径,提醒人们与自己的核心本质保持连接。每种途径都有助于客户焕发他们的核心活力,加深客户与自我的连接。例如,明确价值观是让客户"回家"拥抱自我的有力方法之一。心灵"回家"符合重视多样性这一核心原则,自我的每一个部分"在家里"都受到欢迎和接纳。每种通往一致性状态的路径都能帮助客户明确他们最重视的是什么,促进他们与富有创造性和资源丰富的内核连接起来。无论教练选择哪一种途径,其过程都能提升客户的自我觉知,使客户对他们自己的前进方向、人生选择和行动更有信心。

> 客户的真实自我与生命力具有紧密的联系,它蓄势待发,渴望去拥抱生命,进行创造。

自我一致性

客户的真实自我与生命力具有紧密的联系,它蓄势待发,渴望去拥抱生命,进行创造。客户的内在还有许多部分,它们争夺客户的注意力,还可能扼杀创造力和抑制行动。作为教练,我们的任务是帮助客户觉察他们最高的自我,以及随之而来的可能性,同时帮助他们整合所有的部分,包括他们不喜欢或忽视的那些部分。当客户直面他们的限制性信念、陈旧的行为模式和内在批评者的时候,我们可以帮助他们走向彻底的自我接纳。在转化领导力组织,我们把这个过程称为"引领客户实现一致性"。

引领客户实现一致性的做法可以很简单,同时又带有深刻内涵,比如探索哪些形象和比喻能够帮助客户连接他们深层的自我,提供心身练习(embodiment practice)[①]以帮助客户与他们最有活力的时刻连接起来,或帮助客户制定个人宣言或誓言,作为检验他们是否活出了自我本质的试金石。无论教练选择哪一种过程来促进客户实现一致性,最终都将体现出其价值。客户终将摆脱被困的感觉,与自己建立一种新的关系,并重新连接到他们自己的内在资源。

我们与客户内在的所有部分有效地展开工作,不把任何一个部分视为问题,从而加深客户的自我连接。每个部分都有其存在的理由。每个部分,即便是具有破坏性的部分,都带有良好的意图。例如,内在批评者想要的东西和普通人想要的东西别无二致,都是掌控(mastery)、爱、和谐、安全或连接。内在批评者常常使用我们不喜欢的策略,比如对我们高声尖叫,但我们可以帮助内在批评者觉察他们自己渴望什么,从而让他们改变使用的策略。通过这种方式,我们将认识到内心世界的哪些部分发挥着举足轻重的作用,在帮助我们维持自我身份,保护我们的身心安全。

[①] 心身练习是一种把身体、感官及情感觉知结合起来的练习。在心身练习的过程中,一个人可能剧烈运动,可能平缓运动,也可能几乎不动。心身练习的目的在于连接身体感受与情感感受,释放身体中存在的紧张或麻木感。——译者注

> 转化是指不再画地为牢，转而完全释放出创造力、充分表达自我的过程。

当客户与自己协调一致，身体、思想和灵魂整合时，我们能感觉到他们发生了明显的能量转变。客户眼前会涌现出层出不穷的新鲜可能性，并生发出行动力、活力和创造力。当客户实现一致性时，他们就会活在当下，更充分地体验生活。

很多教练的培训帮助教练识别客户实现一致性，以及巩固强化这些表现。实现一致性的过程是帮助客户有力量、有创意及真诚地表达自己。这些路径还能帮助客户削弱限制性信念的控制，以及减少它们掌管客户人生的力量。

当客户摆脱受害者心态，在一致性状态下发挥出他们的创造力时，他们便能够连接到他们的生命活力、赋能的信念和感恩心态。客户实现一致性后，将察觉到他们有新的可能性、新的选择，可以采取新的行动。渐渐地，客户持续协调一致的时间越来越多，他们开始以不一样的方式与世界互动。我们注意到，客户的觉知状态彻底转变、不断提升。客户在逐步蜕变，他们可以悦纳自己当下的样子，释放出他们内在的渴望和创造力。客户变得愿意采取过去一直回避的行动，或敢于前往曾经畏惧的地方。我们帮助客户实现身体、心灵和灵魂的一致性以后，不知道接下来会发生什么。因为客户将提出与从前不同的问题，持有和从前不同的立场。你可能会注意到，客户不再问"我这辈子怎么才能得到更多？"，而是问"我怎样才能更多地贡献生命？"。

转化

转化是指不再画地为牢，转而完全释放出创造力、充分表达自我的过程。客户在实现一致性的过程中有多种机会来经历蜕变，随着客户愈发协调一致，客户将打开新的大门。当我们看到客户能够更好地利用他们的内部和外部资源时，我们就知道他们已经具有了协调一致的表现。客户放下了他们旧有的依附、观点和限制性信念。

客户在实现一致性的过程之中，将经历蜕变；当客户在一致性的基础上创造他们的生活时，其生命也会有根本性的改变。客户变得跃跃欲试，热切希望在世界上有所作为，能够更清晰地看到属于自己的真实路径以及独特的贡献。

客户达到更加协调一致的状态后，就会看见各种之前看不到的新可能性。当客户更加理解他们的内在批评者时，他们的创造力和可能性的火花就能够被点燃，让采取行动变得轻而易举、自然。客户的转化既包括他们内在状态的变化，也包括他们与周遭世界关系的扭转。

转化不是一经达到便一成不变的理想化状态，也并不意味着客户达到这种状态之后就再也不会受到限制性信念的束缚。实际上，人的发展是一种循环往复的渐进过程。人在每时每刻都可能经历转化。在转化过程中，我们的内在状态发生改变，上升到新的层次，迎接新的挑战。这样说来，教练便成为一个持续走向一致性及不断突破而实现转化的过程，让我们不断地发现新机会，走向更深层次的协调一致。

要考虑的问题

你在自我协调一致方面有什么体验？

由于自我协调一致的程度提升，你的生活发生了什么转变？

转化议程

客户需要帮助，才能致力追求生命的转变。一旦转变议程呈现出来，教练将致力抓紧生命蜕变的可能性，支持客户探索他们真正渴望着什么。如果教练坚持不懈地推动转化议程，就会摈弃见效快的权宜手段，摆脱例行公事的心态，让教练引导有更多的可能性。

教练抱持转化议程的一部分挑战在于进入未知的神秘领域。教练将客户带往已知领域的边界，也就是客户有勇气所及之处；然后，教练和客户一同前往客户敢于创造出来的新边界内，再与客户一同跃出边界，跳进神秘的深渊。如果教练满足于"客户知道答案"或者"我知道客户有能力做什么"，那么我们就错过了教练引导的真实力量，难以窥见教练和客户双方都未曾想象过的秘境。

教练可以利用下列问题，来思考客户的转化议程：

客户具备什么他们自己都没有想到过的可能性？
这个客户在成为什么人？
这个客户如果在世界上表现出真实的自我，那会是什么样子？
在我们已知的可能范围之外，还有什么别的可能性？

实现一致性的路径

转化教练过程的起点始于本书第一部分所介绍的关键要素：核心原则和教练的立场（第一章）；教练临在的要素，如倾听、好奇心、觉察和直觉（第二章）；教练工具箱里的所有资源（第三章）；唤醒内在力量（第四章）。除此之外，转化教练还包括一些其他过程，它们统称为"实现一致性的路径"，作用是提高客户的觉知水平。这些路径有助于客户清晰地理解自己，与核心自我协调一致，从而走向转化。实现一致性的路径能够帮助客户提升能力，更加充分地活出人生、体验人生。接下来的几章将依次详细介绍这些路径。在你帮助客户探索的过程中，你可以选择尝试多种路径。

通往协调一致的路径

探索需要和价值（第五章）

体验当下（第六章）

展望未来（第七章）

扩展视野（第八章）

拥抱阴影（第九章）

教练进行时 | 整合五种路径
CFT 转化教练施卢蒂·桑塔里亚

作为一个在印度长大的女性,我对自己的需要这个概念似乎很陌生。我学会讨好他人,自觉承担了照顾者的角色和身份。我曾一度感到完全枯竭。我自身中的一些部分突然开始需要照顾,呼唤着我的关注。

在我向内心寻求自我同理,发现了自己隐藏的需要时,"探索需要和价值"这种路径便发挥了它的作用。我慢下来,花时间倾听各个冲突部分的核心需要是什么,然后,我的能量状态发生了转变。我感受到内心更宽阔了。内在的不同部分不再处于彼此冲突的状态,它们和谐共存的可能性出现了。我更好地觉察自己,活在当下,更好地关爱照顾自己。

如果我按下暂停键,不急于取得进展,"体验当下"的路径就能为我的内心赋能,帮助我吸纳自己的全部体验。我的情绪、身体感觉和能量体验成为我的安顿之所。

通过协调当下的种种体验,我得以从许多限制性的信念中解脱出来。当我反思我所持有的关于自己和别人的信念时,我发觉它们是内心抱持的故事,我不再把它们当作绝对的真理。我还发觉,我有时候是从一个 5 岁孩子的视角看世界,在这个小孩子的世界里,复杂的权力关系压抑了爱的流动。

通过体现更喜乐、更符合我核心价值观的新视角,我重新发现了"扩展视野"这条路径。我亲身体会到马丁·路德·金这句话的意义所在:"没有爱的力量是鲁莽和滥用的,没有力量的爱是多愁善感和苍白无力的。"走在"扩展视野"的路径上,我发现自己可以兼具爱和力量。

曾经,我有时候认为自己聪明能干,有时候又觉得自己一无是处、毫无价值。我在两种状态之间摇摆不定,因此,我探索"拥抱阴影"路径上的细微之处,整合并治愈自我中隐藏的部分。

当我发现我的"内在族长"轻视我的女性身份时，我感到无比震动。我花了许多时间来和"内在族长"开展工作，期间我注意到，有一股能量同"内在族长"如影随形，它就是"受伤的女性"。二者似乎并驾齐驱。一开始，"内在族长"制定规则，"受伤的女性"遵守规则。过一段时间，"受伤的女性"开始感觉受不了了，发脾气了，或邀请"叛逆的女性"上场。

随着我看见内在的这些部分以及它们之间的权力关系，我发展出新的视角来看待外在生活的现实、社会和世界。通过疗愈自我的内在部分，我开始体会到全新的内在及外在现实：我内在的男性拥有安全感和力量，而我内在的女性则拥有充沛而强大的创造力。我开始重新发现我自己的感知、力量和美。

我还发现，我内在有许多幼小的且需要得到爱、关怀和关注的部分，并重新养育（re-parenting）①它们。我曾经认为，我们只需要重新养育内在儿童。现在我意识到，内在母亲和内在父亲也需要大量的关爱，对我而言，这是很有意义的学习。疗愈我的内在母亲和内在父亲，并教会它们运用反映我当前现实的新话语，是极其必要的行动。

随着疗愈过程的展开，我的兴趣点发生了转变。我成为一个全新的人，经历了真正的蜕变。曾经困扰过我的那些方面，时过境迁，已经不再是问题。对于前路，我不再感到不安与迷茫。我注意到，每个"不"（或对某事物失去兴趣）背后都有一个"是"。当我能够真正地倾听"不"背后包含着什么"是"时，它成为我有力量的工具，帮助我清晰地展望未来我所渴望的生活。

通过真实地经历这五种带来转化的路径，我发现了一个全新的我。我的双眼多年来曾一度失去光芒，而现在心灵的窗户已焕然一新。

---

① 重新养育是一种心理治疗策略，由咨询师或客户自己充当父母角色，为客户的内在儿童提供童年时期未被满足的需要。——译者注

第五章 探索需要和价值

个人领导力，就是时刻牢记你的愿景和价值观，并让你的生命与它们协调一致的力量。

——史蒂芬·科维（Stephen Covey）

主题
共通的需要和价值观
深化对需要的觉察
转化客户所持有的评判
化痛苦为光明
个人价值
明确价值
运用价值的方式
价值排序
基于价值的行动

探索需要和价值是支持客户"回归自己内在的家"的有力方式。这条路径引领他们认识到自己的核心活力，使他们可以轻松自然地连接到自己最看重什么。这支持他们采取更能满足需要、符合价值观的行动，体验到更大的满足感，更高的能量水平和热情。教练在探索客户的需要和价值的独特表现时，可以预料到会发现表层以下蕴藏着的东西。

探索需要和价值
体验当下
展望未来
扩展视野
拥抱阴影

转化教练

ACTP
Accredited Coach Training Program
International Coach Federation

实现一致性的路径

核心原则

整全性　　多样性　　资源　　自由　　可能性

教练的工具箱

赋能式问题	肯定	客户的议程
厘清	反映	行动
头脑风暴	问责	给当下命名
请求	自我管理	挑战
目标	打断	文化意识
拥抱对立	沉默	重构

教练的立场

承诺　比喻　身体

临在

好奇
直觉
觉察
倾听
信任

资料来源：www.LeadershipthatWorks.com。

我们所做的每一件事、所说的每一句话，都是为了满足我们需要的尝试。我们长期秉承的是价值，而在每个当下推动着我们生命的是需要。

共通的需要和价值观

每个人都被共通的需要和价值驱动。尽管描述它们的语言变化不一，世界各个地区对种种需要及价值观也各有侧重，但它们仍然在不同文化背景及历史时期普遍共通。心理学家马歇尔·卢森堡（Marshall Rosenberg）说，我们所做的每一件事、所说的每一句话，都是为了满足我们需要的尝试。我们长期秉承的是价值，而在每个当下推动着我们生命的是需要。

深化对需要的觉察

探索感受和需要之间的关系

感受与需要密切相关，感受是需要是否得到了满足的指标。然而，人们常常忽视自己的感受，或想要改变自己的感受，没有认识到背后没有得到满足的需要。还有些人则试图把感受埋藏起来，免得别人说他们"黏人"。

教练可以肯定客户的感受里携带着礼物，而不是与客户串通一气，把感受视为要消灭的对象。通过鼓励客户提升对于感受的觉察，客户能够开放地接纳他们目前的需要中所蕴含的生命力。这同时有利于提升客户的觉察，以及他们对自己内在世界的接纳，带来更好的整体感。

为了帮助客户发现他们的感受同需要之间存在着什么联系，我们可以先确认他们的感受，然后带着好奇心，通过提问来发现感受背后的需要。有时候，客户自己能确认自己有什么感受，而有的时候，我们可能要说出一种感受，然后通过提问和客户厘清确认。我们特别留意客户重复提及的东西，这通常是客户希望得到倾听的信号。

下面有一些例子告诉教练如何确认客户的感受，然后带着好奇心提出问题，将客户的感受同他们的需要联系起来。例如，客户说："我很想离开这里，简直迫不及待！"

听起来你好像很失望——你在渴望着什么？
我感到你真的很兴奋！有哪些需要正在你心里跃动着？
你听起来非常愤怒！你内心在经历着什么？

如果客户的回答是关于别人做了什么或别人没做什么，那教练可以把这当作是开展更深入探索的邀请。例如，如果客户回答："我恨她离开了我，让我感受到这么多的痛苦。"你可以问他"在痛苦背后，你渴望着什么？"或者"你失去了什么？"。

我们通过探索客户的需要，来帮助客户同他们的内在世界建立紧密连接。这可以包括探索客户的自我批评。我们可以帮助客户以新眼光来看待自我批评的声音，将这些声音视为某些未被满足的需要。例如，如果客户说："我不够聪明，不够专注，所以不能实现我的愿景。"我们可以问："那么，在你的挫败感背后，有什么需要未被满足？"其他赋能式问题可能是："你的内在批评者试图通过批评你不够聪明，来满足什么需要？"

普遍共通的需要和价值观	
表达	庆祝，活力，幽默，激情，创造力，想象，梦想，灵感
和谐	和平，保障，安全，秩序，一致，平静，稳定，放松，舒适，轻松，安心，美丽
自主	独立，梦想，自由，选择，个性，空间，自发
完整性	真诚，意义，目的，正义，公平，诚实，临在，开放，信任，尊重，平等
社群	相互依存，信任，连接，包容，归属，合作，团结，协同，整合，忠诚，参与，伙伴关系，接纳

续表

贡献	掌握，成长，服务，礼物，丰富，赋能，支持，肯定，帮助，滋养
连接	理解，亲近，欣赏，同理，支持，体贴，爱，亲切，陪伴，相互关系，抚育，亲密
玩耍	冒险，挑战，勇敢，刺激，乐趣，幽默，娱乐，笑声，快乐，感官愉悦
意义	觉察，庆祝，清晰，能力，意识，创造力，理解，希望，学习，目的，效率，成长，发现
福祉	健康，食物，安全，住所，休息，性，食物，衣服

我们可以不断地把客户的感受和需要联系起来，直到客户对自己的需要有了新的觉察和体验。有时候，客户会对自己的需要感到震惊，需要花一些时间来接受和消化。作为教练，我们要倾听客户在经历内在转变之前的标志性沉默。客户的内在转变有时候可能表现为如释重负地叹气、用力地拍打身体、情感爆发、恍然大悟地说声"啊"或动作慢了下来。

当客户有了更多觉察、更加协调一致时，我们可以通过提供一些支持行为，来帮助客户巩固他们对于感受及需要的新洞察。这些支持行为可以是佩戴一件特别的装饰物，来提醒客户自己深层次的需要，或是做出一些职业方面的改变，以更好地满足客户的内在需要。

识别需要

另一种深化觉察的方法是提出开放式问题，以帮助客户更充分地体验和理解他们的需要，并把他们的需要表达出来。教练在运用这种方法的时候，可以直接询问客户有何需要，因为客户已经连接到了自己的感受。让我们来看一个例子。客户说："我的搭档快把我逼疯了！"

教练可以提出下列简单的赋能式问题，让客户看到表象之后的本质：

你需要什么？

在这段伙伴关系中，你真正想要的是什么？

什么给了你动力？

有什么更加重要的东西，它们阻碍着你创造自己渴望的？

你想要别的东西……是什么东西呢？

识别客户的需要，并探索感受和需要之间的关系，都是为了帮助客户更多地体验和发现他们真正看重什么，什么才能让他们充满活力。

把需要和策略区分开来

新手教练往往面临着一种诱惑，即不先探索客户的深层需要，进而过早地寻找解决问题的策略，以此来获得满足感。然而，这可能会导致客户采取的行动无法根植于他们的真实需要。通过首先探索客户的需要，教练可以了解到客户目前的问题背后的深层关切是什么。这样，客户能够深刻理解自己看重什么，再采取相应行动。

例如，遇到客户说"我需要一份新工作"的情况，新手教练渴望做出贡献，可能会提出一些问题，来帮助客户发现找工作的策略，很快客户就有了计划：搜索职位；在同事间建立人脉；回到学校深造；参加工作面试。相比较而言，有经验的教练会放慢这个过程，挖掘客户渴望新工作背后的需要，这样就可以让客户的深度议程和需要呈现出来，并促使客户采取一系列可能完全不同的行动来满足这些需要。

下面举个例子来说明上述现象的实际表现。乔里（Jori）想要一份新工作。教练在探索了她的需要后，发现她想换工作的缘由在于老板拒绝了她的提议，她很生气，因为她希望老板尊重她的想法。通过深入探索发现，她的需要是得到理解、自由表达和做出贡献，这些需要得到满足甚至比找新工作的行动方案还重要。

> 把策略和需要区分开来，有助于客户做出服务于生命的选择。

当她意识到她有多渴望做出贡献时，她就会想出很多策略来满足这个需要。她决定和老板讨论自己的想法、参加一门培训课程学习如何让写作更有说服力，并加入一个社会公益组织的理事会。她可能仍然会想找一份新工作，但她这么做的时候，是因为她意识到了她想做出有意义的贡献的需要。

找新工作是一种满足特定需要的策略。客户能否成功地满足他们的需要，与他们多清楚地确认自己的需要直接相关。把策略和需要区分开来，有助于客户做出服务于生命的选择。

策略	需要
我需要一份新工作。	贡献，灵感，可持续性
我需要他听我说话。	尊重，得到重视，连接
我需要她从我的生活里消失。	保护自己免受痛苦，独立，安全
我需要他完成报告。	支持，共同理解，责任
我需要去度假。	休息，放松，乐趣，冒险，保护

即使客户非常清楚他们要采取什么策略，当客户明确他们的驱动力是什么（他们的需要）时，我们可以帮助他们不执着于特定的策略，转而以带着更多觉察、更平衡的方式来满足他们的需要。随着教练不断地帮助客户觉察自身的需要，客户将会更多地意识到他们当下需要什么，以及怎么做才能让人生更有满足感。通常来说，客户会首先觉察到那些尚未得到满足的需要，因为它们能通过激烈的情感引起客户的注意。客户在选择有效策略的时候，也要意识到自己的哪些需要已经得到了满足，以免在试图满足其他需要的时候，忽视这些已被满足的需要。

不停留在寻找策略的层面、更深入地探索需要的另一种办法是借用比喻、梦境或诗歌。有的人难以触及自己的情绪感受，或者不能感知到自己需要什么，对于他们而言，形象化的表达可以提供一个切入点。

需要是我们核心能量的一部分。若是我们感到情绪低落、孤立无援，就表明我们有需要尚未得到满足。我们意识到自己需要什么之后，才能重新与自我及周围建立连接，实现一致性，从而恢复我们整全性的体验。

我们的需要揭示了我们最深的渴望

需要是我们核心能量的一部分。若是我们感到情绪低落、孤立无援，就表明我们有需要尚未得到满足。我们意识到自己需要什么之后，才能重新与自我及周围建立连接，实现一致性，从而恢复我们整全性的体验。

我们生理的需要，比如安全、住所和休息，提供了美好生活的基础。我们心灵的需要，包括服务、爱、创造力和社群，指向我们内心最深处且最有活力的渴望。这些渴望存在于生命的基因中，有力量地在我们每一个人的内在流动。作为教练，我们看到这些生理的和心灵的需要并不相互冲突，只是应对这些需要的策略会时有冲突。了解这一点支持我们寻找更高层次的新策略，容纳和回应我们的全部需要。

活出完整、真实、有爱的生命，需要我们允许生命的所有部分（包括各种感受和需要）在我们的生活中体现出来，顺畅地流动。这种灵性的修炼，将我们与自己最深层、核心的自我连接起来，而这对我们的福祉至关重要。

教练进行时 | 需要和价值
CFT 转化教练佩尼尔·普兰特纳

一位父亲希望得到帮助。他希望与他处于青少年期的女儿建立连接，因为女儿不断指责他对她态度粗鲁。他很痛苦，很难记住他对女儿的爱——他只能看到她那充满敌意的小脸，领教她苛刻的态度。

他不太容易连接自己的感受，所以我问他："想象一下，你的心从外面看是什么样子？"他回答说："它被铁丝网整个儿绑住了。"他内心似有所感，而我保持着沉默。他继续说道："其实，这些铁丝是为了保护我，但它也伤害了我。"

我问:"为什么'保护'这么重要?"

他回答道:"因为这颗心非常、非常脆弱。"就在那一刻,泪水涌上了他的双眼。

"你的心在渴望什么?"我轻轻地问。他说:"哦,它需要陪伴,温柔的陪伴。"

我们再次沉默地坐着。很明显,他与温柔陪伴的需要深深地连接着,我觉得没有必要再助推任何东西。

过了一会儿,他把关注点转向他的女儿。他说:"我猜想,她是在努力寻找身份认同,还有……也许她想挑战界限,想知道她自己不管怎样表现,都会被爱。也许她也需要被温柔对待。"

他带着与女儿建立心灵连接的强烈决心离开,他还要让女儿知道他的脆弱——而且他愿意接纳女儿的脆弱,不管这种脆弱表现为什么形式。

这次谈话持续了15分钟,我没有一次指出客户的感受、需要或者策略。然而,我们自始至终都在感受和需要的海洋中畅游,并在结束时制定了有力量的策略。所有这些都符合他身为父亲的价值:责任和爱。客户通过他自己的语言表达,实现了自我觉察,并找到了简单而直观的策略。

自我慈悲意味着我们以新方式来对待我们的感受和需要,包括那些我们想要加以克服和避免的感受与需要。当我们认识到内在体验并不是我们的敌人时,我们就进入了无条件接纳的空间,从而容许内在的所有部分整合为一个整体。这会使我们的内心变得柔软,产生一份真诚的脆弱,而这让我们更深入地连接自己的内在和外界。

教练的感受和需要

感受是内心世界的晴雨表。作为教练,当我们拥抱自己全部的情绪感受时,我们可以提升自我觉察、自我接纳和自我管理的能力。这使我们能够更充分地为客户服务。进一步来说，教练的个人转化提升了我们承载客户激烈的情感体验的技能，从而在教练关系中创造了安全感。

自我负责（这与自责完全不同）意味着我们负责我们自身的全部体验。我们在探索自己的内在状态时，会注意到我们的思想、情感、身体感觉、活力和渴望。我们不抗拒任何内在状态，而是纯粹地接纳内在发生的一切，并将其吸纳进我们的经验里。

在教练工作中，我们运用自己身体的智慧，正如同我们鼓励客户那样。通过练习注意身体的感觉，我们能够更充分地临在及觉察情感。这种练习也有助于我们留意到我们的心什么时候在缩紧、什么时候在舒展，并让我们洞察到自己当下最深层的需要。

我们的想法中可能会包含一些评判和解读，不过，我们认识到这些实际上是我们编织的故事，而并非真相。我们注意到我们可以选择：给我们的经历贴标签，或者留意观察当我们慢下来时想法会有什么变化。通过这种方式，我们可以把消极的自我对话转化为自我慈悲和觉察。

当我们尊重自己的需要和价值时，我们就会完全清楚我们自己的核心驱动力是什么。这种自我觉察练习能帮助我们带着真诚和热情的心态展开沟通。通过练习，我们更容易触及我们内心的脆弱，让我们敞开心扉，完全地临在。只有我们的心灵不设防，我们才可以开展有力量的教练。

虽然教练自身的内在工作至关重要，但是我们不一定必须在完成我们自己的内在工作后，才和客户展开工作。事实上，客户和教练可以相互影响，相互促进彼此的内在工作和转化。在教练引导期间，我们的注意力集中在客户身上。如果我们允许自己被客户的转化所触动，那么我们也可以从中受益。我们哪怕只是见证了客户所经历的过程，也会受到深远的影响。

转化客户所持有的评判

转化客户所持有的评判，核心工作在于帮助客户认识到他们需要什么，并与这些需要建立连接。我们在阅读本节内容的时候，请结合本章前文关于探索需要和价值的部分。

把意见与观察区分开来

意见和观察很容易互相掺杂，导致人们的想法来源于自己的意见和解读，而非来源于纯粹的事实。当我们把意见和观察区分开来时，我们就能够区分什么真实地发生过，什么是我们对于实际情况的解读。

观察举例：我们没有得到拨款。

意见举例：是我搞砸了拨款提案。

为了帮助客户将他们的意见与实际情况区分开来，我们可以邀请他们叙述他们观察到了什么，比如说"你看到或听到了什么，使你持有这个看法？"。有时候，客户由于自身的某些幼年经历而持有某个信念；有时候，客户由于和教练会面前不久的某些经历而持有某个信念。为了帮助客户把观察和意见分割清楚，我们可以问客户，他们把自己当成摄像机，会录到什么内容。[1]

观察迥异于判断、假设、评估、解释和诊断。然而，我们可能必须先剥开好几层洋葱，才能看到事情的核心。例如，你请客户说出他的观察，他却说："我从来都不是一个强有力的领导者。"在他看来，这是一个事实，还有一些人

---

[1] Rosenberg, Marshall B., 2003. Nonviolent Communication: A Language of Life. Encinitas, CA: PuddleDancer.

> 当我们帮助客户明确他们观察到了什么或听到了什么具体的言语，而不纠结于客户如何解读实际情况时，客户就开始意识到，别人说了一句话或别人挑了下眉毛，他们便脑补了许多故事。

会认同他所说的话。如果你继续问他发生了什么让他这么想，他会开始往提供清晰观察的方向靠拢。这时，他的回答听起来可能像是："理事会主席认为我需要接受领导力培训。"

鉴于没人能够洞悉别人的想法，我们可以追问："理事会主席实际上说了什么，让你觉得你需要接受领导力培训？"几轮问答之后，客户有可能最终明确了主席实际上说过什么："会后他问我：'你参加过哪些领导力发展项目？'"

现在，我们仍然不知道理事会主席到底怎么想，不过我们的重点是客户，而不是理事会主席！也许这位主席实际上很欣赏客户的领导能力，想知道他是从哪里学到了领导技能。无论如何，客户至少清楚理事会主席实际上说了什么。当我们帮助客户明确他们观察到了什么或听到了什么具体的言语，而不纠结于客户如何解读实际情况时，客户就开始意识到，别人说了一句话或别人挑了下眉毛，他们便脑补了许多故事。

这一步的重要意义在于训练客户如何把事实和推论区分开来。客户一旦意识到他们会很快地在实际情况里加入个人意见，就能更容易地选择从赋能的视角来看待自身经历。

自我评判

我们的内在批评者是我们内心中产生自我评判的部分。马歇尔·卢森堡制定了一个把自我评判转化为对于感受和需要的觉察的过程。评判背后是未被满足的需要，它蕴含着有待理解和发掘的纯粹能量。教练可以帮助客户释放这种能量。

我们支持客户充分地连接他们的需要，便是在帮助他们接纳自我，理解自我，发展更多的觉知。客户通过深切地意识到自己需要什么来实现一致性。只有客户先意识到他们的需要，我们才能去支持他们制定策略以满足这些需要。一些常见的自我评判及其潜在需要如下表所示。

评判	潜在需要
我不可爱。	被爱
我做不出什么贡献。	做出贡献
我不重要。	重要
我不够好。	归属感
我不配。	接纳

由马歇尔·卢森堡的工作方法改编的转变自我评判的步骤如下：

识别自我评判：这种评判可以是客户自己编造的故事、标签、想法或者他们认为关于他们自身千真万确的信念。作为教练，我们可以问问客户："你对自己有什么评判？"

明确观察：我们可以请客户说出他们观察到了什么或听到了什么确切的词句。"发生了什么？你具体做了什么或说了什么，带来了这个评判？"

识别需要：

客户试图通过该行为来满足什么需要：不管客户做了什么，我们帮助他们识别该行为在试图满足什么需要。客户所做的一切都是尝试满足某种需要，我们引导他们觉察到那是什么需要。我们想要识别的是客户的需要，而不是策略（策略是指满足需要的方式）。"你说这些话的时候，想要满足什么需要？细细地体会那些需要，注意你有什么感受。"

客户试图通过自我评判来满足什么需要：既然自我评判是尝试满足某种需要，那么我们就支持客户去理解他们的自我评判背后的积极意图。"你这么评判自己的时候，想要满足什么需要？细细地体会那些需要，注意你有什么感受。"

客户试图通过坚持自我评判来满足什么需要：如果客户坚持进行自我评判，那么就找出他们试图通过坚持这种评判来满足什么需要。"你继续坚持这个评判是为了满足什么需要？细细地体会那些需要，注意你有什么感受。"

行动：我们可以给客户充分广阔的选择空间，以满足所有相关需要。"现在你已经深入体会到你的需要，那么你可以采取什么行动，有可能同时满足多种需要？"

案例：如何转化客户的自我评判

尚蒂：我不敢相信我竟然责备了我姐姐。当然，她应该受到责备，但我讨厌自己这么刻薄。我这次真的很刻薄。

教练：你具体做了什么或说了什么，让你说自己刻薄？

尚蒂：她没有尽到照顾妈妈的责任，我说她很懒。

教练：这是你的原话吗？

尚蒂：事实上，我说："你能不能别那么懒？带妈妈去看医生吧，不要都指望着我去，好吗？"我不希望我这样对待她或者其他任何人。

教练：那么你说那些话的时候，想要满足什么需要？

尚蒂：我需要帮助和支持。我需要有人理解几乎我一个人完全承担照顾妈妈的责任是多么困难。

教练：啊……请注意这些需要对你的重要性。支持和理解。体会一下这些需要……感觉怎么样？

尚蒂：嗯。我知道这就是我说那些话的原因——我需要得到支持，但别人听起来却不是那么回事。

教练：现在让我们来看看，当你说自己刻薄的时候，你想要满足什么需要。你这么自我评判是想要满足什么需要？

尚蒂：啊……我说自己刻薄，是由于我内心想要带着爱来表达，即使我当时比较急躁。我想关爱我姐姐和我自己。我想要温和一点。

教练：你最看重什么核心需要？

尚蒂：尊重。我需要一个开放的心态。

教练：所以花点时间，留意体会你有多么在乎尊重和开放的心态。（停顿。）

尚蒂：我注意到我内心有所转变，紧张感得到了一些缓解。但我仍然担心我脾气不好。

教练：你坚持这样的自我评判是尝试满足什么需要？

尚蒂：你知道是什么需要吗？我只是想保护我自己和姐姐，不要感觉那么痛苦。我愿意相信我能够去爱。啊，当我这样想象的时候，我感到很多能量在我身体里流动。

教练：我一直在倾听你提到的所有需要：支持、理解，以爱表达你自己，照顾，温柔，尊重，开放的心态，减轻痛苦，爱。花点时间来细细品味这些需要。基于这个自我连接的状态，你可以采取什么行动来同时满足多种需要？

尚蒂：我想我会打电话给姐姐，听她倾诉，了解她过得怎么样。然后，我们可以一起探索怎样用两个人都能接受的方式来照顾妈妈。也许我今晚就打电话；不，明天会更好。

教练：我能做些什么，来支持你落实这个想法呢？

尚蒂：下次我们谈话时，问问我和姐姐通话情况怎么样，好吗？

应对别人的评判

我们可以运用上文中的过程，来转化客户对别人的评判。在这个过程中，我们会邀请客户回想，别人做了什么或说了什么没有满足他们的需要。客户可以学习认识到自己的需要没有得到满足，承认他们做出的评判和背后的需要，而不是将评判投射到别人身上。

转化客户对于别人评判的步骤包括：

识别评判：评判可能是客户头脑里编造的故事、标签、想法或信念，也可能是客户认为关于另一个人的千真万确的事情。你对别人有什么评判？

明确观察：那个人具体做了什么，才带来这个评判？请客户说出他们观察到了什么或听到了什么确切的词句。那个人具体做了什么，或说了什么？

识别需要：

别人的行动没满足客户的什么需要：帮助客户识别他们自己的需要，体会这些需要，并注意它们带来的感受。客户做出评判是由于他们的需要未被满足，因此我们确保客户识别出的是他们的需要，而不是策略。策略是指满足需要的方法。当那个人那样做或那样说时，你的什么需要没有得到满足？

客户试图通过评判别人来满足什么需要：评判是尝试满足某些需要，因此我们支持客户来理解他们评判别人背后的积极意图。你评判那个人的时候，想要满足什么需要？细细地体会那些需要，并留意你有什么感受。

客户试图通过坚持评判别人来满足什么需要：你可能看到客户发生了一些变化，但是如果客户依然坚持评判别人，我们可以询问客户试图通过坚持这种评判来满足什么需要。想一想，你想通过坚持评判那个人来尝试满足什么需要？细细地体会那些需要，并留意你有什么感受。

行动：给予客户充分的选择空间，先尊重和重视所有相关的需要，再考虑下一步行动。现在你已经深入体会到你自己的需要，你可以采取什么行动，有可能同时满足多种需要呢？

客户完全连接到他们更深层的需要之后，注意力可能转向寻找策略以满足这些需要。教练可以鼓励客户进行头脑风暴，来满足他们内心两部分的需要：一部分是选择者（它选择了对别人做出既定评判），另一部分是教育者（它希望客户选择不同于现有方式的新做法）。

化痛苦为光明

另一种加深觉察的做法是将痛苦转化为光明,转化痛苦的能量为生命服务。化痛苦为光明的过程建基于许多实践者的工作,包括马歇尔·卢森堡、苏珊·斯凯(Susan Skye)、罗伯特·冈萨雷斯(Robert Gonzales)和梅甘温德·欧阳(Meganwind Eoyang)。

> 观察:描述造成你痛苦的刺激源。
> 什么引发了你的情绪反应?
> 描述你刚刚开始感到痛苦的那一刻。
> 你看到、听到、闻到了什么?
> 评判:把你的内在反应表达出来。
> 你在对你自己说些什么?
> 你对别人或自己持有什么评判?
> 说出你所持有的全部评判,直到你清楚地意识到你的核心信念或最深层的评判。
> 身体:扫描你的身体。
> 从内到外地感受你的身体,体验身体的智慧。
> 你注意到身体有什么感觉?
> 注意身体中的任何渴望——对注意力、表达或运动的渴望。
> 情绪:体会你的情绪。
> 你感受到什么情绪?
> 让你内心的情绪出声表达。
> 尊重你内心深处的情绪,不要把它们赶走。

将内心的痛苦转化为光明，就好像是点铁成金的心理炼金术。当我们将觉知的光专注于某种内在状态时，能量频率就会发生改变，最初的情绪状态将被彻底转化。

需要：充分体会你的需要。
你想要什么？
在你想要的事物的背后，你渴望着什么？
挖掘所有的需要，不断深挖，直到你发现最深层的需要。
哀悼：哀悼未被满足的需要。
感受需要未被满足的痛苦。
如果这个需要永远得不到满足呢？
哀悼这个缺失。
协调一致：感受那个需要发出的光辉。
抱持痛苦，并加入明亮光芒的意象，保持注意力，直至得到清晰的觉察。
感受那个细致的需要中蕴含的生命活力。
寻求生命活力，想象这个需要充分被满足所带来的深沉满足感。
行动：让需要得到满足。
你能对自己提出什么请求，来帮助你记住这个发着光芒的需要呢？
你能对自己提出什么请求，来帮助你重视或满足这些需要呢？
你能对别人提出什么请求，最有可能满足你的需要？

  将内心的痛苦转化为光明，就好像是点铁成金的心理炼金术。当我们将觉知的光专注于某种内在状态时，能量频率就会发生改变，最初的情绪状态将被彻底转化。当我们哀悼时，我们触及未被满足的需要所带来的悲伤；然而，若我们陪伴这份悲伤，就能触及活在我们内在的那个需要有多么美好。这种连接将激活疗愈和转变。

  化痛苦为光明的内在练习也可以采取对话方式进行。这可以帮助我们汲取我们的整全活力，连接我们的核心真实，全心全意热情地分享，而不对别人带有期待或责备别人。在这种情况下，即使我们的需要依然没得到满足，关注需要的练习也会滋养和赋能给我们。

例子：化痛苦为光明

艾丽卡（Erika）：我最好的朋友最近态度冷淡疏远。她也不说到底是为什么。自从我说我不想把我的报告给她，因为我不想让她误用报告内容以来，情况就一直如此。我问她我们能不能谈谈，她就说没什么可谈的。

教练：关于这件事，你在告诉自己些什么？

艾丽卡：我很愚蠢。我怎么能对她说那种话呢？我为什么不信任她呢？我永远也没办法解决我们之间的问题了。我永远地失去了她的友情。我还觉得她太死板了。她有时很固执。她怎么能因为这么一个误会而结束这么长的友谊呢？

教练：你注意到身体有什么感觉？

艾丽卡：我的心轮那儿感到深深的疼痛。虽然这种痛苦是情感上的，但我的身体也能感觉到。总是有眼泪要涌出来。有时我就让它涌出来。我觉得好累。

教练：你此刻感觉怎么样？

艾丽卡：我感到无比悲伤。我们一起度过了那么多美好的时光。我真的很珍惜她的友谊。我感到痛苦、心碎和遗憾。我希望我能收回那些话。如果她不想提这件事，我不知道该怎么弥补。她拒绝和我谈话，这让我也感到既受伤又生气。

教练：你觉察到你有哪些需要？

艾丽卡：我非常需要连接与和谐，还有缓解这种剧烈的痛苦。

教练：如果这个需要永远得不到满足呢？

艾丽卡：我的生活会感到空虚、悲伤和孤单，就像一个人坐在黑暗的房间里。

教练：陪伴这份悲痛，然后想象一道明亮的光从你的头部洒入身体，让你全身充满明亮的金色能量……你注意到什么了？

艾丽卡：我的心被金色的光包裹着，这光也包裹着我的眼泪。我看见光从我身上流出来，向我的朋友流去。我注意到张力有一些缓解了，我的呼吸更深沉、更均匀了。我微笑了，因为光把我们两个人连接了起来。

教练：你能提出什么请求，来尊重或满足这个光辉灿烂的需要呢？

艾丽卡：我想给我朋友空间来让她得到疗愈，所以我请求自己设想她可能会有什么感受和需要；还有，这周我每天都要花时间写日记关注我的需要和她的需要，想象这些需要都被包裹在金色的光里。这将给我一些安慰，并让我眼光放长远点，看看我们之间还可以有什么可能性。

个人价值

我们无论有多不完美，内心深处都存在着一种无声的律动，这律动有着复杂的波形和共振。这种律动对于每个人而言都是独特的，然而它也将我们同宇宙万物联系起来。

——乔治·伦纳德（George Leonard）

价值是我们的深层渴望，指引我们创造充实和富满意感的生命。若我们活出了我们的价值，我们的心灵就会歌唱。如果我们把价值观和评判混为一谈，比如道德评判、对错好坏的想法，我们会失去连接共同人性的能力，也削弱了为创造更美好的世界而做出贡献的能力。

需要和价值携带着同样的能量。二者几乎完全等同，除了需要是我们眼下关注的东西，而价值是我们长期关注的东西。认识和提炼我们的价值观，有助于我们认识自己的立场。通过找到令人信服的语言来描述我们人生的关键驱动力，我们就能更加明确我们最深的渴望。

教练进行时 | 价值观和需要
CFT 转化教练尼鲁帕玛·苏布拉米安

莎米拉（Shamila）是一家跨国公司的高级市场经理。她很聪明，分析能力很强，正处于升职的快轨上，但是有件事阻碍着她。她收到反馈说，她需要更加果断，并在会议上大胆发言。因此，她希望有人能教练她沟通技巧。

在教练过程中，莎米拉觉察到"尊重"这个价值及她对于"接纳"的需要。作为一个在印度大家族中长大的女孩，她从小被教导不要在长辈（尤其是男性长辈）面前表达她自己的观点。她有一个哥哥，她很敬重他，家人也给了哥哥更多的关注和尊重。对莎米拉来说，不同意权威就是不尊重他们。年长的男性家庭成员被认为应该负责所有关键决策。女孩在她家里没有发言权。沉默和接受别人的意见满足了她自己对家庭归属感和接纳的需要。

作为一名商界女性，她在会议中无法充分地贡献自己的智慧，感觉压抑而渺小。在一大群比她年长的男性面前，她感到优柔寡断、不确定。在这些情况下，她不能充分地发挥出她自己的能力。莎米拉意识到，她需要自由和成长，而伏低做小和沉默不语满足不了她的需要。她这么做也无法得到团队的接纳和归属感。她被视为一个好员工，但得不到作为潜在领导者所应得的尊重。她意识到，在她目前的情况下，童年时期获取接纳的策略不再奏效。

在教练期间，她意识到，她表达自己的意见并不意味着不尊重他人。与此相反，她尊重她自己对于成长的需要及为机构做出更大贡献的价值。这一认识使她对自己更有信心，让她能更加自由且无所畏惧地表达她自己。

> 觉察到自身的价值有助于让人们活出真我。人们与自己的价值保持一致，就容易明确界定自己的愿景、使命和目标。

我们大多数人从儿时起就秉持四五个核心价值。为了明确我们的价值是什么，我们可以探索自己的高峰体验：我们的生命什么时候特别甜蜜，我们的最佳表现是什么样子，或我们什么时刻处于最佳状态。如果我们寻找宛如我们第二天性的价值，我们就会发现什么样的生活才能体现出我们的价值，让我们的人生值得。随着时光变迁，我们的价值变化不大，但我们对于价值的觉察却常常发生转变。

我们可以帮助客户明确他们长期以来重视什么价值，进而帮助他们意识到他们最在乎什么。觉察到自身的价值有助于让人们活出真我。人们与自己的价值保持一致，就容易明确界定自己的愿景、使命和目标。如果某个人的某个目标一直没能实现，通常是因为这个目标没有与他的核心价值连接。

价值是非常个人化的。为了帮助客户确定他们最重要的价值，我们仔细聆听他们的言外之意。人一旦明确了自身的价值，通常就好像得到了上天的启示，能促进他做出决定、采取行动。一个人感到不舒服，往往是因为他当下的需要或长期价值没有得到重视。当人们充分地重视自己的价值时，人们就会内外协调一致，感到能量充沛。

明确价值

明确价值是唤醒内在资源和智慧的主要途径之一，还能激发深层创造力。在任何一个时刻，我们都完全能够超越我们想象的能力界限。当我们留意内心深处的微小声音，发现是哪些经历塑造了我们，体会我们热爱什么时，我们就会更加明确我们自己的价值。

通过提问来明确客户的价值

回想你生活中最甜蜜的时刻——在那些时刻，你全身心投入在对你来说最重要的事物中。是什么让这些时刻如此甜美？

回忆你生活中充满挑战的时刻，你从中收获了什么？

告诉我一首你喜欢的歌或者一部电影。在你看来，它的特别之处是什么？

回想你特别难过或生气的时候，在那些时候，你感觉缺少了什么？

你可以提出更多教练问题来明确客户的价值：

你在哪些时刻对生活或工作充满激情？

你的生活或工作在哪些时刻感觉特别有意义或充实？

你从逆境中得到的最大收获是什么？

你在哪些时候觉得自己的人生充满能量？

通过回忆这些美好时刻，你对你的人生目标有了什么看法？

你捍卫的是什么？

你想为后人留下什么遗产？

你对未来的三个打算是什么？

你感到自己被召唤要实现的目标是什么？

如果客户不清楚自己在多大程度上重视某个价值，我们可以请他设想：如果不能秉承那个价值，会怎么样呢？我们可以问他，不能践行那个价值他会感觉怎么样。客户感到不舒适的程度，将反映出这个价值的重要程度。

倾听客户高峰体验中所包含的价值

我们邀请客户分享他们的高峰体验。在这些体验中，生活是美好的、充实的、丰富的，而且"刚刚好"。高峰体验可能是一次重大的人生经历，也可能是一个小事件。我们问客户，每次高峰体验的特别之处是什么。我们一起探索，这些经历或人际互动有什么特点，它们为什么如此令人感到满足。我们可以提出的问题包括：

这次经历有什么特别之处？

哪些价值得到了体现？

你认为哪些价值是实现充实人生的关键，而且最希望传递给别人（学员、孩子或你关心的人）？

如果不用担心受到嘲笑或排挤，那么你最想在生命中活出的价值是什么？

价值的决定性时刻和比喻

为了进一步落实客户的价值，我们可以探索客户经历过什么决定性时刻或高峰体验，运用比喻来形容这些价值的影响力，从而形成参照点。这能帮助客户重新连接特定价值的具体体验和能量特质。

当客户明确了自己的价值时，我们就让他们回想他们在什么决定性时刻完全活出了那个价值。此外，当客户不清楚自己的价值时，我们请他们回想并叙述一次决定性经历，倾听他们通过那时的经历体现出了什么价值。

以下的探索练习中，我们可以邀请他们列出他们最看重的七个价值，并回想他们感觉充分地秉承了各个价值的时刻。对于每个价值，我们问：

你在什么决定性时刻活出了那个价值？

什么比喻能帮助你清楚地在脑海中再现那个决定性时刻？

什么比喻能概括那次体验的精髓？

我们在与客户一起探索这些决定性时刻的过程中，邀请他们谈谈彼时彼刻或者相应的比喻，看客户如何超越头脑的层面，走入那个价值观的体验和感受之中。如果客户说起他们的体验和价值，就像是在讲故事一样，我们就邀请他们重新回到当时的实际体验中，或者问他们，这些高峰体验是怎样依然活在他们身体里面的。

价值的决定性时刻和比喻	
价值：	冒险
决定性时刻/比喻：	一位女士在冬天独自爬过贝克山的雪线。她把自己视为冰雪女神。
价值：	连接
决定性时刻/比喻：	一位祖母计划了一次盛大的家庭聚会,众多亲戚从天涯海角赶来,齐聚一堂。这个聚会使这个大家庭更加亲密了。她看到了相互连接的生命之网。
价值：	承认
决定性时刻/比喻：	一位教练被邀请领导一个开创性项目,那是一项从未有人尝试过的前沿工作。她感觉自己是一名自由战士。
价值：	催化改变
决定性时刻/比喻：	一位导师观察到,他所引导的问题少年发生了转化,于是导师把自己想象为能驾驭湍急河流的舵手。
价值：	贡献
决定性时刻/比喻：	一名运营经理和她的团队前往一处流浪人员庇护所,清理洪水泛滥后的残局。由于他们的工作,庇护所在 24 小时内恢复对外服务。她把这段经历比喻成一颗深深搏动的心脏。

运用价值的方法

以下是一些探索价值的其他方法：

创造一个决策蓝图。问客户："如果你同意这个项目,你的哪些价值将会得到体现？哪些你会忽视？""答应这件事将如何帮助你活出更多的价值？""你参与这个项目，践行你的价值观，可能对你的生活带来什么影响？"

提醒客户什么是重要的。客户的价值清单可以发出有力量的提醒，把客户拉回自己的核心。体验与价值连接的鲜明感受或用某种比喻来形容价值，能够激活右脑或大脑的创造力。牢记价值将影响到客户的身体、情感、灵魂及思想。

规划人生方向和愿景。在制订一切愿景或计划时，容纳和考虑主要的价值。检查和确保各个价值不会互相冲突。

提升对价值的意识。客户明确自身的价值，就好像睁开了双眼，因为他们培养了慈悲的自我见证者，而这是自我接纳的关键。当客户体验到自身的价值并活出自身价值的时候，他们就重新激活了潜意识的力量和深层能量，推动自己去实现愿景。

区分信奉的价值和活出的价值

通常，人们信奉的价值和活出的价值之间存在差距。这并不意味着大家是伪君子，而只是意味着大家现在的生活方式和渴望的生活方式之间存在差距。意识到这种差距，是缩短差距的重要一步。当客户与自己的价值协调一致时，他们更坚定地相信一切皆有可能。

我们可以一面抱持客户的无限潜力，一面探索客户的具体当下。例如，一位客户可能重视冒险，但最近却没有活出这个价值。他现在如何冒险和他希望的样子可能相距甚远。如果客户真心希望自己的生活中包含冒险元素，那么教练过程可以帮助他挑战自己缩短现状同理想的差距。通过探索什么价值在阻止客户冒险（如重视稳妥），便可以进一步寻找什么机会能够帮助客户同时活出多个价值。

对于不同人而言，同样一套价值可能表现为不同的行为。你怎么知道一个人是否重视创造力？你会预见创造力有什么行为表现？作为教练，我们尊重客户的智慧，客户知道什么行为最能体现出他们的价值。教练可以帮助客户明确他们的价值及行为，然后支持客户为自己认为重要的改变负责。

我们提供以下活动，来让客户探索他们的价值及他们活出价值的程度。

活动

写一篇文章歌颂自己的人生，如果你敢写的话，可以写一篇假想的讣告。文章可以描绘你现在的生活状态，也可以描绘你想象中已经实现了人生目标后未来的理想状态。

教练进行时｜价值观教练　CFT转化教练金·福勒

杰米：我好像无法集中注意力。感觉无论我做什么事，都好像少了点什么。我的工作状态不佳。甚至和朋友们在一起时，我也感觉不到自己处于最佳状态。

阿卡莎：我能听出你声音里的挫败感。我也听到了悲伤的感觉。

杰米：几个月前，我一个最亲密、认识时间最长的朋友死于肝癌。直到现在，我仍然会时不时地为此情绪崩溃，这让我感到惊讶。我看到或听到一些东西，然后就会想起他。

阿卡莎：我为你感到难过。听起来你很爱他。

杰米：他就像我的一个兄弟。他对我来说意味着很多。

阿卡莎：此时此刻，你有什么与他的离世有关的需要？

杰米：我想我需要时间来与我的悲伤连接，不要外界干扰。几年前我母亲去世的时候，我就是这么做的。这样真的很有帮助。

阿卡莎：嗯，你需要与你的悲伤连接。我们之前说起过，需要对我们的当下很重要，它们指示着我们的价值，价值是我们长期重视的东西。与悲伤连接，指示出你的什么价值？

杰米：嗯，我想最根本的价值是我真的想和自己连接，与我的灵魂和心连接。这种连接总是稍纵即逝。我想要时时刻刻都保持与自我连接。我想和我非常爱的自己在一起。我已经很久没能这样持续地感觉到了。

阿卡莎：如果你现在就有意识，且已经活出与自我灵魂相连接的价值，你的生活会有什么不同？

杰米：生活会更轻松！我仍然会感到悲伤，不过会开始学习怎么吸纳这些悲伤。我的思路会更清晰。我想我会在工作中表现得更出色。我也认为我会对自己和朋友更有爱。我会更有连接感。

阿卡莎：那么，什么能帮助你持续地活出与自我灵魂连接的价值呢？

杰米：我想，我每天都需要有意识地与自我连接。如果我每天都这样做，即使也许开始的时候每天只有半个小时，我也会逐渐提升到理想的程度。

阿卡莎：那么从今天开始，你每天至少会花30分钟与自我连接？

杰米：是的。

阿卡莎：这感觉怎么样？

杰米：感觉我可以更顺畅地呼吸，好像有了一个新起点。

阿卡莎：你如此爱自己，让自己有了这个起点。

杰米：是的，我的确如此。

价值排序

我们邀请客户练习对他们最看重的7个价值进行排序，并按照从1到10的数值，来让他们对这些价值的重视程度打分。然后，我们提出下面的一些问题。

你在什么时候充分活出了这个价值？

现在有什么障碍，使你难以活出这个价值？从1到10打分，这个障碍

> 行动可以改变处境，使客户能够活出以价值为本的生命。

有多难以逾越？

你在发现障碍的过程中有什么收获？这些收获将如何帮助你活出你所重视的价值？

你需要做什么，让每个价值观的打分都变成"10"？你可以采取什么行动，来提高重视程度的分数？从长期来看，你需要怎么做？你可以从今天就开始做些什么？

探索价值这项工作需要空间，所以要让客户有机会深入感知每一个问题。

基于价值的行动

行动是对价值和需要工作的重要跟进，因为行动可以改变处境，使客户能够活出以价值为本的生命。我们可以持续给客户开展需要及价值方面的教练引导，然而，只有客户自己采取行动，才能够切实地改变他们的行为方式。当客户自发地与自己的价值协调一致时，他们就将开始改变自己、改变世界。行动将促使客户进一步考量他们的需要和价值，并相应做出更多的行动。本书第十章将更深入地论述行动。

要考虑的问题

有哪些创造性的方法，可以帮助客户觉察到他们的价值和需要？

你的人生选择在多大程度上与你的价值协调一致？

你可以怎样缩短你信奉的价值和活出的价值之间的差距？

为了更充分地活出你的价值，你可以采取的第一步行动是什么？

第六章 体验当下

> 所有真正重要的东西，比如美、爱、创造力、喜乐、内心的平静，都生发于理性之外。
>
> ——埃克哈特·托勒（Eckhart Tolle）

主题

此时此地——四步骤的过程

何时选择"体验当下"

"体验当下"路径中使用的主要技能

身体的智慧

走进抗拒

历程工作

与失败感工作

"体验当下"有别于其他任何一种教练路径，因为在体验当下路径中，我们引领客户关注当下，不往别处去。我们帮助客户拥抱、体现、容纳当下发生的一切。我们只着眼于当下，不急于解决问题，不引导客户改变态度或追求特定的结果。

这一过程旨在帮助客户重新发现他们曾经压抑、否定或回避的自我组成部分，并再次体验和整合它们。客户重新整合自我，就能够经历蜕变。体验当下能让客户触及真实的自我、力量、活力和完整性。

为了得到别人的接纳，一些客户会排斥羞耻、不安或恐惧等感受。客户重新找回这些丢失的部分，将为他们整合内在、充实自我奠定基础。

体验当下是促进客户实现一致性和转化的有力工具。我们运用体验当下这条路径，帮助客户觉察他们失去连接的部分，进入当下的体验，接纳和整合遗失的部分，并与他们带来教练的问题建立一种新的关系。

此时此地——四步骤的过程

体验当下的过程包括四个关键步骤。

1. 关注客户的体验

当下发生着什么？客户此时此刻体验到什么？他们现在难以接受什么？我们可能注意到，客户说话的用词、语气或情绪状态之间是未连接的地方。客户可能在回避某种话题、情绪或体验。我们留意客户所说的哪些词语或词组饱含情感，例如，我们可能会感到客户声音里有快乐、悲伤，或像孩子一样，或带着家长的口吻。我们的作用不是分析这些声音，而是简单地注意到客户表现出这些不同的方面。

2. 将客户的当下体验带入他们的觉察

我们可以通过向客户提出一些简单的问题，说出我们注意到了什么，探索客户表达中的细微之处，或者邀请客户予以厘清，以提升他们的觉察。我们不探询客户曾经的感受，而是连接他们当下的感受。例如：

> 这次经历对你来说是怎样的？
> 当你说到你朋友祝贺你时，你的语速变得很快——几乎把祝贺一带

而过。

　　当你说起你很惊讶朋友记得你的生日时，你就像个快乐的孩子。

　　你说过，你上个月没升职，感到很伤心。这件事现在怎样影响你？

3. 探索此时此地

　　首先，我们邀请客户进入自己的体验并进一步探索。我们可以说："看起来，项目虽然完成了，你却难以享受和庆祝。如果让你进入并保持这种体验，会怎么样？"相对简单的问题可以是："如果你允许自己去感受内心相互矛盾的情绪，你有什么感觉？"

　　我们引领客户进入当下并保持在当下状态之后，"体验当下"的过程就可以展开了。当客户不再回避和拒绝不舒适感，转为愿意接纳、整合他们自己的体验时，客户就将经历转化。客户通过给自己足够的时间，关注和反思自己的情绪、身体感知、意象和想法，为转化创造了空间。客户通常都将经历转化，并与自身经历或内心世界的某些部分建立起新的关系。随着客户进入协调一致的新状态，他们就可以做出新的选择和行动。

4. 客户整合他们得到的收获

　　在这个步骤，客户设定方向，采取主动，发现他们收获了什么，或采取行动。通常而言，教练引导以客户行动作结，即客户将基于新觉知或新收获做出一些行动。客户行动未必是外显的，它也可以是进一步的反思和整合。我们并不预设所有的教练引导都必须以行动作结。我们可以以一个有力量的自我探询作结，去汲取更深的智慧，而不制定任何行动项目。例如：

　　你怎样在接下来的一周内保持这种觉知？
　　这个比喻非常有力量，你将如何与它保持紧密连接？
　　在日常生活中活出身体的智慧是怎样的？

"体验当下"教练路径的精髓在于整合，它促使人们在进展过程中容纳他们内在的各个部分。人在这个完全接纳的状态下，与自己紧密连接，采取有觉知、整合、有创造力的行动。

何时选择"体验当下"

如果客户体验到强烈的情绪、抗拒感，或发不出自己的声音，那么"体验当下"可以帮助他们放慢下来，理解自己。当客户全速前进，忽视他们的身体，或处在混乱状态中的时候，"体验当下"路径将引领他们进入完整的觉察。

当客户难以充分体验或接纳自己生命中的某些部分时，"体验当下"可以对他们发挥很大的作用。这种情况可能表现为他们缺乏情感，或是说话用词与语气或能量状态脱节。

我们也可以把"体验当下"当中的技巧运用在实现一致性的其他路径上。"体验当下"是许多教练的首选路径，因为它尤其强调客户当下的真实状态。客户对他们当下的需要有发自肺腑的强烈连接感时，"探索需要和价值"就能够产生更大的推动力。如果未来的愿景在当下体现出来，而不只是存在于想象中，"展望未来"就能够产生更大影响力。同理，我们在邀请客户"扩展视野"或"拥抱阴影"时，客户当下的身体直觉体验将是饱含力量的资源。

我们在客户感受和需要的转变中保持临在，就可以帮助他们不管是身处困境还是乐境，都能连接到他们自身的活力。

如果一名客户有心理问题，而我们又没有接受过相应的培训，我们就将其转介给心理治疗师。这并不意味着我们停止教练，或是回避最重要的话题。一些客户同时接受教练引导和心理咨询；有些客户则发现，先与心理咨询师开展更深入的疗愈、暂停教练会更有效。"体验当下"帮助我们有技巧地配合客户的行动，创造出安全、勇敢的空间，促进客户的自我接纳、理解和整合。

"体验当下"教练路径的精髓在于整合，它促使人们在进展过程中容纳他们内在的各个部分。人在这个完全接纳的状态下，与自己紧密连接，采取有觉知、整合、有创造力的行动。

"体验当下"路径中使用的主要技能

我们在这条路径中运用了所有的教练技巧,尤其是以下几种教练技巧。

自我管理

我们邀请客户进入当下,接纳客户的全部体验。为了让我们能与客户的各种情感和表达同在,我们不评判,以好奇心欢迎客户的各种情感及表达方式。否则,客户会接收到我们的暗示,不愿意触及和表达自己内在的体验。身为教练,我们接受教练引导,整合我们一直以来忽视或排斥的自我部分,以提升自我管理的能力。在教练客户完全接纳自己时,我们可以支持客户完全地接纳他们自己。

打断

提出一些简单的赋能式问题,使客户进入当下,例如:

你对自己刚刚说的话有什么感觉?
当你留意到此刻的喜悦(悲伤、困惑、欢欣等)时,感觉怎么样?
这件事对你现在有什么影响?
刚刚发生了什么?

指出当下

陈述我们当下看到了什么,例如:

我听到你在讲故事,但你并没有沉浸在故事里。

我感觉你有很多话没说。

我注意到，你进入了那一刻的情境，然后就跳了出来。发生了什么？

运用直觉

我们分享我们对当下情况的直觉，而不进行审查或过滤。我们不在乎直觉是否"正确"，而是看直觉是否有用。我们不分析或阐释我们的直觉，而是简单地说出来，给客户空间解读属于他们自己的含义。例如，如果我们感觉有雾在客户身边翻涌，我们会说"我感觉有雾在你身边翻涌着"，但避免诠释："雾代表你现在感觉到的丧失和困惑。"与此相反，我们让客户他们自己解读。我们简单地说："我感觉你身边有雾在翻涌，这对你来说有什么意义吗？"

我有一种预感……

我的感觉是……

我的内心说……

我有个第六感……

我的直觉是……

我有一种直觉……

我猜……

以这样的开头来陈述帮助我们表达直觉，帮助客户意识到我们是他们的伙伴，而不是提供答案的大师。然而，我们不要过度运用直觉，因为过多分享我们的直觉，会使客户失去自己的洞察力。

文化谦逊

我们意识到，客户的文化背景（包括种族、民族、阶级、性别、年龄、性取向、地理位置等因素）始终存在，并产生着影响。就客户进入自己的体验的意愿和能力，我们营造出空间，避免评判。我们也保持好奇，留意客户的自我身份或认知如何影响他们的感受和体验，同时让客户保持在当下体验中。

> 此时此刻，作为拉丁裔人士，你有什么特别的体验？
>
> 你的身份认同感住在你身体的什么部位？对于你当下的体验，你所认同的身份想要说些什么？
>
> 进入你的文化身份，它现在在说什么？

保持沉默

沉默让"体验当下"的力量显现出来。这是因为充分地体验当下需要空间和时间。体验当下的教练路径有时意味着把控节奏、创造空间。教练创造反思的空间，使得客户可以深入地体验，了解自己。帮助别人解决问题、改变别人的生活这种想法有时候很有诱惑力。如果我们留意到我们想要给出解答或者扮演聪明人的角色，我们就可以放慢节奏，倾听客户，留出空间让客户自己的答案呈现。

我们提出问题之后，如果客户沉默起来，这并不意味着他们不知道答案，或者他们卡住了。我们可能正好命中了他们想要思索的问题。如果我们抑制住介入的冲动，便能够让客户沉浸在问题中，深入思索。

我们也可以听从直觉，提出另一个问题，探究客户沉默的当下发生了什么情况。我们不断地在营造沉默空间与维持教练动态之间游走。我们希望激发客户的活力，但这并不意味着我们必须一直保持高昂的情绪状态，或是一直都在快速地进展。在我们拓展教练能力的过程中，我们将在取得进展和营造沉默空间之间取得更多平衡。

运用比喻

让客户从"谈论"切换到"体验当下"，其中一种方式是邀请他们用比喻来表达自己的体验。客户可以用图像、身体姿势、动作或声音来表达当下的体验。而后，他们可以进一步体验和探索这个比喻。对人们来说，比喻更容易感知、触及和探索。

> 当你抱持这些感知时，脑海中看到了什么图像？
> 你走入洞穴后，看到了什么？
> 它温度有多高？
> 伸出手指触碰，你感觉到了什么？
> 这里有什么声音？

肯定和拥护

"体验当下"可能会让客户触及困难或不舒适的话题。在客户陷入挣扎或失去信心的时候，我们可以告诉客户，我们看到了他们的内核，这将帮助他们继续探索。

> 我看过你有勇气和意愿面对黑暗。你可以走得更远一些。

反映[①]

让客户知道我们和他们在一起，在吸纳他们的体验。

> 我听到这对你来说很可怕。

保持在此时此地

"体验当下"意味着教练与客户的每个当下同在（一个当下，再一个当下）。通过真正地把注意力集中在当下，客户可以深入探索当下的体验。如果客户开始谈论过去、未来或不在当下的人物，我们请他们收回飞扬的思绪，回到此时

---

① 反映是一种教练策略，指像镜子一样客观映照出客户的情况。——译者注

此地。

我们如何把客户的注意力带回此时此地？当客户陷入对过去或未来的思绪中时，我们可以通过提出一些简单的问题，把他们带回此时此地。

现在发生的什么事，让你想起了你童年的经历？
你在谈论理想的未来，其中有哪些元素是你现在就能触及的？
你现在生活中的什么人，让你回忆起过去的某些经历？
你谈及你的民族的苦难历史，这会如何帮助连接你正在经历的体验？

教练进行时 | 体验当下　CFT 转化教练阿尔塔夫·谢赫

许多新手教练在选择"体验当下"路径时，将对话局限在情绪和身体方面。在我看来，"体验当下"远远不止局限于情绪和身体。无论客户高兴还是悲伤，敏感的教练都能深入探究客户当下流露出来的深切渴望或渴求。

我的大部分教练活动是通过电话进行的。一开始，我并不做多少身体方面的工作，因为我见过很多教练例行公事地提出一些关于身体的问题，却并不真正关心身体想要什么。不过，现在我会问客户是坐着还是走着，对此保持觉察。我还会问他们的身体姿态有什么改变；他们的身体动的时候，释放出什么感受；他们是怎么坐着的；他们正在看着什么。

客户的开场白至关重要，开场白的用词和能量状态都为如何开展教练引导提供了信息。我们如果过早地进入表面议程，就可能会错过客户真正的议程。保持好奇心，用简单的词语来发问，比如"所以呢？"或"然后呢？"。这能为教练引导的开场带来很大好处。我不仅仅是和客户一起跟着感觉走，还在寻找行为模式。例如，如果客户来迟了或者重复说什么话，我就会留意探询究竟发生了什么。如果我按照自己的议程提问"你想从这次教练中得到什么"，我实际上就是把客户带离了当下，去到未来的某个时刻。与此相反，如果我专注地倾听客户的开场白，就可以听出许多信息。特别是如果我不传递出紧迫感，我的耐心便可以创造出广阔的空间，来容纳想要浮现出来的东西。即使客户的开场白说"我脑子里一片空白"，那也是一个顺势而为的机会，无须尝试让客户脱离当下。

从本质上来说，保持在此时此地就是从真实的体验出发的，这需要教练非常信任教练的过程。如果客户跳出"此时此地"，开始谈论"彼时彼地"，我不会纠正他们，而是温和地引导他们回到当下，询问他们当下有什么在发生。

下面是一次教练环节的例子。

开始的时候，客户说："我没办法管理时间。"

我沉默。沉默即询问。教练需要良好的自我管理，才能放慢速度，避免传递出急迫感，而只是对客户的体验好奇。

沉默一阵子后，客户列举出了自己的种种表现。如果我说出我的见解或者还没理解客户的体验，就说出一些"聪明话"，这个女客户就会失去发现她自己洞见的机会。

她充满感情地谈起她的做事方式及为什么她没能完成任何一项。

我本可以这样说："我看到你感觉很挫败。"但我没这么说，而是问她："你说这些的时候，你的内心经历着什么？"这样的提问通常有助于客户抱持当下的体验。

可是在这个个案里，她说道："我想我必须更好地管理时间。"她想解决时间管理的问题，然而我却指出："那是你的想法，你有什么感受呢？"

"我感觉很挫败！"

虽然这种方法可能需要更长的时间才找到表面议程（如何减轻她的挫败感），但是如果我们仅仅与客户同在，让客户自己去发现问题，客户就更有拥有感。

接下来，我们轻易地进入深度议程——客户想要感觉轻松，并缓解肩膀的疼痛。她连接每个当下的体验，感受肩膀那里的疼痛。她偏离当下、讲起过往的经历的时候，就走向了指责，说她丈夫和婆家没做过多少事。于是，我问她："你想要什么？"在那一刻，她想要自己变得更加明确和果断。

"体验当下"的关键是信任客户。我甚至问她，谈论丈夫和婆家能否让她得到她想要的东西。后来，她意识到她希望得到倾听，因为她从来没有跟任何人说起过她对丈夫或婆家的沮丧感。

在她谈起"彼时彼刻"的经历时，我带着好奇心和耐心倾听，寻找机会重新进入当前的"此时此地"。她开始意识到，她身体的沉重感是与指责和愤怒有关，她承认她自己也是造成这种情况的一部分原因。

她开始意识到，她编了一个故事。这个故事说，如果她享受更多的个人自由、接触其他人，她丈夫就不会高兴。她承认她给自己设限，承担属于自己的责任。这种觉察给她带来了选择的空间。她可以抛开那些限制，创造更多的空间，自主地去做更多事情。

我没有请客户说出她的议程，而是耐心让美好的东西自然地呈现出来。她意识到她自己的焦虑，觉知达到了新高度，并决定变得更加果断。

身体的智慧

身体是开放的，是通向融合的道路，然而我们通常可能会把它视为封闭的系统，宛如一个内部包含着某种意识的小小堡垒。身体是一个通道，是进入大教堂的入口。身体是通向宽阔空间的大门。我们以这种方式觉察身体，就能够开始以不同方式来体验生活，甚至能感觉到无形的力量、智慧化身的临在，为我们的日常生活注入力量、慈悲和理解。

——斯蒂芬·施瓦茨（Stephen Schwartz）

> 留意身体的体验能够使我们更深入地挖掘我们的内在智慧。我们无须评判或操控我们自身的体验，也无须迫使自我做出改变。我们只需看见我们的自身体验，并以开放的心态来接纳它，便能有新的发现。

我们可以把身体当作一个封闭的堡垒或是教堂——用身体保护我们免受痛苦或危险，或走进内在欣赏每个细胞中蕴含的美丽和智慧。我们从小被教导不要太在意身体的感觉，因为我们害怕痛苦，害怕自己的欲望，不希望别人觉得我们自恋。我们屏蔽自己内心最深处的向往，对爱和自由的渴望，以及表达出最深层自我的愿望。

我们身为教练，可以支持别人尊重身体的直觉智慧。每时每刻，我们的潜意识都在使用和我们的母语一样博大精深的语言，通过我们的身体对我们说话。我们的身体不断地向我们传递信息，给予我们本能的直觉，这也被称为第六感或身体智能。

当我们尊重身体的智能时，我们便可以提升意识水平，能够在未经语言过滤的情况下，直接理解当下体验的含义。语言比较抽象，与我们的实际体验隔着一层。之所以这么说，是因为我们会编辑、贴标签及概括自己的身体和情感体验。

我们可以不那么依赖对话，而是运用身体这个丰富的资源来理解我们的情感、本能和直觉，从而促进我们成长。倾听身体的全部智慧有利于揭示出我们的情绪模式，发现我们体内的能量变化，从而抓住转化的机会。容纳身体的智慧能够帮助人们从细胞层面理解自身的需要，充分体现他们有意识的选择。由于身体承载着学习过程，因此每天的身心练习能够帮助人们改变旧习惯，形成新习惯。

我们对改变的渴望是从身体中生发出来的。当我们接受身体体验的神圣性、感受身体的频率时，我们就能够汲取滋养我们的内在智慧。如果我们不知道自己有什么感受，那么我们可以扫描身体，寻找身体的感觉或能量的流动，这些身体的感觉或能量的流动总是携带着某些信息，告诉我们自己有什么情绪感受。我们可能会注意到，身体的不同部位有颤抖、紧张、疼痛或麻刺的感觉。

思维和评价只是人类可触及知识领域的冰山一角。留意身体的体验能够使我们更深入地挖掘我们的内在智慧。我们无须评判或操控我们自身的体验，也无须迫使自我做出改变。我们只需看见我们的自身体验，并以开放的心态来接纳它，便能有新的发现。如果我们留意细微的线索，保持安静，便能连接到我们自己的能量状态。无论我们体验到的是纯粹的幸福、轻微的不安还是彻底的狂怒，我们允许能量的波浪翻腾起来，尊重内在出现的种种力量，这些都是我们尊重自己的表现。

尊重身体和能量

我们邀请客户探索身体的感知和能量的变化，以保持客户与此时此地的连接。我们调频连接我们的身体和能量状态，便能自然而然地回到当下，从制订计划、忧心忡忡或强行理解的状态中抽离出来。我们留意当下。

我们在邀请客户关注身体的感知时，让他们保持与身体连接、同在，同时我们确认他们的身体感知，并询问和反映当下正在发生的情况。

> 你注意到身体有什么感觉？
> 你身体的什么部位注意到这种感觉？
> 将你的觉察带到这个身体感知上，与它同在。
> 让你的评判从你的身体中流过，不用强迫这些评判发生改变。
> 你现在注意到了什么？
> 挪动身体，注意体验这些感受时能量的转变。
> 你的身体想要告诉你什么？
> 你身体的哪个部位承载着你的恐惧？
> 快乐从你身体的什么部位涌流出来？
> 愤怒是怎样住在你的身体里的？它是什么形状，什么颜色？

观察

除了提出问题，我们可以通过说出我们的观察结果，给客户解读出属于自己的意义的空间，来进一步赋能。

> 现在，你说话的音量提高了，语速也加快了。
> 你在说"我想要个伴侣"的时候，能量状态转变了。
> 你在描述你的计划时，声音听起来更自信。
> 你说你重视冒险的时候，一边的嘴角笑得翘了起来。
> 你说"真诚"这个词的时候有些结巴。
> 你沉默之后，向后靠了靠。
> 你的右腿一直在动。
> 刚刚，你的目光快速地从左边扫向右边。

我们在说出我们观察到的客户表现后，不一定要接着提出跟进问题。当我们允许客户就我们所说的内容提出他们自己的问题时，他们便可以做到自我赋能。

觉察客户的身体

人的真实状态来自情感、语言、身体、思想和行为的内外一致。当我们的内心世界和外在表达一致时，我们会被感知为真实。内外协调一致有利于我们选择为生命带来有改变动力的行动。在客户没有意识到他们言行不一的时候，我们的作用是通过观察与保持好奇心来提升他们的觉察。身体的觉察与情感和需要的觉察息息相关。

人类的大脑不仅仅存在于头部。神经科学显示，人类的心脏和肠道里也存在着复杂的功能神经网络，或者说那也是大脑。我们头部的大脑负责认知、思考和理解。我们心脏里的大脑负责处理情感、价值观和相互关系。我们肠道中的大脑帮助我们塑造核心身份，保护我们，保证我们的安全，并推动我们采取行动。我们心脏和肠道中的大脑通过神经网络与头部的大脑互通有无。

仅仅依靠大脑，我们所得的信息有限；心脏帮助我们连接到更多智能[1]。我们身体的其他部位也能够帮助我们加深理解。当我们的内心感受到爱、关怀、慈悲和欣赏时，心脏电场便会发生可观测的质性变化。我们可以帮助人们重视他们的身体所给予的直觉智慧。我们还可以学习解读细微的肢体语言，这是帮助我们理解情感和需要的大门。

身体信息的来源

面部是身体信息的主要来源。眼睛流泪，肌肉颤抖，眼睛眨动，牙关咬紧，嘴唇紧闭，鼻孔张开，眉头紧锁，喉咙发紧，眼周皮肤抖动，这些都是内在发生变化的迹象。

身体信息的次要来源是肢体末端。手、脚、手指和脚趾虽然远离意识的中心区域，但它们的动作也鲜明地体现着内在感受。

除了主要来源和次要来源，身体信息还有很多来源：

呼吸——节奏、韵律、容量和位置

姿势——位置和平衡

能量——气或者生命能量的流动

灵活性——脊柱的灵活性和运动

血流——心跳节奏，肤色改变

---

[1] Childre, Doc Lew & Martin, Howard (2000). The HeartMath Solution:The Institute of HeartMath's Revolutionary Program for Engaging the Power of the Heart's Intelligence. HarperOne.

教练进行时 | 发挥身体的智慧
CFT 转化教练索纳利·凯尔卡尔（Sonali Kelkar）

教练：你现在怎么样？

阿努什卡（Anushka）：我感到很不安。

教练：这种不安在告诉你什么？

阿努什卡：我不知道，我希望我知道。

教练：你身体的哪个部位感到这种不安？

阿努什卡：我的手……还有脚……

教练：你刚刚在甩动双手，好像要甩掉什么东西。

阿努什卡：是的，我正试图甩掉挫折感。

教练：你身体哪里感觉最有挫折感？

阿努什卡：我的胸口……它把我困住了……就像一个紧紧的球。

教练：球是什么质地的……什么颜色？

阿努什卡：它是黑色的，由无数根线条组成。它自己缠绕了起来……

（沉默）

教练：你讲话比一分钟前慢多了……发生了什么事？

阿努什卡：我意识到，我实际上在自我束缚。我一直没说的是，老板不给我加薪，我也没跟她谈这件事。

教练：你通过不说来满足什么需要？

阿努什卡：我如果不说，我什么需要都得不到满足。

教练：真的吗？你之所以不说，肯定是有某个需要通过不说得到了满足……

阿努什卡：实际上，我之所以不说，是因为我需要和谐与尊重。

教练：啊……你这样说的时候，声音是如此清晰……看起来，和谐和尊重对你来说真的很重要……如果你不说，什么需要就无法得到满足？

阿努什卡：我需要被认可，我需要成长。

教练： 我注意到你的肩膀在向后仰，你在往后坐。

阿努什卡： 是的，在我职业生涯的这个阶段，我真的很看重成长。我尊重老板，我也希望我自己能因为个人成长且能处理更多事情而得到认可。我已经不是一年前的我了，但我什么也没说。

教练： 当你谈到你的成长时，你的眼睛亮了起来。今天，成长看起来对你而言非常重要。

阿努什卡： 是的！我每天都在学习和成长，对成长的渴望激励着我每天去工作。

教练： 你的身体现在感觉怎么样？

阿努什卡： 我能感觉到血从双腿和胸部奔流而上。我的肩膀感觉轻松了。我意识到，我一直在压抑我对认可和成长的需要，就像它们是我不应该渴望的一样……我想要改变。现实情况是，我既想得到认可，也想成长。如果我不为自己说出这些需要，又怎么能指望其他人替我说出来呢？

当阿努什卡见证了她身体对自身需要的觉察的反应后，她便受到触动，选择相应的行动，来满足她对于认可、成长以及尊重与和谐的需要。

客户触及他们以前没有意识到的未知领域时，常常有哭泣、叹气、坐立不安、打哈欠或大笑等表现。这是个好时机，我们可以趁机营造空间，来欢迎即将出现的事物。

工业化世界的生活节奏损害了人们的幸福和创造力。我们的客户可能会因为动作、思想、交谈和呼吸的快节奏而感到身心不堪重负。为了恢复活力，进入心流状态，他们需要均衡的身体结构，与内心建立连接，并且对自己和他人都带着仁慈、平和的觉察。

虽然理性、情感、身体和心灵原本就是协同运作的整体，但是它们各自都能为提升觉知做出贡献。一个人如果内外整体协调，生活和呼吸都和谐自如，便会体验到一致性的状态。内外协调一致的生活，才是真实的生活。

觉察教练的身体

教练越熟知自己身体语言的细微表达,越有助于与别人建立更亲密的连接。理解身体语言能增进我们对他人的直觉、慈悲和洞察。我们在与客户互动的时候,探索我们自己的身体、情感和理性,可以更敏感地意识到我们自己的能量变化。我们的身体就像是客户以及我们内在体验的晴雨表。对内在的觉察让我们更加临在,这为客户创造了空间以探索他们的身体能量和真实自我。

为转变营造条件

要活出真实,我们需要情感、思维与行动的协调一致。内外协调一致帮助人们选择为生命带来有改变动力的行动。探索新的身体感官体验有助于我们提升觉知,从而做出更佳的选择。当身体处于机警而肌肉放松的状态时,整个人就处于更加开放的状态,能够更好地倾听、学习和行动。一个人让身体摆脱旧习惯,便能够释放出直觉和创造力。想象一下,一个人感觉自己充满能量,连接自己的直觉、创造力和选择时,能打开多少可能性!

丹尼尔·戈尔曼(Daniel Goleman)在《情商》(*Emotional Intelligence*)一书中,向我们展示了身心是如何互相关联的。他这样写道:"神经科学家使用'工作记忆'这个术语,来指代集中注意力、牢记关键信息以完成任务或解决问题的能力……强烈的情绪信号,如焦虑、愤怒等,会造成神经静态,削弱工作记忆的能力……削弱学习能力。"[1] 在这些情绪状态下,各种神经回路直接连接原始大脑,绕过了理性思维。因此,我们不能简单地通过理性思维来摈除焦虑、恐惧和愤怒。当我们放慢呼吸,留意我们的情绪反应时,我们就可以注意到情绪反应和实际回应之间存在着一个空隙。这能提升我们的能力,让自己的情感和思维调谐一致。我们的情感可以为思维提供养料,同时我们的思维会因情感

---

[1] Goleman, Daniel (2006). Emotional Intelligence. New York: Bantam.

智慧的融入而更为丰富。

有效的表现是综合情感与客观因素、吸纳相关信息、结合直觉反应之后的成果。我们发挥我们所有层次的智慧和内在智能。我们的行动要与内部因素及外部环境因素协调，仅仅依靠理性头脑是无法做到的。

教练进行时 | 以身体能量开展教练
CFT 转化教练利恩·怀廷

"脉轮"（Chakra）是一个梵语词，可以翻译成"轮子"。7个主脉轮和若干小脉轮分别对应于身体的不同部位，提供了一种对身体整全性的精细复杂的理解。关于这些能量轮的研究可以追溯到 5 000 多年前，并不可避免地与瑜伽这种远古的科学及艺术联系在一起。瑜伽是一种旨在将身、心、灵整合起来的理念与实践。

身体是我们体验生命的载体。在我们经历喜悦、磨炼、苦难和转化的时候，脉轮就像是不断旋转的轮状能量。一些脉轮看似转动得太慢或太快，实际上依然可以作为转化的通道。

每一个脉轮都携带着能量和多层次的意识，在我们的种种生活经历中，为我们提供一种连接身体感知与情绪感受的途径。

在转化教练中，客户可以通过脉轮来感知身体，觉察有什么在透过能量的阴影阻挡着他们。能量阴影可能会使脉轮转动得更慢。客户借此开启某个脉轮，意识到内在正渴望浮出水面并活跃起来的东西，以及背后深层次的转化能量。

利用脉轮开展教练引导的示例

詹姆斯：我压力很大，感觉不堪重负，而且时间总是不够用。

琳恩：你想要时间来干什么？

詹姆斯：（停顿）我想花点时间创作音乐作品……但我知道时间不是真正的问题。

琳恩：（沉默）

詹姆斯：问题是恐惧。我实际上很害怕。

琳恩：你身体的哪里感到恐惧？

詹姆斯指了指胃部。

琳恩：这是你的第三脉轮。第三脉轮的阴影是羞耻。

詹姆斯：就是这样……羞耻感让我找不到干劲、动机和自信。我需要这些，才能创作音乐作品，而羞耻感令我裹足不前。

琳恩：你在做的事情有很多，一直都很多。但你对你自己最看重的事物，一直相当被动。

詹姆斯：我没想到我有这么多羞耻感。但事实如此。我感觉我不够有才华，不能创作音乐作品。

琳恩：你现在身体感觉怎么样？

詹姆斯：我右侧肩膀痛。

琳恩：吸几次气到你的肩膀，那里是你心灵的翅膀，也是你的第四脉轮。疼痛之下掩盖着什么？

詹姆斯：接纳、自爱和平衡。

琳恩：第四脉轮的阴影是哀伤。第三脉轮和第四脉轮协同运作，自爱将战胜羞耻。（停顿）现在感觉怎么样？

詹姆斯：我要做冥想练习——每天都与这种感受连接。允许羞耻的阴影出现——不去掩盖它，而是让心灵向它敞开。

琳恩：还有别的吗？

詹姆斯：我想要营造一种自我确认感。当我感到胃痛的时候，我就要加深觉知，意识到我是整全的、值得的、被爱的。

琳恩：好的，你可以与我分享你的进展情况吗？

> 我们天生就会在面临情感危机的时候绕过大脑的逻辑思维。我们的存活依赖这个功能。我们的祖先看见老虎步步逼近的时候，不需要三思而后行。

更多资源见附录 A 中的《用身体能量开展教练：转动脉轮，走向觉醒》，或从 www.LTWorks.com/chakras 上下载。

我们天生就会在面临情感危机的时候绕过大脑的逻辑思维。我们的存活依赖这个功能。我们的祖先看见老虎步步逼近的时候，不需要三思而后行。

安东尼奥·达马西奥（Antonio Damasio）在《寻找斯宾诺莎》（*Looking for Spinoza*）一书中说，我们通过感官接收信息，又利用这些信息在大脑中形成地图。[1] 我们已经习惯于依赖这些地图。万一有老虎追赶我们，那么这些地图可以帮助我们保住性命。不过，我们在头脑中保存的许多地图都已经陈旧过时。

我们提出赋能式问题，放慢速度，就可以中断大脑中地图的现有回路，让我们有机会重新思考。当客户用新眼光看待他们当下的情绪、思维、需要和直觉时，他们的既有信念可以转变。通过引导客户关注他们的身体，他们便能够摆脱"自动行驶"般的习惯性状态，以新的方式来回应外部世界的信息便变得可能了。

当人们连接他们的身体和自然时，大脑中的地图可更有效地绘制出新路线。将觉察带回身体可以开启新的能量流动。在这个基础上，我们可以应用核心原则——回应正在呈现的东西，以及通过辨认下一个打开的、自然的地方来找到容易开展的切入点。

与情绪感受建立连接

要熟练开展"体验当下"路径，我们需要更轻松自如地面对各种情绪感受。在许多社会文化中，人们否定自己的情绪感受。不管是在家中还是在工作场合，人们都习惯了把情绪视为软弱或神经质的表现。因此，许多人严格地控制自己的情绪，甚至声称"我没有任何感觉"，但人只有在死了之后，才会没有任

---

[1] Damasio, Antonio R.(2003). *Looking for Spinoza: Joy, Sorrow, and the Feeling Brain*. Orlando, FL: Harcourt.

何感觉。即使他们只能感觉到麻木、僵冷或阻滞，也总是有感觉的。帮助人们同自己的情绪感受建立连接，简单地与他们的感受同在，而不试图去改变情绪感受，人们就对自己的内在状态有了截然不同的觉察。如果我们给客户创造空间，让他们连接他们自己的情绪感受，他们就会发生转变，引发更深入的觉察和理解。

在不重视表达情绪感受的文化背景中，许多情绪感受成了不能说出口的禁忌，许多人对自己的情绪感受一无所知。因此，在建立教练关系的早期阶段，有些客户很希望有一张情绪感受词汇的列表，用来帮助他们理解他们的内在体验。

在重视表达情绪感受的文化中，人们认为不表达情绪感受的人单调乏味或不真实。

当人们评判自己的情绪感受，给自己的感受贴上好、坏或糟糕等标签时，人们是透过有色眼镜看待自身体验，从而改变体验的本来面貌。如果我们卸下这些评判的枷锁，耐心地允许客户抱持他们的内在反应，我们就会发现，每种情绪的内核都携带着一股纯粹的能量，它里面不包含任何道德评判。情绪本身拥有内在智慧，知道需要什么才能自我疗愈；我们相信这一点，尊重情绪本身的智慧。

我们敞开心扉探索情绪感受的奥秘，就将对自我的内部世界以及外部世界生发出甜蜜的接纳。

我们即使非常清楚每种情绪都有它的美好之处，有时候也会难以接纳某种情绪。例如，对愤怒或无聊感的接纳门槛低，使我们看不到它们携带的礼物。实际上，这两种情绪是灵魂传递给我们的有力量的信息。与其教导人们熄灭怒火或告诫他们不要感到无聊，我们不如支持他们拥抱内在完整的情绪表达。如果他们压抑内在的一部分，被压抑的情绪感受依然会继续折磨他们。欢迎迷失的部分回家，是自我疗愈的关键。情绪感受是疗愈的切入点。与其把情绪视为脆弱的阿喀琉斯之踵，我们不如敞开心门，接纳情绪中携带的生命活力，尊重情绪感受的重要价值。

当我们帮助人们面对和拥抱他们自己的情绪感受时，情绪感受的钳制就将放松下来，使人们能够更充分、更自由地体验生活。

有时候，客户通过"讲故事"来回避情感。有时候，客户谈及感受而没有在当下连接那些感受。我们可以通过提问来帮助他们回到当下，比如"拥抱那种情绪的能量，你有什么感受？"。我们支持客户完全信任他们自己的生命能量，他们的情绪流动就不再受到阻滞，因为自爱的能量能够推动情绪感受自由流动。

埃克曼（Ekman）和弗里森（Friesen）通过研究发现，各种文化背景中都存在着6种核心情绪感受，它们分别是：快乐、悲伤、惊讶、厌恶、愤怒和恐惧。① 下面的列表提供的范围更广，有利于客户探索细微的情绪感受。

感受				
和平	爱	快乐	好玩	投入
幸福	深情	有信心	冒险	专心致志
无忧无虑	多情	乐意	活着	警醒
气定神闲	同理	狂喜	活跃	唤醒
镇定	友好	鼓励	充满活力	惊讶
广阔	感恩	兴奋	旺盛	好奇
充实	有爱	极度振奋	飘飘然	热切
安静	滋养	感恩	傻乐	全神贯注
放松	开放	感到满意	顽皮	丰富
释放	光芒四射	有希望	探询	热情

---

① Ekman, P. & Friesen, W. V. (1975). Unmasking the Face: A Guide to Recognizing Emotions From Facial Clues. Englewood Cliffs, New Jersey: Prentice-Hall.

续表

满足	敏感	受启发	精神抖擞	着迷
宁静	温柔	欢喜	活泼	感兴趣
安宁	信任	骄傲	淘气	惊讶
信任	温暖	合心意	神清气爽	感动

生气	伤心	害怕	疲劳	不安
焦躁	低沉	发怵	无奈	非常痛苦
愤怒	情绪低落	焦虑	无聊	冷漠
恼火	抑郁	担忧	无趣	一团乱麻
苦涩	无望	绝望	尴尬	懊恼
担心	沮丧	恐惧	疲惫	困惑
恶心	气馁	可怕	疲劳	疏离
烦躁	丧气	惧怕	伤害	挫败
激怒	冷淡	吓坏了	冷漠	无助
愤怒	痛苦	嫉妒	疏懒	犹豫
挫败	阴郁	紧张不安	昏昏欲睡	困惑不已
大发雷霆	沉重	孤独	无精打采	迷惑
不满	无助	紧张	闷闷不乐	怀疑
有敌意	孤单	敏感	不知所措	撕裂
没耐心	悲惨	震惊	被动	干扰
大怒	不知所措	吓了一跳	不情愿	不舒服
易怒	悲伤	可疑	不安定	心烦意乱
盛怒	扰乱	吓坏了	困	不稳定
忿怒	不开心	担心	疲倦	退缩

我们如何帮助客户觉察他们当下的情绪感受？许多人与自己的情绪感受是疏离的、断裂的，很难确定自己有什么内在反应。如果有人问他们有什么感受，他们就回答他们有什么想法。马歇尔·卢森堡把感觉和想法区分开来，并指出：如果说话时用下面的话开头，那就意味着说话人在分享他们的想法，而不是感受：

我感觉你……
我觉得你……
我觉得好像……
我觉得她……
我觉得我……

"觉得"或"感觉"之后紧跟表达情感的词语，有助于人们明确自己的情绪感受。教练可以通过提出以下问题，来减少情感隔膜，提升人们觉察和体验情绪感受的能力：

你内心有什么情绪反应？
当你认为她背叛了你的时候，你的内心感受如何？
你的身体感受在告诉你什么？
你感觉难过、生气或受伤吗？
你对哪些感受有共鸣？

情感与评判互相混淆

有时候，人们在说起别人如何对待他们时，会提到"伪情感词语"。例如，乔治（Jorge）说："我感觉被抛弃了。"他实际上是在说，他认为别人抛弃了他，而他内心的真正感受是受伤、难过或愤怒。我们可以通过提问，来帮助人们识别自己的情绪反应，例如："当你认为别人抛弃了你的时候，你的内心有什么感受？"

避雷针能引导电流，避免损坏财物；同理，我们的身体有能力消化制造内在混乱的各种情绪。首要关键在于，深呼吸并且告诉自己，我们不需要拯救客户，不需要给他们答案，也不需要改变他们的体验。

被遗弃	被侮辱	被冒犯	被拒绝
被虐待	被鄙视	失望	被欺骗
被攻击	被厌恶	被爱	被羞辱
被贬低	被减损	被操纵	被当作理所当然
遭到背叛	被打折扣	被忽视	不受重视
被欺负	不被尊重	被误解	不受欢迎
被欺诈	不被信任	被宠幸	没人想要
被珍惜	被憎恨	被挑剔	被利用
被胁迫	被打断	被挑衅	被珍视
被逼走投无路	被恐吓	被贬低	无价值

教练式的提问有助于客户从思考转向身心体验他们自身的经历，让被放逐在外的情感得到接纳。客户不再把情绪感受视为外在的危险事物，而是重视自身的内在情绪感受，与自我建立亲密的连接。

临在关照情绪感受

我们如何与情绪感受工作，营造一个既安全又充满勇气的空间，来促进客户的自我接纳、理解与整合？我们可以如何临在关照变化不息的情绪感受，帮助客户无论是沉浸在喜悦中还是在陷入困境的时候，都能连接到他们全部的内在智慧？

倾听身体

身体是我们保持临在以及深入觉察情绪感受的资源。避雷针能引导电流，避免损坏财物；同理，我们的身体有能力消化制造内在混乱的各种情绪。首要关键在于，深呼吸并且告诉自己，我们不需要拯救客户，不需要给他们答案，也不需要改变他们的体验。

转化评判

我们的工作是辨识并放下我们对自己和客户的评判。为我们的客户抱持一份深切关怀的接纳，我们首先需要将我们的自我评判转化为好奇心。

保持真实

我们可以说出许多安抚客户的话。虽然这些话不一定是假话，但它们若不是发自内心，我们就会与客户失去连接。安抚或讨好客户对谁都没有好处。

控制住带领的冲动

我们怎样才可以做到仅仅是与客户同在？我们不需要带领客户经历各种情绪体验，而是耐心地临在，相信过程本身就有益处，即使这样做看起来"漫无目的"。

为客户提供我们的临在

临在意味着我们安住于身心，汲取我们内在的个人能量、活力、创造力和流动。在意识觉醒的临在状态下，我们与自我和他人之间都拥有充分的连接。临在也意味着我们在当下保持觉察，能够为对方服务：中正安稳，协调一致，聚精会神，关怀对方。我们有机会与客户出现的任何情绪感受同在，同时给予其慈悲、正直和勇气。我们的客户知道我们与他们在一起，因为我们尊重了他们的情绪感受，并营造空间让他们更多的情绪感受浮出水面。

连接强烈的情绪感受

我们承载全部的情绪体验。有些时候，人们更容易面对自己的悲伤或愤怒，却难以与自己的快乐、成就感或辉煌同在。我们可以帮助客户走进所有的情绪感受。我们只是通过邀请客户关注他们自身的体验，即可做到这点。我们与客户一起呼吸。我们不需要制订详细计划来回应客户觉察到的情绪体验。我们只需要注意到他们的能量状态，并通过提问来加深他们对自身生命力的觉知。

为勇气创造空间

我们相信客户自己有答案，帮助他们汲取自身的内在力量。尤其在客户还看不到他们自身的力量时，我们看见他们本自具足，并邀请他们汲取自身的勇气，逐渐进行探索和改变。

实现充实的人生的一种路径是发现我们自我中迷失的部分，并欢迎这些部分回家。这意味着我们每时每刻都关爱我们的每个部分。我们身为教练，怎么把这条路径展示给客户？首先，我们完全地接纳他们内在的每个部分以及他们所有的体验，无论是什么体验。当我们给予客户内在的部分无条件的爱时，包括他们愤怒的、受伤的或恐慌的部分，客户就会意识到自己可以如何做到。当这些迷失的部分被接纳"回家"时，客户也将回归自我。他们无条件关爱这些破碎的部分，与此同时，客户的疗愈也成为我们的疗愈，客户和教练的转化是共享的。

外界的影响和无意识的运作方式都在告诉人们，情绪是坏的，欲望是自私的；而教练的工作是消除这些制约。我们赋能给人们，促使他们自我疗愈，逐步地走向无条件的自我关爱。我们邀请人们敞开心扉，完整地体验每个时刻，把每个时刻都当作他们爱自己的机会。在通往完整性的疗愈之路上，原本遭受抛弃的内在部分被拥抱回家，带来超越理性所能解释的平安感受。

"体验当下"是指见证此时此地，尊重一个人当下的情感体验，理解深层的需要，并消化吸收内在体验。

在教练过程中，客户可能会体验到强烈的情绪，从而打开通向更深觉知的大门。客户的情绪体验极大地影响着他们会做出什么选择、如何发挥他们的创造力及如何行动。客户如果擅长把握当下的体验，便有可能获得更多安全感，能看得更深入、更清晰，之后再采取相应的行动。

当我们只和客户谈想法，让客户想想他们要什么、他们面临着什么障碍时，那就好像给植物浇水时只浇叶子不浇根。从情感方面开展工作，才能带来惊喜、洞见和新能量。

我们可以帮助客户探索表象之下的领域，促进客户带着爱和慈悲来深刻地感受自己的喜悦与伤痛。客户沉浸在没有时间感的情感世界中，自由地把全部情感表达出来，这样客户可以更容易地汲取他们的创造力，整合他们自身的各种经历，采取更加有意义的行动。

教练进行时 | 一切开始于"什么是还好？"
CFT 转化教练莱斯利·布朗

我刚开始教练生涯的时候，最害怕的事情之一就是激发青少年客户（有别于我的成年客户）的激烈情绪。我发现，这一点很耐人寻味。在开始做教练之前，我的大部分工作都围绕着被寄养的青少年进行，他们经常有激烈情绪的爆发，而我负责支持他们。我的第一反应曾经是保护孩子免受激烈情绪的干扰，不痛不痒地留在安全游戏的空间。这样，我会觉得自己作为教练能良好地控制局面，确保孩子们安全稳妥，避免情绪像过山车似的大起大落。然而，我注意到，由于我回避更深层的情感和转化议程，许多青少年客户无法保持改变的动力。

我的青少年教练方式虽说安全谨慎，却成为障碍。我认识到，我作为教练对青少年有着很大的影响力，而我面临的挑战在于，如何承担更多风险，袒露出更多的脆弱面，以协助我的青少年客户走得更深入，发现探索他们的完整自我。意识到这一点后，我便许下承诺，要在教练中容纳更多的脆弱性，拥抱更多的风险。

我一遇到麦凯（Makai），就知道她将是我实践教练立场的契机，我开始在真诚脆弱及大胆冒险的空间里开展教练。我清楚地记得，我咽下了对于未知的恐惧，完全地进入我的教练立场，丝毫不让自己谨小慎微。我问她的第一个问题是："你现在过得怎么样？"她很快笑呵呵地回答道："还好。"然后，她列举出生活中所有让她感觉还好的事情。直觉迅速地告诉我，这些话语和笑声后面，埋藏着她对生活的更多期盼。于是，我问了下一个问题："对你而言，'还好'是什么意思？"

我突然注意到她的能量状态发生了急剧转变，笑容和笑声一起消失了。她深吸了一口气，平静地回答道："我不知道'还好'是什么意思。"她接着说，那只是她在寄养期间学会的和别人维持交谈的说辞。

就在我们继续探索什么是"还好"的时候，她突然情绪爆发，开始大哭。一开始，我想改变话题，不过我保持了沉默，为她抱持情绪的空间。在她继续哭泣的同时，我进一步袒露我的脆弱，对她说我能感受到她的痛苦，也能感受到她渴望摆脱不假思索地说"还好"的习惯性反应。这句话促使麦凯更真实地表达她自己。她突然停止哭泣，开始感到非常生气。她分享起生活中的许多事情，她总是说这些事情"还好"，但实际上并不好。

随着她觉察到她自己的真实状态，她的能量再次转变。她忽然充分展现自己的力量。她决定开始用反思批判的眼光看待她生活中一切"还好"的事物。她计划解决她在生活中一直回避的不好的方面。我目睹了麦凯的情绪之旅，并为她的转变感到震撼。我认识到，我对情绪、真实和脆弱的开放和接纳，支持我的青少年客户同样做到了这一点。

不管客户用什么语言来描述自己的经历，我们作为教练的作用是读懂其中的感受和能量，让客户感到被接纳。看见并接纳客户当下的真实状态，比看见、听见、理解客户更进一步。

如果客户很难识别自己有什么情绪，我们可以让他们把注意力转移到身体感觉上。如果客户说："我遭遇了操控，而且我好像说不出我对此有什么感受。"我们就可以问:"被操控的感觉出现在你身体的什么部位?""失望出现在身体的哪个位置?""你的整个身体都有这种感觉,还是集中在胸部或腹部?"这些问题有助于客户从思考转向身心体验他们自身的经历,给迷失的情绪感受找到家。

我们不把情绪感受视为发生在自我之外的危险事物,而是尊重内在的情绪感受,从而同自我建立起亲密感。

如果一个人对某种情绪的承受门槛较低,比如说暴怒,那么原因可能在于这个人特别重视温柔,愿意不惜一切代价去保护,哪怕是让身体的某些部位感觉麻木。当我们的教练引导渗透着无条件的爱时,"体验当下"便能够成为客户转化的温床。

走进抗拒

情绪方面的议题出现时,客户可能会产生抗拒。作为教练,有别于抵制客户的抗拒,我们跟随当下发生的一切采取灵活机动的做法。这并不意味着我们任由客户顾左右而言他,或者我们被动地接受来自客户的压迫或伤害,而是说在障碍出现时,我们带着好奇的态度拥抱障碍。我们选择去面对挑战,探索抗拒的来源,但不试图去改变它。无论遇到什么麻烦,我们都以开放的心态直面它们。抗拒阻力会消耗身体能量和情绪能量,而选择面对则能够解放这些能量。

如果我们听见客户说"我不想谈这个话题"或者"这是浪费时间",那么我们就一边探索,一边运用直觉。尤其在客户对情绪议题感到很生疏或敏感的情况下,我们不强行拉着客户进行教练。我们让客户在他们自己觉得合适的时候进行教练。客户不想谈及某些议题或不想触碰某些情感的时候,我们表示尊重。不过,深入探索是通向强大力量的途径,因此,当我们感知到有丰富的地方可以探索的时候,我们不会回避。我们通过探索客户对情绪感受的抗拒,来尊重内在的疗愈者。

靠近抗拒

如果客户想要努力克服自己的抗拒,我们可以邀请他单纯地停下来,然后进入对抗拒本身的体验。

处于现在的状态,你是什么感觉?

产生好奇心

我们可以对客户的抗拒产生好奇心,而不试图让客户摆脱或克服抗拒。

对于你内心不想让你觉察身体的那个部分,你注意到了什么?它在身体的什么部位?它是什么颜色?触摸它——你感觉到了什么?

识别抗拒背后的需要

假定人们的行为归根结底是为了自己的需要,我们就可以一层一层地剥开洋葱皮,识别出他们试图通过抗拒来满足什么需要。

你这样保护自己,是为了满足什么需要?

不需要"拯救"客户

面临客户的抗拒,我们不需要做任何事情来克服它,我们不需要引导客户走出抗拒,也不需要去拯救客户。幽默、关怀、爱和同理都将帮助抗拒自然的转变。

如果我们一起走近它,会怎么样?

识别客户"紧绷"的信号

抗拒表现为"紧绷起来抵挡"某些事物。教练的关键是学会如何识别出客户"紧绷起来"的信号以及明确客户"紧绷抗拒"的时候,客户所拥抱的是什么。"不"背后的"是"是什么?我们要用心聆听和识别"撑起双臂,把某事物挡在身外"的能量姿态。我们识别出这种能量状态后,不需要做任何事情来改变它,而只需要说出我们注意到了什么,让客户觉察到它。

> 我感觉你紧绷起来了,好像你在抑制你的渴望。这里面有什么?

客户可以自主选择是否要探索自己的情感。我们给客户选择的空间,就是在帮助他们消除条件反射般的抗拒。当我们坚持给客户留出选择的空间时,客户就会对教练关系有更多的掌控感和投入感,明白教练关系是一种有利于他们成长、能够增进他们深入觉察的伙伴型关系。

我们还可以邀请客户夸大他们的紧绷姿态或者提高他们说话的音量。我们可以邀请客户用姿势或动作来表达他们在抗拒着什么,并让他们保持这种姿势,帮助他们完全在当下直接体验这种抗拒。直接体验往往能够带来更多的觉察,有时候还能促进客户改变。如果客户在体验过程中想要说出他们的见解,那么他们可以先继续完成此次体验,之后再说出他们获得的见解,最后自由地做出转变决定。

探索否定背后的信息

如果客户说没有这么一回事儿,言外之意是这件事他们至少想到了,但他们否定或拒绝了这件事。与其去和这种否定对抗,教练不如带着好奇心接纳客户。下面举了一些例子,表明教练在遇到客户否定式表述的时候,如何做到既接纳客户,又保持开放的可能性。

客户：我今天不想谈我的老板。
教练：因为你在保护自己？

客户：我和他有一次约会，但什么也没发生。
教练："什么"也没发生？

客户：我没有压力。
教练：如果你没有压力，那你有什么感觉呢？

客户：我妈妈认为我不该当律师。
教练：你的观点是什么？

客户：我不怕。
教练：不怕什么？

客户：我不难过。
教练：不难过什么？

提出悖论式问题

悖论式问题旨在帮助客户探索他们是否持有什么偏见、预设和自相矛盾的想法。这些问题并不容易回答，因为问题本身往往包含着悖论，值得进行深入思考。

例子：

当个工作狂有什么不好的？

你怎么才能让孩子既与家庭成员更亲密，又有更强的独立性呢？

压力的好处是什么？

> 关爱的态度支持自然流动，也包括相信解决问题的途径最终会自然地呈现出来。

你怎样可以既全身心地沉浸在写作中，同时又全身心地陪伴你的伴侣呢？

从什么意义上说，愤怒是你的朋友呢？

身为一名边缘化的酷儿女性有什么好处？

忽视你所爱的人，这有什么不好？

钱不够花有什么积极的意义？

万一你的行为是性别歧视呢？

你的继母这样无理取闹，背后有什么好理由？

什么东西要置之死地而后生？

有哪些问题，是你不能问自己的？

万一你真的退学，那怎么办？

提出悖论式问题的目的在于促使我们突破常规思维，质疑我们自己持有的偏见，将我们从陈旧的思维方式中解放出来。

客户自相矛盾的表现

留意客户自相矛盾的表现将把我们带向未知的领域。如果客户的嘴在笑，眼睛却没有笑，那么我们可以鼓励客户关注他们的身体，这样通常能够放大细微的信号，提升客户的觉察。如果我们指出我们看到了客户自相矛盾的表现，并对客户说出带有评判色彩的话，比如"你说你态度开放，但你抱起了胳膊"，那么客户可能会加以否认，说"我只是觉得冷"或者"抱着胳膊舒服"。如果我们希望客户深入探索身体语言的奥秘，那么我们态度开放，抱有好奇心和探索的渴望至关重要。关爱的态度支持自然流动，也包括相信解决问题的途径最终会自然地呈现出来。教练与其试图疗愈客户、解决客户的问题，不如选择信任客户。这样一来，解决问题的路径将自然呈现，客户也不会感到做出改变或采取不同做法有很大压力。

历程工作

历程工作与"体验当下"路径具有高度的一致性。历程工作这一心理学分支起源于20世纪70年代荣格派分析师阿诺德·明德尔（Arnold Mindell）的研究。"明德尔发现，做梦的过程并非只局限于夜间的梦境，而且可以表现在身体症状、人际关系困难、成瘾、极端的意识状态和社会关系张力等方面。当我们带着好奇和尊重的态度来看待这些宛如梦境的过程时，我们就可能收获新洞见，并转变能量状态。这对于我们的个人成长和集体共同成长而言都至关重要。"[1]

历程工作包括对客户所说的一切都抱有极强的好奇心。

"如果客户说他们的伴侣态度冷淡，伤害了他们，那么教练在听的时候，要表现得就好像不知道什么是冷淡、什么是伤害、什么是伴侣。以空无一物的心回应，不带先入为主的个人经验。否则，我们可能就会错过闪光点，错过通往特别事物的大门。如果我们自行解读客户的情绪感受，认为他们受伤了或遭到了抛弃，那么我们可能就错失了让客户探索他们自身冷淡态度的良机。"[2]

历程工作强调保持好奇心，关注身体感知，与客户同在此时此地，带着慈悲心对待客户。因为教练希望客户得到最好的结果，所以教练有时候会配合客户，推动客户得到他们想要的结果。我们如果这样与客户"同谋"，那么就会产生一个危险：让客户脱离他们的自身体验，无法获得更深入的觉察和成长。与此不同的是，在教练中遵循客户的过程就像是邀请教练与客户同时踏上未知旅程，目的地是教练和客户都没去过的地方。这段旅程开放地接纳各种可能性，是一场转化之旅。

---

[1] http://www.processconsulting.org/process_work.
[2] Diamond, Julie and Jones, Lee Spark (2005). A Path Made by Walking: Process Work in Practice, Lao Tse Press, p. 34.

失败是生命的一部分。作为教练,我们不回避失败,也不急于减轻失败所带来的打击。抱持失败、陪伴失败可以带来丰富的洞见。

与失败感工作

成功就是从一个失败走向另一个失败,而不丧失热情。

——温斯顿·丘吉尔(Winston Churchill)

失败是生命的一部分。作为教练,我们不回避失败,也不急于减轻失败所带来的打击。抱持失败、陪伴失败可以带来丰富的洞见。因此,与其尽快摆脱失败带来的挫折,急于总结学习收获,我们不如带着好奇心感受失败,探索它在此时此地是怎样的体验。我们倾听一个人失败的感受,能给他带来很大的正面影响。如果我们听出客户的失败感受中所包含的渴望,就能够帮助他深化体验。例如:

你分享了你觉得你在这段关系中犯下的错误,我从中听到了很深的悲伤。悲伤的下面还有什么?

利用身体的感知有利于人们整合与失败相关的种种感受。同所有"体验当下"的工作一样,我们也可以在处理失败感的过程中发挥身体感知的作用,促进客户整合自身体验,继续前行。

要考虑的问题

花点时间来注意你当下的情绪感受。
你的情绪感受住在你身体的什么部位?
这些感受什么颜色、形状和密度?
你现在感觉到的抗拒可以比喻为什么?
当你继续关注你的情绪感受和身体时,什么东西发生了变化?
你可以怎样支持你的客户体验当下?

第七章 展望未来

未来属于那些相信梦想之美的人。

——埃莉诺·罗斯福（Eleanor Roosevelt）

主题

设置舞台

勇敢的愿景

运用右脑创建愿景

引导视觉化

与未来的自己工作的方式

展望愿景的仪式

探索步行

愿景静修

目标

想象一下你理想的生活。闭上眼睛，让你的想象力飞翔。什么样的未来会让你感到兴奋和满足？你渴望为你的生活、你的家庭或这个世界创造什么？展望愿景有助于深入这些问题的核心并找到进一步的答案。当你走向愿景时，谜团开始揭开，梦想成为现实。作为创造和改变世界的第一步，展望愿景让你的激情释放出来，为你提供了新的可能性。展望愿景为个人、团队和社群的创新性行动奠定了基础——为创造感染人心的个人、组织和社会转化确定了蓝图。

展望未来包含了很多不同的过程，它能开创出一些路径去支持人们实现那种内外一致。在这一章中，我们将探索勇敢的愿景，运用右脑创建愿景，引导视觉化，展望愿景的仪式等。教练和心理治疗的区别之一是对未来的关注。

展望愿景让客户敞开心扉迎接广阔的可能性，并且与他们自身的核心价值协调一致。这个过程帮助他们与即将诞生的新事物相联系，并开始塑造他们的未来。当转化的自我更加清晰可见时，教练和客户都会体会到真正无限的可能性。

愿景探索的工作，通过人们看到的、感知的或体会的种种，支持人们获得那种渴望神秘般的呈现。愿景从内心生发，在行动中得以实现。当愿景从身体、心灵和精神的一致性中生长出来时，它就能支持我们。

愿景深深扎根于个人和社群中，反映了人们渴望带给这个世界的东西。朝向愿景努力满足了个人成长和贡献的内在呼唤。对某些人来说，创造并努力实现愿景是一种尊重正义和平等的方式——为子孙后代留下一个更美好的世界。

愿景是可以培养的。它既深刻又意义深远，简单且可理解。本章涵盖了引领我们通往愿景以及让愿景来到我们这里的过程。

设置舞台

"设置舞台"涉及我们从新的角度看事物。我们可以使用以下方法榨取并斟满我们的创造力果汁：

慢下来。冥想、瑜伽、深呼吸或长时间散步能让我们的大脑平静，支持我们的临在、开放、接收直觉、创造性的洞见。

探索需要成长的地方。戏剧化的事件和强烈的情感能产生有活力的愿景。什么会引发愤怒、眼泪、喜悦？我们可以探索围绕这些情感发现的东西，作为愿景的来源之一。

搅动。走出舒适区。我们的想法通常来自必要性，而不只是来自渴望。我们很多人都不愿冒险。我们可以搅动习以为常的东西，看看当我们远离日常生活习惯、我们的老朋友和社会地位或改变我们的习惯时会发生什么。走出心理舒适区，我们就能发现新的风景。

改变。考虑深刻地改变我们的存在方式（our way of being）或生活方式，借此为有力量的愿景带来灵感。改变有时会让人感到困难，尤其是当它可能会导致不稳定或危机的时候。然而，人们选择做出改变是学习和以新的方式看待事物的机会，并且可以为创建一个有更多可能性的愿景铺路。

打破规则。每个人都有自己习惯的方式以获取灵感和制订计划。当那些做法无效时，我们可以做出改变。例如，如果通常会在纸上列出各种可能性，那么就试试不用纸笔进行思考。如果我们喜欢按规则办事，可以打破常规，看看会发生什么。我们不是建议违反可能导致危险、欺凌、暴力、被驱逐、被解雇或监禁的规则。我们打破规则的目的是：尝试新的做事方式或以不同的眼光看世界。

玩耍。有时候，我们非常努力地创造愿景，但我们的想法却不敢出来被看见。当大脑有意识地进行思考，尤其是开足马力的时候，大脑会产生令人生畏的力量。玩耍让我们与那些微妙而短暂的想象力熟悉起来。我们很多人已经丢失了玩耍的习惯，但是我们可以为玩耍和幽默留出时间，并放下任何期待。我们可以让玩耍随性而起、随意而为，并与我们还知道如何玩耍的内在小孩连接。我们不需要担心自己是否"做得对"。当我们愿意跟随时，我们内在好玩的部分会指引我们。

静修。考虑换个地点——一个不受打扰的地方。当身体离开它习惯的环境时，神奇的事情会在心灵和头脑中发生。当你在计划静修或帮助客户制订静修计划时，设定清晰的目标并对可能出现的事物保持开放的心态会有所帮助。

> 展望未来没有固定的方式。

当我们分析有宏大愿景的人士时,我们发现在某种程度上我们都具备他们身上的品质。我们可以把他们作为榜样。我们如何使用这些品质发展我们自己的教练愿景?

有宏大愿景的人:

　　天生好奇

　　有强烈的热情

　　不断探索自己的本质

　　有勇气追求梦想

　　对未知保持开放

　　拓展各种可能性

　　让其他人参与到他们的愿景中来

勇敢的愿景

以下练习是让人们展望未来的一种方式。展望未来没有固定的方式。愿景是内在的神秘之物,等待着诞生。作为教练,我们通过关注每个人不同的连接愿景和表达愿景的方式,催化客户的觉醒。

教练帮助客户拓展他们的愿景,让它们成为客户做出更有意义的贡献的跳板。让客户讲他们自己的故事可以帮助他们更深入地表达愿景。当我们引导他们完成勇敢的愿景的七个简单步骤时,他们会更靠近和了解自己的愿景。这个过程建立在第五章中价值探索的工作之上。当愿景从内心抱持的深刻价值中呈现时,愿景就会变得鲜活起来。

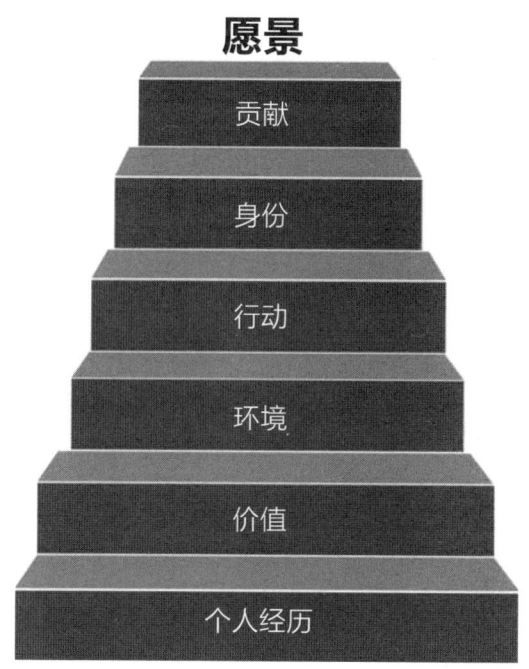

1. 个人经历：分享个人的里程碑事件和可能性

分享一个有着高峰体验的故事。选择一个让你感到充满力量、处于心流状态、喜悦的时刻。

哪些人生里程碑对你来说是重要的？

你的过去有什么可以帮助你拥抱未来？

2. 价值：明确什么是最重要的

审视你的里程碑和高峰体验中的个人价值。

给你最重要的七个个人价值做排序。

现在哪个价值对你来说最重要？

3. 环境：选择你想要的

描述你理想中的未来环境。

你周围有什么？你和谁在一起？

你的内在体验是什么？

这个理想的环境里有什么是重要的？

如果你有一根魔杖，你会如何改变你所处的环境和氛围？

4. 行动：塑造行为和能力

在你理想的未来，决定你已经掌握了什么能力。保持关于你特别喜欢做什么事情的觉察。

你已经拥有哪些能力，并会在未来更多地使用？

你的行动还有谁参与？

你需要掌握哪些新的能力迎接未来的挑战？

5. 身份：塑造你的形象

头脑风暴一下：如果你尊重的人在未来见到你，你希望对方如何称呼你（突出你的身份）或叫你什么昵称。

想象一下你无意中听到有人在谈论你。你希望他们在你说什么？

10年后，当人们还在谈论你的时候，他们会说什么？

你希望你的孩子从你身上学到什么？

6. 贡献：为你的目标服务

想象一下你希望如何为人服务。想象你理想的贡献。想象一下你是如何照顾自己的，好让你充分地做贡献。

你的独特之处是什么？短期内来看呢？从长远来看呢？

你认为你能做的最重要的贡献是什么？

7. 愿景：描绘你的未来

想象一下，网上有一篇给你荣誉的文章或博客：

介绍封面故事的标题是什么？

这篇文章引用了你的话。关于你的成功，你想说什么？你创造了什么不同？

你生命中梦想远大的故事是怎样的？

以下案例来自一个真实的教练过程的缩短版，展示了勇敢的愿景的流程，并注明了各个步骤：

教练：在我们的第一次谈话中，你分享了你生命中的一些亮点。（步骤1）厘清了你的价值。（步骤2）

霍普（Hope）：是的，我真的很惊讶，我生命中的高峰体验直接体现了我的核心价值：贡献、平等、赋能和乐趣。

教练：当你说出那些词的时候，你看起来容光焕发。上次结束时，你说你想展望你的未来，所以我想看看你现在是否还想这么做。

霍普：绝对的。我还做了一些功课来展望我理想中的未来。

教练：太好了。所以现在就描绘一幅未来的理想画卷吧。（步骤3）

霍普：我看到自己是一个充满爱的家庭的一员，在一个能获得滋养的工作环境中，拥有充满活力的事业和内在的平静。但是今天，一些新的东西开始进入我的视线。我希望为女孩儿们提供疗愈和安全。

教练：（静默）我能感到你强烈的愿望。

霍普：是的。我想生活在女孩儿们拥有自由和尊重的世界……在那里，她们不必生活在恐惧中。

教练：恐惧的对立面会是什么？

霍普：勇气、玩耍的自由、享受自己的纯真、拥有乐趣。

教练：我听到了你所有的核心价值都深深地融入了你的愿景中。所以，鼓起勇气，让我们看看是否还有其他东西进入你的视线。

霍普：是的，但是我害怕我不会有很大的影响力，女孩儿们会继续被虐待、贩卖，生活得很悲惨。

教练：难怪这对你很重要。你愿意花一点儿时间哀悼所有的痛苦，然后留心你想要什么吗？

霍普：我真正想要的是为女孩儿们建设一个绝对安全的庇护所。

教练：你需要做什么来为女孩儿们创造绝对安全的世界？（步骤4）

霍普：首先，我需要成为一个更有影响力的领导者。必须向合适的对象筹集资金。我需要培养一个真正有爱心的团队。

教练：那个团队会如何描述你？（步骤5）

霍普：鼓舞人心。分享领导力和权力的人。很风趣。大胆。

教练：很多人都和你有同样的愿景。你的贡献有什么独特之处？

霍普：我和我的团队赋予女孩儿们创造自己命运的力量。我有筹款的背景，我今年就可以开始建设这些庇护所了。我准备今天就制订一个行动计划。

教练：我听到了你的热情！在制订行动计划之前，让我们再看一下愿景的另一个方面。想象一下，一篇关于这个项目的文章在网上疯传。标题是什么？（步骤7）

霍普：少女结束63个国家的人口贩运。

教练：哇！这篇文章引用了你的话。你说了什么？

霍普：我真为这些女孩儿感到骄傲。她们正在对抗价值1 500亿美元的人口贩卖行业，其中一半的女孩被被以不足100美元的价格买走。她们号召世界各地的女孩停止性奴隶交易，为女孩儿们建设庇护所并实施支持项目，维护她们的自由和纯真。

教练：花一点儿时间来庆祝你的愿景。多么鼓舞人心啊！

霍普：我等不及下周了——我今天就要开始我的行动计划。

教练：我认为如果你真的想要开始的话，我是无法阻止你的。但当你计划的时候，让愿景自然地扩展。

霍普：是的，我已经看到了一些捐赠者的参与。

教练：你会告诉5个人你的愿景吗？

霍普：还没准备好。我需要先弄清楚一点。

教练：你想把它作为作业吗？创造空间来厘清你的愿景？

霍普：是的，现在厘清愿景，以后分享。

教练：我听到你的话了！你真的想要一些时间来实现你的梦想。我想肯定你尊重自己的价值的方式。这个愿景是充满勇气的，它与充分地活出生命有关——为女孩儿们，也为你！

霍普：这对我很有疗愈作用。我要重新找回我的童年，我要成为一个完全不同的女孩儿，拥有强大的力量。

运用右脑创建愿景

梦想家以一张白纸开始，重新想象这个世界。

——马尔科姆·格拉德威尔（Malcolm Gladwell）

通常，人们构建的愿景只是建立在大脑提供的信息上。我们可以让右脑参与创建愿景的过程，以扩大可能性，提高客户的参与度。

用右脑创建愿景的关键之一是让客户把他们恪守的规则都放在一边。腾出空间去探索，不受金钱、时间、人际关系、社会规范、内化的信仰和身体能力方面的限制。让他们放心，他们在这个过程稍后的部分可以回应务实的部分。

> 当我们从内心最鲜活的地方创造愿景时，它是最令人信服的。

有别于基于周遭环境或假设创建期待的生活，我们支持客户运用右脑进行愿景视觉化，连接活力、能量和选择，基于可能性创造愿景。

当我们从内心最鲜活的地方创造愿景时，它是最令人信服的。把明年想象成一段音乐、一首诗、一幅画、一系列心爱之物、一张照片或其他可以比喻代表未来可能性的东西。我们可以从这些代表性的物件中创造，探索脑海中的图像，并在这些的基础上制订计划。

我们探索其他右脑的工具来帮助客户扩展他们的愿景。

与右脑相关的愿景视觉化问题

这些问题帮助人们通过探索他们通常不会留意的地方来扩展愿景。我们可以鼓励他们不假思索地寻找"瞬间闪现"的答案，这样我们就能调动右脑的参与。

> 你的愿景的主题是什么？
> 如果你的愿景是一段音乐，那会是什么？
> 如果你的愿景大 1 000 倍呢？
> 如果你的愿景深 1 000 倍呢？
> 什么比喻可以描述这个愿景？
> 关于你的愿景，大自然此刻想对你说什么？
> 你所在社群的独特性会对你的愿景说什么？
> 你的愿景品尝起来是什么味道？
> 你的愿景让你联想到什么感受？
> 你的愿景是什么颜色的？
> 如果你在你的愿景中加入一个大胆的元素，那会是什么？
> 当你看到你 10 年后的生活时，让你最兴奋的是什么？
> 在你的想象中，什么样的世界让你处于最佳状态？

你想当一个星期什么样的人？

如果来自未来的人拜访你，你会问他一个什么问题来了解你的未来？

如果你有1亿美元，你会做什么？

如果你所有的梦想都实现了，未来会是什么样子？

在创造你的愿景时，你有什么更深层的资源可用？

为了实现这一愿景，你会强迫自己做些什么？

关于你的愿景，有什么是你可以不那么认真对待的？

哪些规则需要修改或打破？

一个5岁的孩子会如何描述你接下来要去的地方？

如果你没有任何限制，会发生什么呢？

你可以在愿景中加入什么大胆的元素？

你有什么天赋和才能支持你实现愿景？

如果你问上帝（造物主、神、安拉或你心目中的更高的力量等）你的未来是什么样子，你会听到什么？

你愿景里有什么东西很吸引人？

当你得到你想要的东西时，你会有什么感觉？

你深度的成功背后的秘诀是什么？

当你静静地坐着，问自己什么在搅动你的灵魂时，会出现什么？

你是谁？你在你的生活中体现出来的是什么样子的？

你被送到这个星球来的原因是什么？

右脑愿景练习

右脑练习可以作为教练环节充满活力的开场活动。它可以帮助客户深化出现的议题。这个练习的关键是避免文字的解读，尽可能长时间地进行视觉化探索，然后再将愿景具体化。

当我们通过电话与客户进行教练时，我们也可以让他们为愿景创造一个右脑的视觉化图像，就像我们身处同一个房间。他们可以把他们制作的拼贴画或其他形式的画作发给我们，或在电话中直接描述出来。教练引导的核心是深化他们的愿景呈现出来的图像，让他们深入地体验愿景。

我们可以用以下视觉化愿景的技巧，帮助客户不被困在头脑的思考中。

1. 搜集你的愿景

在一周内，每天花一些时间在你的家里四处走动，捡起吸引你眼球的东西。它们可以是对你有意义的、你觉得愚蠢的或一些你说不清楚为什么要捡起来的东西。把它们放在一个盒子里。在一周结束的时候，把它们摊开放在你的四周，问问自己这些物体告诉了你哪些和愿景相关的事情。留意"瞬间闪现"的图像和答案。

2. 捕获图像

把一张大的活动挂图贴在门背后或任何你方便够到的地方。把它命名为"我的生活"。在它旁边放一盒彩色马克笔。在未来两周里，每次你路过这张挂图的时候，就写下一些东西。把第一时间想到的东西写上去。你可以写一个短语、一个想法、一个符号，画一幅画或只是写一个词。不要担心你写的或画的东西看起来不连贯或者没有意义。两周后，寻找它们的主题。

3. 创建愿景板

愿景板可以从接受性（receptivity）或意向性（intentionality）两个角度来完成。从接受性的角度去寻找愿景时，我们问自己想要创造什么，并敞开心扉迎接出现的信息。愿景也许以图像、颜色、感受、身体感觉或文字等形式出现。我们可能会瞥见我们的渴望，或对事物产生一种新的感觉。愿景板为我们的内在状态创造空间，表达正在浮现出来的事物，那是一种强大的、深藏在内心的愿景。用这种方式展望愿景时，我们等待精神或自发升起的愿景来到我们面前——相信我们接收的一切。

从创造力的另一端，即意向性来看待愿景板，我们审视自己渴望的核心，

> 视觉化未来的自己能帮助客户成为他未来想要成为的人。事实上，他们已经是未来的自己，只是他们有时无法拥有它。

并积极表达、思考和探索我们想要的愿景是什么。我们也留心我们的感受和热情。我们积极设计我们想要的，并显化我们的意图。

用一堆旧杂志、贺卡、明信片或网上的图片创建你的愿景板。警觉什么在召唤你（接受性）或什么代表了你的愿景（意向性）。毫不犹豫地选择图像。在一个小时、一个星期或一个月内收集图像。把你的图像布置在海报板或画板上。当你对排版满意的时候，你就把它们粘在一起。你也可以使用不同的愿景板网页。

把愿景板挂在你每天都能看到的地方来强化让你兴奋的愿景。这个过程的神奇和神秘之处来自看着愿景板上的图像变成现实。这就好像是我们的右脑通过这些图像向我们发出请求，而现在的指引使它们成为现实。

引导视觉化

梦想是极为重要的。除非你能先想象，否则你无法完成它。

——乔治·卢卡斯（George Lucas）

引导视觉化是有力量的方式，让客户看到一个关于他们或他们生活中某个方面的新的愿景。这个过程邀请他们进入平静和开放接纳的状态，甚至可能是冥想或过渡的状态，然后带领他们走在一条自由发挥想象力的小径上，几乎就像是在编排一个梦境。我们邀请大脑意识站到一旁观察，而让潜意识提供图像。以这种方式产生的可视化场景通常非常丰富，令人惊讶。在下面的例子中，我们详细描述了一个视觉化未来的自己的过程。

视觉化未来的自己

视觉化未来的自己能帮助客户成为他们未来想要成为的人。事实上，他们已经是未来的自己，只是他们有时无法拥有它。我们在探索环节、任何人们想要更清楚地了解自己的时候或想了解他们可能有什么选择的时候，使用视觉化的方法。

闭上眼睛，慢慢深呼吸，让你的身体完全放松。把注意力集中在呼吸上，留心你的呼吸如何帮助你逐渐放松下来。

留意并释放任何颈部、背部、手臂和腿部余留的压力。

想象你在一个美好的日子里散步，你感到自己完全平静下来了。注意你的周围——颜色、声音和气味。记录下你看到的这个地方的景色和带给你的感觉。你可能会感到有一个指导性的临在。

继续走下去，直到你意识到自己奇迹般地来到了10年后未来的自己生活的地方。[暂停]注意你未来的家是什么样子的，体会一下这个地方的感觉。

10年后的自己，比你现在大10岁，迎接你的到来。注意未来的自己——外表、能量、衣着……

当你踏入未来自己的家，你10年后的家时，环顾四周。注意空间的感觉、颜色和气味。未来的自己鼓励你坐下来交谈。你凝视着未来的自己的眼睛，感受他眼里的智慧和经验。留心你的感受。

你可以问未来的自己一些问题：

- 是什么让你的生活满足充实？（暂停）
- 你最伟大的天赋是什么？（暂停）
- 我现在需要什么？（暂停）
- 在过去的10年里，你最大的贡献是什么？（暂停）
- 你喜欢别人称呼你什么特别的名字？（暂停）

现在，问自己几个问题，并注意有什么答案出现。感激地接受每一个答案。

在这里，你接触到什么新东西？这个空间里有什么正在被重新创造？

坐着不动，凝视着未来的自己的眼睛，接受任何其他你收到的洞见。当你这样做的时候，你未来的自己给了你一份礼物。探索这份礼物——问问未来的自己这份礼物的重要性。

然后感谢未来的自己，离开房子，准备回到现在的家。

当你回去的时候，注意你周围的一切，并花时间珍惜任何新的洞见。

当你回到起点时，表达你对这个神奇的内在旅程的感激。

深呼吸，慢慢地从想象回到你现在所处的地方——睁开眼睛，伸展身体，保持沉默。

写下与未来的自己的旅程和相处的过程中获得的主要洞见。当你写的时候，保持完全地处在当下，并对更多的洞察保持开放。

总结：

- 在那次体验中，什么让你印象深刻？
- 你问了未来的自己什么问题，得到了什么答案？
- 未来的自己叫什么特别的名字？
- 这份礼物和它的重要性是什么？
- 你们在那个空间里共同创造了什么？
- 现在你的愿景在哪些方面更清晰了？

与未来的自己工作的方式

下面是让客户与未来的自己一起工作的一些方法，这会帮助客户不受内心批判者的影响，站在更有力量的地方。

在探索环节或任何教练引导中进行视觉化展望愿景。总结体验。看看愿景呈现的结果。

录音记录视觉化过程。让客户们把重听录音当作家庭作业，然后用写日记的方式探索自己的体验。提出这样的探究问题："你正在成为什么样的人？"

帮助他们充分地体现未来的自己，这样他们就能由内而外地了解这一资源。让他们找到未来的自己在他们身体里的什么地方，并通过身体连接那股能量。

让他们为未来的自己创造具体的图片。可以是一幅手绘画、一张拼贴画或是写有一首诗或一系列唤起这种感受的词汇的图片。建议他们把这个图片放在他们每天都会看到的地方。

建议每天花五分钟和未来的自己在一起，边喝咖啡（或茶）边聊天。这会让客户快乐、兴奋、起鸡皮疙瘩还是流眼泪？

让客户装扮成未来的自己，问未来的自己："这样做的影响是什么？"

当客户说"我不知道"时，问客户"你未来的自己会怎么说？"或者"如果你问未来的自己，未来的自己会怎么做？"。

当他们的想象陷入僵局时，让他们站起来，像他们未来的自己一样四处走动。将此与对未来的自己的提问结合起来。活动身体可以让他们获得更多的信息。

为了帮助他们认识到现在的自己已经是未来的自己，你可以问客户："你现在的哪些部分是未来的自己的一部分？"

请未来的自己对整全生命之轮的所有部分进行评价（见第十章）——给他们对每个领域的满意度打分，或者问他们未来的自己如何在每个领域找到满足感？

为了增加乐趣和娱乐，让客户以未来的自己的身份计划一次假期。

让你的客户以未来的自己的身份写明信片。他们可以写给你，偶尔你也可以给他们回复。

谁是客户未来的他的朋友？他们和现在的朋友和家人有什么不同？这

些朋友令人惊讶的品质是什么？

客户未来的自己可以根据客户现在面临的问题讲述一个故事或寓言。客户可以讲述或记录故事。

在"教练电话准备表"上，问自己："本周我是如何走向未来的自己的？""这周我收集到了什么证据来证明我已经是未来的自己了？""今天做我未来的自己，需要我关注什么？"

用客户的名字或天赋来唤醒他的力量。

展望愿景的仪式

个人纪念和仪式帮助客户将内部世界和外部世界的所有部分保持一致。以愿景为主题的断食、占卜卡、书写、绘画、曼陀罗、拼贴画、面具制作、诗歌朗诵等，都是客户深入探索愿景的方式。有些人在祈祷、冥想、设祭坛、与老人或年轻人共度时光、点燃蜡烛、凝视炉火、凝视星星或城市灯光时感到非常快乐。

教练进行时｜展望愿景的障碍
CFT 转化教练贝尔玛·冈萨雷斯

偶尔，我们会与那些难以有梦想或创造愿景的人一起工作。当我们提出赋能式问题或试图引导他们进行愿景探索时，我们未能达到预期效果。

什么阻碍人们知道如何做梦？当他们不知道自己想要什么样的未来时，作为教练，我们能做些什么来创造一个让梦想和愿景蓬勃生长的环境呢？

首先，我们可以提升我们的觉察，并好奇是什么阻碍人们有梦想或创造愿景。通常，这并不是因为他们缺乏想象力或动力。有几个真实的例子让人们无法梦想：

- 在我丈夫去世后，我无法想象我会爱上任何一个可能会死去的人。
- 在我被性侵犯后，我不会让任何人接近我，即使那是我最想要的。
- 战争期间，我最好的朋友死在我的怀里。我愤怒了很多年，直到我承认我真正想要的东西是和平。
- 当飓风把我的一切都夺走的时候，我还活在梦想之中。它彻底震撼了我，过了好长一段时间我才能再次梦想。
- 当我得了白血病的时候，我离死亡很近。即使我康复了，也只把自己当成病人。

也许他们太渴望自己的愿景了，不敢再抱有希望。为了避免失望，他们只顾眼前。

个人创伤可能会让他们觉得自己太脆弱，无法真正探索自己想要的东西。探索愿景的过程可能会引发忠诚问题，或者感觉到自己与家庭成员或朋友不同的问题，尤其是当他们的梦想可能使他们分离或改变他们的关系时。

好奇心是创造一个空间来探索阻碍梦想的关键，也是创造机会用新的方式看待可能性的关键。我们也可以创造空间来探索恐惧、痛苦、隔离和其他任何可能出现的东西。

例如，美国梦关注个人成功，而不是所有人的幸福，它无视基于种族、宗教、性别或国籍的歧视。所有这些都可能抑制人们的梦想或实现目标的能力。经历过系统性压迫的团体或社群可能会抵制愿景，以保护自己免受进一步的痛苦。诸如奴隶制、种族灭绝、仇恨犯罪或贩卖人口等的历史创伤可能鼓励人们谨慎行事。

通过对制度化的种族主义、性别歧视、阶级歧视等保持好奇心，我们可以影响客户为未来创造感染人心的愿景的能力。例如，美国一些联邦、州和地方政府明确打算建立种族隔离的大都市或贫民窟。"贫民窟"一词有时含有种族主义的含义，但贫民窟实际上是少数群体居住的城市的一部分，尤其是在社会、法律或经济压力下。

这些压力如何影响人们梦想的能力？当我们一生中（或我们父母或祖先的一生中）发生的事件限制了我们获得公正和公平生活的机会时，这些如何影响我们对未来的想象能力？当政策仅仅因为我们的肤色、种族、宗教、性别或其他因素而阻止我们改善生活或是对我们的健康或预期寿命产生不利影响时，会发生什么？当梦想是危险的或违背权力结构的时候会发生什么？

在同龄人中或者身处机会唾手可得的环境中，当人们在家人和朋友中是"幸运儿"而感到不公平时，会怎么样呢？当自己拥有更多的特权，同时认为其他人也应该得到和自己一样的特权时，又会发生什么？例如，当他们的愿景包括接受高等教育或经济地位的变化，使他们脱离他们的社群和文化时，会发生什么？

我们提出好奇的问题，不对阻碍人们实现梦想或愿景的原因做任何假设。我们可以通过回忆兰斯顿·休斯（Langston Hughes）的这首诗来检视我们的假设：

> 延迟的梦
> 如果一个梦延迟，会如何？
> 会像阳光下的葡萄干一样
> 干瘪吗？
> 或是生疮化脓——
> 然后消失不见？
> 它像腐肉散发恶臭吗？
> 或像涂了一层糖霜的面包皮——

> 探索步行的成功关键是假设任何地方都有资源和答案，并直接敞开接受它们。

  甜如蜜？
  也许它只是塌陷
  像一个负担。
  抑或爆炸了？

  我们通过倾听客户延迟的梦想，以及尊重迫使他们隐藏梦想的愤怒或伤害，来支持他们。我们保持好奇心，让他们有足够的空间去经历心痛和痛苦。他们可能有很好的理由感到麻木、僵化或无法动弹。他们可能会觉得完全被困住了，无法连接他们的创造力和想象力。即使他们不记得儿时的梦想，但在内心深处，他们的梦想是渴望得到表达的。不加评判地倾听，我们便为梦想的重新出现和进化创造了空间。

  作为教练，我们通过提供实地考察作为客户探索愿景的仪式，并计划一些让他们运用整个宇宙作为他们愿景的资源的方式，以此鼓励客户深化他们的愿景。

  在跳舞、散步、游泳或剧烈运动时与身体连接，同时关注愿景，是展望愿景的有力的补充。击鼓、唱歌、吟诵或调谐声音可以让人们打开自己去接受新想法。提出一个问题，以跳舞或敲鼓探索答案可以提供新的洞察。

探索步行

  探索步行是一种步行冥想，旨在向我们自身之外的资源开放。我们可以把这个过程作为作业交给客户，他们可以在任何地方使用。探索步行的成功关键是假设任何地方都有资源和答案，并直接敞开接受它们。

去一个你希望开始散步的地方。

深呼吸。

大声地问一个问题。可能提出的问题包括:"有什么在等我?""宇宙准备给我什么?""在这个时候,上天最好地应用我的方式是什么?"问题可以是宽泛的,也可以是具体的。

放下问题。不需要关注它。

留意你的注意力被吸引到哪里,然后朝那个方向走。

在你走向那里的时候,注意你被其他什么吸引了注意力,并走向那里。

持续这个过程,对吸引你的事物保持开放接纳。

继续这个过程,直到找到想停下来的地方——哪个地方在和你说话?

停下来,留心你的问题的答案。

表示感谢和感恩。

我们可以在任何地方进行探索步行。尝试在不同的地方用不同的方式探索步行,例如大自然中,野外,城市,晚上,坐着的一个地方,在家里,跟随声音和气味(蒙住眼睛,找一个朋友引导我们),使用收藏的唱片,图书馆或博物馆等。

愿景静修

作为教练,我们可能想要进行一次个人愿景静修或把它当作给客户的实地静修。

在连接愿景方面,有帮助的做法是:

设定一个意图。

决定留出一定的时间。

选择一个对愿景静修有帮助的地方。

注意我们工作和生活日历上的特殊时间和特殊地点。

考虑什么需要我们去做、去完成、不需要完成或委托别人完成，这样当我们开始静修的时候，我们的头脑就不会变得混乱。

准备好我们需要的东西。

准备好适合我们身心的空间。

以我们选择的方式开始展望愿景。

我们可以问自己以下问题：

我是谁？

就我的天性而言，我在这里要完成什么？

我对什么充满热情？

我爱什么？

我的人生目标是什么？

我渴望分享什么？

我想做的贡献或改变是什么？

如果生命是一项工程，我要创造什么？

我的灵魂呼唤我做什么？

在生命的轮回中，我的位置在哪里？

在社群中，我的位置在哪里？

每个展望愿景的过程都能支持客户，从他们最有活力的地方充分连接感染人心的愿景。在这个地方，他们充分看到并运用自己的力量让他们的愿景成为现实。他们在这种与能量或生命力相连接的情况下创造愿景时，可以涌现出丰当客户完全投入他们的愿景中时，他们就会与他们生活中更大的目标达成一致。当他们发现自己想要让自己和这个世界变得不同时，他们的个人梦想和愿望会更大。这是他们的人生目标觉醒的时候，比自身更伟大的呼唤出现，感召和引领他们。

富的创造力和专注投入地行动。

当我们与客户一起探索这些过程时，可以问自己以下问题：

对于客户的愿景，我最惊讶的是什么？
我的客户触碰了什么我没有预见到的东西？
现在，我想为客户抱持哪些可能性呢？
是什么阻碍了我的客户？
我怎样才能支持我的客户完全进入一个宏大的愿景，超越我现在所能看到的？

目　标

我渴望从对群体智慧的奉献中得到安慰。然而，与此同时，我仍然不顾一切地想要逃离让灵魂枯萎的社会规则和标准，飞向更不确定但更广阔的生命本初。

——戈登·麦肯锡（Gordon MacKenzie）

当客户完全投入他们的愿景中时，他们就会与他们生活中更大的目标达成一致。当他们发现自己想要让自己和这个世界变得不同时，他们的个人梦想和愿望会更大。这是他们的人生目标觉醒的时候，比自身更伟大的呼唤出现，感召和引领他们。许多人都在挣扎着寻找他们的人生目标。通往内外一致的路径，特别是展望愿景，让人们毫不费力地与他们的生命目标连接。一种新的生命力量、能量和热情促使他们前进，并为他们明确想要留给世界的遗产提供动力。

有些问题可以帮助人们有意识地与他们的生命目标连接，包括：

这个愿景对你来说最重要的是什么？

它会对其他人产生什么影响？

一旦它成为现实，你的生活会发生怎样的变化？

一旦你实现了你的愿景，这会对你的生命、所处的社群、所处的组织或世界产生什么样的影响？

对于你的愿景所播下的种子，你渴望留下什么遗产？

你希望你的愿景带来的最大改变是什么？

要考虑的问题

你的愿景中最感染人心的元素是什么？

你渴望看到生活的哪些方面带来改变？

你希望你的教练引导产生什么影响？

你将如何进一步探索你的愿景并使它保持活力？

第八章　扩展视野

主题

何时使用扩展视野

扩展视野的四个步骤

确认中性的主题

发掘多个观点

选择一个新观点

头脑风暴可能采取的行动

一位老人来到附近的一个城镇，遇到一群搬运沉重石头的工人。老人坐下来看他们。他先是看到一个男人背着一块巨石，一边走一边挣扎，嘴里咕哝着，干得很辛苦的样子。老人问他："你在干什么？"那人回答说"扛石头"，说完便继续赶工。

这时，老人注意到另一个工人同样扛着一块巨石，那块巨石跟第一个工人扛的大小差不多，但是看样子他做得很轻松。第二个工人微笑着，看样子对工作充满了热情。老人问他："你在做什么？"那人回答道："我正在建造史上最伟大的大教堂。"

在这则寓言中，两个石料搬运工对他们工作的看法迥然不同。他们的观点也让他们呈现出截然不同的工作态度。

我们对自己的生活以及所面临的状况都有各自不同的看法。我们的个人观点无处不在，就像我们的呼吸般紧密亲近。我们会错误地把自己的观点当作事

> 我们会错误地把自己的观点当作事实,虽然事实并非如我们所想。这些信念影响着我们如何看待世界,如何与世界互动,以及世界如何与我们互动。

实,虽然事实并非如我们所想。这些信念影响着我们如何看待世界,如何与世界互动,以及世界如何与我们互动。

帮助客户认识到他们当前的观点只是看待情形的一种方式,这可以帮助他们从自我局限的思维中解放出来。一旦客户迈出了第一步,认识到自己的观点不是"真相",他们便可以基于深层的觉察来重新构建思考方式、制订计划并采取行动。

我们的观点由我们所经历的一切塑造,包括家庭和文化。在本章中,我们将学习如何帮助客户辨识他们的观点、态度和信念。我们让观点及其影响浮现在意识层面,因此客户可以选择基于自身的活力、创造力和力量进行创造。扩展视野是一个简单的过程,它可以改变人们的观点和生活。

扩展视野基于三个假设:

1.我们的态度、假设、观点和信念会影响我们的经验,并影响世界对我们的回应。

2.我们可以发展出选择观点的自由。

3.当我们摆脱了限制性信念的束缚时,我们就会走向支持生命的选择。

何时使用扩展视野

我们识别客户何时出现内在的不一致。他们可能会感到困窘、困惑或沮丧。我们会在倾听中去捕捉那些可能限制或削弱客户活力或可能性的观点(假设、信念、态度、观点、评判)。他们可能会认为自己的观点是"真理"或"事实"。

当客户似乎相信了自说自话的"故事"版本而不对其提出任何质疑时,我们便发现了使用"扩展视野"的机会。他们的语言可能传递出某些牢固的信念,例如:

我一直都没有足够的钱。

我不可能与女儿保持很亲密的关系。

在换工作之前，我必须接受更多的培训。

我不可能再拥有亲密的伴侣了。

因为我擅长数学，所以我不能考虑其他领域的工作。

我要么做我讨厌的工作，要么受穷。

识别观点的一种方法是到处寻找它们。留心倾听我们自己、朋友、政客、教师以及新闻播报员的话语。我们说了些什么？我们是怎样说的？在这些背后，我们有着怎样的态度或信念？

扩展视野的过程支持我们去突破原本构建良好的生活态度的界限。这一过程有助于我们探索在任何情形中多种可能的观点，并拥抱提供更多可能性的新观点。通过留意我们自己的观点，我们开始谐调至客户持有的观点。

扩展视野的四个步骤

当我们和客户一同或分别注意到一个限制性观点时，我们将使用扩展视野。

1. 确认中性的主题

    把主题从观点、意见或信念中区分出来。

    有关意见的示例：我所做的只是筹集资金。这是无休无止的工作。

    我们永远做不到可持续发展。

    中性主题的示例：组织的可持续性。

2. 发掘多个观点

    探索有关该主题的其他可能观点。

观点示例：开口要钱的时候我很害怕。我在构思计划时非常大胆和有创意。我知道什么（项目）不会得到赞助。我很擅长人际交往。我和我工作的机构以及资源丰富的有钱人之间存在着无法跨越的阶级鸿沟和文化鸿沟。我不是干这个的料。

3. 选择一个新观点

选择一个赋能的观点或态度进行创造性的实验。

可创建出的新观点示例：我非常大胆且富有创造力。筹款很有趣。我可以在社群中有所作为。

4. 头脑风暴可能采取的行动

基于所选择的观点探索新的可能性和行动步骤，然后，采取至少一个行动步骤。

可能采取的行动示例：哦，既然现在知道了我想要释放自己的创造力，那么我可以辨识跟我们的使命紧密一致的捐赠者，并撰写一份极富创造力的捐赠提案。我还可以请里奇（Rich）提供指导。

采取行动的示例：我会请里奇帮我在本周内撰写一份特别有创意的捐赠提案。

确认中性的主题

当客户表达限制性的观点时，第一步是把观点与主题做区分。当我们洞悉了客户正在探索的主题时，扩展视野的效果就能达到最佳。这是该过程的关键部分，因此我们不会跳过这一步骤。我们的客户将摒弃长期以来所持有的信念，而有意义的、明确的主题可以帮助他们聚焦。

从下面的简单示例开始，我们把主题从观点中分离出来，就像给句子做表，这样做的目的是把主题和针对该主题的观点分离开来。

陈述	主题	当前
我一直都没有足够的钱。	我的财务	我把自己的钱管理得一团糟。
我不可能与女儿保持很亲密的关系。	跟我女儿的关系	我们不可能亲近。
在换工作之前,我必须接受更多的培训。	我的事业	我还没有准备好开始我的事业。
我不可能再拥有亲密的伴侣了。	我重要的人际关系	我不惹人爱。
因为我擅长数学,所以我不能考虑其他领域的工作。	职业选择	我必须得从事我擅长的。
我要么做我讨厌的工作,要么受穷。	有成就感的工作	我必须在金钱和成就感之间做选择。

查看表中的主题,我们注意到,除了当前持有的观点之外,客户可能对同一个主题持有多种观点。一旦我们帮助客户把主题从他们的观点中分离出来,他们可能会看到其他可能性。

在通常情况下,客户陈述的话语与上面的示例一样清晰,并且把主题与消极的观点分开也很容易。有时客户对自己的处境感到特别焦虑,因此要提出一个明确的主题,可能需要花一番力气。我们可以问"你想要探索什么?",或"在这里重要的是什么?",或"这件事情的核心是什么?"。我们可以猜测主题,并聆听它如何与客户产生共鸣。如果存在多个潜在主题,我们可以帮助客户选择最为重要的一个。可能一开始我们侧重于某一个领域,但随着教练引导的进行,我们可能会清晰地发现另一个主题更加相关。通过和客户一起保持开放,主题会发生转变。

例如,莎娜(Shana)一开始以为自己的问题都与工作有关,但在后来的探索中发现,莎娜的主题更像是与自由或承诺相关。所有的主题可能都很重要,因此我们要帮助客户选择最有能量的那一个。

下面的表展示了陈述中可能出现的主题和观点。在某些情况下，我们需要更多地探索才能发现主题和观点。

陈述	可能的主题	当前观点
他再也伤不了我的心了。	爱情、连接、我跟前任的关系	我必须得保护自己。再一次投入恋爱对我来说不安全。
我是个失败者。这份工作我做得太久了。	选择、有成就感的工作、事业	我不够好。我陷入了困境。我没有创意。
那些有钱有势的人不会认真对待我这种人的。	我和权力的关系、资源、尊重	对我来说这太不容易了，因为这涉及我的种族、阶层、性别和性取向。
有时我在想，这就是我人生的全部了吗？	我的生活、自我表达	我的生活乱作一团。我没有任何前途。
要是我有更多的钱，我就能做我想做的了。	自由、愿景、我的财务状况	我被金钱限制了。我没法拥有我想要的。

在每种情况下，我们都会发现说话的人感到无能为力，但我们可能无法立即辨识出主题。主题不包括：

观点

解决方案

评判

标签

立场

中性的主题有助于推进扩展视野的过程。如果客户的主题是"我与父亲的糟糕关系"，那就意味着，在这样的主题下无法就赋能做任何工作，因为有一个观点已经牢牢地嵌入主题中。想象一下，围绕"我与父亲的糟糕关系"的主题，我们能够提出什么赋能的观点，然后将其与"我与父亲的关系"这一主题进行比较。

为主题选择确切的名称不是很重要，因为主题可能会发生改变，但如果我们清楚地命名主题，在后面的教练过程中便可以有所指代。

在跟新的客户工作时，我们可以询问他们是否愿意改变当前的观点，以及是否愿意尝试以别的方式来审视这个问题。通过这样做，我们可以让客户了解到我们在做什么，并让他们承担指明教练方向的责任。

发掘多个观点

在这一步骤中，客户通常会提出至少三个不同的观点，并身心体验每个观点。有时我们会头脑风暴出很多观点，然后再一一体验每个观点。或者，我们在体验下一个新观点之前，先让客户体验当前探讨的观点。

有时人们会执着于他们眼下所持有的观点，而很难想出新的观点。以下是发掘不同观点的方法：

  A. 直接询问不同的观点。
  （你）有什么不同的方式来看待这个问题呢？
  就你的个人身份而言，什么观点是独特的？
  你可以尝试的新观点是什么？
  你能想到的最古怪或最疯狂的观点是什么？
  看待这个问题最不可能的方式会是什么？
  B. 用不同的眼光来审视。
  让我们用不同的眼光来审视一下吧。
  你可以通过谁的眼光来审视并得到一个不同的看法？

你的祖先可能想要你采纳怎样的看法？

一个 5 岁的孩子对此会有什么看法？

未来的你对此会注意到什么？

C. 使用比喻、图像或声音。在进入比喻的体验之后，注意有什么观点会浮现。

想一个比喻，（脑海中）出现了什么？

出现了什么画面？它不需要跟主题相关联。走进画面里，在这种体验中，什么观点浮现出来了？

响起了什么歌曲？

请留意窗外，有什么在召唤你？

就像换上不同的衣服一样，你可以尝试体验什么观点？

D. 运用动作。请客户动一动，改变身体的姿势或位置，看向新的方向。

（请你）移动到房间的另一个区域，并看向新的方向。

（请）慢慢地旋转。有什么新的视角吸引了你的目光？

改变你的身体姿势，让身体给你传递讯息，由此产生的观点是什么？

如果就这一主题来跳一支舞，你会选择哪种舞蹈？

调整一下你的身体，留意你的身体想要尝试的视角是什么。

E. 从大局出发，这样可以使客户在空间或时间上保持足够的距离，从而获得不同的视角，并从中找到新的信念。

从外太空往下看，这会让你产生什么新观点？

想象你是从自己一生的角度来看这个问题，那会有什么不同？

100 年之后，你将如何看待这个问题？

想象你在山顶上，你留意到了什么？

如果你所在的整个社群都在支持你，有什么观点出现？

教练可以提出其他观点，以更广泛的方式来看待客户的具体情形。

身心体验转变的观点

当我们的客户完全投入一系列的观点,把每个观点看作是他们所探索情形的当下真相,体验和活出这些"真相"时,客户的转化会更有可能发生。在这样做之前,他们只是在考虑一种变化,而"扩展视野"对他们来说就像是一种练习或一项任务。我们可以训练我们的客户去逐一投入每个观点中,并身心体验它们。我们首先会请他们体验自己当前的观点,因为他们对当前这一观点抱持着强烈的信任,因此,他们通常会觉得很容易用身心来具体体验自己的观点。

支持体验新观点的方式

A. 通过将身体移动到新地方的方式来放下旧的观点。观点可能会比较棘手,移动或晃动身体可以帮助客户摆脱旧的信念。

(请你)通过甩动你的胳膊和腿来摆脱旧的观点。放下旧观点,去新的地方,看向新的方向。

(请你)把那个观点扔到窗外,让一个新的观点进来。

你的身体会有一些变化。你注意到了什么?

B. 带动身体投入新观点。我们邀请客户进入新观点,并提醒他们发现属于自己的真相。

(请你)把旧观点抛到身后。在你前进时,投入新观点的真相之中。

(请你)想象那个观点是一个游泳池,你正要跳入其中或深潜其中。

(请你)继续深入地投入这种看待问题的方式中。

C. 使用"体验当下"的技能来体验每个观点。当我们邀请客户更深入地体验某个观点时,我们便创造出了广阔的空间。我们运用我们的觉察来留意客户是否正在发生转变,或仍然停留在旧的真相之中。

当你尝试体验这个观点时你注意到了什么?

你的体内正在发生什么?

听起来（你的）旧观点依然还在，我们再花一点时间重新回顾一下这个问题。

从这个观点出发，你在渴望什么？

（请你）走出这个视点并审视它。你和它的关系是怎样的？

当客户完全进入并体验观点时，我们能注意到变化的发生。这有点像是进入一个全新的世界，在这个新的世界，新的思维和行动方式得以产生。我们经常会看到能量和情感的变化。

D. 看一看现在这个主题有什么不同。一旦观点得到了体验，我们将邀请客户来审视主题并注意现在有什么不同出现。

（请你）从这个角度来看一看。

在你探索的问题里，现在有什么是真实的？

（你觉得）有什么不同吗？

（你觉得）在这里，有什么是可能的？

每一个观点都能提供新的可能性，因为它们放松了客户原有观点的约束。通常，客户需要探索至少三个观点——包括原有观点在内，不过他们常常会从五个或更多观点中收获价值。我们了解客户是否已经体验足够多观点的一种方法，是注意到在接下来的步骤中，客户是否变得从容且有活力。如果客户已经协调一致，进入轨道，那么他的能量、可能性、选择和行动就会自在流动。反之，我们可能需要选择回到这个步骤，并尝试体验更多观点。

选择一个新观点

在这一步骤中，客户选择从一个新的观点出发来进行创造。我们支持客户

> 作为教练，我们可能会对客户应该选择哪个观点持有自己的意见。但是，我们不大可能做出比客户更好的判断。在不强迫客户做选择的前提下，我们可以帮助客户选择能够引起共鸣并充满可能性的观点。

选择能够激发他们的活力或开辟新的可能性的观点。

我们可以提出一些支持选择的问题：

下个月你想尝试哪种观点？

你选择持有怎样的观点步入未来？

那么你会选择哪个观点来帮助你做计划、过生活？

如果在今天余下的时间里，你要选择一个观点具体体现出来，你认为哪一个观点最能激发你的活力？

你不需要选定一个观点保持不变，现在你想尝试哪个观点呢？

在步骤2中尝试了几个观点之后，我们经常会看到客户的身体、声音、能量或对待自己的态度发生了变化。当客户开始接受新的观点时，这种朝向一致性的变化开启了朝向步骤3的自然过渡。

客户可以合并观点，提出新观点，或使用已经探索过的观点。在这一阶段，他们偶尔会选择原有的观点，但是针对这个旧观点，他们有了新的关系、新的能量或不同的态度。例如，多莉（Dory）的起初观点是"我不知道"。在尝试了"我想知道""我永远也不会知道"和"我不需要知道"之后，当她回到原来的观点时，她变得活力四射。当多莉释放了施加给自己的压力后，她体会到了一种敬畏和惊奇的感觉，并开始享受未知的神秘感。她选择了"我不知道"作为她的新观点，并以精力充沛和一致的状态进入了步骤4。

作为教练，我们可能会对客户应该选择哪个观点持有自己的意见。但是，我们不大可能比客户做出更好的判断。在不强迫客户做选择的前提下，我们可以帮助客户选择能够引起共鸣并充满可能性的观点。选择新的观点为客户提供了生活与创造的基础和平台。

头脑风暴可能采取的行动

在最后这个步骤，客户在保持一致性的状态下创造出可能的行动，然后选择至少采取一个行动。对于大多数客户而言，一旦他们很好地锚定了新的观点，创造力便容易流动起来。

我们首先邀请客户充分体验所选择的观点，并留心可能出现的行动。我们不是去创建枯燥、无聊的待办事项清单，而是以一致性的力量来创造新的可能性和新的存在方式。

> 从这个观点出发，让我们来探索有什么是可能的。
> 你能做点什么？
> 你能成为怎样的人？
> 有什么截然不同的东西，是你会尝试的？

作为头脑风暴的一部分，我们可以根据听到的信息加入自己的想法。我们的建议是为打开和拓展客户的思维服务的。我们不执着于自己的想法，而是给予客户选择的权力。

来到这里，客户会很容易选择自己的承诺。这些行动通常充满流动的能量与活力。否则，我们邀请客户重新审视所选择的观点，然后再一次尝试。我们可能需要回到步骤2，请客户尝试体验更多观点。

✢ 扩展视野示例

请注意在下面的情景中，教练如何通过他的语言来扩展视野，以体会一次教练过程的流向：

教练：发生了什么事？

塔莎：我是个失败者。我没办法独立做任何事。（当前的观点。）

教练：实际上发生了什么，让你认为自己是一个失败者，并且没有办法独立做任何事情？（探索主题。）

塔莎：三年多来，我一直在努力寻找伴侣，但是都没有成功。即使出现了一些对我感兴趣的人，我也没能跟他们发展下去。我认为我有问题。（另一个观点。）

教练：最近发生了什么事情，让你认为自己是个失败者吗？（寻求更多细节以确定实际的主题。）

塔莎：我当时正在考虑尝试一项新的在线约会服务。（暂停）哦，是的，我的前男友那时候恰好告诉我，他正在和别人约会。

教练：啊，所以你看到了发生的事情和你思考的事情之间的联系。你想要在哪个方面进行教练呢？（寻找主题。）

塔莎：约会。不……伴侣关系。（主题。）

教练：你渴望拥有伴侣关系，那么，在内心跟这份渴望建立连接后，此时此刻你的观点是什么？（寻求初始的观点。）

塔莎：哎呀！我感到不知所措。约会没有希望。我永远也不会有伴侣。

教练：当你充分去体会这种观点时，发生了什么？

塔莎：我感觉向更低处沉下去了。（过了一会儿，她坐得更高些了。）

教练：当你绝望地坐在那里的时候，我感觉到了一点转变。还有什么观点是你永远不会考虑的，或者想也不会想的？（注意到能量上的转变，针对另一种观点发问。）

塔莎：我是世界上最有爱的伴侣。但是我永远不会这么说！单单想到这里我就感到一阵寒意。（新观点。）

教练：将这个观点带到你的身体外面来，并注意你跟它的关系。（探索与观点的关系。）

塔莎：我觉得很可疑。这是我不能相信的观点。但是我注意到有金色的光芒。（新的比喻。）

教练：陪伴你的可疑、不能相信和金色的光芒，你留意到什么？（放慢这一过程，给客户扩展的自由。）

塔莎：好像我要去一个陌生的地方。（比喻。）

教练：现在去那个陌生的地方。当你跳入金色光芒的池子里时，说出这句话："我是世界上最有爱心的伴侣。"留意此时你的感受。（体验比喻。）

塔莎：我在一个热带地区。那里很温暖。有一个瀑布。我感到充满活力。但我不想潜入那个池子里。我充满了疑虑。（比喻和感受。）

教练：把这种疑虑带入你的身体如何？（邀请客户关注自己的身体。）

塔莎：哇，我马上注意到了巨大的变化。我的心是开放的。没有人像我那样倾尽全力。（变化。）

教练：继续保持这个状态，注意你在渴望什么……（加深了渴望的体验。）

塔莎：真正的伴侣关系。哦哦，我马上告诉自己，我已经尝到爱的滋味了。从这里开始一路都是走下坡。在混乱之中，我被困在旋涡里了。（新观点和比喻。）

教练：我看见你的眼神一闪。那是怎么回事？（指向身体。）

塔莎：有谁会在乎呢？那又怎样呢？别人不能定义我。铃铛响了。（新观点。）

教练：铃铛响对你有什么用？（给予其用比喻表达的空间。）

塔莎：我是那铃铛的震动和声音。力量响彻了我的身体。它与我内在的中心产生了共鸣……铃铛发出了声音，它说："你不需要这么努力。"你要做的就是听一听内在的铃声。（观点发生了巨大变化——产生了深刻的共鸣。）

教练：你站得更高了，你的胸部张开了，呼吸也变得更深了。（身体觉察。）

塔莎：是的，我的肺活量刚刚翻了一番。

教练：本周你想尝试哪种观点？（选择一个新观点走进生活。）

塔莎：我当然可以找到伴侣！我不需要变得不同。我在以一种轻快的方式走路，感觉自己尊贵。我身处一个完全不同的地方。（身心体验。）

教练：保持那份能量，看一看有没有什么行动浮现出来。（开始头脑风暴行动。）

塔莎：最简单的做法就是放下失败。过去发生的事情并不能定义未来。我可以给自己一份自由，比如在一段关系中失败或者成功！

教练：听起来很放松。（为洞见和行动创造空间。）

塔莎：当然啦。今晚我要参加一次政治集会，我会带着这种新的状态去参与。世界是我的游乐场。

教练：怎样才能让游乐场贴近你的心？（把行动与渴望相连接。）

塔莎：每天我都会想象我的伴侣和跟我一起玩的人。我穿上巫师的长袍。不，还是算了。我要投身于大自然，到一个安静的地方倾听指引。我要向我的朋友们发出请求，让他们邀请我做客。绝不参加相亲约会。我会请朋友跟我约会。（进一步体现新观点的行动。）

在这一情景中，由于塔莎对"扩展视野"比较熟悉，因此教练给了她很大的自由，让她可以按照自己的方式推进过程。教练并没有强迫她走完整个线性的过程，而是鼓励她加深对一切浮现的事物的觉察。教练指引她体验她的身体，放慢速度与她的渴望同在，并帮助她扩展了比喻。由于教练给予了她广阔的空间，她的新观点得以自发浮现。下面的例子是逐步自然出现的"扩展视野"对话。在经过几次由教练指导的"扩展视野"对话之后，客户通常不需要太多提示，即可自行完成工作。

教练进行时 | 扩展视野的路线图
CFT 转化教练史蒂文·菲兰特

乔（Joe）现年45岁，他是一个充满活力、精力充沛的男人，喜欢直面生活。他来参加教练对话时，话语听起来有些伤心、沮丧和脆弱。乔经历过一次严重的心脏病发作。在大难不死之后，他说："我知道，我的生活已经结束了。"显然，乔不在整合一致的状态中。

在这一经历中，乔背负起了情感上的重担。教练感觉到引入一个新的观点会改变这一情感疲累的状态。教练问乔是否愿意尝试并体会别的审视问题的方法。乔不相信会发生改变，但他确实希望能够对生活充满活力和希望。乔熟悉"扩展视野"的过程，于是便全情投入其中。

乔选择"我接下来的生活"作为他的主题。他的出发点是："我的身体背叛了我，我所熟悉的生活结束了。"在教练核实了什么是改变的重点，加上教练做了一些猜测之后，乔的主题和观点便自然显现出来。

教练使用可能性图板绘制出了乔的主题和当前观点。

可能性图板：观点		
初始观点： "我的身体背叛了我，我所熟悉的生活结束了。"		
	教练主题 "我接下来的生活"	

*其他可能的观点

教练帮助乔感受到了他最初的观点以及活在这个观点带来的影响。

接下来，乔提出了其他观点进行尝试。乔很幸运，因为及时得到了治疗，所以他没有永久性的心脏损伤。即便如此，在教练的起步阶段，乔的初始观点仍然占主导地位。通过教练的提问，乔轻松地找到了更多观点。

可能性图板：观点		
初始观点："我的身体背叛了我，我的生活结束了。"	*我的身体在自愈。	*我很可能会再得一次心脏病。
*这是暂时的。我会好起来的。	教练主题"我接下来的生活"	*就像摔断了腿，我可能会变成瘸子，但它限制不了我。
*现在是我感到悲伤和丧失的时候。	*这是伟大事物即将来临的警钟。	*我的团队一直在为我打气。我可以拥有梦想中的生活。

*其他可能的观点

乔直面了每个观点的真相，深刻地体会并发现了每一个观点中可用的部分。可能性图板反映出了每个观点中的内容，包括图像、身体、情感、能量、比喻或渴望。

可能性图板：观点体现		
初始观点："我的身体背叛了我，我的生活结束了。"一扇门在我面前重重关闭的比喻。渴望躲起来，感觉安全。	*我的身体在自愈。轻盈的能量。我和身体结为了伙伴。	*我很可能会再得一次心脏病。我的恐惧是真实的。身体沉重又紧张。非常伤心和沮丧。希望有更多力量和韧性。

续表

*这是暂时的。我会好起来的。 感到有希望。 开启一段背包旅行的画面。	教练主题 "我接下来的生活"	*就像摔断了腿,我可能会变成瘸子,但它限制不了我。 我可以忍受这个。 渴望痊愈和宁静。
*现在是我感到悲伤和丧失的时候。 身体感到又重又迟缓。 有人死去,我为此感到悲伤的画面。 感到一种温柔和保护自己的感觉。	*这是伟大事物即将来临的警钟。 感受到有意义。 一个巨大的我穿梭在世界中的画面。 我的身体感到强壮和敞开。	*我的团队一直在为我打气。我可以拥有梦想中的生活。 所有支持我的人跟我站在一起的画面。 身体感到敞开又有活力。 有希望和可能性的感觉。

*可能性的观点

在步骤3中,乔选择体验"我的团队一直在为我打气。我不需要那么小心翼翼,我被照顾得很好"。他对自己在探索中尝试的一个观点进行了调整,并选择全身心投入其中。

此时,教练进入了步骤4。在这一步,乔保持着自己所选观点的能量,他进行了头脑风暴并承诺采取具体的行动。乔和他的教练利用可能性图板来探索各种行动,把主题和选择的观点放在中心位置。

可能性图板:行动		
选项: 聚焦于好起来。享受整个过程。	选项: 找到一幅显示一个人被一群人抛向空中的图画。	选项: 对我的康复团队微笑,感激他们。表现友好,并充满热情。

续表

选项： 告诉朋友们，我不想再讨论心脏病了。我们聊点别的东西吧。	教练主题 "我接下来的生活" 选择的观点： "我的团队一直在为我打气。我不需要那么小心翼翼，我被照顾得很好。"	选项： 计划一次跟詹妮弗（Jennifer）的旅行。
选项： 每天花五分钟时间来畅想我想要的生活。	选项： 在康复中与团队成员成为伙伴。给他们提供信息，以便于他们做好自己的工作。	选项： 放松，放下警惕心。记住我的观点。

在教练对话结束时，乔有了非常不同的感受。除了假期计划之外，乔承诺会实施其余所有选项。对于第二天带着焕发的热情回到康复中心，他感到很兴奋。乔开始清楚地意识到，教练也是他支持团队的一部分，他会继续运用教练对话来创造想要的生活。

教练进行时 | 扩展视野　CFT 转化教练雷诺兹

很多时候，我们对世界的看法更多地以我们自身以及我们的投射为中心，而不是以真正的现实为中心。结果是，我们形成的意见往往会出现偏差，哪怕是出于最好的意图。

如果我们碰巧是社会科学所谓的"优势群体"的一部分时，情况就更会是如此。在美国，优势群体包括白人、男性、基督教徒、异性恋、非残疾人和中上阶层。

蕾妮（Renee）是一位中年银行高管，事业正处于上升阶段。蕾妮的一个核心价值观是回馈社会。她曾在一家小规模基层非营利组织参与志愿者服务，这家非营利组织致力支持女性互助和自助。但在志愿服务期间有过一次负面经历之后，蕾妮请求教练引导。

"跟她们一起参与志愿服务简直是一场灾难，"蕾妮抱怨道。

"出现了什么困难？"我问。

蕾妮说："她们压根儿不懂怎么处理事情。"

"你指的是什么意思，蕾妮？"

"我到了那里，执行董事不想见我。然后，我被分配去做随便一个秘书都会做的会计文书工作。"

"你觉得怎么样？"

"我感到备受侮辱，"蕾妮回答。

在深入探索了蕾妮的情感之后，我帮助她重新审视了她志愿服务的机构。

"这家非营利组织的年度预算是多少？"

"预算？据我所知，他们过着朝不保夕的生活。"蕾妮说，"他们快要撑不下去了。这太叫人伤心了。如果连自保都做不到，他们又怎么能为客户提供帮助呢？"

我点了点头，然后问："你说这家机构的人不懂怎么处理事情，执行董事也不想见你。你觉得这两件事可能会有怎样的关系？"

"好吧，实际上，当我整理他们的财务资料时，她确实过来了一下。"

"嗯，我很好奇，当时感觉如何？"

"起初我很恼火，"蕾妮承认，"然后，她为没有出来见我道歉，接着她又解释说她正在努力扑灭所有的'大火'。"

"她的解释对你起到了什么作用？"

"这让我感到奇怪，她为什么要做助理该做的事情。"

"她的助理在哪里呢？"我问。

蕾妮的身子歪向了我这里，张开嘴好像要说话，却又停了下来。她皱起了眉头。

我也模仿她做动作，我们沉默了差不多一分钟。最后，蕾妮开始说话。

"直到刚刚我才意识到，她可能没有助理，"蕾妮几乎是耳语般地说。

接着是更长的沉默。

"你怎么了？"我问。

"感到不安。"

"不安在你身体的哪个部位？"

"我的胃部，它在打结。"蕾妮说。

教练对谈在继续，期间蕾妮分享了她对自己过往经历的一个扩展性看法。在这个过程中，她承认，起初自己对发生的事情可能做了错误的解读，比如一开始她认为自己被分配了一项微不足道的会计任务，而现在对于分工原因，她的看法也发生了转变。

"他们只是没有能力完成那些工作。"蕾妮总结说，"我可能是那里唯一知道需要做什么的人。"

"那么这又会把你引向哪里？"我问。

"我开始看到，在那里我可能真的会很受重视，"蕾妮微笑着说，"一开始我以为他们根本不想要我加入，所以才分配给我乏味的工作。现在我看到他们可能想要我加入，甚至可能很需要我。"

"那么，你感觉如何？"

"很有价值。看来我需要给他们打个电话，重新联系。"

扩展视野过程的价值在于，客户会意识到，他们能够针对任何情形选择任何观点。当我们在教练过程中培训客户时，随着时间的推移，他们可以在没有教练指导的情况下使用"扩展视野"。第十章"策略与行动"更为详细地介绍了行动计划和问责制的建立。

要考虑的问题

在和客户使用"扩展视野"的过程中,你可以运用哪些创造性的方法?

作为一名教练,你对自己有怎样的看法?

对于赋能式观点的探索和立场,你有怎样的承诺?

第九章　拥抱阴影

> 昨天晚上，睡觉的时候
> 我做了个梦——奇妙的过错！
> 梦到我的心
> 是个蜂巢。
> 金色的蜜蜂
> 用我过去的失败做原料
> 造着洁白的巢
> 和甘美的蜜。
> ——安东尼奥·马查多（Antonio Machado）

主题

内在社群

自我整合

构建教练会话

与各部分的能量或生命力连接

发现新部分

积极想象

与受伤的孩子一起工作

不同部分的转化

与内在压迫者一起工作

何时选择拥抱阴影

尊重教练的各个部分

阴影是人格中无意识或隐藏的部分。荣格（Jung）认为："尽管阴影部分蓄积着人性的阴暗面——或许正因为如此，它也是创造力的源泉。"[1]

阴影代表了我们拒绝承认自己的一切，却将其投射到别人身上。罗伯特·布莱（Robert Bly）把阴影比作"我们拖在身后的长袋子"，指代我们在生命中不接纳而且隐藏起来的所有部分。我们把这些部分放进身后的袋子里，很少触碰。我们也拒绝我们渴望的部分，比如自己的力量。

转化阴影，通过拥抱我们的所有部分，而不仅仅是表面上看起来很好、乐观积极的部分，有助于释放我们的力量。我们的目标是整合我们内在社群中的阴影部分，进入平静清晰的状态，不要总是受到外部因素的裹挟。

资源

约翰·弗曼（John Firman）和安·吉拉（Ann Gila）的《心理合成》（*Psychosynthesis*）

德博拉·福特（Deborah Ford）的《追逐光明者的黑暗面》（*The Dark Side of the Light Chasers*）

荣格的《论积极想象》（*Jung on Active Imagination*）

理查德·施瓦茨的《内部家庭系统疗法》（*Internal Family Systems*）

《一种生活方式——格式塔：格式塔治疗创始人及其追随者辛西娅·谢尔登（Cynthia Sheldon）和安吉拉·安德森（Angela Anderson）传授的觉察练习》

哈尔（Hal）和西德拉·斯通（Sidra Stone）的《拥抱自我》（*Embracing Our Selves*）

---

[1] Kaufman, C. Three-Dimensional Villains: Finding Your Character's Shadow.

与我们和社群、家人、朋友及世界互动类似，我们也与自己的内在社群互动。内在社群是一群在内心世界里驱动我们着生活的内在部分。

哈尔·斯通（Hal Stone）的《拥抱你的内在批评者：把自我批评变成创作财富》（*Embracing Your Inner Critic: Turning Self-Criticism into a Creative Asset*）

"拥抱阴影"这条路径建基于多个心理理论和模型。我们感恩罗伯托·阿萨吉奥利（Roberto Assagioli）的心理综合理论，卡尔·荣格（Carl Jung）的"积极想象"，弗里茨·珀尔（Fritz Perl）的完形治疗①"开放椅子"技术，哈尔和西德拉·斯通的"自我内心对话"，理查德·施瓦茨的"内在家庭系统"，以及蒂姆·凯利（Tim Kelley）的"内在和谐"。所有这些理论的共同之处在于，它们的前提都是健全的人格包括许多次人格或部分。我们每个人都包含着许多部分——有些部分得到了我们的强烈认同，有些部分被我们拒绝。

我们感恩社会公义运动也对"拥抱阴影"的工作做出了贡献。尊重所有部分的美丽之处在于，它帮助我们看到权力与压迫是如何与我们的内心、客户的内心以及社会互动，提升我们对权力和压迫的觉察和敏感度的。我们如果排斥自我中的某些部分，就不会有真正健康的心理；同理，社会如果排斥某些群体（无论是因为性别、种族、性取向、阶级还是其他社会因素不同而形成的群体），也不会有真正健康的社会。我们还要感谢教练行业的同侪和学习者一直在不断探索用新方式来拥抱人性的阴影面。

内在社群

与我们和社群、家人、朋友及世界互动类似，我们也与自己的内在社群互动。内在社群是一群在内心世界里驱动着我们生活的内在部分。内在社群的每个组成部分都有重要的存在目的，无一例外。作为教练，我们的职责是帮助客

---

① 格式塔心理学（Gestalt psychology），又叫完形心理学，是西方现代心理学的主要学派之一。——译者注

户学会按照内在各个部分真实的样子，拥抱它们。即使某个部分表现得很严厉，我们也要透过其言辞或恶劣行为，来了解它背后的积极意图。如果我们欣赏每个部分的贡献，尊重每个部分所扮演的重要角色，感谢它们多年的服务，那么这些部分就会感到被看见、被听见和被理解。

"内在批评者"是我们内在社群中声音最大的部分之一。每个人都有内在批评者。因此，我们要求所有教练都要非常熟悉内在批评者及其运作方式。例如，内在批评者以发出恶毒评判而著称，但其背后却有着防止我们犯错或避免我们尴尬的积极意图。我们尤其需要觉察到自己的内在批评者，以及它在教练进行过程中对于我们自身的影响。

作为教练，我们不试图改变这些部分，不试图改变它们看待事物的方式或改变它们的行为。我们不责备它们，不给它们建议，也不会试图让它们消失。我们不试图修正或摆脱它们。内在社群的成员就好像一般人一样——如果我们羞辱或驱逐内在社群中的某名成员，贬低它的价值，它很可能会反抗或破坏已经完成的工作。作为教练，我们不会像革命者那样，用一个专制取代另一个专制，因为这种变化不可持续。诚然，忽视某个部分可能在短时间内奏效，可是真正的改变不可能通过欺侮或排斥某个内在部分来实现。相反，我们通过拥抱内部社群的每个部分，来积极支持我们整全的进化。

在我们的内在对话中，某些部分支配着其他部分，这让我们感到支离破碎。拒绝我们自身的某些部分，会导致内在对立，出现盲点和不平衡。当我们深入表面之下，真正倾听我们的多个部分，我们就能真诚脆弱地连接自己的全部人性，并开始慈悲地对待我们的所有次人格。

与各个部分展开对话

拥抱阴影最简单的方法，是通过为客户创造出充分看见和听见每个部分的空间，让他们慈悲地看见各个部分。

在客户探索他们的内在冲突或对立的时候，我们帮助他们尊重内在出现的每一个声音。每个部分想要说什么？它在担心什么？它是如何交流的？我们可以简单地去倾听每个声音，或对它提出问题。我们不替客户给各个部分取名字，而是询问每个部分，它自己想要什么称呼。

我们的作用是让客户与内在的部分展开真实的体验或对话，而不是仅仅谈谈某个部分。这个过程的微妙之处在于，客户完全投入这个部分的体验，成为这个部分，让它发声表达。通过体现每个部分和发声，客户更容易发展出深切的自我慈悲。

与各个部分展开对话举例

卡洛斯（Carlos）：我一想到收养孩子，就感觉不知所措。我真想成为一个父亲，但我不想失去我的自由。我和胡安妮塔（Juanita）最早下个月就可以收养个孩子，如果我现在退出的话，她会非常难过的。为什么我当初要答应她呢？我当时在想什么？

教练：我听到你内心有两个部分，一个部分真的想要自由，另一个部分想要当父亲。

卡洛斯：完全正确。想成为好父亲的那部分我很兴奋，而想要自由的那部分我很害怕。

教练：哪一部分想先表达？

卡洛斯：害怕的部分。

教练：你愿意到房间里的一个新位置，成为这个害怕的部分吗？让你的这一部分表达出来，不审查它讲什么。另一个部分稍后有机会去表达。还有，你不是要对这个部分的声音言听计从，而只是允许自己让这部分表达。

教练：你想要别人叫你什么名字？

卡洛斯：你可以叫我"真害怕"。

教练：好的，"真害怕"，你有什么感觉？

卡洛斯（"真害怕"）：我觉得自己很渺小。我完全不知所措，需要自由。我不想被束缚。

教练：你还想说些什么，"真害怕"？

卡洛斯（"真害怕"）：卡洛斯不敢告诉胡安妮塔，他可能当不了最好的父亲——怕她会感到失望和受伤。但他应该和她谈谈。

教练：我听见你说很想让卡洛斯和胡安妮塔谈谈。花点时间注意一下你的感受……

卡洛斯（"真害怕"）：松了一口气。我很高兴我说出来了。

教练：谢谢你为卡洛斯表明立场，维护他的自由。有什么其他条件可以让收养孩子变得可行吗？

卡洛斯（"真害怕"）：工作时间灵活。

教练：好，在卡洛斯收养孩子之前，你希望他有自由和灵活的时间安排。谢谢你。卡洛斯，回到你原来的座位上去……听到"真害怕"所说的话是什么感觉？

卡洛斯：有意思。我以前不知道这部分有多累。我很感激这部分想让我和胡安妮塔谈谈。

教练：现在我们给你想成为好父亲的那部分一些空间。我该怎么称呼你的这个部分呢？

卡洛斯：你可以叫我"有趣的爸爸"，因为我喜欢和孩子们一起玩。尽管我父亲从未在我身边，但我想我和我父亲会大为不同。我和孩子每天都会有很多乐趣。

教练：让我们听听"有趣的爸爸"是怎么说的。在房间里找一个你想去的新位置。

卡洛斯（"有趣的爸爸"）：我蹲下来，微笑着，准备玩。

教练：你注意到了什么？

卡洛斯（"有趣的爸爸"）：我对这个机会感到兴奋和鼓舞。我瞥到了自己想要什么：帮助一个孩子拥有美好的生活。我一直在等这个机会。我认为这是一个让我更相信自己的机会。完全地投入。

教练：还有什么？

卡洛斯（"有趣的爸爸"）：长久以来，我一直想成为一个有趣的爸爸。就这些了。

教练：谢谢你说出你真正想要的。花点时间来注意一下你当下的体验，然后回到你原来的座位，做回卡洛斯。请对你刚刚听到的话做出回应。

卡洛斯：我听到"有趣的爸爸"很兴奋。我需要帮助。我们上的育儿课离真正的育儿距离很远。我完全没有准备好。我想和一些我敬佩的父亲谈谈，问一些问题。

教练：好的，这个部分启发你去寻求其他父亲的支持。我想感谢这两个部分对卡洛斯的照顾。对于每个部分，你最感激的是什么："有趣的爸爸"，还有"真害怕？"

卡洛斯：我很惊讶，也很感激。这两个部分都很关心我。

教练：对于你此刻所体验到的能量，你注意到了什么？

卡洛斯：我感到平静和兴奋。我腹部的紧张感消失了。在我想到要和胡安妮塔共同踏上新旅程时，我觉得我可以放松下来。我等不及要进行下去了。

教练：我想感激这两种声音的诚实分享。对你来说，这是什么感觉？

卡洛斯：我喜欢听到双方的意见。它们只是在我的头脑里翻来覆去的时候，我什么也解决不了。我回应"真害怕"的时候，不仅仅想让他同意我的观点，还想好好照顾他。这样我感觉更真实、更完整。

教练：下一步呢？

卡洛斯：我要和胡安妮塔谈谈，然后邀请我们的朋友过来聚聚。制订一个计划，确保我能有灵活的工作安排，同时还能保留一些自由。

> 好奇心是通往慈悲的大门。我们如果真信任"拥抱阴影"这个过程，就只需要深入地倾听所出现的一切。

请注意，在案例中，教练邀请客户从椅子上站起来，站在不同的地方，以代表不同的部分。随着每个声音都有自己独立、受保护的空间，它们就有了清晰的边界，能充分地表达。这创造了让客户拥有深刻的身体和情感体验的机会。客户在与各个部分对话的过程中，鲜活且直接地体验到原本隐藏的事物，从而唤醒了自身的转变。其中似乎存在悖论的是，先区分各个部分，再进行后面的整合。

作为教练，我们根本不需要去解读客户的这些体验，而只需让客户看到他们通过体验产生了什么觉察。好奇心是通往慈悲的大门。我们如果真信任"拥抱阴影"这个过程，就只需要深入地倾听所出现的一切。

客户了解自己的不同部分，有助于他们更好奇、有信心和慈悲地对待自己，同时改变他们的内在对话。客户不再苛责自己，而是开始了解自己的次人格，促进他们内心的平衡与和谐。

我们采用"拥抱阴影"这个过程来帮助客户探索他们人格中对立的部分。鉴于每个部分都带有积极的初衷，我们帮助客户尊重每个部分的关切事项。当我们带着同理心与每个部分连接时，内在的对立就会整合起来。为了让客户充分地整合他们所体验到的转变，我们鼓励客户说出他们对每个部分的感激和欣赏，或者通过身体表达出来。

运用身体的智慧

内在社群的各个成员可能居住在身体的不同部位，我们可以通过身体连接内在社群的每个部分。身体储存了我们各个层面的体验，包括身体、情感、头脑和灵性层面的体验。身体就像是我们灵魂的文件柜。我们可能忘记了三周前吃了什么或者六个月前发生了什么争吵，但我们的身体还记得一切。

客户临在关照自己的身体，就拥有了通向细致情感领域的切入点。停留在头脑层面谈论我们的体验，不如探索身体的智慧有效。当一个新的部分在当下出现时，我们经常看到，身体会发生变化。身体觉知提升了人们体验当下、深入事物核心的能力。

尊重所有的部分

拥抱阴影的美丽之处在于它创造了包容所有部分的机会，于是，人们能够与自己和他人都建立起有爱的关系。这个激进的教练方式包括深入倾听和感激每个部分所扮演的角色。

人的内心世界包含很多部分，这是自然且健康的表现。所有的部分都有积极的意图，包括那些受困于争议性角色的部分。作为教练，我们倾听所有部分的积极意图，而不管它们扮演了什么角色。我们像聆听不同人一样聆听各个部分，了解它们对转化的渴望。

当我们创造机会让每个部分得到聆听后，它们会开始了解和欣赏彼此的角色。在接下来的例子中，内心的领导者和抗拒者成为内部团队中的宝贵成员，而不再带着恶意互相敌对。当我们深信内在社群中没有不好的部分时，我们便创造出了一个具有包容性的空间，让每个部分都可以安全地出现。我们尊重每个部分，因为每个部分都有贡献的渴望。

教练进行时 | 不喜欢当领导
CFT 转化教练瑞贝卡·埃斯德－莫里纳

下面的这个例子表明，"拥抱阴影"的过程可以帮助一名新领导确立自己独特的领导风格。露西娅（Lucia）30岁出头，是一名来自移民家庭的拉丁裔女性，也是她家里第一个上过大学的人。她在一家大型非营利组织新任项目主管，需要努力创建健全的组织系统，但同时也保留工作中有机和草根的感觉。

露西娅：我不喜欢当领导。我一直对领导很挑剔。我真的没有任何好的领导榜样。在我的观察中，许多领导都与实际工作脱节。

教练：你会怎么形容感觉良好的正面领导形象？

露西娅：对我来说，设定目标，并确保采取行动推动实现目标，这是非常重要的。不过我不想当发号施令的人。

教练：听起来，你的一部分对如何领导组织有一些清晰的想法，而另一部分却在抗拒。

露西娅：是的！

教练：让我们听听这两个部分的看法。你是否愿意让每个声音，也就是组织领导者和抗拒者，从各自的角度来说话？

露西娅：绝对愿意！

教练：让我们双方约定好，我们听到二者的声音时，无论她们说什么，我们都不去评判说一个是对的、另一个是错的。你能把我们的个人评判先放一边吗？

露西娅：能。

教练：好的。哪个部分想要先说？

露西娅：让我们从组织领导者开始。

教练：我邀请你从椅子上站起来，在房间里找一个你可以担任组织领导者的地方，坐着或站着都行。你的姿势是怎样的呢？

露西娅（"组织领导者"）：站得很直。我裤子笔挺，下巴高抬。

教练：太好了。你的组织领导者部分看重什么？

露西娅（"组织领导者"）：哇！我刚刚意识到，我真的很努力地工作，才到了今天的位置。我学习很努力，工作也很努力。让露西娅的父母感到自豪对我而言真的很重要。

教练：好的。所以你意识到，你想你之前付出的努力以及走到今天的位置是一种骄傲，这两点得到了认可。

露西娅（"组织领导者"）：是的，而且我有一些很好的想法。

教练：好的。做回露西娅。花点时间来感谢一下组织领导者吧。告诉她你有多欣赏她。静静地告诉她，完成后告诉我一声。

露西娅：好的。

教练：你觉得怎么样？

露西娅：很神奇。我感觉自己对她更开放了。她没有做错任何事，我意识到，我一直在评判她。我确实得放下一些评判。

教练：太棒了！我们来听一下抗拒者部分。请你走到房间里的另一个地方，作为抗拒者坐着或站着。（停顿）到了吗？

露西娅：是的。

教练：关于抗拒者部分，你注意到了什么？

露西娅：嗯。我一只手叉着腰，另一只手挥动着手指说："别忘了你是从哪里来的！"

教练：我现在以你就是抗拒者的方式，直接和抗拒者对话，好吗？你可以用第一人称回答，让自己完全成为抗拒者。抗拒者，你最关心什么？

露西娅（"抗拒者"）：我只想说，我经历过艰难，我的父母也经历过艰难，那些艰难困苦也是我的一部分。

教练：你在抗拒什么？

露西娅（"抗拒者"）：嗯。我相信要尊敬长辈，保持谦卑。这是我文化的一部分。以为自己是一切事物的中心会感觉很奇怪。我的成长过程不是这样的。

教练：你需要什么，才能对露西娅承担组织领导者角色感到安心？

露西娅（"抗拒者"）：我只需要她知道，她作为组织领导者的目标是建设整体性的社区，希望她不要忘记这一点。

教练：好的。谢谢你，抗拒者。我看得出，你有很多真知灼见可以提供给露西娅。请做回露西娅。听了这两个部分的话之后，你现在更理解了什么？

露西娅：现在弄明白了！我明白为什么我一直这么纠结了。我也意识到，我不需要丢掉其中任何一个部分。事实上恰恰相反，我需要拥抱这两当我们邀请彼此对立的部分发出各自的声音并让它们得到聆听时，它们常常会因为得到理解而倍感宽慰。哪里有规则制定者，哪里就有反抗者。如果圣人需要被倾听，那么小丑也需要被倾听。

个部分。

教练：太棒了。我鼓励你花点时间写日记，向这两个部分表达你对她们的欣赏。听起来怎么样？

露西娅：听起来很不错。我等不及了！

当我们邀请彼此对立的部分发出各自的声音并让它们得到聆听时，它们常常会因为得到理解而倍感宽慰。哪里有规则制定者，哪里就有反抗者。如果圣人需要被倾听，那么小丑也需要被倾听。我们的"内部委员会"与大多数工作委员会一样，成员从未接受过培训，不会倾听彼此的需求，也难以理解各自所扮演的重要角色。它们通常使用儿童时期开始形成的策略，从来没人教过它们如何合作。如果我们能够支持客户的内在部分得到倾听，那么我们就激活了强大的内部智慧委员会，每个成员都将为实现客户的人生使命提供见解和支持。

人们在发现他们不是他们内心的部分后，往往会感到如释重负。每个人都有不同的内在部分，但他们并不是这些部分。人们的内在只有一部分是冷酷无情的，而另一部分是善良的、慈悲友爱的；只有一部分是工作狂，而另一部分喜欢享受乐趣。人的内在部分并没有优劣之分，所有部分都为整体系统增加价值。

不同类型的部分

我们每个人都有许多部分，而我们可以将其分为两个主要类别：保护者部分及被保护的部分。通常情况下，保护者部分会采用一切必要的手段，确保被保护的部分不经历痛苦或苦难，从而保证安全。

保护者部分

保护者是我们内在儿童部分受伤时出来提供帮助的部分。它们不仅拯救受伤的儿童，还会采取特别的预防措施，以防止内在儿童再次受伤。这些保护者努力工作，运用我们儿童时期就已形成的策略。保护者帮助我们生存下来，包括提前做计划和确保我们被社会接受。

许多保护者是在我们年龄太小、还无法保护自己的时候，出现在我们的整体系统中的。

多年以后，保护者虽然依然希望继续为我们服务，但它们所采用的策略已经无效。保护者要么预防某些部分被听见，要么在那些部分变得活跃时分散我们的注意力，帮助我们逃避痛苦。我们每个人都有许多保护者，每个保护者都有不同的策略来帮助我们屏蔽痛苦。

一些最常见的保护者有：

· 批评者

· 催逼者

· 讨好者

· 拖延者

· 控制者

· 怀疑者

· 拯救者

· 完美主义者

除上述保护者外，还有很多其他部分在保护我们，我们可以给内部委员会的关键成员们取个性化的名字。它们分散我们对于痛苦的注意力，可能通过各种各样的成瘾或身体疾病来代替情感上的痛苦，或者让我们忙忙碌碌，以至于没有时间去感受任何东西。它们一嗅到危险的气味，就会迅速赶来，并决心一定要帮助我们摆脱麻烦。

尽管它们有一些看似带来问题的行为，但它们的警惕性确实值得我们感激。在我们面临压力或危险的时候，它们会变得活跃起来，并且表明立场："永远不要再发生！"它们坚定不移地帮助我们避免痛苦，哪怕这意味着扼杀我们所有的情绪，或让我们每天吸毒。它们将一些部分排斥出整体系统，以保护内在家庭免受痛苦。

被保护的部分

被保护的受伤部分已经边缘化,被放逐到内部社群的边缘。这些部分通常是脆弱的部分或儿童的部分,被冻结在记忆里,仍然背负着多年以前的恐惧和羞耻。这些儿童的部分经常因为在某些方面与别人不同而被拒绝、惩罚或嘲笑。如果它们知道家庭的秘密,就可能会被认为是对原生家庭的威胁,所以它们遭受了放逐。有时,受伤部分可以存活下来的唯一方法就是隐藏自己。

一些常见的被保护部分如下:

· 受伤的儿童

· 眼泪包

· 坏男孩

· 天才儿童

· 没人爱

· 太聪明

· 太情绪化

· 太黏人

这些被保护的部分被封存了很长时间,以至于完全没有意识到,自最初的事件发生或最初的创伤产生以来,外在环境已经有了变化。它们仍然很幼小,不知所措。在很大程度上,它们生活在心灵的深处,不被察觉。许多人甚至意识不到自己内心有一个受伤的孩子。

这些儿童部分遭遇类似于原初痛苦的事物时,就会被触动活跃起来。当受保护的部分产生了强烈的情绪,如恐惧、愤怒或悲伤时,保护者就会迅速采取行动,以回避危险。保护者试图通过批评、惩罚我们,或对我们发号施令,来引发我们的内疚或羞耻感。毫不奇怪的是,保护者的声音经常听起来好像我们的老师或父母。"不要跟个女孩子似的。""哪儿来的回哪儿去。""闭嘴,否则我会让你哭。"它们在保护整体系统不会被受伤的部分压垮。

虽然保护者采用的方法冷酷无情、语言苛刻,但它们的目标是保护受伤的部分不经历可能导致自我毁灭的强烈情感。保护者的警惕让我们存活了下来，而且它们打算继续做一切必要的事情，来保证我们的安全。它们毫无旁骛地致力确保我们不会经历恐惧或无助。讽刺的是，它们批评我们，是为了保护我们免受其他人的羞辱。无论客户的性别如何，保护者及被保护的部分都可以是男性或女性。还有些部分没有明显的性别。

主导部分

少数强大的部分常常占据内心世界的主导地位，强迫较弱的部分服从。在内部委员会中占据主导地位的，是那些认为自己在掌控局面的部分，它们通常占据了最多的出场时间。每个人可能有四五个主导部分经常对我们说话，但除了主导部分，每个人还有数以百计的其他部分处于边缘地带，等待被我们倾听。当少数部分支配我们的意识时，我们会觉察不到许多其他的部分。

每个主导部分都有一个它在试图弱化或保护的相反方面，也称为"阴影"部分，或无意识部分。比如，"讨好者"试图让除了自己以外的每个人都开心，阻止"自私者"说话。"催促者"压制"拖延者"发挥作用。"遵守规则者"迫使"自由斗士"屈服。这些两极化的部分成双成对，一个支配着另一个，一个是有意识的，另一个是无意识的。

所有这些内在部分像一个大家庭般运作，每个部分都扮演着重要的角色，为更大的整体系统做出贡献。每个部分对整体系统都是有价值的，就像一个健康的生态系统需要它的所有组成部分一样。我们接受每个部分都是有价值的家庭成员时，它们就会更加欣赏彼此的角色，也会更好地合作。

有时候，客户对某个特定部分有强烈的认同感，以至于他们会感到困惑，或者认为那个部分就是自己。这个部分曾经使用的保护措施，变成了很难改变的模式，哪怕这个部分本身也意识到这种行为是自我毁灭性的。这个部分已经进入了生存模式①，而且不愿意放弃自己的角色。如果一个人经历过创伤或被

---

① 生存模式指一个人或者组织只专注于解决眼前的挑战，而没有任何的中长期计划。生存模式可能由巨大的生活变故引发，如创伤、丧失或其他事故。——译者注

忽略，那么内在强壮的部分就会占据主导地位，并有可能取代真我的领导地位。有些时候，主导部分会认为它们就是"完整的人格"。举个例子，我们在说自己"自私"、"苦涩"、"骄傲"或"愚蠢"的时候，就是因为我们已经强烈地认同某个部分，开始相信那就是我们的全部。与此同时，其他部分注意到主导部分已经占据了优势，就会对真我的领导能力失去信心。

如果真我已经失去了慈悲内在领导者的位置，那么我们可以先把各个部分与真我分开，聆听每个部分，以重建健康的内部系统。重建工作的核心在于把各个部分与真我先区分开来，再重新建立真我与每个部分有意识和尊重的关系。真我一旦恢复了慈悲领导者的角色并欢迎每一个部分，就能做出有益于整体系统的决定。当真我恢复了主导地位时，整体系统就能体验到更深的呼吸。

教练进行时 | 识别部分　CFT 转化教练格恩里·塞廷

一旦你意识到某个部分需要你的关注或阻碍你取得进展，你需要找到那个部分，然后和它交谈。它处在你的内心世界里的某个角落，如果只是随便指称，效果就像是在派对里喊"喂，你！"。你可能会得到回应，但不一定是你想要的回应。那么，你怎么才能识别出想要找的部分，并且具体地指称它呢？

名字

邀请一个部分与你进行对话的最简单方法是呼唤它的名字：

"我想和我的保护者（或批评者、完美主义者、讨好者、怀疑者等）谈谈。"

这个方法通常适用于你心理中的主要部分，它们每天都参与你的生活。这个方法也适用于你过去曾经对话过的部分，你和这些部分确认了它们的名字。

功能

你可以邀请行使某项具体功能的部分：

"我想和分散我注意力的部分说话。"

"我想和反对我寻找人生伴侣的部分说话。"

"我想和喜欢与很多人一起社交的部分说话。"

"我想和会组织项目的那个部分说话。"

情绪或身体感觉

你也可以用情绪或身体感觉来唤出某个部分：

"我想和悲伤说话。"

"我想和感觉愤怒的部分说话。"

"我想和我腰部的疼痛说话。"

"我想和带来头痛的部分说话。"

信念

最后，你还可以通过那个部分相信什么，来邀请它对话：

"我想和相信展现个人力量是很危险的部分说话。"

"我想和相信我不值得被爱的部分说话。"

"我想和相信追求人生目标对我有害的部分说话。"

为了和一个部分展开对话，你并不一定需要给它取个名字，你只需要一个简单的方法，来把它和其他部分区分开。你可以用这几类方法，来识别客户的不同部分。

> 内心世界的中心是真我，它富有慈悲心和智慧。真我整合各个部分的工作，而各个部分一同帮助我们应对困难，保护我们免受痛苦。

自我整合

内心世界的中心是真我，它富有慈悲心和智慧。真我整合各个部分的工作，而各个部分一同帮助我们应对困难，保护我们免受痛苦。真我不是某一个部分，而像是一个见证人或乐队指挥，对各个部分具有越来越深入的觉察，并可以让所有部分协调一致。真我安坐于慈爱的宝座，以慈悲友爱的方式领导各个部分。教练帮助客户从真我中分离出各个部分，并倾听每个部分，就创造了为整体系统做出有益选择的机会。

根据施瓦茨的观点，真我不同于所有的部分，它是内心世界的自然的领导者。真我的能量是平静、平衡、有活力、有连接感、自信、快乐、和平……真我有能力领导各个部分，解决内部冲突，恢复系统的平衡。

"拥抱阴影"是一种不断向所有部分敞开心扉的灵性实践。我们不强迫真我更有爱心，而是通过倾听和接纳所有部分，让慈悲自然而然地涌流出来。当我们意识到每个人都拥有相似的部分时，我们对人与人之间相互连接的觉察会得以提升。真我借用其深层智慧的储藏库，作为一个慈悲的见证者服务于整体。真我不执着于某个特定的议程或意图，而是提供利于做出协调一致行动的资源。

一个部分倾诉完毕、得到感谢之后，我们可以给真我一些时间来反思这个部分所说的话。内心的部分得到发言的机会时，通常都有深刻的见解，因此我们给予真我一个机会来思考，以尊重各个部分，整合它们的集体智慧。

理查德·施瓦茨说："我们的目标不是把所有这些较小的次人格融合成一个较大的人格。相反，我们的目标是恢复真我的领导地位以及内在系统的平衡与和谐，让每个部分都能承担它们想要承担的宝贵角色。"

教练帮助客户与自己的保护者互动（理解、欣赏和尊重它们，无论它们的行为多么具有破坏性），这也是帮助所有部分相信真我领导能力的一种方式。

构建教练会话

为会话做准备

1. 花点时间与自己连接，记住你的教练立场，确定你服务客户的意图。
2. 与客户连接。
3. 确定客户对这次会话的意图。
4. 解释拥抱阴影的目的——创造空间让每个部分都得到肯定。
5. 确保客户准备好开始。

开始会话

1. 确定什么部分想要得到更充分的理解。
2. 从保护者那里获得许可，以与这个部分进行对话。
3. 要求客户移动到房间里的一个新地方，体现出这个部分。
4. 提出一些具好奇心的问题，来了解这个部分。
5. 问这个部分想要怎么被称呼。
6. 在这个部分讲完后，感谢它的贡献。
7. 邀请客户回到真我的最初位置。

我们只有尊重所有的部分，才能成功地拥抱阴影。如果我们忽视某些部分，不相信它们，或认为它们的恐惧微不足道，我们就是在排斥它们，减少了让不同部分协调一致的机会。

回顾这次会话

1. 客户连接真我，了解他对这个部分刚刚分享的内容有什么回应。
2. 给真我一些消化的时间，以理解这次体验的意义。
3. 邀请真我总结这个部分说了什么，并说说这些话对真我有什么影响。
4. 分享你对这个部分所做贡献的印象或感觉。
5. 在结束之前，问问真我是否还需要什么。
6. 如果一个新的部分或相反的部分想要得到倾听，就邀请它选择房间里的另一个位置，再重复上述过程。

获得许可以与不同部分展开工作

与不同部分展开工作的第一步是获得许可。我们只有尊重所有的部分，才能成功地拥抱阴影。如果我们忽视某些部分，不相信它们，或认为它们的恐惧微不足道，我们就是在排斥它们，减少了让不同部分协调一致的机会。如果我们评判它们、排斥它们或与它们争论，整体系统就会失去信任。

人内在世界的某些部分对变化持保留态度是很自然的事。如果我们谋求改变，却没有让所有部分都参与进来，那么这种改变将不可持续。抗拒者部分会回来报复。此外，抗拒者部分也总是为我们的最大利益着想。如果某个部分不想让我们重温童年的创伤，那么它一定有着充分的理由。如果它不想让我们登上舞台，那么它一定也有很好的理由。每个部分都为了我们的幸福而付出。或许，有的部分之所以阻碍我们进步，是因为我们真的没有为改变做好准备，或者我们的生命将面临危险。如果我们强行改变，也许我们就会被解雇、受伤或者失去朋友。无论出于什么原因，假如某个部分不愿意让我们开展拥抱阴影的工作，我们需要去尊重它的恐惧，并发现它背后的积极意图。

明确这些之后，我们请求所有部分允许我们做拥抱阴影的工作。如果我们得不到许可，我们就不去做。获得许可的最简单方法是提出请求，然后倾听。如果某个部分带着一些保留意见出现，而且我们带着尊重倾听它们的恐惧，它们通常就会许可。如果这还不够，那么我们可以对这个部分保持好奇心，去了解它最深的恐惧。我们了解之后，才能和它协商；不是和它辩论或说服它，而是恭敬地倾听这个部分的反对意见，并询问它需要我们满足什么条件或答应什么请求，才会许可。我们可以问它：

哪些话题是你禁止讨论的？
怎样才有可能进行讨论？
你想定什么条件？
如果你感到有危险，请告诉我，好吗？
如果你开始感到不安全，那么你可以叫停这个过程，好吗？

无论我们达成什么协议，我们都将信守。如果这个部分想要终止过程，那么我们就不会说："我能再问你一个问题吗？"我们立即停止，感谢这个部分表明立场、坚守安全，并感谢它值得尊敬的贡献。这样，我们就可以随着时间推移建立更多的信任，并为未来的对话敞开大门。

获取许可举例

劳拉（Lara）来接受教练引导之前，自己已经做了很多内在转化的工作。她是她所处领域内公认的领军人物。作为一名亚洲女性，她对自己公司不提拔女性和亚洲人感到愤怒。她有一部分想发声，改变政策，另一部分不想找麻烦。劳拉持续与不同内在部分开展工作，但她想更深入地探索上面提到的两个部分。

教练：我想和希望畅所欲言、改变政策的那个部分谈谈。你看看有没有哪些部分反对或者想提出一些条件，好吗？

劳拉：（沉默）我的保护者说，只要你也和不想找麻烦的部分说话，就可以和想要改变的部分说话。

教练：好的。同意。我能和你的保护者谈谈吗？

劳拉：当然可以。

教练：好的，那就走出你的真我，成为保护者吧。在房间里找一个你感觉最舒适的位置。

劳拉：（走向窗户）好的，他准备好跟你说话了。

教练：好。所以，保护者，你能再说一遍"我准备好跟你说话了"吗？（请求劳拉成为保护者，以第一人称说话，而不是转述保护者要说什么。）

劳拉（"保护者"）：我准备好跟你说话了。（沉默）你可以和想要改变的部分说话，但条件是你也要和不想改变的部分说话。

教练：这听起来很重要。

劳拉（"保护者"）：非常重要。改变可能会让她失去工作。

教练：所以你的角色很重要。你帮劳拉保住了工作。

劳拉（"保护者"）：是的。我极力去保护她。

教练：谢谢你保护她。谢谢你让她很安全。

劳拉（"保护者"）：我很惊讶你会感谢我，因为劳拉不太喜欢我。她希望我消失。

教练：即使你认为劳拉不喜欢你，你仍然愿意为她服务，这让我很感动。你很有奉献精神。

劳拉（"保护者"）：谢谢你。我很努力！

教练：你还有什么想让劳拉知道的吗？

劳拉（"保护者"）：她偶尔感激我一下也无妨。

教练：你最希望得到感激的是什么？

劳拉（"保护者"）：我确保她得到尊重、不丢工作，确保人们喜欢她。我也想让她知道我有多在乎她。没有我，她会很惨。

教练：我会告诉她，你很关心她，为了确保她受到别人尊重，你有多努力。

劳拉（"保护者"）：谢谢你。

教练：你设定了一个条件，就是我们也和不想找麻烦的部分谈谈。还有什么其他的请求有助于保证劳拉的安全吗？

劳拉（"保护者"）：这就够了。

教练：如果有什么事情看起来很危险，你可以叫停这个过程吗？

劳拉（"保护者"）：不用担心，我会的，我一直都在。

教练：如果你说"停下"，我们就会停下。谢谢你让劳拉远离危险。

劳拉（"保护者"）：不客气，在保护她的安全这件事上，我是认真的。

教练：我们会遵守协议，与两个部分协商。

自我整合举例

教练：请你离开保护者的角色，放下角色，回到你的座位上，做你的真我。

劳拉：好的，我回来了。听我的保护者这么说真有意思。

教练：是的，你的保护者想让你知道，他非常在乎你，他非常努力地确保你被尊重。

劳拉：我不知道这点。我一直觉得这个保护者有点讨厌，但现在我开始感激他的奉献。

教练：你愿意花点时间，来感谢保护者为你所做的一切吗？

劳拉：是的，除了感谢保护者多年来保护我的安全、保证我被尊重，我还要感谢保护者对我的爱。我以前认为我的保护者很刻薄，但现在我很清楚，他是多么关心我。

> 内心的各个部分就像人一样，希望得到理解和欣赏。

了解各个部分

在对话过程中，我们不是讨论各个部分，而是直接和各个部分对话。我们邀请各个部分用自己的语言来表达，分享它们的观点、感受和需要。有些部分终于有机会说话时，会表现得惊讶和喜悦。更重要的是，随着这些部分知道客户真的渴望倾听它们，疗愈就开始了。

内心的各个部分就像人一样，希望得到理解和欣赏。感谢这些部分的贡献，有助于它们感到自己被重视。

许多部分不需要太多鼓励，就会自己说话。如果某个部分表现得有些沉默，我们可以通过保持沉默或提出一些有好奇心的问题，来了解这个部分。

你想要说什么？
身为你是什么感受？
你的天赋是什么？
你扮演什么角色？
你怎么提供帮助？
你需要什么？
真诚对你来说意味着什么？
你还想说点什么？

了解各个部分举例

教练：我可以跟你不想找麻烦的那部分聊聊吗？

劳拉：可以的，它肯定想和你聊聊。

教练：好的，你愿意走到房间里能够充分体现出这个部分的位置吗？

教练：你想要别人叫你什么名字？

劳拉：别找麻烦。

教练：好的，"别找麻烦"，你想说什么？

劳拉（"别找麻烦"）：组织刚刚把几千个全职岗位都转成兼职岗位，这样就不用付员工的福利费用。而另一边，高管们的薪水却已经飞涨。然后，他们想知道为什么大家不来上班。

教练：对你来说，什么是最重要的？

劳拉（"别找麻烦"）：尽管我知道劳拉对组织的岗位政策很生气，可是我认为如果她想要得到同事的尊重，就必须保持低调。

教练：所以你真的希望她得到尊重。

劳拉（"别找麻烦"）：是的，我在成长经历中没有学习过如何为不公义的事情发声。作为一名亚洲女性，我学会了要低调做人，尊重他人的意见。和谐更重要。但我希望劳拉能找到一些勇气，为弱者说话。

教练：我听到另一个部分来了——想让劳拉仗义执言的部分。在我们听那个部分说话之前，我想先给"别找麻烦"机会把话说完。"别找麻烦"，你需要什么？

劳拉（"别找麻烦"）：我需要帮助劳拉在混乱中找到内心的和谐。

教练：你想告诉劳拉什么？

劳拉（"别找麻烦"）：嗯……有趣，我希望她找到内心的和谐，这样她就可以为人类的尊严而发声了。

教练：你在劳拉的生活中扮演着重要的角色，帮助她做到内心的和谐。谢谢你做出的贡献。现在你能回到劳拉的座位上了吗？

劳拉：我回来了。

教练：听"别找麻烦"说话是什么感觉？

劳拉：很有张力……很有启发……帮助我理解更深层次的动机。在发声之前，先做到内心的和谐。

教练：好了，你准备好倾听想要仗义执言的部分了吗？

劳拉：当然可以。

当我们深入感受愤怒或痛苦的情绪直至其核心时，我们便完全接纳了这些情绪，并创造空间让它们充分表达了出来。

同理倾听各个部分

各个部分不会因为我们指出它们的错误而改变。讽刺的是，当我们珍惜各个部分确切的样子时，它们才最有可能改变。大多数部分一开始都不知道自己需要什么，也不知道它们为什么要采取某些特定的做法。

我们开始和某个部分对话后，可以通过下列方式，与它建立同理连接：

> 营造安全感
> 匹配它们的能量
> 对它们产生好奇
> 模仿它们的身体姿势
> 复述它们说的话
> 通过提问来理解它们
> 探索它们的情感
> 倾听它们的需求
> 认识到它们的积极意图
> 感谢它们对整体的贡献

与各部分的能量或生命力连接

有时候，我们把各个部分称为不同的能量。我们在寻找每个部分所携带的礼物时，可以关注它们的能量，以显现出它们的潜在目的。即使某个部分感到挫败、愤怒或受伤，情绪之下也包含着生命力。当我们深入感受愤怒或痛苦的情绪直至其核心时，我们便完全接纳了这些情绪，并创造空间让它们充分表达了出来。

我们放慢脚步，与生命的狂喜涌流相连，就能触及我们最深切的渴望，并将这渴望体现出来。我们用自己的身体、情感和全部来体验这种渴望，并得到深深的满足。很多时候，各个部分会意识到，它们所需要的，它们早已拥有。

渴望的核心是纯粹的能量。连接那种纯粹的能量，天国的大门就会打开。仅仅是坐着感受某个部分的纯粹能量，也可以产生一种能带来深切满足感的神秘体验。

我们邀请各个部分深入地感受它们最深的渴望，帮助它们摆脱惯性的思维和感受，与内在流动的生命能量连接起来。这些部分连接美好的、神圣的能量，那可以是非常动人的体验。这可能成为一个支点，让心灵从匮乏走向圆满。例如，我们创造空间给某个部分来体会它对于尊重的渴望，这种渴望本身就会升华为真实的尊重——尊重自己，尊重当下，尊重现状，尊重新生。随着这个部分想象自己得到了深切的尊重（而非设想自己应该怎样被尊重），它同时也在调谐连接这股能量，并转变为一种灵性喜悦的状态。

流经我们的能量是神圣的。随着我们连接到美丽、野性、强大的生命能量，我们也就找到了平静安宁的居所。我们放慢脚步，与生命的狂喜涌流相连，就能触及我们最深切的渴望，并将这渴望体现出来。我们用自己的身体、情感和全部来体验这种渴望，并得到深深的满足。很多时候，各个部分会意识到，它们所需要的，它们早已拥有。

与各部分的能量或生命力连接举例

教练："仗义执言"，你找到一个你感觉舒服的地方站着了吗？

劳拉（"仗义执言"）：是的，我准备好说话了。

教练：我听到你在说了……

劳拉（"仗义执言"）：你知道最让我生气的是什么吗？高层的人给自己数百万美元的奖金，而普通工人不得不找第二份工作，才能支付房租。

教练：在你想要的世界里……

劳拉（"仗义执言"）：人们互相关心，而不仅仅是关心自己。我想要的世界，是有权力的人利用权力来造福整个社会，而不仅仅是造福少数几个人。一个人真正需要多少房子、游艇和假期呢?

教练:我感到你还对其他一些事情怀有更多愤怒……那是什么呢?

劳拉("仗义执言"):我很生气劳拉没有表明和捍卫自己的立场。她更关心自己舒舒服服的小世界,而没那么关心为他人带来改变。

教练:我听到你说,你很想做出贡献,帮助劳拉创造改变。你的能量充满活力,和发自内心的愤怒与爱。

劳拉("仗义执言"):我是个斗士!

教练:是的,你是斗士,是因为你渴望一个更有爱心的世界。想象一下,你生活在一个人们彼此关爱的世界里,会怎么样?

劳拉("仗义执言"):我有点想流泪……

教练:这些眼泪在渴望着什么?

劳拉("仗义执言"):劳拉的正直。她的言行一致。

教练:想象一下这些她都有了……正直、一致性……

劳拉("仗义执言"):我可以放松……欣赏劳拉……更充分地支持她。

教练:在你更充分地支持劳拉之前,先停留在你渴望的能量中,让这种能量滋养你。每一次呼吸都为你注入更多的爱心、正直、协调一致。

劳拉("仗义执言"):这感觉太棒了。

教练:带着爱心的能量,你想让劳拉知道什么?

劳拉("仗义执言"):无论她走到哪里,她都可以怀抱对关爱的渴望。这样,她更容易针对不公义的事情仗义执言。

教练:啊,我看到了,连接她的关爱给了你许多滋养。你准备好回归真我了吗?

劳拉("真我"):这次体验很珍贵。我更紧密地连接我的能量和我创造一个充满关爱的世界的渴望;从这里,我可以轻松做到直言不讳。同时,我还能照顾好自己。我对创造改变有了更大的希望。

教练：保持与生命力连接，你将会如何做出改变？

劳拉：首先，我想花点时间陪伴自己，感受内在的转化。然后我将与同事进行几次对话，并找到那些希望所有同事都赚取可维持生计的工资的盟友。然后，我们可以制订一个与决策者协商的计划。

教练：让我们花一点时间，来庆祝你的各个部分协调一致，以及这个过程如何激发你的行动。

劳拉：我感觉自己好像在发光一样……

发现新部分

只要我们保持尊重的态度，那么倾听各个部分通常都非常简单。在这个过程中，最棘手的工作可能是要注意到什么时候有新部分进入了系统。不过，我们怎么才能知道那到底是新出现的部分，还是原来的部分呢？新部分出现的迹象是情绪或能量状态转变，身体或声音也可能会发生变化。如果某个部分在表达过程中忽然彻底改变了它的信念，或者有了一套新的价值观，那么这通常是另一个部分开始说话的标志。

如果"严格的家长"突然说："好吧，也许给孩子们更多的自由、让他们做自己的选择、犯一些错也不是坏事。"这并不是"严格的家长"顿悟了，而是"宽容的家长"希望得到倾听。如果"完美主义者"突然叹气说："也许是我控制欲太强了；也许我们不必先拥有所有的资料才做决定。"那么我们可以确定这时候是另一个部分在说话。虽然一些部分有时候确实会想要改变策略，但是它们仍然会坚持自己的价值观。

为什么把不同的部分区分开来很重要？这是因为每个部分都需要得到倾听。如果一个部分打断另一个部分，而我们听之任之，整个系统就会对我们失去信任。我们可以这样介入说:"我想听听你的意见,但我想先让完美主义者说完。"一旦一个部分得到了倾听和感激,更多的部分就会开始排队等待被倾听。客户经常完全意识不到是新部分在说话,所以我们身为教练要保持警惕,为每个部分留出空间,让一个部分充分表达之后,再让别的部分说话。

在不确定的时候,我们可以提问:"我听到你重视的东西发生了变化。刚刚是不是有个新部分在说话?"

不要犯新手教练急躁的错误,避免说:"批评者你好,我是来纠正你的。"如果你这么说,那么祝你好运,但愿这个部分还会再次在你面前出现,甚至还会再次与你交谈。与此相反,我们去了解这个部分,询问它有什么作用、目的、感受以及需求。这个部分准备好做出改变的时候,它会让你知道。

积极想象

客户继续对各个部分开展工作的一个办法是把积极想象作为家庭作业。积极想象是荣格发展出来的一种方法,用来帮助人们解读梦境。我们就像写剧本台词一样,写下我们与在梦中或内心世界中出现的某个部分的对话。我们通过书写问它为什么此刻出现。然后,想象我们就是这个部分,我们把它的回答写在剧本里,并通过提出有好奇心的问题来推进对话,比如:你的角色是什么?你是做什么的?你想要什么?

这种练习可以给人带来非凡的洞见。这个过程很简单,就是请求对某个部分说话,并把对话写下来。

积极想象举例

真我:我想和我内心中不希望我经常旅行的那部分对话。

部分:我在这儿。

真我：我能问你几个问题吗？

部分：当然可以，但我希望你待在家里。

真我：为什么？

部分：你知道为什么！这是因为你旅行的时候，会感觉筋疲力尽。

真我：所以你想让我多休息？

部分：更重要的是，我希望你和你爱的人有更好的关系。过你的生活！

真我：你想要我叫你什么名字？

部分：轻重缓急先生。

自我：好吧，轻重缓急先生，什么对你来说最重要？

轻重缓急先生：当然是你的人际关系！

保持对话的进行，直到这个部分说出所有想说的话。不要和一个部分争论，也不要给它提建议。我们只需带着好奇心倾听，尽可能多地了解这个部分。在结束对话之前，花点时间感谢这个部分，即使你不喜欢它的表现或它所说的话。

积极想象的过程让我们不再把梦中人物视为外部人物，而是把他们视为我们自身的一部分。我们开始意识到自己的阴影部分。这个过程会帮助我们找回失去的部分，并欢迎它们回家。

与受伤的孩子一起工作

几乎每个人都遭受过身体或情感的伤害。我们最初的伤痛（也就是我们第一次发现自己不够好的时候）常常成为我们生活的驱动力量。纯真无辜的孩子第一次听到"不行"时，可能会受到创伤。孩子感到困惑，开始认为自己有缺陷或不够好。一些核心信念会深入儿童的心里，比如说"我不重要。我是坏人。

如果我不按人们的要求去做，我就得不到爱"。甚至连那些拥有被优良养育经历和田园式童年的人，通常内心也会有一个受伤的孩子。

受伤的孩子重新出现时，往往很脆弱。我们作为教练的作用是保持临在，带着慈悲抱持受伤孩子的痛苦，释放受伤体验中的能量。脆弱性中流动着的是生命本身。

我们不急切地推动这个过程。我们仅仅保持临在，与这个孩子在一起，不试图去改变现状。我们不需要克服任何东西，也不需要超越任何东西。哀悼将打开心灵，帮助这个孩子完全地与生命相遇。哀悼是纯粹的伤心，常常是无言的感受。伤心是非常鲜活的，通常与失去了珍贵的事物有关。受伤的孩子渴望着那已经失去的珍贵事物。

受伤的孩子安歇在渴望所蕴含的纯粹生命能量中，旧有的核心信念便失去了它本来的力量。原先引发伤痛的事件消失了，对生命能量的无条件接纳将取而代之。

只有在保护者许可的情况下，我们才与受伤的孩子一起工作。保护者经常有充分的理由把这个孩子藏起来，因此我们在请求和受伤的孩子说话之前，要先和保护者交朋友。如果保护者拒绝，我们先和保护者展开对话，而不是直接和受伤的孩子说话。也许保护者有一些条件，我们必须同意这些条件，他们才会给予许可。如果他们坚持不让我们和受伤的孩子说话，我们感谢他们保护这个孩子的安全。

受伤的孩子背负了所有在最初受伤事件中被压抑的情绪。因此，我们带着慈悲接纳所有的情感表达。我们不试图去改变受伤的孩子，除非他具体地请求帮助他改变。我们不给他建议，不试图让他从不同的角度看待事物，也不鼓励他成长。

许多孩子部分都是很脆弱的，需要小心地对待。我们作为教练的作用是倾听，并帮助客户的真我整合孩子部分所表达出来的东西。在这个过程中，我们创造一种温暖的关系，并与孩子的感受建立同理连接。有些孩子太幼小，不会说话，但我们仍然可以给予他们空间来咯咯笑、哭泣或被抱持，让他们得到重视。

只有我们让受伤的孩子知道，我们真正地明白他们过去的伤痛是多么严重，他们才能够放下包袱。①

与受伤的孩子一起工作举例

克莱尔（Claire）想要改变她和父亲的关系，她已经很多年没和父亲说过话了。"我甚至不记得我为什么不跟他说话了；那是很久以前的事了……"她的教练直觉地感受到，克莱尔是在保护需要被倾听的受伤孩子。因此，她请求克莱尔允许她和受伤的小女孩说话。克莱尔的保护者同意了。

教练：我想感谢你的保护者把我介绍给你的小女孩，允许我和她说话。

克莱尔：好吧，她有点在试探……

教练：是的……你能成为那个小女孩，并走到房间里那个小女孩想去的地方吗？感受一下这种试探的感觉。

克莱尔：小女孩坐在椅子后面的地板上。

教练：你可以坐在地板上，做那个小女孩吗？谢谢你今天和我见面。你感觉怎么样？

克莱尔：（沉默）她不会说话。

教练：好的，那就只是作为这个小女孩，感受她的感受。

克莱尔：（更久的沉默）我很害怕。

教练：害怕什么？

克莱尔（"小女孩"）：没人爱。

---

① 此处的包袱是某个部分因为过去的受伤情境或关系（通常发生在童年时期）而产生的痛苦感受或对自己、对世界的限制性信念。

教练：你第一次觉得没人爱是什么时候？

克莱尔（"小女孩"）：我母亲去世后，我父亲把我送到墨西哥和我姨妈住在一起。我不会说西班牙语。我谁也不认识。我请求他不要把我留在那里，但是他说："看到你，我就会想到你母亲。"然后他就走了。

教练：你一直承受着许多克莱尔不想体会的感觉。

克莱尔（"小女孩"）：是的，我受伤了，被压垮了，迷失了。

教练：你选了哪些部分作为你的盟友，来帮助克莱尔？

克莱尔（"小女孩"）：主要是保护者。一个月后，克莱尔的父亲回来接她时，保护者坚持让克莱尔不要看她父亲，也不要和她父亲说话。从那以后，保护者一直提醒她坚持这么做。

教练：所以保护者阻止克莱尔看她的父亲，也不让她和父亲说话。你经历了什么？

克莱尔（"小女孩"）：大多数时候，我觉得克莱尔都不知道我的存在。她完全忽视我。

教练：你想从克莱尔那里得到什么？

克莱尔（"小女孩"）：我想让她偶尔抱一下我，跟我说说话。

教练：如果她愿意倾听，你会告诉她什么？

克莱尔（"小女孩"）：我很伤心，还很孤独。我没人爱。

教练：所以你想让克莱尔知道，你很难过、很伤心，你想要得到一些关注和爱？

克莱尔（"小女孩"）：（深深叹了口气）是的。我只想说，我好渴望被爱。

教练：你还有什么想让克莱尔知道的吗？

克莱尔（"小女孩"）：被这样倾听，我感到很释放……

教练：非常感谢你分享你的感受，谢谢你告诉我你内心的真实体会。

克莱尔（"小女孩"）：我想让克莱尔偶尔和我谈谈。

教练：我会告诉克莱尔的。你准备好回到克莱尔的椅子上了吗？

克莱尔：啊……准备好了……我甚至不知道我里面还有个受伤的小女孩。这是很强烈的情感经历。我完全忘记了曾和姨妈住了一个月，忘记了那是什么感觉。

教练：那我们花点时间来整合。（停顿）现在你已经听到了小女孩的话，这对你有什么影响？

克莱尔：我现在可以更多地理解她了。我想花点时间和我的小女孩在一起，了解她。我对父亲也有了更温柔的感觉。但我依然很生我父亲的气。

教练：让我们先和你生气的部分谈谈，下周再和温柔的部分谈谈。这样听起来怎么样？（教练注意到一个新部分出现，并给了它一个名字。）

克莱尔：好的。

教练：这周你愿意花些时间和你的小女孩待在一起，去更多地了解她吗？

克莱尔：愿意，我会的。

不同部分的转化

大多数部分都不需要被改变，或不想要改变。他们只需要被倾听。客户倾听并整合了各个部分提供的信息后，就能对如何改变做出明智的决定。

最重要的是，各个部分都需要以自己确切的样子被爱。如果它们感受到我们在试图改变它们，就会将其视为评判，而这不无道理。如果教练暗示任何部分是错误的，那可能会遇到麻烦。它们只要一感觉到有这种迹象，就会感到被误解，从而对教练失去信任。

内心的部分得到深入理解后，它们会放松下来，这种状态或许就是它们所需的全部转变。拥抱阴影的目的不是去转化那些有麻烦的部分，而是去欣赏每个部分的贡献。

教练作为转化的催化剂，需要觉察自己试图让某些部分放松、转变或退休。如果我们发现某些部分太难以控制，或者认为它们具有破坏性，那么我们需要查看自己内在有没有我们不予承认的部分，先做我们自己的内在工作，这样会有所帮助。如果我们没有接纳自己的各个部分，就很难去接纳客户的各个部分。当我们做到无条件地爱一个部分时，我们才有可能支持它的转化。

某些部分自己决定想要转化的时候，我们可以有很多方法为其提供服务。我们内心世界的大多数主导部分都是一周7天、一天24小时地连续工作，它们疲惫不堪，甚至无法想象可以休息一下。如果我们能够欢迎主导部分一直试图保护的部分回家并尊重这些部分，主导部分便会获得信心，相信这些儿童部分可以疗愈。保护者只有在这种情况下才能放松下来。它们开始学习合作，并依靠其他部分一起来保证脆弱部分的安全。通过这种方式，我们可以提高客户内心世界创造性地解决问题的能力。

所有部分都有重要的工作，不过大部分工作描述的成型时间都在很久以前我们还是孩子的时候。生活环境已经改变了，可是有些部分仍然没有意识到它们遵循的规则已经过时。鉴于每个部分都完全有奉献精神，并且怀着深挚的贡献渴望，它们可能会开始认识到有更好的贡献方式。如果一个部分表示希望被提升为更有价值的角色，那么我们可以为这个部分抱持空间来提升它贡献的能力，而不提出诱导性问题。

我们探索过去、现在和未来，让转化可以持续下去。我们从提出关于过去的问题开始，来了解这个部分是如何形成的，它的意图是什么，它是如何运作的。然后，我们了解这个部分的现状，询问这个部分的意图或最深的愿望。通常，一个部分的意图与其实际影响之间存在差距。这个部分看到自己的目标同实际影响之间的差距后，将受邀进入转化的空间。

在展望未来时，我们保留这个部分的意图和技能，并帮助它重新定义自己的角色。有些部分可能会根据其新角色来改变自己的名称。它们重新撰写自己的工作描述之后，可以成为一个有力量的盟友，变得更有价值。在提问的时候，我们赋能给该部分，让它对新角色做出自己的决定。

各个部分的转化举例

教练：上次我们谈话的时候，你的批评者说想要一个新角色。你想现在看一看吗？

米娅：是的，那样我就可以从所有消极的自我对话中抽身出来。

教练：好吧，我们先从尊重批评者开始。你能去一个批评者想坐或想站的地方吗？

米娅（"批评者"）：我绝对要站着。我一刻也坐不住。

过去（了解这个部分的角色，欣赏它，不试图以任何方式改变它）

教练：一直以来，你的工作是什么？

米娅（"批评者"）：我指出错误，让米娅改变。米娅看起来很丑、很胖或很笨的时候，我会告诉她。她懒的时候，我也会告诉她。我指出她的缺点，告诉她什么时候该闭嘴。

教练：所有这些方式在过去是如何帮助到米娅的？

米娅（"批评者"）：如果我比别人先批评米娅，我就能让米娅免受痛苦。我确保人们喜欢她。因为我，她知道什么时候该改变自己的行为方式。

教练：在你的记忆中，你最早一次帮助米娅是什么时候？

米娅（"批评者"）：我确保她不要拿太多饼干。

教练：你第一次活跃起来的时候，发生了什么？

米娅（"批评者"）：米娅的母亲告诉她，她很自私，米娅非常伤心。我想确保这种事不会再发生。

教练：谢谢你所做的一切，你帮助米娅成为一个更好的人。

现在（发现这个部分的更高目标和最深层的服务愿望）

教练：你想要别人叫你什么？

米娅（"批评者"）：批评者就可以。

教练：好的，批评者，你现在是怎么为米娅服务的？

米娅（"批评者"）：每当我觉得米娅不讨人喜欢时，我就介入。

教练：你真正想要的是什么？

米娅（"批评者"）：让米娅不要自私，让她关心别人。

教练：比这更重要的是什么呢？

米娅（"批评者"）：让她有关心她的朋友。

教练：你的最高目标是什么？

米娅（"批评者"）：确保米娅被爱。

教练：听起来你对自己的角色很满意，你正在实现一个重要的目标。

米娅（"批评者"）：我做得很好。但我可以做得更好……帮助她交朋友，建立有爱的关系。

教练：你真正最想要的是什么，比想要其他所有东西都更想要的是什么？

米娅（"批评者"）：不再这么辛苦地工作！偶尔放松一下。

未来（通过帮助这个部分编写新的工作描述，来创建一个更加合作的未来。只有在这个部分表示希望改变时，才这么做）

教练：怎样才能最好地发挥你的才能？

米娅（"批评者"）：帮助米娅明辨如何建立持久的友谊。

教练：有什么方法可以实现这个目标？

米娅（"批评者"）：批评她太多也没有用，也许我可以帮助她更清楚如何与人相处。

教练：在帮助米娅与人相处方面，你能扮演什么角色？

米娅（"批评者"）：我很有眼力，我能帮助她注意到不公平的东西，并以有爱的方式表达出来。

教练：如果你可以为米娅做任何工作，你会选择做什么？

米娅（"批评者"）：做行动者。

教练：你想要升职吗？

米娅（"批评者"）：是的，如果我可以做更多事情，不断地批评米娅就没有意义了。我想帮助她建立沟通渠道，建立良好的人际关系。

教练：考虑到你的新角色，你想要一个新名字吗？

米娅（"批评者"）：是的，我想要叫作行动者。

教练：好的，行动者，我想表达我由衷的感激。你不仅为米娅勤勤恳恳地工作了多年，而且你愿意进入一个新的角色，帮助她建立更好的人际关系。

跟进

一个部分经历了顿悟，深受感动，接受了升职，并不意味着工作就完成了。要让转化扎根并持续下去，跟进是非常重要的。在以后的会话中，我们可以问这个部分：

你的新工作怎么样？

关于你的新角色，你最喜欢什么？

我们怎么调整工作描述，能让你更享受？

你需要什么支持，才能在新角色上取得成功？

我注意到你和其他的部分一起合作了。

与内在压迫者一起工作

卡尔·罗杰斯曾说过:"一个有趣的悖论在于,我若接纳真实的自己,便能改变自己。"接纳各个部分也是同样的道理。如果我们单纯地见证和接纳内在压迫者的信念和情绪,而不训诫它或与它做斗争,我们就会更接近正念状态,有助于这些部分放松下来。

如果我们属于社会中边缘化群体的成员,遭遇过偏见,那么随着时间的推移,我们会内化这些压迫。无论我们是有色人种、女性、同性恋、工人阶级还是其他社会压迫的幸存者,我们内心世界中的一部分会自觉或不自觉地相信这些刻板定型,并对自己群体的身份持有压迫性的观点。当我们将文化潮流中的价值观、信条和迷思内化时,我们就会陷入深深的自我怀疑。

当我们内心世界中的某些部分开始用压迫者的方式对付我们自己时,我们会在内心经历自我嘲笑、自我批评或自我惩罚。有些时候,我们的内在压迫者让我们保持沉默、表达仇恨或暗示我们去死。但是为什么呢?内在压迫者对我们说"你不擅长数学""你懒""你可能无法成功""你这么丑""你太黑了""你一文不值"的时候,有什么积极的意图或更深层次的目标呢?归根结底,内在压迫者也是在试图保护我们的安全,保护我们免受痛苦,确保我们能够存活下来。然而,内在压迫者使用的方法可能很残酷,让我们难以打开我们的内心,甚至倾听这些部分。它们的评判往往针对受伤的孩子,这些声音就像警铃一样,我们一听到就赶紧去保护受伤的孩子免受更多虐待。

内部压迫者似乎一直都在,只是它潜伏着。每当我们经历或想起了真实的或想象中的威胁时,内在压迫者就会突然采取行动。让内在压迫者相信我们实际上是善良的、有价值的或有能力的,这种做法于事无补。屏蔽内在压迫者的声音也毫无作用。为了消除内在压迫者的影响,常见的诱惑是,我们召出内在的啦啦队队长说:"你很美。你很聪明。胖瘦正合适。强壮。有价值。那么可爱。各方面都很完美。"然而,内在压迫者希望得到我们的理解和尊重,我们这样无视它只会让它更激动。

不仅我们内心的孩子部分可以重新养育,内在压迫者也可以因重新养育而受益。一行禅师(Thich Nhat Hanh)说:"你和自己的感受同在,像母亲温柔地抱着哭泣的孩子一样,这些感受就会平静下来。婴儿感受到母亲的温柔,就会平静下来,停止哭泣。"通过温柔的陪伴,我们可以与经历情绪痛苦的部分建立有爱的关系,就像我们抚慰哭泣的孩子一样。我们尊重内心世界主导、困扰的部分,并与之互动,强烈的情绪和过时的信念就可以得到释放。

不管是对我们而言还是对客户而言,拥抱阴影最困难的方面都在于尝试向内在的暴君敞开心扉。我们教练放下对自身内在压迫者的评判,有助于客户放下对他们内在压迫者的评判。我们越能连接真我,便越能更充分地临在,与客户的内在压迫者连接。在充满慈悲、好奇和正念的状态下,我们可以了解到压迫者所受的痛苦,或明白它们在拼命地想要保护什么。

理查德·施瓦茨说:"佛教教师苏特里姆·阿利奥内(Tsultrim Allione)复兴了一种叫作'施身法'(Chod)的古老西藏传统,这种传统要求修行人喂养'心魔',而不是与心魔斗争。她发现,一旦以好奇和慈悲喂养它们,这些内心的敌人就会显露他们真正需要什么,感到被接纳和倾听,并成为我们的盟友。"

真我不仅仅接纳所有部分,还能连接内在的智慧,与所有部分建立深层连接,并拥有疗愈整个系统的能力。如果我们单纯地看见并接纳内在压迫者的信念和情绪,而不训诫它或与它斗争,我们会更接近有助于各个部分转化的正念状态。

内在压迫者和受伤的孩子一样,也在寻求真我来给予它们爱和支持。随着各个部分与真我建立起健康的关系,它们的恐惧和痛苦将得到转化。这种情况发生后,整个内在家庭都将加深对真我的信任,从而带来更有益、更充实的关系。

举个例子,诺亚(Noah),有色男性,就内在压迫接受教练引导。在人生的大部分时间里，诺亚都在努力地避免做出可能会强化种族成见的行为。他的穿着无可挑剔，他面带微笑，保持长时间的工作。这些内在压力影响了他的健康。他的教练帮助他倾听内在压迫者的积极意图，例如保护他不受他人的批评，让人们看到他的积极面，保护他的安全。只有先这样做，诺亚才能生发出更多的自我慈悲，充分地表达自己，培养更健康的生活方式。诺亚恢复活力后，就如何与老板开展重要的对话接受了教练引导。他逐步重新协商工作时间，并与老板建立了更加平等的关系。他的教练帮助他，让他的各个部分协调一致。诺亚与自己的精神核心达成协调一致之后，就开始对所在的组织做出系统性改变，为边缘群体增加机遇。

何时选择拥抱阴影

尊重所有部分成为我们的一种生活方式。每当我们看到或听到不一致的部分时，我们可以邀请它们说话，把它们带进对话。如果我们听到两极化的声音在争夺我们的注意力，我们就知道这时候我们内在没有达成协调一致。重视维持现状的部分想要阻碍做出改变的部分，这是很自然的事。客户经历内心冲突的时候，教练可以通过拥抱阴影这条路径，来进行内部调解。

客户可能会经历不同层次的内心冲突：理性、情感、身体和行为层面。

我觉得自己想做儿童服务工作。／如果不能维持生计该怎么办？（理性层面）

我对前进感到兴奋。／我害怕采取行动。（情感层面）

我真想离开这家公司。／我一开始写辞职信，就感到头疼。（身体层面）

我的目标是建立一个LGBTQQ联盟。／我还没邀请任何人加入。（行为层面）

> 我们有能力帮助人们听到不和谐的声音,并为每个部分创造出神圣的空间,让它们得到倾听和整合,以便人们能够觉醒,迎接更多的智慧、能量和可能性。

随着练习的持续,拥抱阴影的细微枝节将逐步显现。我们的内在保护者自然会有所反应,它们可能会怀疑我们或阻碍我们,不过我们可以保持耐心,以内部系统能够接受的节奏来开展内在工作。我们持续开展内在工作将有利于我们的外在工作。随着我们超越限制性的信念,我们就可以开展更深入的工作。

让我们想象一下这有多么美好:我们有能力帮助人们听到不和谐的声音,并为每个部分创造出神圣的空间,让它们得到倾听和整合,以便人们能够觉醒,迎接更多的智慧、能量和可能性。

有些部分不希望被转化——它们之所以活跃起来,是因为它们要帮助我们处理非常有挑战性、甚至是危险的情况,而且它们很执着地保护我们。尽管如此,我们还是可以敞开心扉,学会与那些极其抗拒改变的部分工作。拿不准的时候,我们爱那个部分就好。保持好奇的心态,尊重那个部分蕴含的智慧。

真正的连接来自接纳每个部分确切真实的样子,肯定它们的重要角色。简单地这样做往往就会带来黄金般宝贵的释放——那也正是转变发生的时刻。讽刺的是,转变往往在我们接受现状而不迫切要求改变的时候发生。

尊重教练的各个部分

如果我们对自己的各个部分做过内在工作,就不太可能依然评判自己的某个部分。这样,我们在别人身上再遇到这个部分时,评判它的可能性就会降低。我们如果没有为自己的内心世界带来社会正义,就很难去在外界倡导社会正义。我们尊重自己内在的边缘化部分,促进它们的疗愈和修复,这项工作始于个人层面,却将对家庭、组织和更大的系统产生深远影响。尊重所有的部分,意味着我们尊重内部世界和外部世界的多样性。

作为教练,我们常常会吸引那些与我们有相似问题的客户。他们的烦扰部分往往与我们的烦扰部分相似。客户会不可避免地引发我们的反应。我们被触发反应的时候，偶尔会缺乏足够的慈悲、好奇和勇气，难以保持平衡状态。假设我们内在某个批评的部分在教练进行到一半时说"你是个糟糕的教练"，它接着又说："你应该马上转行，麻溜儿的。你帮不了任何人。"那么我们可以先深吸一口气，同理倾听批评者："我听到了你有多么困扰，但如果你现在能站到一边，我会在这次会话结束后，马上和你谈。"许多部分如果知道自己最终能得到倾听，就会愿意暂时后退一步。

拥抱阴影的过程、架构和技巧，远没有建立连接重要——我们带着开放的心态、深度的好奇心，完全地临在当下来连接。我们通过爱每个部分，营造出信任，即所有的部分都能得到它们渴望的理解。当我们积极地与某一个部分建立连接并允许自己投入情感时，其他部分就会开始信任我们。我们可以与自己内在的每个部分都建立关系，不带偏见，不断开连接。就这样打开大门，让客户也拥有同样的体验。

教练开展自己的内在工作，将加深教练对自己、对客户和对过程的信任。当我们知道如何倾听自己内心世界的所有声音时，我们自然就会更有效地帮助别人倾听他们内在的种种声音。我们不必坐等我们内在委员会的所有成员都达到一致性状态，而是可以从倾听那些最急切的部分开始，并在新的部分出现时，持续欢迎它们。我们的内在部分会为此感谢我们——许多部分会因为终于被听到而感到惊喜和感激。

要考虑的问题

你的哪些部分是你特别想了解的？
你的哪些部分在阻碍你拥抱阴影？
你希望避免接触客户的哪些部分？
对探索自己的内在批评者，你的承诺是什么？

Coaching for Transformation
Pathways to Ignite Personal & Social Change

转化教练 下

[美]玛莎·莱斯利（Martha Lasley） [美]维吉尼亚·凯洛格（Virginia Kellogg）
[美]理查德·迈克尔（Richard Michaels） [美]莎伦·布朗（Sharon Brown）○ 著
李夏 杨华京 刘静 ○ 译　　"转化教练"审校组 ○ 审校

华夏出版社
HUAXIA PUBLISHING HOUSE

◇ **上册** ◇

序　名为转化，实为教练之本源　　001
致谢　　001

第一部分　开启旅程　　001

第一章　欢迎来到教练世界　　003
欢迎　　003
什么是教练　　004
什么是转化　　006
转化领导力组织　　007
核心原则　　010
转化教练过程　　013
教练的三个层面　　016
核心能力　　017
开启转化教练之旅　　018

第二章　培养临在　　021
觉察　　022
倾听　　024
直觉　　031
好奇心　　033
转化关系　　038
教练立场　　043

第三章　教练的核心技能——教练的调色板　　051
转化教练技能　　052
提出赋能式问题　　056

肯定、拥护、庆祝和欣赏　　　063
请求和挑战　　069
注意力放在哪里　　　072
表面议程、深度议程和转化议程　　　073

第四章　唤醒内在力量　　080
唤醒内在力量的本质　　　081
激烈教练　　085
扩充力量　　088
前沿教练　　092
不提问的教练　　　100
重构消极的语言　　　106
从阴影中寻找力量　　　107

第二部分　通往一致性的路径　　109

第五章　探索需要和价值　　117
共通的需要和价值观　　　119
深化对需要的觉察　　　119
转化客户所持有的评判　　　127
化痛苦为光明　　　133
个人价值　　136
明确价值　　138
运用价值的方法　　　141
价值排序　　144
基于价值的行动　　　145

第六章　体验当下　　**146**

此时此地——四步骤的过程　　147

何时选择"体验当下"　　149

"体验当下"路径中使用的主要技能　　150

身体的智慧　　156

走进抗拒　　176

历程工作　　181

与失败感工作　　182

第七章　展望未来　　**183**

设置舞台　　184

勇敢的愿景　　186

运用右脑创建愿景　　191

引导视觉化　　195

与未来的自己工作的方式　　197

展望愿景的仪式　　199

探索步行　　202

愿景静修　　203

目标　　205

第八章　扩展视野　　**207**

何时使用扩展视野　　208

扩展视野的四个步骤　　209

确认中性的主题　　210

发掘多个观点　　213

选择一个新观点　　216

头脑风暴可能采取的行动　　218

第九章　拥抱阴影　　**229**

内在社群　　231

自我整合　　　　　246
构建教练会话　　　　247
与各部分的能量或生命力连接　　　　254
发现新部分　　　　257
积极想象　　　　258
与受伤的孩子一起工作　　　　259
不同部分的转化　　　　263
与内在压迫者一起工作　　　　268
何时选择拥抱阴影　　　　270
尊重教练的各个部分　　　　271

◇ 下册 ◇

第三部分　　让愿景成真　　　　273

第十章　策略与行动　　　　275

策略规划　　　　276
平衡　　　　278
行动起来　　　　280
创建 SMART 目标　　　　282
设定有挑战性的目标　　　　285
扩大你的舒适区　　　　286
日常习惯　　　　289
规划工具　　　　290
问责制　　　　291
将"做更少"作为一种行动选择　　　　293
支持　　　　294

第十一章　教练事业　　299

获得客户　　300
建立教练伙伴关系　　316
展望你理想的事业　　335
制订商业计划　　340
创建你的事业　　341
自我关爱和专业发展　　344
回馈社会　　346

第四部分　教练辅导的进化　　349

第十二章　教练的学科基础　　350

以人为本的方法　　352
心理综合　　354
体验式学习　　354
存在主义疗法　　355
完形疗法　　356
行为科学　　357
过程咨询　　357
管理理论：X理论和Y理论　　358
情绪智力　　359
积极心理学　　360
非暴力沟通　　361
神经语言程序学　　362
成人学习理论　　363
学习风格　　364
认知疗法　　365

变革抗拒　　　　　366
神经生物学　　　　366
教练模型　　　　　371

第十三章　跨文化教练　　　　375

概览　　　377
文化　　　378
跨文化能力　　　　380
跨文化教练技能　　　384
文化能力框架　　　　387
拓展跨文化意识　　　392

第十四章　权力、特权和教练　　　　395

概览　　　397
为什么意识很重要　　400
理解权力的外部力量　　401
特权　　　407
微歧视　　411
信任　　　414
交叉性——同时生活在多重世界里　　　417
多样化的经历和声音　　419
案例研究　　422
总结　　　424

第十五章　组织中的教练　　　　426

改变思维模式　　　　427
组织的挑战　　　　　428
组织中的教练的益处　　430
建立多重关系　　　　433
领导力教练　　　　　435

GROW 模型　　　443
SWOT 分析　　　450
组织发展的五个阶段　　　451
欣赏式探询　　　453
文化变革　　　458
引领变革中的人员面向的七个步骤　　　459
教练评估　　　461

第十六章　社会变革教练　　　463
把教练带给全世界　　　463
社会领域教练的发展历程　　　464
社会领域的独特挑战　　　466
建立教练文化　　　475
合作项目和社群　　　480
社会领域的创新教练途径　　　486

第十七章　灵魂和精神　　　490
灵性、灵魂和精神　　　491
连接日常生活　　　494
以精神和灵魂与客户工作　　　495
与灵魂工作　　　496
与精神工作　　　499
发展内在的见证者　　　505
教练世俗的客户　　　509

附录 A　表格模板和资源　　　512
附录 B　国际教练联盟　　　541
附录 C　推荐阅读　　　555

第三部分
让愿景成真

无论你能做什么,或者梦想能做什么,着手开始吧。

大胆就是天赋、能量和魔力的代名词。

——歌德

第三部分主要探讨动向,也分享了把梦想、目标和行动变为现实的建议和策略。第一部分主要探讨的是教练关系和核心教练技能。第二部分提供了一系列流程,以支持客户与其价值观、目的和核心自我保持一致。一旦客户的内在变得清晰和一致,他们就为采取行动做好了准备——这些行动在他们的私人生活和职业生涯中能够开创理想的变化。清晰、一致的行动可以支持个体、团体、团队和组织机构,同样,清晰、一致的行动也可以支持身为教练的你。从事教练职业的你的愿景是什么?谁是你的理想客户?你将如何实现自己的梦想?当你在评估支持客户采取行动的不同方法时,或者当你在重温"教练事业"时,请把这些问题放在心上。也请记得,转变既需要意识,也需要行动。

第十章　策略与行动

千里之行，始于足下。

——老子

主题

策略规划

平衡

行动起来

创建 SMART 目标

设定有挑战性的目标

扩大你的舒适区

日常习惯

规划工具

问责制

将"做更少"作为一种行动选择

支持

本章旨在支持客户制定策略、创建行动计划，并将其愿景和梦想变为现实。通过五种路径实现一致性，新的可能性和观点便会应运而生，从而会在他们的世界中激发行动和转化。基于觉察的行动使转化成为客户新的现实中不可或缺的一部分。当客户面对恐惧并采取具体步骤迈向新的生活和存在方式时，会出现怎样的可能性呢？当觉察指向清晰，而清晰引发行动时，又会开启什么呢？当那些曾经遥不可及的事物开始成形并完全展现出来时，又会发生什么呢？对于教练和客户来说，梦想和愿景逐一实现令人兴奋。

策略规划

没有计划的愿景只是一场白日梦。没有愿景的计划只是一种徒劳无功。有计划的愿景却可以改变全世界。

——古语

策略规划可帮助个人和组织确定他们的立场，他们希望到达的目的地，以及到达目的地的计划。通过关注全局，长期规划为人们提供了设计生活的机会。作为教练，我们帮助人们成为他们自己生活的创作者，帮助他们亲自创造理想的未来。我们如何支持他们选择与其价值观、愿景和目的相一致的行动呢？他们如何确定目标和行动计划的优先次序呢？他们如何分配资源？有哪些策略可以帮助他们发挥领导力，实现他们想在世上想见到的那个改变？为确保行动计划令人信服，我们提供了多种工具和模板来支持整全生命的策略规划：

- 平衡轮
- SMART 目标
- 目标
- 扩大你的舒适区
- 规划工具
- 支持系统

策略规划包括一张地图，地图中显示了终极目的地以及通往目的地的方向指南。整全生命的策略规划基于前期探索过的价值观、愿景和目标工作，这一系列探索有助于我们看清自己的命运。一旦清晰了最激动人心的是什么，我们将审视自己的一生，并运用平衡轮来评估我们对每个领域的满意度。在对我们当下所处的位置和我们想要到达的地方进行比较之后，通过设计目标、行动计划和支持系统，我们缩小其中的差距，创造理想的生活。行动规划是从价值、愿景、目的和平衡轮的工作中自然演变而来的。下图显示了各个部分之间的关系。

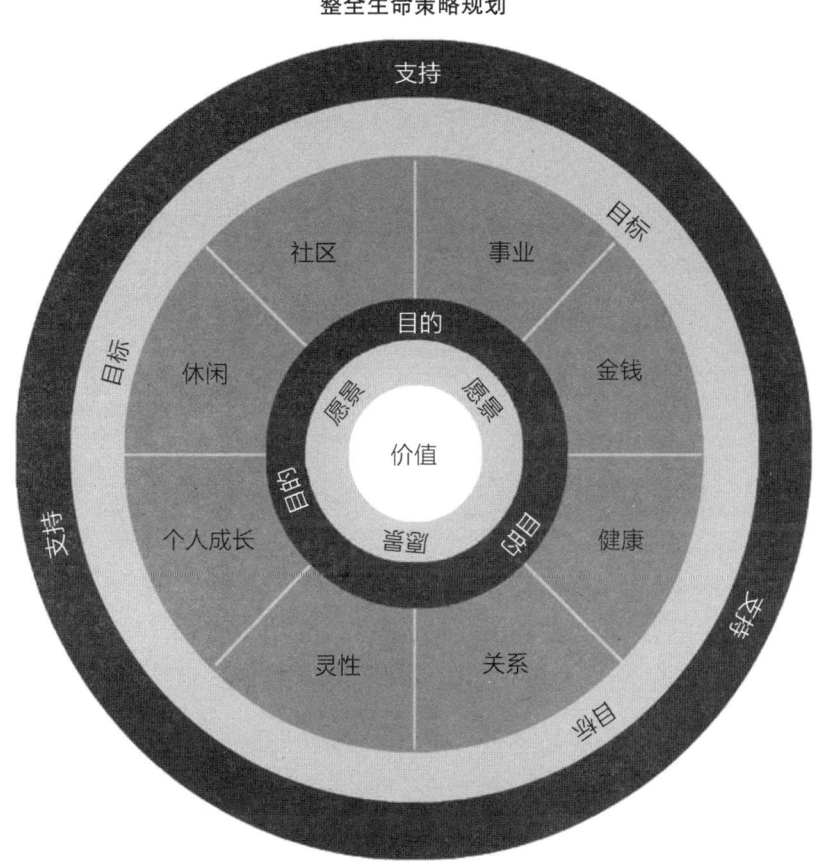

注：请见附录 A 中整全生命策略规划轮。

平　衡

生活平衡轮让我们从整全的角度了解我们现在的生活，让我们能够评估不同生活领域的满意度，同时也是我们策略规划的基础。

说明：平衡轮中心数值为0，最外边缘数值为10，我们可以通过画曲线来创建新一层外圈的方式，来对每个生活领域的满意度进行评分。你可以采取什么行动来提高自己的分数呢？

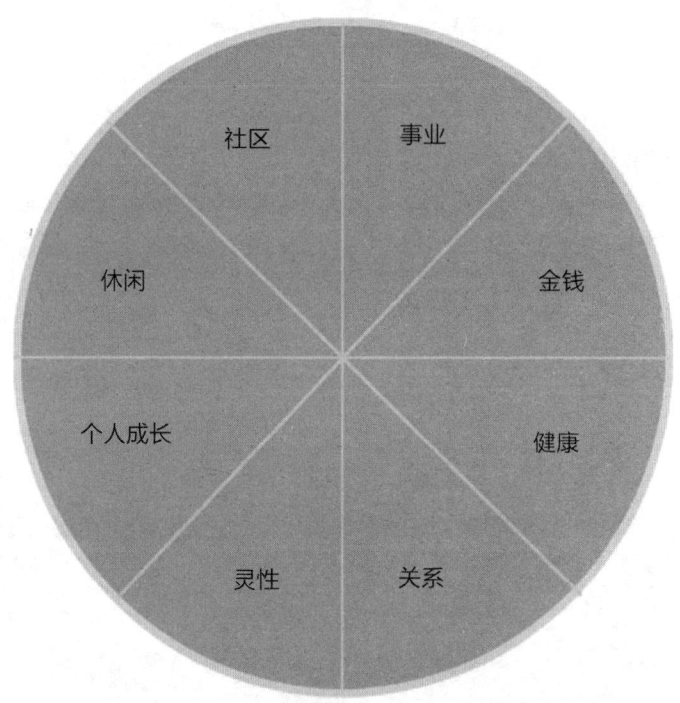

注：参见附录A中的平衡轮。

平衡轮的类别

平衡轮中每个领域的具体描述如下,但我们鼓励客户根据自己的个性化需求来创建属于自己的平衡轮类别和说明。

事业

我的工作激发了我,也让我感到充实。

我的职业道路充分发挥了我的才能。

我为自己在工作中的贡献感到自豪。

金钱

我有足够的钱来满足我的基本需求和未来的计划。

我定期在储蓄账户里存款。

我不用为钱烦恼。

健康

我规律地做运动。

我吃有营养的食物。

我能很好地管理压力。

关系

我喜欢我的朋友和家人。

我的人际支持网络很滋养我。

我和我在乎的人之间建立了有意义的连接。

灵性

我的精神生活丰富而充实。

我在精神上的修行支持着我。

我的内在成长道路和外在的连接是灵感的来源。

通过逐一回顾生活中的每一个领域,并探索短期和长期的行动,我们更容易一步一个脚印地改变生活中的某一部分。

个人成长

我不断地增强自我觉察力。

我积极寻求个人和职业发展的机会。

我正在朝着人生梦想的方向努力。

休闲

我定期享受悠闲时光。

我拥有能够激发我的爱好。

乐趣是我生活中不可或缺的一部分。

社区

我是以相互尊重为基础的社区中的一员。

我为社区做出了贡献,也从中获得了支持。

我和共享相同价值观的人们有情感连接。

许多教练在第一次教练约谈中会使用生活平衡轮来帮助客户回顾他们的整个生命。定期回顾平衡轮可以帮助人们与最重要的事物保持一致,并为之付诸行动。平衡轮起到了视觉提醒的作用——想象你在生活中的每个领域都能拿到满分会是怎样的景象。通过逐一回顾生活中的每一个领域,并探索短期和长期的行动,我们更容易一步一个脚印地改变生活中的某一部分。

行动起来

如果你建造了空中楼阁,你所做的一切并非徒劳,楼阁本就应该建在空中,只是,现在要在空中楼阁下面建好地基。

——亨利·大卫·梭罗(Henry David Thoreau)

行动可能需要一段时间才能形成，就像在迷雾中逐渐显现的岛屿一样。但是，如果我们为客户抱持可能性，那么行动步骤终将出现。对行动步骤的蓄势待发，是我们和价值、愿景与目的整合一致的自然结果。

作为教练，我们帮助客户把握全局，以支持他们把新计划与整体规划相结合。当人们清楚想要促成的新生是什么，并且能够面对内在或外在批评的限制时，他们会对实现这一愿景感到越来越兴奋。行动是来自清晰的愿景的必然结果，但是愿景会随着人们的发展和成长而发生变化。

客户的下一步行动通常会展现在我们和客户面前。去寻找唾手可得的低垂果实——这是成熟且万事俱备的行动机会或是捷径。有什么行动是发自客户内心而又不会引发斗争和痛苦的？我们可以邀请客户把采取行动当作一次实验，因为实验具有灵活性、学习性和自我激励性。

支持人们采取行动的一些赋权式问题包括：

> 实现这一目标的简单路径是什么？
> 采取什么行动可以让你的探索方向保持活力？
> 你的下一步（行动）是什么？
> 有哪些小步骤可以让你朝着目标迈进？
> 你选择先做哪一个？
> 你会尝试哪些行动？

邀请客户留心他们被吸引去做的事情是什么，而不是关注他们的内在批评者告诉他们应该做什么。

> 愿景改变了我们的观点和态度。抱有以终为始的宗旨，能够让我们轻松确定目标和路径。

创建 SMART 目标

如果一个人不知道他要驶向哪个码头，那么任何风都不会是顺风。

——塞内加（Seneca）

愿景改变了我们的观点和态度。抱有以终为始的宗旨，能够让我们轻松确定目标和路径。把目标分解为较小的目标和行动计划，能够激发我们采取行动并增加成功的可能性。支持个人和组织机构的客户设定目标的一种方法是使用 SMART 原则：

具体（Specific）：目标越具体，就越容易实现，也越容易得到他人的支持。目标越清晰，力量也会越强大。首先你可以这样向客户发问："你期望的结果是什么？"然后对客户的回答进行提炼，直到它变得精练、简单和清晰。

可衡量（Measurable）：可衡量的目标为确定进度和完成情况设定了具体的标准。我们不仅有具体的数据来支持客户的行动保持在正确的轨道上，而且我们可以庆祝客户在每个重大阶段的突破与成就。同时，在这一过程中还能支持客户产生动力。如果客户说"我想成为更好的领导者"，你可以问他："你怎样才能知道自己实现了这一目标？"

有活力（Alive）：当目标充满了生机与活力时，人们更有可能将其付诸行动。如果目标伴随有恐惧感或身体的萎缩，请重新评估目标。在设定较高标准的同时，确保目标是可行的。不切实际的目标非但不能激励客户的行动，反而会削弱客户的动力。激励客户的目标不应是一种负担，客户在达成目标时会心生喜悦。

具相关性（Relevant）：在没有意识到目标的重要性之前，人们不太可能全身心致力于目标的实现。可以向客户发问："这个目标推崇的是怎样的价值观？这个目标将为你带来什么？这个目标有什么意义？这个目标会为你或其他人带来怎样的改变？它会产生什么影响？"

具时限性（Time-Bound）：一个有用且激励人心的目标需要在一个时间框架内设定，并且回答以下问题："在什么时间之前完成？"如果没有设定完成日期，人们就不会有紧迫感，同时也不会有实现目标的真正决心。时间期限设定了理想完成日期的预期。如果没有日期设定，那么设定销售额增长5%的目标没有任何意义。"让我们来开发新产品吧"的表达和"让我们在三月底之前开发出新产品"完全不同。

SMART（具体、可衡量、有活力、具相关性和具时限性）目标经常在组织机构中被广泛运用，以帮助员工和团队在绩效评估过程中制定可被清楚衡量的目标。

个人SMART目标的示例：

在接下来的12周内，我要减轻5公斤来提升我的健康水平。为了实现这一目标，我承诺每天进行30分钟的有氧运动，每天吃水果、蔬菜、全谷物和瘦肉。在12周里我还会写日志，记录每日饮食和运动情况。

在下个月里，我每天早晨要安静地冥想20分钟来提升我的内在觉察力，同时每天记录我的洞察情况。

制定并确定目标的优先次序，最多制定7个目标

定义你的目标，用行动动词来表述并定义每个目标。确保你的目标符合SMART原则。

按照从 1 到 7 的次序来给你的目标做优先排序。

通过确定实现每个目标所遵循的价值，来确保你的目标与价值是一致的。

对你对每个目标的承诺做高、中、低的评级。

将每个目标分解为带有完成日期的行动步骤，制订成一个行动计划。

目标与行动计划工作表
目标：
优先等级：
价值：
承诺等级：
有日期的行动步骤：
1
2
3

注：参见附录 A 中的目标与行动计划工作表。

基于平衡轮的工作，一些客户会为生活的每个领域确定许多目标，因此鼓励他们确定 5~7 个最重要的目标，将给他们的生活带来最大的变化。一次性锁定 7 个以上的目标会分散他们的精力，因此要鼓励你的客户聚焦。

为目标的成功实现做规划

为目标的成功实现做规划，我们可以进一步探索：

你可以如何挑战自己更多一点？

什么可以支持你跳出你的舒适区？

你需要什么资源来实现每个目标？

你能预期有哪些阻力或障碍？

什么样的问责结构会激励你？

什么样的日常行动会对你有帮助？

你可以争取到谁来支持你实现目标？

在这一过程中，你计划怎样庆祝过程中的里程碑？

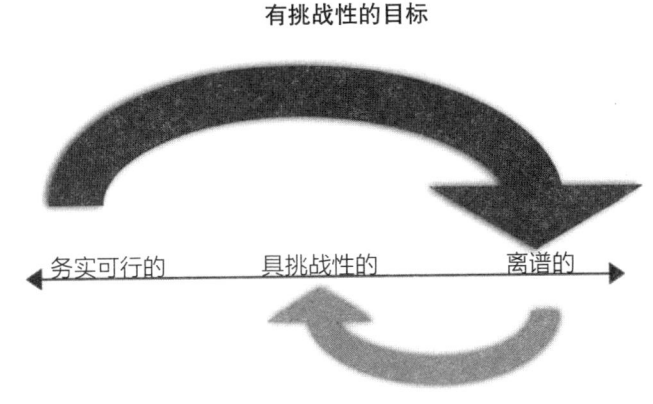

有挑战性的目标

务实可行的　　具挑战性的　　离谱的

设定有挑战性的目标

如果没有设定有挑战性的目标，通常客户采取的行动往往不能让他们充分运用他们的能力。我们会通过制定远大的目标来给客户提出挑战，请他们考虑迈出比独自设定时更大的步伐。即使客户认为这个远大的目标对自我的挑战太大，最终他们也会选择比自己的原有目标更大的目标（例如，有挑战性的目标与切实可行的目标）。

设定有挑战性目标的小提示：

确保目标具有不可抗拒的说服力

> 生命中充满了选择。我们可以生活在害怕犯错的恐惧中，也可以选择依循我们最深刻的价值观行事。勇敢而真诚地去行动，会释放我们全部的潜力。

这个目标为什么对你来说很重要？

寻找突破成长的边界

如果能预知自己不会失败，你会做点什么？

你可以下一盘更大的棋？

在高瞻远瞩、雄心壮志和切实可行中取得平衡

你能在目标中添加哪些具有雄心的元素并依然实现这个目标？

你怎样把目标扩大 10 倍并实现它呢？

什么会让你的心唱起歌来？

扩大你的舒适区

生命的缩小或扩大与一个人的勇气成比例。

——阿娜伊斯·宁（Anaïs Nin）

我们的舒适区就像一张熟悉的旧沙发。不过，现在我们舒适区中所有的一切曾经也都是陌生的。生命中充满了选择。我们可以生活在害怕犯错的恐惧中，也可以选择依循我们最深刻的价值观行事。勇敢而真诚地去行动，会释放我们全部的潜力。

当我们勇敢行事时，我们并不会根除生活中的恐惧。随着我们成长与变化，我们的恐惧也会发生变化。恐惧的形态会不断地变化摇摆，它或是像尖锐的利刺，让我们瘫痪而无法行动，又或是像温柔的触碰，激励我们朝着正确的方向前进。有勇气的人学会了把恐惧视作路标，让恐惧告诉他们下一步要走向哪里。恐惧是来自我们生命的邀请，让我们发展出勇气、品格和个人荣誉准则。即使我们这样做并不总是受欢迎的、安全的或确定的，但我们依然学会了采取行动。

例如：

一位正在接受教练培训的学员在进行教练对话时，期待她能把教练技能和按摩培训结合起来，她对未来更加充实而完整的生活感到很兴奋。同时，她还有一些困扰——她有两个年幼的孩子，她想成为一个出色的母亲，并为孩子们树立榜样。另外，她做着一份她不满意的工作，因为经济上的挑战，她不得不在开启自己的教练事业之前继续从事这份工作。她希望在设计自己的理想生活和采取行动步骤达到目标方面获得支持。在教练引导初期，她所使用的词汇"平和"和"自由"让她充满活力。她充分体验到了，如果生活中充满了和平与自由将会带给她怎样的活力。她还体会到了恐惧以及"我怎么可能做得到呢？"的不确定感。她决定朝着充满活力的方向前进，而不是被恐惧、不确定性和内在批评者阻挡。

她换了房子以减轻经济压力，这让她的生活更加平和。她换了工作，成为一家非营利组织的主任，这也让她有机会应用自己的教练技能支持员工，从而改进他们向社区提供服务的方式。这一变化给她带来了很大的自由。她对自己生活中的变化感到兴奋，也对自己有力量创造这样的变化，并从中实现最强大的意义而感到兴奋。在这些方面，她认为自己已成为孩子们更好的榜样——她希望他们也能学会基于力量和可能性去生活。

走出舒适区

运用下面的图，回忆你每一次走出舒适区的经历，并将它写在所发生的十年区间当中。第一个十年可能包括上学、骑自行车或从跳水板上跳下去。第二个十年可能包括骑马、约会、离开家乡或找到工作，这些都是你走出舒适区的例子。第三个十年则可能包括结婚、要求加薪、养育孩子和跳伞，其中也可能有职业转换、在新的国家生活、竞选政治职位……就这样写下你生命当中发生的具体事件，填补每一个十年的区间，包括你还未曾经历过的未来几个十年。

请记住走出舒适区的关键时刻，以及走出舒适区之后的感受。

当你扩大或缩小了你的舒适区时，会发生什么？

想象现在你正在走出自己的舒适区。

如果要接受来自生命的邀请，以勇气来付诸行动的话，你将采取什么行动？

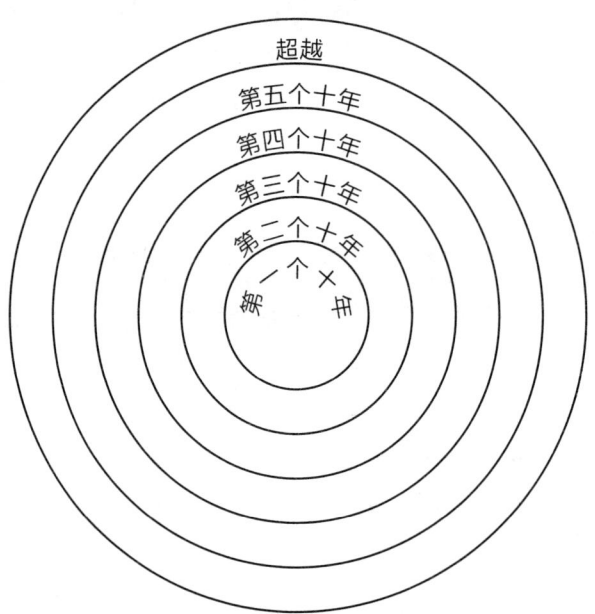

注：请参阅附录 A 中的舒适区。

日常习惯

设定优先次序、克服拖延,以及完成最重要的任务的习惯是一种心智和身体的技能。因此,这种习惯可以通过一次又一次的练习和一遍又一遍的重复而习得,直到它锁定在你的潜意识中,并成为你行为的永久不变的部分。

——布赖恩·特雷西(Brian Tracy)

每天或者按规律实施一些微小、有建设性的行动可以迅速给你带来成就感和动力。这些日常习惯是促成重大变化的基础。定期采取的哪些行动会为你创造改变?这些日常行为又如何与你的策略规划相联系?

_____

_____

_____

示例:

每天处理收到的所有邮件。

每周锻炼四次。

每天只检查两次电子邮件。

规划工具

思维导图是一种右脑工具，有助于做规划以及有创意地探索各种选择。作为我们策略规划的一部分，思维导图支持我们基于一个中心思想去构筑我们的想法，并使用展示概念之间关系的图来做规划。维基百科提供了免费、专业的思维导图软件列表，网址为：http://en.wikipedia.org/wiki/List_of_concept_mapping_and_mind_mapping_soft ware。

思维导图的示例：

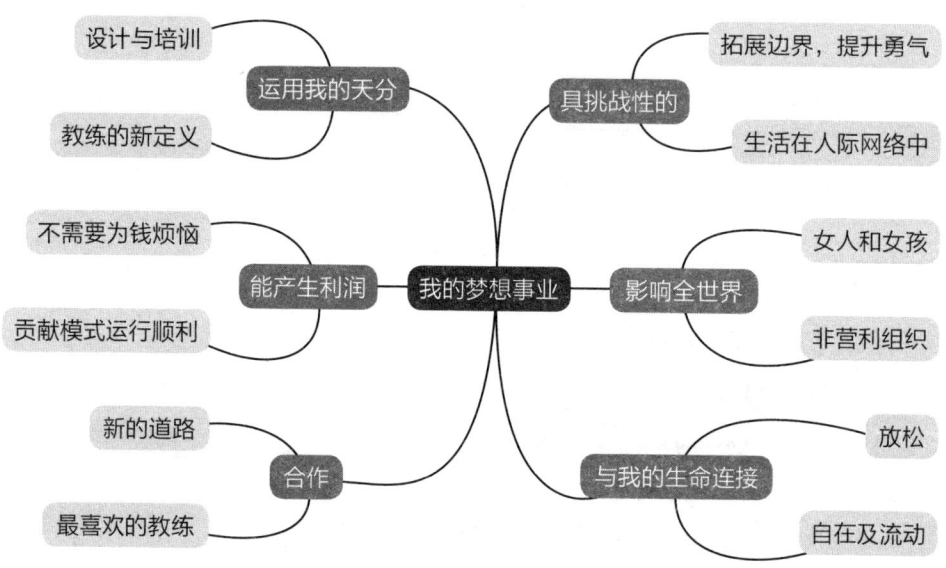

问责制

与教练一起工作的一个重要的原因是,教练可确保客户对自己想要在生活中创造的一切承担责任。常规的问责制通常包括不平衡的权力结构,以及对未实现目标施加严厉的处罚。许多客户期望建立这样的问责制,但是一个赋能的责任制架构是共享权力的模式,而不是常规的权力控制模式。

权力共享责任制可以帮助客户明确他们的行为以及他们想要对什么负责,让他们有完整的拥有感。教练在这里起到了见证人的作用,来支持客户信守自己的承诺。

由于我们的一些客户习惯了权力控制的问责制模式,因此我们会解释权力共享责任制的含义。否则,当他们没能按照自己的承诺做到的时候,他们可能会无意识地躲避我们。

三个基本的责任制问题是:

当客户设定了他们全情投入的目标并制定了自我导向的行动计划时，他们更有可能积极去解决自己的问题并做出有效的决定。

你将要做什么？

你打算什么时候做？

我如何知道你完成了？

这三个问题激励客户对自己的行为以及后续的跟进负责。作为教练，我们的作用是引导客户关注对他们来说重要的事情，并请他们承担起实现目标的责任。

当客户建立起属于自己的责任制体系后，他们更有可能坚持到底。当我们帮助他们与内在的生命力量建立连接时，他们更有可能创建庆祝性的责任制体系。

惩罚性的方法可能会像这样："如果不完成目标会带来什么后果？"而更加赋能的问题会是："你将如何庆祝这一过程中的每一次重大突破？"

当客户设定了他们全情投入的目标并制订了自我导向的行动计划时，他们更有可能积极去解决自己的问题并做出有效的决定。

在后续的教练环节中，我们肯定他们的成就和学习收获。当客户没有按照他们承诺的去做时，教练的任务就是对此保持好奇。你可以问：

你学到了什么？

你需要做什么来继续向前推进？

你想如何调整计划？

如果放弃旧的计划，那么你的新计划会是怎样的呢？

你需要得到怎样的支持来继续跟进你的计划？

一些客户让事情变得过于复杂，并让自己陷入"挣扎和受苦"的困境。此时可以考虑把"挑战与建设"的价值视为一个不同的观点。若要改变这种思维方式，客户可能需要辨识并了解他们内在的保护者。

拖延

当拖延的情况反复出现时，我们跟客户分享我们的观察。通过呈现出反复出现的延迟或借口的行为模式，我们支持客户承认正在发生的事实，并深入探寻其背后的恐惧或未被满足的需求。我们可以提出一些探索性的问题，例如："这个目标对你来说有多重要？""对你来说，有什么比实现这个目标更重要？""是什么阻碍了你？"

我们还可以通过帮助客户连接与抗拒相关的情感和信念来进一步探索他们的抗拒。通过不抵制抗拒本身，他们可以做出选择并获得洞察力，然后评估自己需要的是什么。接下来和客户面对的问题就是：是对目标提出疑问还是重新做出承诺，是对目标进行修改或做彻头彻尾的改变，抑或是在不评判的前提下直面抗拒本身？

分享目标的力量

当人们与他人分享自己的目标时，他们为自我的承诺而发声，这让他们离实现目标更近了一步。当客户与教练或其他人分享他们的目标和计划的行动步骤时，他们也在培养合作伙伴和支持者——那些为他们的成功抱持支持的空间，并与他们一起庆祝成功的人。

将"做更少"作为一种行动选择

对于某些客户而言，采取行动可能意味着做得更少或放慢速度。对于不断做事的人来说，行动步骤可能包含花更多的时间来放松。一位教练分享了以下案例：

> 有时候对教练来说，服务客户成长的最佳行动可能是"无为"，而不是去"行动"。

我有一个客户，他很有远见卓识，也有很强的实施能力。在几个月的教练引导之后，他意识到自己受到很多"应该"信念的驱使，并且他的自我形象全都被包裹在他的所有项目中。我的直觉是让他停下来——尝试在一个月里不去开创新项目，这意味着不针对他的"哦，我的天啊！"或"这样做怎么样？"的念头采取行动。我真心鼓励他持续做这个实验。不受"应该"驱使引领他走向了一段丰盛的自我反思阶段。他用"无为"打破了持续大半生的行为模式。

他突破了过去的局限，对真实的自己和生命中真正想要的东西有了深刻的了解。在选择新项目时他变得更加深思熟虑了。现在，他会基于他自己想要什么来做决定，而不是他认为自己应该做什么。作为教练，我从中学到的一课是，要敢于走非常规的路线，相信自己的直觉，去积极地探索我们和客户都没有答案在握的神秘之地。

有时候对教练来说，服务客户成长的最佳行动可能是"无为"，而不是去"行动"。

支　持

愿景和计划常常会挑战人们，驱动他们走出自己的舒适区。他们会受益于强大的支持结构，从而创造出他们渴望的转化。支持可以有很多种形式，包括朋友、家人和同事，全都在提醒他们并不孤单。

简单的工具和模板可以帮助你辨识已有的支持，并将该支持应用于特定目标。

支持网格图

将目标放在中心位置,然后在每个不同的方面提出问题:在我生活中的这个方面如何支持我来实现这一目标?我如何更好地利用这种支持?

支持网格图		
休闲/娱乐	饮食/健康	物理环境
社区	主要聚焦点	沟通
生计/工作	资源/财务	灵性

资料来源:凯西·库泽(Kathy Kuser),经允许转载。

支持网格图		
休闲/娱乐 我的日程安排尽在掌握之中,我可以选择放松一下。我可以把放松或休闲融入每天的生活中。	饮食/健康 我有非常强壮的身体。我吃得很好,我的食物大都是自己种出来的。 我可以开始更加有意识地饮食,并适量使用自己喜欢的食材。吃完一份我不会再来第二份。	物理环境 我周边的物理环境狂野、美丽又让人轻松。这个环境能很好地支持我对轻松和健康的需求。我可以很好地利用这片美丽的土地,每天在树林里度过一些时间。
社区 只要我敢于提出请求,我的社区就会支持我。 我可以和三个朋友谈论我的身体情况,并寻求他们的支持。	主要聚焦点 重拾我的身体。	沟通 我有能力提出自己的需求,并且我有很多我可以寻求支持的人。我可以每天记日记并利用这项支持。

续表

生计/工作	资源/财务	灵性
我的工作已经支持到我了，因为我是自由职业者，我可以决定自己的日程。我可以把工作放在第二位，而不是第一位，我把健康放在第一位。	我已经拥有了创造任何我想要的东西所需的资源。我可以明确地选择如何运用自己的精力，每周可以对额外四件事说不。	我已经与地球建立了深层的连接，这将支持我实现这个目标。我可以跟地球共度更多时光，并且真正地协调大自然所传递出的信息来支持我。

资料来源：凯西·库泽，经允许转载。

个人人际支持网络

以下练习可帮助人们评估他们当前的人际支持网络。在下面的空白人际支持系统图上，请根据文字指示填写：

至亲关系：在"你"圈外的第一个圈子里，列出你不能想象生活中没有的人的第一个名字。按重要性顺序列出这些名字，从12点钟的位置开始写下最重要的那个名字，然后按照顺时针的方式依次写下后面的名字。给每个人做好编号，按照1、2、3等的顺序编号。

重要关系：在第二个圈中，写下跟你不太亲近但仍然很重要的人的名字。同样，从12点的位置开始按照重要顺序写下他们的名字。给每个人编号，数字序号要接龙你在上一个圈中的编号数字。

支持性关系：在第三个圈中，写下你依赖的人的名字，但你跟这些人的关系没有你跟第二个圈中的人亲密。按照先前的做法，按顺序列出这些名字。给每个人编号，数字序号接龙你在第二个圈中的编号数字。你可以列出所有的选择。

在第一个圈中，把在任何情况下都愿意为你赴汤蹈火并且你也愿意为他们全力以赴的人的名字都填写进去。例如,你可以把你的直系亲属和至亲的知己填写进去。在第二个圈中,你可以把同事或大家族的亲戚填写进去。在第三个圈中,你可以把运动伙伴或按摩治疗师填写进去。

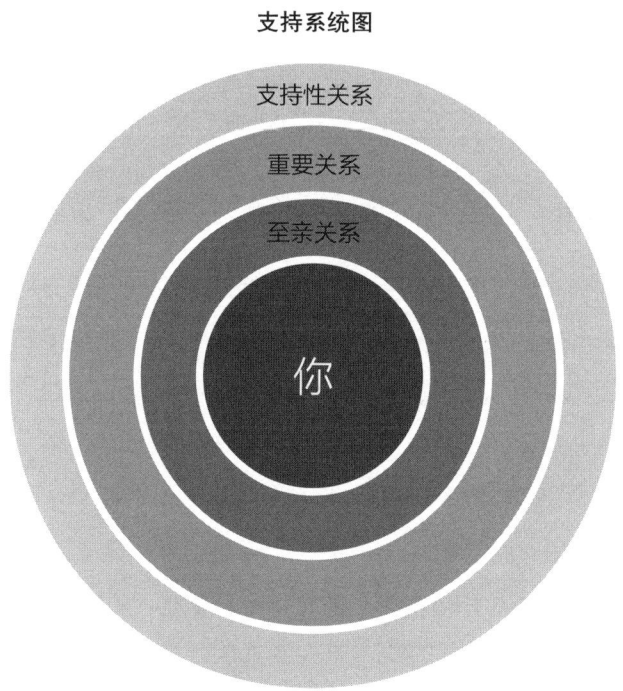

注:请见附录 A 中的支持系统图。

支持调优

以你的支持系统图中的信息为基础,列出你的支持网络中的每个"关键"人物,并针对每个人回答以下问题。想想看,你可以提出怎样的请求,你可以做什么,可以说什么。

我从这个人那里能够得到什么?

我能给这个人提供什么？

_____

_____

我可以采取什么步骤来改善这种关系，以获得更多我真正需要的东西？

_____

_____

_____

扩大你的支持团队

如果你对生活中的支持感到不满意，请组建一个虚拟的支持团队，包括小说或电影中你最喜欢的人物、历史人物和原型人物。一旦创建好了理想的虚拟支持团队，请你想一想每个人会给你带来什么，并审视一下如何在生活中创造真正的支持。

要考虑的问题

你正在采取哪些行动步骤来帮助你实现梦想？

你将使用哪些其他资源来帮助客户采取行动？

第十一章 教练事业

只要你有足够的勇气,一切皆有可能。

——J. K. 罗琳(J. K. Rowling)

主题

获得客户

建立教练伙伴关系

展望你理想的事业

制订商业计划

创建你的事业

自我关爱和专业发展

回馈社会

你已经知道如何把客户的梦想和目标变为现实。那么现在,你的梦想和目标呢?尽管有些人在现有的工作和个人生活中使用教练技能,但许多人把教练职业看作是获得更整全、更让人满足的生活的一种途径。如果你梦想从事自己喜欢的工作的同时,能够舒适地维持自己的生活,那么这一章将引导你踏上实现梦想的道路。

新教练很难站稳脚跟,但当你学会如何有效地推销自己时,你就有可能发展出成功的教练之路。如果你担心自己缺乏信心或商业知识,那正是培养毅力和尝试新事物的时机。创建能够带来收益的事业可能需要经年累月的积累,但正如老子所说:"千里之行,始于足下。"

什么事情会让你的心灵歌唱?如果你允许自己去做让你的心灵歌唱的事情,你的生活会是什么样子?

获得客户

> 市场营销就是告诉人们你在做的事情是什么……一遍又一遍地告诉别人。
> ——C. J. 海登(C. J. Hayden)

认识潜在客户

你如何吸引潜在客户对教练的兴趣?你怎样帮助他们了解你是谁,以及你可以如何帮到他们?以下提供了很多与客户建立连接的方法。你不需要先有正式的业务,再开始探索建立连接的方法。先给人做教练,然后只要你觉得准备好了,就正式地把教练当作事业。

品牌指的就是和你的目标市场沟通你是谁、你提供什么。你就是你的品牌。娜达·琼斯(Nada Jones)和米歇尔·布里奥迪(Michelle Briody)说:"你的品牌会让人们以某种特定的方式看待你,甚至他们自己。"[1]你的临在会影响人们回应你的方式以及他们和你在一起时是否感到舒服。根据我们在第一章谈到的临在,人们在你创造的一切中都能感觉到你的临在。你通过市场宣传材料和说出去的话来分享你的身份,清楚地表达你是谁、你提供什么以及人们在与你合作时能得到什么。

吸引潜在客户的一种方法是保持好奇心,告诉每个人你了解的教练知识和

---

[1] Jones, Nada & Briody, Michelle (2009). Sixteen Weeks to Your Dream Business: A Weekly Planner for Entrepreneurial Woman. New York: McGraw-Hill.

> 让你的市场宣传信息简单、清晰、精炼。清晰而自信地与你遇到的每一个人分享核心信息会为你打开机会的大门。

技能,给他们提供一次策略环节,让潜在客户或别人推荐给你的客户直接体验你的教练。本节为你提供很多可供考虑的市场宣传方法。

你的市场宣传信息

当人们问你"你是做什么的?"时,你会怎么回答呢?你能给出的最差的回答之一是:"我是一名教练。"为什么这是最差的回答之一呢?因为很多人对教练有误解,如果你不把自己从成千上万的教练中区分出来,他们就不知道你有什么特别之处。当有人问"你是做什么的?"的时候,你给出的回答就是你的市场宣传信息。

让你的市场宣传信息简单、清晰、精炼。清晰而自信地与你遇到的每一个人分享核心信息会为你打开机会的大门。有些人称之为"电梯演讲"——也就是在你和别人一起乘坐电梯时,在到达你要去的楼层之前可以告诉别人相关信息。其中的关键是自信而清晰地分享信息,而不是听起来像是在背诵什么东西。

找到你的市场宣传信息里的四个要素:

1. 理想的客户——你真正想给谁教练?
2. 问题——他们有可能会面临哪些问题?
3. 成果——他们希望获得什么结果?
4. 故事——一个客户的案例和结果是什么?

理想的客户

首先清楚地陈述你的目标客户或你的细分市场。尽管你的细分市场会随着你的成长而改变,你也可以从首先确定狭窄的细分市场开始,例如:"我为专注于种族公正的国际非营利组织的执行官们进行教练。"你也可以从再大一点的细分市场开始,例如:"我为社会公正倡导者们进行教练。"根据你想带来的影响,以及你喜欢和什么样的人在一起来选择你的定位,因为你会花很多时间和这些人在一起。什么人带给你喜悦、激发你的思考、打开你的心呢？一旦你回答了这些问题，就面向细分市场做一些尝试，以及实验你如何谈论你的理想客户，直到你感到很自然。

问题

接下来，探索一下你的理想客户可能会有什么样的问题。你可能会忍不住尝试把你的探索和客户的愿望联系起来，比如他们想成为高层领导、在他们的领域取得巨大的成功或者找到平衡和内在和平。但是应从他们的痛苦或问题开始。他们为什么要找教练呢？什么在困扰他们？是什么让他们夜不能寐？如果你能表达出你理解他们的问题，你就更有可能与他们建立连接。一个不好的例子是，"我为那些想生活在社会公平的世界里的人做教练。"尽管这句话听起来很美好，但它真正的含义是什么？你可能认为如此宽泛地描述客户的问题是在打开所有的教练机会之门，但实际上，问题更具体才能给你带来机会。更有效的表达方式是："我为社会公正倡导者们进行教练，他们已经厌倦了看到有色人种的年轻人被监禁、被枪杀、被剥夺工作机会。"

成果

新手在宣传自己而谈到教练过程时常常会这样说："我将帮助你弄清楚你的价值观、愿景和目标。"尽管这种说法可能是准确的，但不够鼓舞人心。没有人想买你美妙的五步骤教练过程，但他们确实想买一个理想的结果。你能提供什么样的结果？当然，结果取决于客户，但是当你的理想客户给你付钱时，他们想要的是什么？解决他们的问题的办法是什么？你独特的教练品牌是如何减轻他们的痛苦的？例如，"我给那些受困于职业生涯的人进行教练，他们非常想做一些不同的事情，却不知道如何开始。我支持客户创造更令人满意和完整的工作。"

故事

你给出市场宣传信息的目标是让潜在客户询问更多的问题。如果他们问"你是怎么做的？"或者"你能举个例子吗？"，你就知道他们对你所做的工作感兴趣了。准备好分享几个你帮助客户的故事。选择其中的一个故事用于分享，以便让潜在客户可以很容易地与你分享的故事联系起来。例如："我给一群社群领导人进行过教练，随后他们希望我培训他们成为教练。他们之后又去培训他们的员工。他们的员工给客户留下了深刻的印象，以致他们的客户也寻求教练技能的培训。"

综合应用

宣传信息案例

作为一名关系教练，我的教练对象是那些在人际关系中正面临挑战的人，无论是与伴侣、家人还是朋友之间的挑战。我们每个人都需要关系网来维系生命并得到滋养，我们都经历过在这些关系中经历冲突或消极的阶段。这可能会非常痛苦和耗费精力。与人们在一起，让他们更好地与自己和他人联系，是我的人生使命。我给深陷在法律纠纷三年里的夫妇做过教练，支持他们看到自己在关系中的角色。他们离婚了，但没有痛苦。我给有一年多时间不跟对方说话的一位母亲和她21岁的女儿做过教练，她们现在是彼此最强有力的支持。

——阿尔塔夫·谢赫

我给为世界创造不同的女性们进行教练，她们也想深入地表达她们"母亲"的身份。我为一位处于职业生涯中期的母亲进行过教练。她不断地被诱惑做出过多的承诺和要求自己卓越地表现，她决定离开一份紧张的、自己的贡献不被重视的工作，去找一份有成就感的、与价值观相同的人一起合作的兼职工作。

——瑞贝卡·埃斯德-莫里纳

我支持有社会良知的灵性追寻者与天地连接。在我们这个时代，一些最强大和最有影响力的社会正义领袖已经在他们的社群和社会变革工作中结合了对灵性的了解。无论灵性道路还是宗教派别，我支持客户将天堂（灵性意识）与土地（社会正义意识）结合在一起来创造世界的改变。我有个客户是非营利法律组织的执行主任，他将他的每日冥想和愿景展望融入他在经营当前组织的重大目标的决策过程中。与此同时，他们正在招募一个志同道合的团队，成立一个新组织，以一种灵性的视角，与年轻人一起致力解决国际人权问题。

——达蒙·阿扎利-罗哈斯

我和一些优秀的男性与女性一起工作，他们希望在生活和工作中获得更多的自由、乐趣和成就感。我帮助客户弄清楚什么是适合他们的，如何实现它，并达到他们想要的结果。改变不一定会让人筋疲力尽！我有一位客户是一名大学教授，稳定的工作耗尽了她的精力。她辞掉了工作，将自己对艺术的热情融合在新的事业里，帮助女性活出自己的力量。

——塔努贾·瑞秋（Tanuja Ramchal）

我是一个旅伴。我陪伴我的客户进行一场深入他们内心世界的旅行。我和这些人一起旅行，他们因为害怕且受到已有习惯的束缚而无法做出渴望的生命改变。我带他们进入内心受伤的地方，害怕而不敢独自去的地方，需要疗愈的地方。因为我带客户解脱了他们受到的束缚，他们开始看见真正的自己，有时候是有生以来第一次看见。在旅行结束时，我的客户对自己有了完全不同的认识；他们对意义和目标有了全新的体验，以更良好的方式与自己连接，并提升了自己的觉察能力。对我来说，这项工作的美好在于无条件地与我的客户在一起，成为他们美好而独特的存在的使者。把你看到的客户的美好和天生的潜能告诉他，让客户在爱中拥抱他们自己。这是一个让人深感欣慰和充满力量的过程：如果客户愿意全力以赴，将会产生持久和改变生命的影响。

——丹妮拉·赫尔佐格（Daniela Herzog）

策略环节

四重法 TM：

出现

关注

说出真相

不执着于结果。

——安杰利斯·阿连（Angeles Arrien）

如果潜在客户对你的市场宣传信息感兴趣，下一步就是通过一些途径让他们体验和你工作是什么样的。你可以给他们发一篇你写的文章，或者给他们看你的一篇博客文章。你可以和他们分享一个能给他们带来价值的练习。一旦他们成为合格的潜在客户，就意味着你们双方感觉到彼此"来电"，你就可以为他们进行一次策略环节的活动。

在20世纪90年代，大多数人都不知道教练是什么，所以很多教练都提供免费的体验环节。时代已经变了。如今，大多数人都知道教练是什么，所以免费的体验环节就不那么常见了。教练已经经过了初期发展阶段。这是我们推荐策略环节而不是免费体验的原因。策略环节类似于律师的第一次咨询，你会决定是否继续给客户进行教练。但策略环节不仅仅是看双方是否"来电"，这也是你探索客户真正的诉求以及教练是否能帮助他的时候。

在以前的免费体验环节，客户可以随意选择自己进行教练的议题。很多时

> 策略环节本质上是一种整全的方法，它让你超越潜在客户眼前的痛苦、问题或症状，为他的核心问题和核心价值来一个"快照"。你帮助他们发现潜在的渴望和梦想。通过超越他们眼前的问题，让他们看到他们的核心，你帮助他们把重点放在了他们自己以及他们对问题的解决方案上。

候，潜在客户基本不知道如何找到一个进行教练的主题，教练们也觉得他们必须在一次体验中吸引客户的眼球。双方都会倍感压力。

相比之下，策略环节的目的是帮助客户做出一个决定：是否让你成为他们的教练。策略环节本质上是一种整全的方法，它让你超越潜在客户眼前的痛苦、问题或症状，为他的核心问题和核心价值来一个"快照"。你帮助他们发现潜在的渴望和梦想。通过超越他们眼前的问题，让他们看到他们的核心，你帮助他们把重点放在了他们自己以及他们对问题的解决方案上。策略环节是一个高度聚焦的过程，在这个过程中，我们发现潜在客户真正想从教练中得到什么。这个系统的过程自然会让正确的客户雇用你。

你给他们的不仅仅是一个"样板"或介绍，你将让他们深入理解他们想要什么以及是什么阻碍了他们得到想要的东西。他们会开始制订自己的策略和计划来创造他们热爱的生活。这比帮助客户解决内在冲突或任何其他紧急问题更有力量。通过把他们带入他们生命的大图景中，你给他们提供了一个他们一直在寻找的愿景，一些真正"值得为之付出"的东西。

策略环节的例子

我们强烈建议你先尝试几次，然后将其个性化，让它成为你自己的。

设定会谈的情境

进行策略环节的目的是更好地了解你自己、你的目标，还有你面临的挑战。我们还会讨论我能为你提供什么，看看我是否能帮助你实现你的目标。

本次会谈大约需要30分钟。你觉得可以吗？
在我们开始前，你还有没有什么问题？

了解情况

现在进展良好的是哪些方面?

哪些方面进展得不如你期待中那么好?

是什么促使你现在给我打电话?

理想的目标

你的主要目标是什么?

接下来的三年内,你希望看到哪些改变?

实现目标后的影响

实现那些目标后,会有哪些最美好的事情发生?

这对你意味着什么?

如果那些目标实现了,接下来你会做什么?

挑战

什么东西正阻碍着你实现那些目标?

你觉得什么可能阻碍你获得自己想要的东西?

五个基本的挑战:
- 不够清晰
- 没有策略或者计划
- 缺乏充分的技能
- 是非支持性环境
- 有心理方面的阻碍

影响

这些挑战有什么影响（对工作、人际关系、健康、生活等的影响）？

你觉得它让你付出的代价是什么？

你觉得……怎么样？

可能性

如果你能克服这些挑战，轻松地朝着你的目标前进，那对你来说会是什么样的？

服务

到目前为止，这次策略环节对你来说最有价值的方面是什么？

你的挑战并不少见。我帮助过很多有类似挑战和相似目标的人，并帮助他们实现了目标。你想知道教练过程是如何进行的吗？

- 主要信息（评估工具、愿景、价值观、目标、过程等）
- 探索环节（更长时间的教练、设计双方关系、清晰你想从教练中获得什么、我们会探讨哪些方面等）
- 具体安排（每月多少小时、每次教练时长、通过电话进行还是面对面进行、作业、邮件等）

确认承诺

我给你做教练听起来对你会有帮助吗？

你可以告诉我，为什么你想让我给你做教练吗？

登记

教练的目的是在_____方面支持你。它也对你的_____方面有支持。在三个月结束后，你的目标是_____。

教练费用是每月_____元。在_____个月的每月月初支付。或者如果你想预付三个月，费用是_____元。你倾向于哪种方式？

回答对方的问题和反对意见

倾听需要，同理倾听他们想要什么。

你想要开始进行教练吗？

支付费用和接下来的步骤

下一步是确定进行教练的日期。我喜欢在星期二和星期三做教练。这两天的哪天对你更合适？好的，我们可以在9:00开始教练。你可以从_____号开始吗？

你倾向于用信用卡付款，还是其他更方便的方式？

为了帮助我进一步了解你，我会给你发一些问题。

策略环节的目标包括帮助潜在客户：

· 体验赋能式问题

· 简要了解教练能给他们创造什么不同

· 与他们的心灵连接

· 清晰他们理想的未来是什么样

· 确定他们是否愿意和你一起工作

· 开始建立教练关系

为组织进行策略环节

邀请组织进行策略环节也是一个类似的过程，但在组织里，通常是由几个人共同决定是否接受教练。赋能式销售过程也是以合作方式来得到满意的成果的。以下是过程中按不同顺序，我们可以提出的一些赋能式销售问题。

预先达成协议——设计和安排会面环节

  我们有一小时谈话时间吗？

  有其他人协助你一起做决定吗？我们可以让他们参加吗？

  如果因为任何原因我们决定不进行教练，让我们坦诚面对，不浪费彼此的时间。你没意见吧？

目标——确定理想的成果

  如果你有一根魔杖，你会怎么用？

  你想看到这方面有什么变化吗？

与需要连接——同理倾听他们的痛苦

  你最可怕的噩梦是什么？

  什么促使你现在联系我？

预算——决定投资多少费用

  做出我们所说的改变值多少钱？

  你的项目预算是多少？

选项——探索前进的方式

  你考虑过哪些可选项？

  你如何衡量成功？

解决方法——建立承诺和行动

  你希望如何继续采取行动？

根据你告诉我们的情况，你想听听我们的建议吗？

跟进——建立后续的行动步骤

我们回顾一下接下来的行动步骤可以吗？

你想什么时候再谈谈？

市场营销和宣传理念

制订营销计划是全面思考和计划营销活动的有效方法，有助于你的事业获得成功。确保在你所有的材料中市场宣传信息始终保持一致。根据你的理想客户选择你的营销工具。如果你理想中的客户广泛使用社交媒体，那就把你的注意力放在那里。如果他们属于某些组织，那就与那些组织建立联系。

一些具体的营销和广告方式包括：

宣传材料——对新教练来说，最重要的印刷宣传材料是名片。在与人面对面沟通的时候，名片的有效性在于让人知道如何跟你联系。小册子、传单和其他印刷材料也很有用。

社交网络——口碑会推动大量的人与你有初次接触，其中有的人最终会成为你的客户。可能的机会包括参加会议、研讨会和社交活动；参与线上社交网络；为各协会担任理事；做志愿服务或行业服务；项目合作；交换联络；了解行业媒体（例如阅读《选择杂志》或浏览 coachingcommons.org）。告诉你遇到的每个人你的工作。当你满怀激情、精力充沛地分享你的事业愿景时，人们必然会推荐你。跟进你的关系网，并留好详细的联系方式。

推荐——让客户、家人、工作中的联络人和朋友给你推荐客户。你可以给大家有一些激励措施，比如成功推荐一个新客户就提供一次免费的教练。

推荐信——当客户告诉你你帮了他们多少忙时，问他们是否愿意为你写一封推荐信。把这些信息放在你的宣传材料中（印刷品、网站或社交媒体）。

社交媒体——基于你的兴趣和你理想的客户使用社交媒体的喜好来选择你在社交媒体上的形象页面。脸书、推特和领英都是最流行的社交媒体。在脸书和领英上创建你的教练实践的形象页面，把它当成建立线上关系的平台。领英是专业人士的社交网络，可以为你带来很多商业机会。这两种工具都能让你向广泛的受众免费发送消息。

博客——博客可以让你的信息传播出去，也可以帮助人们了解你。读过你博客的人可能会联系你进行教练。WordPress（http://wordpress.com/）是一个常见的博客工具。

博客会话电台（http://www.blogtalkradio.com/）——有些教练主持博客谈话电台节目，或者在节目中以嘉宾的身份发言，以提高知名度。

公共演讲——你可以在当地的图书馆、商会、民间组织或教会组织教练演讲或为个人赋能的话题。你可能会因为这些演讲而得到报酬，或者为了让人们了解你而免费做这些演讲。公开演讲还包括主持会议、担任研讨会专题分享嘉宾、做演讲和举办工作坊。为了提升你在公开演讲时的自在程度，你可以加入头马俱乐部（http://www.toastmasters.org/）来练习并建立自信。

网站——你的网站可以让潜在客户查看你的信息。你的网站是让别人知道你的服务和其他资源的关键方法。

写作和宣传——包括为杂志和电台、时事通讯、博客、推特写作，你的作品被媒体引用，媒体发表你的事迹，接受电台、电视或播客的采访。

出版——在某一特定方面或领域有专门经验的教练对成为写作者有兴趣，他们会出版书籍和写文章，这会提高其可信度和知名度。

工作坊和研讨会——主持工作坊或研讨会来吸引潜在客户。参与者可以体验你的风格并了解你。在工作坊结束时，他们可以登记获得一次免费的策略环节，或者收到你发给他们的有其他信息的邮件。

志愿服务——可以考虑在组织中志愿提供一些教练，或者举办一个研讨会开发新市场，或者帮助人们看到教练的价值。

广告——包括网站横幅广告、优化搜索引擎、关键字账户、网络广告、报纸、商业目录以及传单分发。

直接联系和跟进——陌生推销电话，已知市场推销电话，拉票活动，与潜在客户共进午餐或一起喝咖啡，发送剪报和链接并发出邀请。

视频——拍摄自己的视频，并将其发布到你的视频频道或你的网站上，在社交媒体上分享它们。

客户注册——得到"是"

让客户注册你的教练是通过你展示的临在和真诚的自我表达，而不是通过你为了推销自己而单独进行的市场活动实现的。简单地说，客户注册教练引导就是把潜在客户想要的生活和你能提供的连接起来，这中间没有任何花招或操纵。但这是双向选择的过程。让他们看到你的热情和真实。分享你的激情所在，也让客户看到你自己的成长课题，这都会帮助你们双方建立连接，让客户注册你的教练。

客户注册时你向他们提出的问题

你在客户注册时提出的问题和赋能式教练问题很类似。你用这些问题了解对潜在客户来说重要的议题。这里有几个你可能会问的问题的例子：

什么让你夜不能寐？

如果你选择开始接受教练，你希望你的生活中产生的最重要的改变是什么？

什么会让你停止你接受教练？

有什么需要发生，能让你拥有一个充实且无悔的人生？

什么可以让你在教练方面的投资物有所值呢？

注册陈述

注册陈述与电梯演讲非常不同。它们能让你明白为什么你想为某个人进行教练，并让你与他身上最鲜活的东西连接。例如你可以用以下的注册陈述：

> 我想做你的教练，因为……
> 你用……的方式激励我。
> 我和你对……的追求很有连接感。
> 为你做教练会很特别，因为……

设定费用

很多新教练都为定价而困扰挣扎。缺乏自信、收费过低和讨价还价等是导致许多人的教练实践失败的原因。设定你的费用标准并充满信心地与客户沟通，对你的业务成功是至关重要的。只有当你拥有成功的教练实践时，你才能帮助别人。要建立成功的教练事业，你需要真正清楚你的服务的价值以及你茁壮成长所需的费用。如果你的收费低于市场水平，你可能会感到不满，潜在客户可能会怀疑你的价值。花点儿时间思考你的收费，在镜子前练习在你开始招募客户之前你将如何与他们沟通费用问题。

为你的每项服务确定费用或费用范围。从你的教练、导师、老师和同事那里搜集这些信息，并根据客户的承受能力进行必要的调整。确定你的业务中有多大比例是减免费用或无偿服务的，随着你的经验增长或者你的财务需求改变做修改。

如果你希望以一个有弹性范围的收费方式来回应有财务困难的客户，那就明确你愿意接受的最低费用，以及你愿意为哪一类型的人调低教练收费。在你接受培训后刚成为教练期间，你可能会决定收取较低的费用来积累经验。拥有完整实践和业务的认证教练可以收取更高的费用。

自信地与潜在客户沟通你的收费。让对方有空间消化信息，抑制提供更多信息的冲动。给潜在客户一个回应的机会至关重要。如果你还在纠结这个问题，可以就此课题接受教练引导并不断练习，直到你掌握了它。或者让你的支持团队给你提出挑战，让你看到你所提供的价值和你收取的费用是匹配的。轻松自信地与客户沟通你的费用标准会真正告诉对方你相信你的服务价值，并增加了获得愿意付全额费用的客户的概率。

回应客户的反对意见

你可以通过问一系列问题来帮助你的潜在客户探索他们想要的未来，从而帮助他们决定是否聘用你。高压销售策略无法让你在选择和信任的基础上与客户共同创造教练关系。

当他们不认可你的价格时，你可能的回应包括：

- 解释你的价格是没有商量余地的。
- 同理连接他们的抗拒。
- 不为这个客户服务，这样你可以满足自己可持续的需要。
- 了解你选择客户的标准，按照他们可以给的费用为他们服务。
- 和对方商量一个你们双方都接受的价格。

通常，金钱不是客户反对你提出的费用的真正原因。要么是你没有与客户建立信任，没有帮助他们了解教练将如何真正帮助他们，要么是你们没有建立起深层的连接。但是有时钱是障碍，所以考虑一些在客户反对你的报价时你的回应：

> 我的工作以弹性范围的方式收费，每个月有四个费用减免的名额。我真的很想和你一起工作，因为我被你的梦想所鼓舞。什么费用标准对你来说是一个挑战，但对我们双方都是可能的？

> 我真的很想和你一起工作，但是你每月100美元的建议无法维持我的工作和生活。也许在你找到工作后，我们可以重新考虑进行教练。

我听到你说你想开始接受教练，但要筹到钱有困难。你愿意想想其他你可以支付费用的方法吗？

假使我们好好利用时间，你希望从教练中有什么收获，让你的投资有价值？

不管他们是否聘用你，你都可以通过听他们说"不"来加深与他们的连接，以及同理连接他们可能对其他的东西说"是"的可能性。带着同理心回应对方能够帮助你揭示出对方更深层的需要。对费用抗拒常常是因为在抗拒别的东西。你如何回应最常见的反对意见呢？

同理回应对方的反对	
反对	同理回应
我太忙了。	那么，你的时间非常宝贵，你希望把它用在对你有意义的事情上？
我支付不起教练费用。	听起来你对你如何用钱感到兴奋与期待？
我觉得你帮不了我。	所以你真的想得到帮助，并且你相信你可以得到你所需要的东西。
已经有几个人给我提供非正式的教练。	你喜欢那种非正式、友好的教练关系给你的感觉，是吗？
我必须问问我的伴侣。	你有点担心，希望确定一下你的直觉吗？

建立教练伙伴关系

实现梦想的关键不在于成功本身，而在于它的意义——这样，即使是你人生道路上迈出的一小步、取得的一些小胜利，也会有更重大的意义。

——奥普拉·温弗瑞（Oprah Winfrey）

探索环节

一旦获得了新客户，在为他进行全面的教练之前，你还需要做一些基础工作。许多教练把他们给客户的第一次教练作为探索环节，这与典型的教练环节不同。附录A中有探索环节的大纲样本。你可以自定义你的探索环节。探索环节包括以下一些常见元素：

1. 建立同理连接
2. 建立有意识的教练关系
3. 厘清价值
4. 设立教练的重点和期待的结果
5. 具体安排的约定

建立同理连接：尽可能了解你的新客户，连接他们内心深处的渴望，向他们提出赋能式问题，给予他们空间告诉你他们想让你了解的一切。你可能会问："关于你的灵性生活、你的文化或背景，你有什么想让我知道的吗？"

建立有意识的教练关系——在探索环节，你们设计双方的关系。你们将如何建立一种相互尊重、信任、开放和坦诚的关系？你们将如何合作？你们将如何共同创造理想中最佳的教练关系？为了开启一段有力量的关系，你们各自需要什么？你们想达成什么协议？如果你们中的任何一方需要违背协议，你们将如何处理？你希望如何接收反馈？什么样的问责制结构适合你？

教练进行时 | 创建和保持跨越种族、阶级和移民状况的有意识的教练关系
CFT 转化教练玛丽亚·罗杰斯·帕斯夸尔

让我非常有成就感也让我倍感谦逊的一段经历，是给六名拉丁裔女性移民进行教练。她们当时加入了一个新项目，该项目支持低收入企业家创办自己的合作社。

这个项目的独特之处在于，我们的教练方式以提升这些妇女的力量为根本，确认并不断提升她们为合作社发展所带来的生活经验。我们提醒她们，是她们（而不是我们）决定了她们事业的成功；如果有人能做到，那就是她们。她们的韧性令人惊叹：她们克服重重困难跨越国界；她们中的大多数人是家庭的主要经济来源，从事两三份工作，照顾孩子，以便孩子有一天能上大学或做更多事情。但无论我如何提升她们的韧性，我知道在这个社会里，我才是那个拥有特权的人：我有美国护照、硕士学位、稳定的收入，还有其他很多东西。

在教练开始时，我已掌握了她们大量的讯息，远远比她们知道的我的讯息多。像绝大部分类似的非营利项目或政府项目，参加者要通过仔细的筛选，筛选过程中披露他们的收入水平、家庭历史和生命经验。

所以我有了一个想法，那就是在探索环节需要更多地围绕我自己，而不是她们进行，最重要的是关于我们之间的权力差异。跟她们在一起，最明显的是我的董事级别的头衔；我的肤色，比大多数参与者浅；我流利的英语和西班牙语程度；我作为培训师的舒适度。其余的都是值得揭开的秘密。

对我的客户来说，她们对教练是完全陌生的。当被问及她们对教练的看法时，大多数人将其比作"帮助我处理问题和获得重要社会服务"的个案工作者。在解释了什么是转化教练之后，我让我的每位客户问我和我相关的任何问题。我能感觉到问我问题在某种程度上像是一种违法行为，所以强调教练的许多不同之处是非常重要的，尤其是我不是那个能给出答案的人。当我告诉了她们关于我的一些事情，承认了特权上的差异，连接到我们共同的经历时，我可以看到她们的不安消失了。我的一个客户，我会叫她伊泽尔（Itzel），因为她自认是土著人，把我带到了任务中。她问我出生在哪里，我的移民身份是什么，我是如何得到这份工作的，是什么让我准备好接受这份工作。当我分享了自己在13岁时从墨西哥搬到美国，感受不到归属感的一些痛苦时，我俩的关系发生了转变。这并不在我的计划之中。我已经准备好专注于我的特权并接受这一点，但它虽然重要，却并不是为我们的关系带来转变的原因。面对艰难的生活经历，我内心的脆弱给了伊泽尔一个切入点。我能感受到她对归属感这个话题的慈悲和连接。那一刻，有一种特殊的感受告诉我，有一扇门向我们双方打开了。

不管双方在种族、阶级和移民身份上的权力差别有多大，有意识的关系是持续的，而不只是在探索环节所关注的。

这些教练的经历让我明白了有意识的关系的真正含义。如果还是掩盖权力和特权的差异，那么建立有意识的关系是不可能的。我正在学习如何用清晰的眼光和开放的心态来面对这些差异。最重要的是，我很感激有这样一个职业，允许我和我的客户一起学习和改变。

在与客户建立有意识的关系时，可以考虑探讨的一些问题有：

良好的教练关系看起来是什么样的？
你想从这段关系中获得什么？
为了让关系良好发展，我们各自需要什么？
为了达到你的目标，你希望我在问责方面做什么，给你最好的支持？
如果你没有按照你说的去做，你希望我怎么处理？
作为你的教练，你希望我如何与你相处——你想要一个铁面无私的教练还是一个充满爱心的教练，还是两者都要？
你想从我这里得到更多时，你怎么让我知道？
如果你感到沮丧、生气或气馁，你需要我做什么？

探索环节也是让你分享你的教练风格、你的顾虑和你的偏好的机会，例如：

> 我不会把事情放在心上，所以你不用在我面前支支吾吾。
>
> 我喜欢冒险，需要得到你的允许犯错误——这对你可行吗？
>
> 我有一只狗，所以你可以不时听到它在后院的叫声。如果这让你感到困扰，你能告诉我吗？
>
> 如果教练对你无效，我想马上知道。我们看看在咱们的约定中要做什么改变，或者决定结束教练。
>
> 我们的时间很宝贵，所以我想准时开始和结束每一次教练。你可以吗？

厘清价值：这个过程可以帮助你了解什么对你的客户真正重要，这样你就可以帮助他们与他们最深层的需要协调一致。有些教练在探索环节中至少花了一半的时间来厘清价值。一些探索环节中可以提出的问题范例：

> 你对什么最有热情？
>
> 在你的一生中，你希望发生什么事情，使你觉得自己的生命让你感到满足，过得很好？
>
> 哪些经历对你的生命影响最大、塑造了现在的你？
>
> 谁对你的生命影响最大？
>
> 你认为你最大的天赋、才能或强项是什么？
>
> 你最大的成功或最自豪的成就是什么？

其他探索环节的问题集中在愿景、支持、焦点和改变：

描述一下你的支持系统。在你的生活中，谁会在你遇到难关时相信你、鼓励你、为你提出挑战和帮助你渡过难关？

想象你理想的生活。它看起来怎么样？你住在哪里？你和谁在一起？你在干什么？你早上醒来的时候感觉如何？

你希望在生活的哪些方面做出改变？

在我们的教练中，你希望集中探讨哪个方面？

在接下来的一年里，你希望看到的最大的个人改变是什么？

设立教练的重点和期待的结果：通过展望愿景和建立个人目标与专业目标来确定双方教练关系的方向和议程。我们将如何确定何时不再需要继续教练关系？我们将如何衡量和庆祝成功？

具体安排的约定——确保你们都清楚日程安排、付款、错过的环节如何处理及假期等。现在是厘清任何协议的好时机，包括：

我们约定多少次教练？

付款方式是什么？如果拖欠或逾期付款怎么办？

错过了约好的时间或取消约定将如何处理？

谁给谁打电话？电话号码是多少？

每隔多久重新评估或重新安排教练关系？

我们如何给对方反馈并回顾进展？

我们将如何结束这段关系？提前多少时间通知？

结束环节包括什么内容？我们将如何庆祝？

跨文化教练——如果你和客户来自不同的文化背景，要注意词汇、短语、肢体语言和文化压力、连接或传统。虽然你不必在探索环节中说出不同之处，但向客户反映你的观察可以加深双方的信任和连接，并为双方的关系打开更多的大门。你对客户所发生的一切的觉察和开放态度有助于加深你与客户的连接和信任。跨文化教练将在第十三章和第十四章中详细讨论。

协议和关系

抑制马上开始给客户进行教练的冲动，不要跳过探索环节以及有意识关系的建立。一位教练讲了一个值得警醒的故事，讲的是她还是个资历相对较浅的教练时一个新客户的故事。这位客户刚刚和另一位教练结束合作，对教练有不少了解。他们都很想开始教练，所以他们只对客户的背景情况做了少量探索，然后就开始进行教练了。

教练开展了一个月左右时，客户对教练对他的一个问题的处理很生气，并就此责备教练。教练开始防御并责备客户处理得不好，情况变成了"你的错还是我的错"的争论。他们对对方应该做什么都有自己的看法，但他们没有真正谈论过这个问题，也没有告诉对方自己的期望。

这位年轻的教练现在已经是一名讲师了，他得到的教训是一开始就要设计出一种强有力的、有意识的关系，并就双方在遇到麻烦时应该如何处理达成协议。建立这种有意识的关系就像建立一个第三方实体，当事情不按照预期运行时，任何一方都可以参照它。这不是一份刻在石头上的无法更改的合同，而是一份教练和客户共同制定的协议，在需要的时候，他们可以一起回顾和修改。

人们永远不知道事情会有什么不同的结果，但在这种情况下，教练和客户建立一种有意识的关系肯定会在一开始就能避免争端。不幸的是，这段关系破裂了。他们无法回头，也无法重建一种有意识的关系。

更多和新客户开始工作的想法和形式，请参考附录A。

教练的角色

在任何教练与客户的关系中,教练的角色都包括:

创建安全和支持的环境

尊重客户的认知、学习方式和需要

为客户新的行为和学习提供支持

挑战客户的限制性信念

请求客户建立问责制来支持他的前进

相信可能性远远超过表面看到的

客户的角色

教练与客户合作,帮助客户在教练中创造他们自己的力量感。教练邀请客户:

对教练环节的内容负责

坦诚表达有效和无效的方面

请求重新设计教练关系

全身心地投入教练过程中

当教练关系建立在伙伴关系而不是支配关系的基础上时,教练关系才会健康成长。

支配关系	伙伴关系
控制／顺从	权力共享
独立／依赖	相互依存／自主自发
教练成为压迫者、认可者、明星	教练是资源

续表

支配关系	伙伴关系
独裁	共创
顺从/反抗	合作
体会到恐惧、内疚、羞愧	体会到相互关联性、连接感和满足感
惩罚、奖励、胁迫	自由选择做出贡献
我赢你输或双输	双赢
失去选择	来自选择的行动和自我赋能
失去对需要的个人责任	为需要负起个人责任
消耗——短期增益	可持续性——长期平衡
害怕显得软弱	有脆弱和开放的自由，两者是人性的一部分

资料来源：采用了雷恩·艾斯利（Raine Eisler）的研究成果。

教练进行时｜教练的道德规范
CFT转化教练迈克尔·赖特

道德规范对于保护客户、提供教练服务的个人和整个教练行业的诚信至关重要。国际教练联盟拥护公认的职业道德准则。这一准则是教练做出符合道德规范的决定的基础。

考虑什么是道德的问题是一个持续的过程，具体包括最初的接触潜在客户，到双方结束教练关系，再到双方不再合作后教练对客户信息的处理。

以下提供了一些道德准则方面的建议。然而，这些建议并非详尽全面的，也不能取代国际教练联盟的道德准则和补充指南而作为主要的资源。

道德规范的一些建议

参考国际教练联盟道德准则和补充指南的常见问题解答。如果有疑问，向你的导师或同伴寻求进一步的支持。

国际教练联盟指南是教练们的丰富资源。然而，它们并不能解释每一种情况的细微差别，因此，当发生了不可避免的问题时，有可依赖的导师或伙伴是很重要的。

知道何时把客户转介给心理治疗师，并在其出现心理问题时采取相应的行动。

作为教练，我们要明确，教练不是心理治疗，不是用来处理或治愈心理问题的。因此，当客户出现心理问题（如抑郁、慢性焦虑、成瘾或对自己或他人有危险的行为等）时，我们肯定这种情况并做出转介。

我们还可以从导师、心理健康专业人士或协会（如美国心理协会或美国精神病学协会）那里获得有关危险信号的指导。任何时候，如果有疑问，请转诊。

当客户因心理问题寻找心理治疗师治疗时，教练不一定要停止与客户的工作。事实上，教练的关系和方法对心理治疗的工作有价值。然而，教练需要确认客户的状态是在能让教练方法发挥作用的水平。

如果出现更紧急的问题，比如客户有自杀的想法，那么在教练开始时获得紧急联系信息可能是有用的。根据情况，你可能有必要联系紧急联系人。此外，如果客户有心理治疗师，我们也可以在得到客户许可的情况下联系心理治疗师，以确保客户的心理治疗师知道任何紧急情况。

在双方的约定和探索环节中确认哪些是机密，哪些不是。

国际教练联盟的道德准则要求教练对教练环节保密，包括内容、时间和客户姓名。但是，客户可以授权不是机密的方面。教练协议是理清这些例外情况的最佳依据。例如，如果一个教练正在为一个未成年人进行教练，而家长想了解细节，所有参与方，即未成年人、家长和教练应该就将什么信息公开达成一致，未成年人应该在场参与讨论。在组织环境中也是如此，其参与方包括主管、员工和教练。

然而，法律并不保护所有司法管辖范围内的教练环节和内容。因此，如果客户面临法律问题，教练收到要求呈交客户记录的传票后，教练通常需要透露相关教练环节的内容。许多教练在他们的协议中或在探索环节中提醒客户注意这个规定。

此外，虽然在法律上没有义务这么做，但在道德上，如果我们意识到有人（包括客户在内）受到伤害或将受到伤害，我们倾向于向当局或其他人报告。因此，我们可以在探索环节提醒客户注意这种可能性，这样万一真发生了类似情况，他就不会感到意外了。

确保与行政人员或供应商是在理解和遵守ICF的道德准则的基础上，特别是其保密条款的基础上签订合同的。

与教练签订合同并能接触到客户姓名和记录的供应商和行政人员应与教练一样保守客户的机密。这为客户提供了保证，保证他们的教练关系是能够保证隐私的。

在保密的同时披露利益冲突，并慎重考虑拒绝那些不能完全以教练角色服务客户的邀请。

如果客户之间有关系，可能会出现冲突。如果他们都和同一个教练一起工作，就会影响到教练的工作。在披露利益冲突时，保密规定仍然有效。这需要我们与客户讨论一般情况下的利益冲突，例如，询问当前客户是否反对我们为他们公司的其他人进行教练，或者询问当前的组织客户是否担心我们给他们的竞争对手的员工进行教练。

就个人客户而言，可能引起冲突的关系包括已婚夫妇、家庭成员或商业伙伴。这种关系本身并不否定同一个教练将他们作为个人客户的可行性。问题是，作为一名教练，我们是否能够发挥作用和不带偏见，以及目前的教练关系的话题和性质是否能让我们保持一个开放和安全的环境。

在组织环境中，当我们教练多个员工时冲突可能会出现，其中的一些人可能是我们所教练的其他人的下级或上级。我们可以通过提问来确保教练的目标能够得到支持，并明确教练的保密性来保持我们的有效性。如果与多名员工一起工作可能无法支持教练的完整性，我们可以向出资方（公司中雇用教练的个人或部门）坦白沟通，并考虑引入其他教练来处理潜在的冲突。

在组织环境中，让出资方将教练的数据传递给组织中的其他部门。

为组织工作可能会带来一些特殊的挑战，特别是当组织中的部门关注教练的细节时，比如教练的次数或者公司哪个级别的员工正在接受教练。为了保密，我们可以请组织里发起教练的人回应这些挑战。

在网站和其他材料上使用客户的名字之前，需要征得客户的同意。

客户信息的机密性在教练中是至关重要的。它让客户和教练之间的工作蓬勃发展。如果我们与个人或组织合作，而他们提供了推荐或案例研究，我们在将其发布在我们的网站或其他材料上之前，先获得其书面许可。

和客户分享在教练中哪些可能、哪些不可能。

当一个组织有明确的教练目标时，要诚实地告知对方什么是可能的，什么是不可能实现的。例如，如果一家公司想要通过教练来增加10%的销售额，我们可以让公司知道我们将为此努力；然而，我们不能保证这一结果。对于其他可能表明教练成功的指标也是如此。

另一个例子可能是一个客户希望通过教练来实现寻找伴侣的目标。我们不能保证。然而，我们可以让客户知道，教练可以帮助他们充分地生活，无论有没有伴侣。

把所有的学历、资历和经验都写清楚，以避免产生误解。

确保客户知道他们雇用我们后会得到什么，我们明确和直接地说明自己的资历。例如，如果我们获得了硕士学位，我们不会隐藏我们学位方面的信息。在适当的时候，我们会讲述我们的学位对我们教练工作的价值。如果客户想要的是我们没有的经验，我们坦率地介绍我们的背景，并把重点放在我们作为一个教练所能提供的东西上。如果他们需要有不同经验的人，我们可以把他们转介给同事。

将教练的角色与其他专业角色（如心理学家、治疗师、会计、律师）区分开来。

例如，如果我们同时从事教练和心理学家或心理治疗师的工作，那么我们不能同时为同一位客户提供两种服务。如果客户希望我们提供两种服务，我们会在开始提供第二种服务之前结束第一种服务。此外，我们为每次服务设定单独的协议。或者我们可以考虑将客户介绍给另一个服务提供者，客户将从同时接受两种服务中受益。

与客户结束教练工作

教练关系的长度各不相同。有些持续几个月，有些持续几年。当你们中的一方或双方准备结束教练关系时，时间就到了。理想情况下，当客户们完全实现了目标并准备好独自继续进行时，他们就会停止教练，所以共同设计一个庆祝关系结束的方案。

有些客户对结束有复杂的感觉，所以可花一些时间庆祝取得的进展，说出任何失望之处，然后探究对教练和客户的影响。这感觉就像看着一只鸟飞离它的巢穴一样。

客户可能会因为各种各样的原因而结束教练，如对结果满意、生活环境有改变或者对不同事物有渴望。你想结束一段教练关系，也许是因为客户遇到了一个棘手的问题，或者因为你想把他转介给心理治疗师或其他教练。你甚至可能认为你不是某个客户的最佳教练，或者你不喜欢这个教练关系。不管原因是什么，结束环节是为了结束教练关系。一个令人满意的结束环节也许包括：

感激主要学习和洞见

庆祝取得的成就和达成的目标

表达对未达成的目标或未被满足的需要的失望

相互反馈并分享成长的机会

为下一步做出新的承诺或制定行动步骤

表达彼此对这段关系带来的价值的感恩

为恢复教练创造空间

规划未来的关系

请求客户把自己引荐给别人

在探索环节，你可以让对方知道你们最后一次教练是双方共创的赋能式结束环节。这样你就不会让这段关系慢慢断开，或者以一种不愉快的方式结束。因为我们经常会爱上我们的客户，所以有意识地重新建立这种关系是有用的，这样我们就不会在没有报酬的情况下继续进行非正式的教练。

教练进行时 | 何时把客户转介到精神健康服务
卡伦·罗明

在促进客户的个人成长和实现其目标的过程中，教练有时会引发客户的情绪或病理问题，这时需要专业的干预。你所做的教练服务是有价值的，而为了确保你的持续成功，保护你自己，不被指控没有执照进行治疗是很重要的。以下是识别客户需要得到心理治疗或其他精神健康治疗的便捷参考标准。

危险信号

- 抑郁症状，包括悲伤、绝望、嗜睡、缺乏乐趣、体重下降或胃口改变、易怒、失眠或睡眠过多、有罪恶感、注意力不集中，尤其是当以上症状持续超过两周、伴有自杀的想法或客户家庭有自杀或企图自杀的历史时。
- 持续兴奋（"自然地兴奋"），同时对睡眠的需求减少；判断力差；冲动，如过度花钱或滥交；注意力分散；思绪狂乱；对目标表现得激动繁乱和过度热情。
- 自残行为，包括割腕或伤害其他身体部位，抓头发，过度在身上打孔或文身，用指甲把皮肤抓破至流血或其他自残行为。
- 未接受治疗而服用精神药物。
- 突然出现恐慌或焦虑发作，包括心率加快、出汗、呼吸困难和有末日来临的感觉等生理症状。
- 对自己或他人有危险的行为，包括准意外事件。
- 导致客户过度恐惧；让客户与朋友、家人或专业人士隔绝；有虐待的迹象。
- 尽管灵性的突破可以是积极正面的，但有幻觉的情况还是应该转介去做检查评估。
- 由创伤和焦虑引起的问题，包括恐惧、厌恶、恐惧症和恐旷症（害怕离开家）。
- 被害妄想、误读他人的动机以及持续和非理性的恐惧。
- 成瘾行为，包括毒品、酒精、性行为（包括网络色情）、情绪化进食、购物和赌博，即使这些行为看起来微不足道或很少发生。
- 经常梦游可能是癫痫的症状或发作性疾病；客户应转介给医生进行专业评估。

其他可能从心理治疗中受益的问题
- 客户的目标与他的原生家庭或其来自的地方的文化的价值观和规范背道而驰。
- 病人不遵照医嘱进行治疗。

- 关系问题，包括那些由离婚、生育或不忠引发的问题。
- 对教练的干预没有反应的自我破坏行为模式。
- 记忆丧失或解离（麻木、感觉/行为恍惚、意识抽离而"去了别的地方"）。
- 未处理的悲伤。
- 身份混淆，包括有关种族、性别和性取向的问题。
- 管理愤怒和控制冲动的问题。
- 反叛或充当权威的行为模式。
- 养育和家庭关系问题。
- 客户和培训师/教练之间有挑战性的关系动态，包括依赖行为、诱惑、操纵、需要过度关注、在理想化和贬低之间交替往复、不恰当的愤怒、有时非常容易受暗示影响、被害妄想、资格感和/或情绪迅速变化。
- 生活发生重大变化后的调整期，包括家庭成员去世、离婚、工作变动或搬家。
- 当成功的培训和教练引发"上限"问题时，许多客户可以从治疗中获益，这会将客户带入比之前舒适区的生活更好的生活！

体验式电话教练引导

教练可以通过面谈或电话进行。通过电话进行教练的一个明显优势是为双方节省了时间，因为他们可以在任何方便的地点打电话。

最初，客户可能不愿意通过电话进行。一旦他们体验了它，大多数客户便会喜欢上它的灵活性。许多人还说，他们在电话里比面对面交谈时更开放、更能展现脆弱。

对于教练来说，通过电话给客户进行教练可以提升对声音、语调、语速和音调变化的敏感度。你会善于解读客户的能量，培养更多连接直觉的途径。

甚至体验式练习也可以转化为通过电话教练。你可以以面对面时一样的方式带领视觉化或觉察练习，通过电话引领教练过程，让客户获得自己的体验。

以下是一些在电话中创造有力量的体验的技巧：

邀请客户远程进行体验式练习。把它当作一个实验，鼓励客户全心全意地参与。

当注意力随着体验来到身体、想象或感受上时，自然地深入体验，把它当作对话自然的一部分。

像你和客户面对面一样地引导客户进行体验。

以一种邀请你的客户做出改变的语调和节奏进行引导。如果你引导客户进行觉察身体或情感的练习，就可能意味着说话要慢些或轻柔些。

留出时间，保持静默，让客户跟随你的引导。避免匆忙行事。宁可付出比实际需要更多的时间，这样你就能发出这样的信号：客户真的可以沉浸到体验中。

邀请客户关注他们的体验，然后问他们注意到了什么，这样他们就可以消化这些经历。

保护好你为客户创造的空间，防止在他的体验结束前出现题外话或者过早地跳出体验。

当你引导客户进行体验时，运用你的直觉，并和客户分享你的体会或感受。假设你的直觉对客户有用。

教练进行时 | 跨越我们的认知边界
CET认证教练艾维·伍尔夫·特克

在我刚开始做教练的时候，有一天，我突然接到一个客户的电话，这个客户我已经做了6个月的教练。那天我们并没有安排教练，却意外地接到了她的电话。我感觉到她的声音里有一种不熟悉的尖锐。我问她发生了什么事。她说她需要和我谈谈一些重要的事情，并且对此感到非常"矛盾"。

这激起了我的好奇心，于是我开始问她一些跟她的复杂感受相关的问题。在一番周旋以及一阵似乎永无止境的沉默之后，她告诉我，她复杂的感受是因为她发现了一些关于我的信息！具体地说，她在谷歌上搜索了我，发现我曾经被监禁过。她解释说，她觉得自己很脆弱，对给她做教练的女人和她在新闻中读到的那个女人之间的差异感到不确定。她觉得她泄露了关于她自己和她的家庭的非常私人的信息，这让她感到不安全。她对不知道下一步该做什么表示担忧。

啊，我们俩都是！她的话语在我脑海中盘旋，我的心沉到了脚趾。我浑身发冷，就好像静脉里注射了薄荷。我最大的恐惧之一变成了现实。我内心的批评者们正在全速前进。我的新职业生涯还没开始就结束了，这句话让我的脑袋里嗡嗡作响。我在想：我的过去会永远阻碍我的未来！

不过，凭着直觉，我知道我必须在那一刻，连接我的力量，立足于我的教练立场，带着我所能鼓起的全部勇气，去一个她和我都不知道答案的地方。我知道我们每个人都有可能抱持一个比此刻出现的更大的视野。我想让她能够克服她的矛盾心理，给我自己一个机会来克服我的恐惧。我知道，如果我能"自我管理"，我们可能会拥有一个空间，并创造一个安全的容器，支持我们俩创造一个新的未来。

所以，我深深地吸了一口气，问她是否愿意更全面地探索这种矛盾心理。我问她那是什么样子的。她告诉我她需要听到任何我想分享的关于我的经历，但她不能保证任何结果。

我真的分享了！在20分钟里，我不仅讲述了那些让我进了监狱的选择，还讲述了我真实的生活故事，以及帮助我度过许多其他逆境的韧性。她阻止了我，不让我继续说下去了。她尖锐的声音变成了带有温柔和怜悯的呜咽。她说："艾维，如果你还考虑让我做你的客户，那是我的荣幸。"

我哭了起来。她继续说，她希望我不介意听取客户的建议！她建议，从现在开始，在我的探索环节中，我让每个客户都知道"我最大的不幸，成为让我成长的最大课程"。因此，跨越我们的认知界限，一种真正真诚的教练关系开始了，并一直延续到今天，而且我现在成功的教练事业的基础也诞生了。

教练细分市场

当你考虑如何使用你的教练技能时，你是想成为一个多面手还是专攻某个特定的教练细分市场？有的教练从给任何感兴趣的人进行教练开始，当他们发现自己的热情所在后，他们逐渐在特定的领域精进。其他教练从一开始就很清楚自己的定位。直到最近，体育教练和表演教练还是最广为人知的。现在有各种各样的教练领域，每个细分市场都有人专门从事教练工作（例如，医药、法律、房地产、销售和健康）。下面列出了一些普遍的教练细分市场。

　　生命教练——关注与生命相关的任何方面，包括个人生活、职业以及关系等。

　　高管教练——集中支持高管（通常是企业里的），包括愿景规划、策略规划、变革管理、员工关系和沟通。

　　职业教练——帮助人们厘清理想的职业道路，并为实现职业目标制订行动计划。

　　小型企业教练——支持企业主创建和维持成功的、获利的企业。

　　健康教练——帮助人们保持最佳的健康状态，包括生理健康和情绪健康。

　　企业家教练——帮助崭露头角的企业家厘清愿景、使命、目标市场，并成功地实现他们的想法。

　　转化教练——通过支持人们接触他们的力量和感知所有的可能性，帮助人们调谐到他们内在的核心以及正在浮现的一切。

　　行为教练——帮助那些想要改变自己行为的人。通常是客户的老板提议进行教练，在客户的主导下教练和客户共同制定教练目标。

组织教练——与整个组织合作，以支持系统变革和实现组织目标。

非营利组织教练——支持非营利组织的领导者和员工为他们的组织创造一种教练文化，并支持他们的直接服务提供者以赋能的方式与他们合作。

社群教练——支持社群领导人、资助者、政府和非营利组织、志愿者和社区成员，以创建动态的伙伴关系和可持续的社区改变。

灵性教练——帮助人们建立或提升一种深层的灵性连接，并应用这种连接中固有的力量和洞察力。

哀伤教练——支持正在处理生命中有所失的人们。

跨文化教练——支持外籍人士和其他有文化差异人士探索与处理跨文化问题。

关系教练——支持夫妻、商业伙伴或其他关系中的人应对挑战，创造理想的关系。

伴侣教练——支持伴侣们建立一种重视彼此独特性的关系，同时发展他们更深层次地表达爱、相互依存和相互关联的能力。

家庭教练——改善家庭关系，并提供支持以克服影响理想家庭关系的问题。

儿童教练——与孩子一起发展他们的天赋，发展他们的梦想和创造的能力。

展望你理想的事业

只有当你能审视自己的内心时，你的视野才会变得清晰。向外看的人，做梦；向内看的人，觉醒。

——卡尔·荣格

> 教练实践的一个重要步骤是设立一个激动人心的愿景。就像你帮助客户为他们的未来创造愿景一样，你也要为你的教练实践创造愿景。

教练实践的一个重要步骤是设立一个激动人心的愿景。就像你帮助客户为他们的未来创造愿景一样，你也要为你的教练实践创造愿景。你可能对自己的事业有一个很好的设想，包括你想和谁一起工作及你想要产生什么样的影响，而把这些想法从你的脑海中拿出来写在纸上，可以帮助你清楚地表达你的愿景和成功的计划。在考虑你的事业时，考虑以下问题：

对于我的事业，我有什么梦想？
我愿意和谁一起工作（理想的客户）？
我对哪些教练专业或领域感兴趣？
理想的一天、一周、一个月是什么样的？我对教练工作的热情和梦想的交集在哪里？
我提供的教练对我的潜在客户有什么影响？
我在哪里工作（家庭办公室、外面的办公室还是客户提供的地方）？

我理想的事业包括：
客户数量：
客户类型：
每小时收费：
每月小时数：
每月的教练收入：
其他收入：
总收入：
每月事业支出：
每月净收入：

一旦这个愿景成为现实，我将拥有什么？

以下是一些可供考虑的，能让你的创意流动起来的想法：

为你的教练实践创建一个愿景板，连接你内在一切准备好出现的。把它挂在你每天都能看到的地方，将你想创造的一切视觉化呈现出来。

把你的愿景写下来，分享给你认识或遇到的每个人。

感受你完整的热情，这样别人也能感受到。

运用从别人那里得到的建设性反馈来调整你的愿景。

忽视负面的或来源于恐惧的批评。你处于梦想的阶段——计划和现实的检验在之后进行。

其他你可以做的支持你的愿景得以实现的事情：

以写日记的方式探索你的愿景，看看会产生什么样的洞见。

设定一个意图，把你的愿景变成现实，让它每天为你活着。

就像你的梦想已经成为现实一样行动。当你立足于你完整的愿景时，你将会以不同的方式带领自己，这将增加你的自信。

让值得信赖的朋友，用你的愿景作为起点，为你的教练事业创造巨大而不可思议的愿景。你可能会被他们为你想象的伟大梦想所激励，并将想法付诸行动，为你创造一个更伟大的现实。

敢于有大梦想！

另一件可以考虑的事情是：有别于只做个人层面的教练，考虑与团队合作。虽然个人教练对某些教练（特别是高管教练）来说是一种盈利的模式，但许多教练发现拥有多种收入来源是有益的。对其他吸引你的可能性保持开放的态度，包括教学、带领工作坊、与公司团队合作、与非营利组织或社会活动者合作——清单是无穷无尽的。在建立你的教练实践时，广泛地考虑多种可能。一旦你站稳脚跟，再专注于你的热情、影响力和盈利能力引领你去的区域。

了解你自己

在教练行业，你就是你的产品。人们选择你作为教练是因为你是谁、你看重什么、他们如何与你产生共鸣、你能为他们做什么。就像你会亲切地描述你所销售的实物产品的细节一样，你也要清楚你是你的产品以及你将提供的服务质量。考虑以下问题：

> 我对什么充满热情？
>
> 我真正在乎的人和事是什么？为什么？
>
> 我的优势、挑战和才能是什么？
>
> 我的核心价值是什么？
>
> 我最自豪的真实品质是什么？
>
> 我喜欢做什么？
>
> 教练事业的哪些方面是我不喜欢做的？我可以如何把它完成？（例如我可以雇谁来处理我的那方面业务？）
>
> 我有什么独特之处能让我的客户受益？
>
> 客户将从我的工作中获得什么价值？

培养自信和克服恐惧

> 每当我们抓住机会进入一个陌生的领域，或者以一种新的方式进入现有的世界时，我们都会经历恐惧。这种恐惧常常让我们无法继续向前。诀窍就是感受恐惧，不管怎样都要去做。
>
> ——苏珊·杰弗斯（Susan Jeffers）

对于许多新教练来说，恐惧和缺乏自信阻碍了他们建立成功的教练事业。对于没有经营企业经验的教练来说尤其如此。你可能会想，"谁会付钱让我给他们进行教练？""我真的值每小时一两百美元，甚至更多吗？""我想教的人真的负担得起这个范围的费用吗？""我真的能以当教练为生吗？"这些问题对许多新教练来说都很常见。要注意，这些问题可能来自你内在的批评者。你有大的、新的梦想，它们把你带出熟悉的领域。可能你在以前的工作中感到舒适和熟练，但对自己作为一名新教练的技能和价值感到不确定。在这个关键时刻，对自己的能力缺乏信心、恐惧未知事物以及收费过低，这些都会对你成功开展教练事业的能力产生不利影响。考虑以下问题：

作为一名教练，我现在感觉如何？
我的经验、创伤、才能、天赋和梦想为我有信心做教练做出了贡献吗？
我潜在的恐惧或担忧是什么？
在我过去的职业生涯中，哪些品质和优势对我的教练实践同样有价值？
我需要加强哪些技能？
我将做什么来持续改善自己呢？
我可以用什么策略来应付那些怀疑我梦想可行性的内在和外在的批评者呢？

那么，有哪些方法可以让你感受恐惧，并无论如何还继续进行下去？一位大师级认证教练（也称为专家级认证教练）分享了她将其成功归功于两件事：在她15年的教练生涯中，她一直和自己的教练一起工作；她不时更换教练，以从不同的教练风格和经验中获益。另一位高管教练每周一上午与一个互助教练团队会面，时间为90分钟。为了建立自己的支持系统，探索如下行动的可行性：

雇一个教练或导师来帮助你真正弄清楚自己的教练实践的愿景。
克服恐惧或信心方面的问题。

设计策略、行动步骤和问责制。

肯定自己的进步和成功。

设定合理的费用。

与其他崭露头角的企业家和想要增加业务的人结盟。加入一个现有的社群，比如一个心灵小组（mastermind group）或女士发起人俱乐部（Ladies Who Launch，http://www.ladieswholaunch.com/），或者创建与自己志同道合的团体。定期与他们会面，借此机会：

学习、分享和相互鼓舞。

集思广益，接受支持并提供反馈。

为彼此的成功努力，建立问责制。

为他人投资，支持彼此的成功，并以此建立责任感。

在磨炼业务技能的同时增强自信。

组建一个完整的支持团队，包括教练、导师、会计师、律师、市场营销人员等。与其他教练交流，了解他们是如何克服你可能面临的一些障碍的。

制订商业计划

制订一个商业计划可以帮助你建立一个成功的事业，但是这个过程不一定是复杂的。商业计划通常是一项正在进行的工作。小企业管理局（The Small Business Administration）[1]建议商业计划包括以下部分：

---

[1] 小企业管理局网址：http://www.sba.gov。

执行概要——提供整个计划的简明概述以及公司的历史。

公司描述——包括你的业务性质、经营原因、你的业务将满足的需求、你计划如何满足这些需求，以及你认为有这些需求的个人或组织的类型列表。

组织和管理——包括公司的组织结构和公司所有权的细节。

市场营销——包括你的市场营销和销售策略，具体包括市场分析、营销研究、定价和沟通以及销售策略。你将如何获得客户并确保他们的满意度和忠诚度？

服务或产品——包括对你的教练服务和产品的详细描述。描述你的客户将从你的服务和产品中获得的好处，这些将解决他们的哪些挑战或有哪些可能性？你将如何包装你可做的教练，什么产品可以服务你的客户？

财务——包括来自你的市场分析和基于你的目标的信息。新教练在本部分的主要信息是预期的财务数据，包括预期的销售和费用。你需要多少资金来启动或扩展你的业务？

可以通过以下网址访问 SBA.gov 生成商业计划的在线工具：http://web.sba.gov/busplantemplate/BizPlanStart.cfm。

SCORE.org 提供了一个商业计划模板的 Word 文档，网址是 https://www.score.org/resources/businessplan-template-startu-business。

创建你的事业

对于那些正在建立新事业的人来说，有许多可用的资源。有用的美国网站有 http://www.score.org、http://www.sba.gov 和 http://business.gov。在本节中，我们不会深入介绍它们，而是提供一个概述，让你思考一下公司的法律结构、为你的企业命名和开始运营。

贵公司的法律结构

当你以法人实体开展你的事业时，考虑几种选项，并考虑不同的法律、财务和税收条款。当你研究贵公司的法律结构时，你可能需要向会计和律师咨询。许多教练都是独资企业——最简单的法律实体。可能的法律实体包括：

个人独资企业——个人拥有和管理的企业，并以个人名义对企业债务和义务承担责任。

合伙企业——由两个或两个以上的人经营的单一企业。

公司——由股东拥有的法人实体。

S公司——一种特殊类型的公司，通过选择被视为S公司来避免双重征税（一次对股东，一次对公司）。

有限责任公司——一种混合的法律结构，它兼具公司的有限责任特征以及合伙企业的税收效益和经营能力。

非营利组织——从事公共或私人利益活动，但不以营利为主要使命的组织。大多数非营利组织免缴联邦税和州税。

此外，可考虑合作社形式。合作社是为使用其服务的人所拥有并为他们的利益而运作的企业或组织。须注意的是，合作社不是一种法律实体。

为你的企业命名

一个好的企业名称是简单的，容易记住，并暗示你的企业的目的。在对可能的名字进行初步讨论后，让家人、朋友和潜在客户给你反馈。鼓励他们提出其他名字。评估利弊，缩小你的选项清单。试着在网上搜索一下这个名字和类似的名字，这样就能知道潜在的客户如果用这个名字来搜寻你的公司会发现什么。检查有关互联网域名的可用性。如果这个名字是可用的，你可以以每年10

美元的价格注册这个域名。如果你的企业名称是虚构的或不是你自己的，你需要根据你所在的州的法规或当地法规注册它。

注册你的企业

企业的法定名称是拥有企业的个人或实体的名称。例如，如果你是你公司的唯一所有者，它的法定名称是你的全名。如果你的企业是一个合伙企业，它的法定名称是你的合伙协议中给出的名字或合伙人的姓氏。对于有限责任公司和股份有限公司，公司的法定名称是在州政府注册的。

所有政府表格和申请，包括雇主税号、执照和许可证的申请，都需要提供企业的法定名称。然而，你可以在你的政府机构处注册一个"虚构的名称"。虚构名称（或化名）、商号或DBA名称（DBA即doing business as，意为"以……经营企业"）是指与你的个人名称、合伙人的名称或你的有限责任公司在官方注册的名称不同的商业名称。

获取你的联邦税号

拥有雇员、商业伙伴、公司和其他类型组织的雇主必须从美国国税局获得雇主识别号（Employer Identification Number，EIN）。

在州税务局登记

就像你必须有一个联邦税号一样，你还需要从你所在州的税务机构那里获得税务身份证和许可证。

获得州执照或许可证

许多类型的企业需要从州政府获得某种类型的企业或专业执照或许可证。检查贵公司所在州的要求。

自我关爱和专业发展

花时间更新自己，这与你的幸福有关。因为你是你卖给客户的产品，你如何可以让自己保持最好的状态呢？和许多客户一起工作会让你感到精力充沛或精疲力竭，所以安排一些时间来给自己补充精力。为你的灵性实践、爱好、按摩、在大自然中散步或保持健身习惯留出时间。你很容易被建立自己的企业和服务客户所消耗。如果你把自己放在最后，你会向你的客户传达什么信息？你和你的客户一样重要，在日历上填满你的商务活动之前，留出一些自我滋养的活动和空白时间。为你喜欢的东西和让你充电的东西腾出空间。你不可能一天24小时持续工作，所以记得休息一下。

自我关爱的一部分包括你的专业发展——扩展你作为教练的技能。将专业发展纳入企业预算对你来说有多重要？考虑加入国际教练联盟，积极参与当地分会和其他组织的活动。你可以参加一些会议和工作坊来提升你的教练技能和信心。也可以考虑加入其他专业团体，比如当地的商业协会。它能帮助你建立你的人际网络，并能成为你的业务资源。

教练进行时｜你不必辞职才能当教练
CFT 转化教练拜林·奇雷夏萨库尔

离开我的工作去追求我的梦想应该很容易。

在第一次考虑成为一名职业教练时，我相信当了教练之后，我会结束我的办公室生活，成为一名自主创业的教练，这样我就可以做我喜欢的事情。

当我开始我的转化教练项目的旅程时，我开始感受到了一些变化。我被教练我一生想做什么，离开我工作的公司或者留下来。为此，我们做了一个名为"展望未来"的练习。在这个练习中，我看到自己作为一个母亲，穿着长裙，系着围裙，握着三个孩子的手——感觉是如此睿智与平和。我感到非常喜悦。

我的未来很清晰，那么是什么阻止我离开我的工作呢？是钱的原因吗？不，我可以通过做教练和协作者来赚钱。是关于确定性吗？不，我不相信没有公司我就不能做其他的事情。我很好奇，"是什么在拖我的后腿？"

两天后，我再次接受了教练，这一次，我深深感受到自己对服务的需求。我意识到，离开公司，和理解我的人在一起，对我来说是件很容易的事。然而，如果我离开了，公司里的人永远都不会知道或体验到这种教练之旅是多么美好、多么有支持和有爱。

我留在这家公司的目的是和那里的每个人分享教练体验。我从我的教练培训中得到了很多，我需要通过在组织里创造一种教练文化来支持它的可持续发展，以此回馈我的组织。同一天晚上，我做了一个梦，梦见玛莎（CFT的创始人）和我们公司的总裁交谈。我把那当作一个信号。

第二天，我鼓起全部勇气给主席写了一封电子邮件。我记得当时的我是多么紧张和焦虑——事实上，我的整个身体都感到紧张和焦虑。尽管如此，我还是告诉他教练的经历对我来说是多么美妙，我多么想与我们的公司分享。我点击发送后不久，他回答说："让我们谈谈。"两周后，玛莎去了泰国，与公司的发展经理和团队坐在公司的会议室里，讨论如何实施教练文化。仅仅三周后，维克拉姆·巴特（Vikram Bhatt，CFT团队成员）来到泰国与团队会面，并继续讨论在公司中推广CFT的机会。

我觉得自己被教练的力量所折服，所有事情都进展得如此之快。现在，我正在从风险经理过渡到内部高管教练，并帮助组织发展团队创建教练文化。我正在实现我的梦想，成为一名教练，并满足我在公司建立教练文化的需要——以我在CFT转化教练之旅经历到的同样的爱和支持。

回馈社会

策略性的贡献和社会领域教练

以捐赠、实物支付、志愿服务、慈善工作或公益性服务的名义，将你的教练免费或以较低的成本捐赠给人们和组织，支持他们在世界范围内的工作。转化领导力组织团队热情地鼓励你在实践中做出策略性的贡献，这不仅是因为教练能让世界变得更美好，也因为它能帮助你提高实践能力。

特别是在早期，当你在进行你的教练实践时，策略性地考虑一下你如何利用你的宝贵贡献时间。首先，确定你想给谁服务。你想对这个世界上的什么事情或人产生积极的影响？接下来，看看你的候选人，考虑一下你对他们所做贡献的价值，也要权衡一下你的贡献对你自己的实践的潜在价值。你通过为他们贡献而获得的曝光对你的整体计划有什么好处？不要仅仅根据你的服务对你的教练业务有什么好处来做决定，而是在做决定时权衡其影响力。

考虑可以获得的益处：

> 非营利组织的规模有多大？
> 他们在社群中有多大影响力？
> 谁是他们的董事会成员？我在董事会任职对我有什么好处？
> 和他们的关系会扩大我的人脉吗？
> 我能从这一关系中学到什么？

记住在你开展业务的空闲时间做出策略性贡献的好处。可以考虑遵循一句转化领导力组织的格言："当工作变得缓慢时，就送出一些东西。"最近的研究表明，志愿者患心脏病的风险较低。为了纯粹的快乐，考虑让贡献成为你生活中有意识的一部分。你想贡献多少？一年花 100 个小时做教练的话，一周只需要 2 小时。你的教练会给你带来什么喜悦呢？

要考虑的问题

你的教练生涯梦想是什么？

你希望对你的客户产生什么样的影响？

你如何把你的愿景用文字清晰简洁地表达出来？

当你开始你的教练实践时，谁能支持你？

你将采取什么作为你开始教练实践的第一步？什么时候？

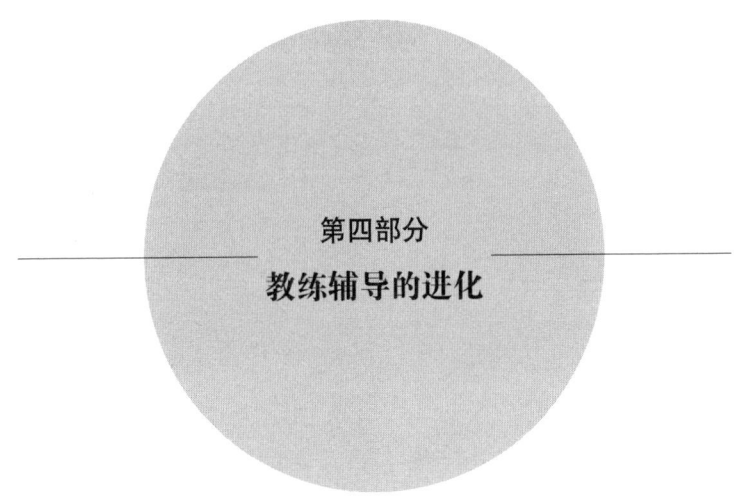

第四部分
教练辅导的进化

社会变革一旦开启,便不可逆转。我们不能让识文断字的人变回文盲;我们没办法羞辱有尊严的人;我们无法压迫摆脱了恐惧的人。若我们已经预见到了未来,未来便是我们的了。

——塞萨尔·查韦斯(Cesar Chavez)

第四部分介绍教练的理论基础,同时致敬为该领域做出贡献的不少代表性人物。之后,我们会探讨业内正在出现什么新情况,以及令作为教练和教练培训师的我们感到兴奋的有哪些。转化领导力组织的使命之一是进一步拓展教练的实用性——我们将分享仍在精进之中的有关跨文化意识的新知,也会分享教练辅导是如何支持我们探索并改变权力和特权动态的。接下来,我们还将探讨组织教练辅导和在社会部门进行教练辅导所面临的独特挑战。在最后一章,我们还会深入探讨教练灵魂和教练精神之间的细微差别。最后,我们诚挚地邀请您的加入,合力创造一个让所有人都能繁荣发展的美好未来。

第十二章　教练的学科基础

主题

以人为本的方法

心理综合

体验式学习

存在主义疗法

完形疗法

行为科学

过程咨询

管理理论：X理论和Y理论

情绪智力

积极心理学

非暴力沟通

神经语言程序学

成人学习理论

学习风格

认知疗法

变革抗拒

神经生物学

教练模式

教练是由多种基础学科、理论和实践发展而来。教练的早期基础学科包括

> 随着教练成为独立的学科，它的一个关键转变在于从心理学角度来看，教练不再从病理学视角，而是从促进客户成长的视角看待客户。

运动学、心理学、心理治疗、管理理论、自助提升运动、成人学习理论、支持网络、整全运动和教育学。在本章，我们将探讨对教练行业发展做出了贡献的一些学科，并深入研究教练的理论基础。

由于教练行业是在同一时期由不同人独立发展的，所以早期的教练理论和实践往往让人感到混乱。尽管教练在商界和个人发展领域运用广泛，但它还是经常被误解。

随着教练成为独立的学科，它的一个关键转变在于从心理学角度来看，教练不再从病理学视角，而是从促进客户成长的视角看待客户。这一转变脱胎于人文主义和人类潜能运动、会心团体、大型团体觉知训练、励志自助文学和各种十二步团体。

20世纪60年代，人类潜能运动（Human Potential Movement）催化了一批中心的建立，如美国培训实验室、塔维斯托克（Tavistock）中心、芬德霍恩（Findhorn）中心和艾萨伦（Esalen）中心。这些组织举行了许多跨学科、体验式的会议，产生了以人类潜能而非病理学为焦点的创新理论和实践。[①]

在艾萨伦的影响下，沃纳·爱海德（Werner Erhard）于1971年开发了艾哈德研讨训练课程（Erhard Seminars Training, EST），后被称为"论坛"（the Forum），最后更名为里程碑教育（Landmark Education）。托马斯·伦纳德（Thomas Leonard）和劳拉·惠特沃斯（Laura Whitworth）都曾为爱海德工作，两人后来都成为教练领域的先驱。伦纳德界定和记录教练过程，建立了国际教练联盟，把教练普及化；劳拉·惠特沃斯和约翰·惠特莫尔（John Whitmore）通过会议、工作坊和写作，为教练领域的发展做出贡献。还有其他许多人提出了理论、模型、工具和实践，并通过社会网络、面对面的会议和工作坊进行传播。

维基·布罗克（Vikki Brock）在其2008年的关于教练出现缘由的扎根理论论文中指出：

---

① Brock, Vikki (2008). Grounded Theory of the Roots and Emergence of Coaching. A dissertation.

教练同时具有若干个独立的来源，通过人际关系传播；

教练包含着宽阔的学科框架，受惠于多个学科的协同作用、交互启发和实践；

现代教练的模式和实践是动态化、情境化的；

世界发展迅速、日益复杂，充满交互和流动性，教练的出现是为了填补这个世界中尚未被满足的需求；

教练产生于一个开放、完整的社会网络，带有多样性、协作性和包容性的视角。[1]

教练作为一种方兴未艾的社会现象，吸引了来自许多学科的人。布罗克预测，教练将成为生活的一部分，因为它是通过人际关系传播的流动型社会浪潮。[2] 教练从业者高度重视合作，这能带来各种不同思想和实践的交叉融合。20 世纪 90 年代，许多教练指出其他从业者"不是真正的教练"，而是在做心理咨询或顾问咨询。其他专业反过来指责教练们缺乏基础知识，许多人甚至不承认教练是一种专门的职业。幸运的是，如今教练已经成为一个跨学科领域，并重新接纳交叉融合、协作和包容，同时采取更严谨的方式来理解其深层的根源和历史。

让我们来看看，教练是如何在多种模式的基础上建立起来的。

以人为本的方法

我在职业生涯的早期，曾问过这样一个问题：我如何才能治疗、治愈或改变这个客户？现在，我想改个问题：我怎样才能营造一种良好的关系，让对方

---

[1] Brock, Vikki (2008). Grounded Theory of the Roots and Emergence of Coaching. A dissertation.

[2] Brock, Vikki (2008). Grounded Theory of the Roots and Emergence of Coaching. A dissertation.

> 教练创建客户能够完全自我接纳的环境,这是转化的前提。

可以通过这种关系来实现个人成长?

——卡尔·罗杰斯

卡尔·罗杰斯发展了以客户为中心的心理治疗方法,并创立了人本主义心理学运动。他于20世纪60年代初把同理心和"无条件的积极关注"[1]带入个人发展领域;当时,弗洛伊德的心理学传统主导着个人发展领域,治疗师的观点和议程发挥着决定性作用。

罗杰斯看到,客户需要一种他们被接纳的人际关系。他说:"如果我能营造一种特定类型的人际关系,客户就会发现他们有能力通过这种关系来获得成长和改变,个人发展将会发生。"[2]

卡尔·罗杰斯发展了以人为本的方法,并提出了创造改变所需的几个充分条件。我们在教练中非常重视的三个条件是:

> 一致性或真实性:教练不"表演",而是可以利用自身的经验和自我表露来促进教练与客户的关系。
>
> 无条件地积极关注:教练无条件地接受客户,不评判、不反对也不赞同客户。这有助于提高客户的自我价值感。
>
> 同理式理解:教练对客户的内在体验抱有同理式理解。准确的理解有助于客户相信教练无条件地爱他们。[3]

卡尔·罗杰斯说过:"有趣的悖论是,如果我如实地接纳自己,那么我就可

---

[1] Rogers, Carl R. (1995). On Becoming A Person: A Therapist's View of Psychotherapy. Boston: Houghton Mifflin.
[2] Rogers, Carl R. (1995). On Becoming A Person: A Therapist's View of Psychotherapy. Boston: Houghton Mifflin.
[3] Rogers, Carl R. (1995). On Becoming A Person: A Therapist's View of Psychotherapy. Boston: Houghton Mifflin.

以改变了。"① 这一原则广泛适用于转化教练：教练创建客户能够完全自我接纳的环境，这是转化的前提。

心理综合

人本主义心理学最早的先行者之一罗伯托·阿萨鸠里（Roberto Assagioli）于1910年发展了心理综合学说。他断言，直接地体验自我将有利于达到两重灵性目标：自我实现和连接共同人性。对人的内心世界中包含许多次人格和一个灵魂所开展的研究，启发了许多后续的实验，例如理查德·施瓦茨的内在家庭系统，以及哈尔与西德拉·斯通的声音对话（Voice Dialogue）。

体验式学习

言之向耳，过而亡之；应之于目，权可忆之；浸润其中，则能达之。

——孔子

体验式学习的基础理念是"从实践中学习"。20世纪80年代初，大卫·科尔布（David Kolb）开发了一种学习模式，该模式得到了广泛应用。用非专业术语来说，科尔布认为："成年人的学习历程可以分解为经历体验、反思体验、产生自己的见解或理念、把见解应用在真实世界中。"② 成年人在世界中运用自己的见解，便能够进一步获得新体验，这样学习就变成了永无止境的循环。

---

① Rogers, Carl R. (1995). On Becoming A Person: A Therapist's View of Psychotherapy. Boston: Houghton Mifflin.
② Kolb, D. A. & Fry, R. (1975). Toward An Applied Theort of Experiential Learning; in C. Cooper (ed.). Theories of Group Process. London: John Wiley.

> 作为教练，我们相信客户具有能动性、力量和创造力，相信客户原本就有能力找到自己的解决方案。

我们在转化教练中采用体验式学习，参与者通过以下方式学习新的教练过程：

    求知（阅读和听讲）
    演示（观看讲师演示过程）
    实践（实验新过程）
    反思（获得见解）
    应用（以教练角色应用所学内容）

与此同理，我们相信客户也是通过自身体验来学习的。作为教练，我们相信客户具有能动性、力量和创造力，相信客户原本就有能力找到自己的解决方案。因此，我们会提出严谨的问题，来帮助客户回顾自己的体验，从自身的体验中学习。不仅如此，我们还帮助客户将学习收获运用在生活中，以促进客户实现个人目标，或得到更深刻的觉察。

存在主义疗法

> 一般来说，如果我们想要理解另一个人，就必须至少做好爱他的准备。
> ——罗洛·梅（Rollo May）

存在主义疗法基于以下假设：生命是不确定的；我们有选择的自由。罗洛·梅认为心理治疗的目的是让人们获得自由。[1] 生而为人，每个人都有过面临不确定性的经历，比如在健康、就业、爱情、人际冲突方面。无论我们面临的是哪一种不确定性，我们都会感到不安或焦虑。

---

[1] May, R. (1999). Freedom and Destiny. W. W. Norton & Company.

> 我们越试图改变自己，就越会保持不变。

焦虑不一定总是有问题的，需要被消除或舒缓。焦虑可以让我们感到被激活，汲取到生命力，也可以成为创造性见解的源泉。的确，生活中没有了焦虑，也就没有了意义和机会。然而，当焦虑无法处理或令人难以承受时，我们就会想办法减少或消除焦虑。不幸的是，如果我们拒绝面对焦虑的根源，而只顾寻找应对策略，那么这些应对策略可能会造成其他问题。我们都有所焦虑，而不同个体之间的世界观差异影响我们如何体验生命。

在转化教练的过程中，我们采纳存在主义教练理念。我们不将笼统的技术应用于具体独特的经验或议题，而是创造安全可靠的"生命空间"，鼓励客户更清楚地了解自己，更诚实地体验自己的世界观。我们支持客户审视自己的信念和观点，揭示其中矛盾冲突的信念，并帮助他们挑战当中的模棱两可、张力或局限，这些影响着客户实现他们的志向。

许多带来转化的路径都建立在存在主义教练的基础上。我们帮助客户探索多种视角，并认识到他们每时每刻都有充分的选择。

完形疗法

> 我做我的事，你做你的事。我活在这个世界上，不是为了满足你的期待；你活在这个世界上，也不是为了满足我的期待。你是你，我是我，如果我们碰巧相遇，那是多么美好的事啊！如果我们不能相遇，那也是没办法的事。
>
> ——弗里茨·佩尔斯（Fritz Perls）

完形疗法（也被翻译为格式塔疗法）是由弗里茨·佩尔斯、劳拉·佩尔斯（Laura Perls）和保罗·古德曼（Paul Goodman）于20世纪四五十年代发展出来的。它结合了存在主义和经验主义心理治疗，其焦点在于当下。在完形疗法中，客户的个人责任以及教练与客户的关系都是关键因素。阿诺德·贝瑟（Arnold Beisser）描述了完形疗法悖论式的转化理论：我们越试图改变自己，就越会保持不变。① 与此相反，当人们接纳自身的当前体验时，人们就具备了整全性和成长的条件，而这支持改变的发生。换言之，改变是"完全接纳体验，而非努力改变体验"的结果。②

行为科学

你如果真的想理解某件事，就去试试改变它吧。

——库尔特·勒温（Kurt Lewin）

美国应用行为科学研究所（NTL Institute for Applied Behavioral Science）成立于20世纪40年代，旨在开展群体关系实验，帮助人们敏锐地洞察人际动态。其重大成果包括开发了训练团体（T-Groups）、体验式学习、敏感性培训、反馈和多样性觉察，在教练领域留下了深刻的印记。库尔特·勒温开发了一种让成年学习者接受继续教育的过程，在过程中帮助他们改变、迭代或超越习以为常的思维模式。这比单纯地学习新事物更为复杂。应用行为科学（Applied Behavioral Science）为组织发展提供了理论基础。

过程咨询

埃德加·沙因（Edgar Schein）于20世纪60年代出版了关于过程咨询的著作，他主张让客户对咨询结果产生拥有感。他讨论了理解客户情感、偏见、价值观及现实情况的重要性，以及这些因素对客户感知的影响。他认为这种方法

---

① Beisser, A. (1970). The Paradoxical Theory of Change. In Gestalt Therapy Now, ed. J. Fagan & I. L. Shepard. Harper & Row.
② Houston, G. (2003). Brief Gestalt Therapy: Brief Therapy Series. Sage Publications.

对所有"助人"行业的工作者都很有价值。[1]

过程咨询不给客户提出建议,而是让客户自己找到解决方案。尤其在客户不清楚有什么问题和解决方案的情况下,过程咨询特别有用武之地。过程咨询师首先在客户组织中找到一个人(这个人的目标是改进本组织的做事方式),然后确定一个过程来追求期望的改变。如今,许多咨询师都直接提供专家建议,而不遵循沙因的过程咨询方法。教练与过程咨询的相似之处在于,我们避免给客户提建议,而是帮助客户自己拨开云雾,找到解决方案。

在沙因的方法中,咨询师和客户是平等的伙伴关系,各自承担责任。这种学习型过程有利于客户在离开咨询师很久之后还能继续发展。通过建立学习型组织,各级工作人员都将参与商讨,一同诊断问题和解决问题,并创建组织的共同愿景。每个人都担负着实现最终结果的责任。

管理理论:X 理论和 Y 理论

商业教练和高管教练有着一些出现于 20 世纪 60 年代的管理理论的共同基础,其中包括 X 理论和 Y 理论。就职于麻省理工学院斯隆管理学院(MIT Sloan School of Management)的道格拉斯·麦格雷戈(Douglas McGregor)研究发现,不同公司对于如何激励员工持有两种截然不同的态度,他认为大多数公司都在这两者中二选一。

X 理论认为,员工天生懒惰,只要一有机会就逃避工作。正因如此,工人们需要受到严密的监督和管理。相信 X 理论的管理者认为,员工并不是真的想要工作,他们宁愿逃避责任,因此,管理者的工作是构建工作的结构,并激励员工工作。

---

[1] Schein, Edgar (1987). Process Consultation, Volume 2: Lessons for Managers and Consultants. Addison-Wesley Publishing.

相信 Y 理论的管理者认为，员工有自我驱动力，渴望承担更大的责任，能够自我控制和自我指导。整体来看，员工享受他们的脑力及体力工作职责。如果有机会，员工愿意发挥他们的创造性和运用其前瞻性思维。相信 Y 理论的管理者认为，在适当的条件下，大多数员工都想做好工作，而管理者的作用是开发员工尚未发挥出来的创造力。这些管理者不试图去控制员工，而是消除阻碍员工充分实现其价值的障碍。

显而易见的是，教练行业认同麦格雷戈的 Y 理论。随着我们越来越深入地理解人类行为模式，关于员工绩效的 Y 理论成为管理理论的主导。由于经济发展主体从制造业转型为信息和服务业，有史以来管理者们第一次不能假设自己比员工更了解业务。知识共享、创造力和横向思维对企业的各个层面都至关重要。

X 理论的管理方式在知识富集的环境中是行不通的。管理者不能把"创造力"或"追求卓越"之类的东西强加给那些没有内驱力追求卓越的员工。当今大多数管理理论都基于 Y 理论的概念，如信任、督导、诚信行为示范、赋能和改善工作环境；而教练行业将 Y 理论拓展到个体层面。

情绪智力

萨洛维（Salovey）和迈尔（Mayer）等的著作《情绪智力》（*Emotional Intelligence*）指出，情绪智力的 5 个方面是：

认识自身的情绪

妥善管理情绪

自我激励

理解他人的情绪

处理人际关系[1]

我们在提出赋能式问题并放慢速度时，大脑思维地图的现有回路会被打破，让我们能够以新方式思考。当客户基于新的视角思考时，他们可能就会调整旧有观念。客户可以对他们当下的情绪、想法、需求和直觉做出回应。教练通过引导客户关注他们自己的身体，可以改变客户习以为常的无意识"自动驾驶"状态，帮助客户以新方式应对外来的讯息。

人们如果与自己的身体及自然界有良好的连接，思维回路就可以更有效地重新构建。随着我们恢复自己的身体觉知，我们就能对自然出现的切入点做出回应，并恢复崭新的能量流动。

积极心理学

积极心理学由亚伯拉罕·马斯洛（Abraham Maslow）于1954年创立[2]，由马丁·塞利格曼（Martin Seligman）将其进一步发展。它与教练行业有着密切的联系。塞利格曼作为现代积极心理学运动之父，把心理学的焦点从主要关注精神疾病、痛苦和功能障碍，转移到培养人的才能和改善生活上。[3] 积极心理学家研究人为什么感到幸福或不幸福，以及什么因素影响及提升幸福感。这些研究结果为心理学家和教练从业者提供了宝贵的资源。这两种行业都发现，客户基于核心价值观制定的目标更容易实现，更容易长时间持续，并能带来更深层次的满足感。

---

[1] Salovey, Peter; Brackett, Marc A. & Mayer, John D. (2004). Emotional Intelligence: Key Readings on the Mayer and Salovey Model. Port Chester, NY: Dude Publishing.
[2] Maslow, Abraham H. (1970). Motivation and Personality. New York: Harper & Row.
[3] Seligman, Martin E. P. (2002). Authentic Happiness: Using the New Positive Psychology to Realize Your Potential for Lasting Fulfillment. New York: Free.

非暴力沟通可以被视为一种灵性实践，帮助我们看到共同的人性；非暴力沟通也可以被视为一套技能，帮助我们建立更稳固的人际关系和社群。

非暴力沟通

非暴力沟通（NVC）是马歇尔·卢森堡于20世纪60年代发展起来的一种与他人沟通、了解自己的方式。非暴力沟通可以被视为一种灵性实践，帮助我们看到共同的人性；非暴力沟通也可以被视为一套技能，帮助我们建立更稳固的人际关系和社群。非暴力沟通的四步骤模型包括：

观察（不含评判）
感觉（不含解读）
需要（不含策略）
请求（不含要求）[①]

卢森堡认为，我们所做的或所说的一切，都是在尝试满足需要。我们可以通过更深地认识人类的共通需要，来提高我们的情感智能。随着人们发现自己当下需要什么，教练过程就能更深入。非暴力沟通模型适用于各种场景，包括亲密关系、冲突调解、疗愈与和解、协作沟通，无论是在家庭里还是在工作中，都可以运用。

非暴力沟通提供了三种建立连接的方式：

诚实地自我表达——以激发慈悲心的方式分享自我
同理倾听——带着慈悲心倾听他人
自我同理——练习慈悲地对待自我[②]

[①] Rosenberg, Marshall B. (2003). Nonviolent Communication: A Language of Life. Encinitas, CA: PuddleDancer.
[②] Rosenberg, Marshall B. (2003). Nonviolent Communication: A Language of Life. Encinitas, CA: PuddleDancer.

虽然听起来很简单，但是很多人发现这个过程很难掌握。这是因为每个步骤的核心实际上都改变了我们积累了数十年的惯常的、评判式的回应方式。

神经语言程序学

理查德·班德勒（Richard Bandler）和语言学家约翰·格林德（John Grinder）于1970年创立了神经语言程序学，它是一种利用神经过程、语言和行为模式之间的联系开展心理治疗的方法。[1] 神经语言程序学已被当作一种教练方法或改变行为的方法。它揭示了人们的思维模式，发现了处理人类思维和行为的新路径。它的理论假设在于，我们使用的字词反映了我们对自身问题的感知，而且我们所持有的态度有自我实现的特质，即我们的态度是什么，事情就会往什么方向发展；我们有什么样的思维，就会产生什么样的行为。神经语言程序学的目标是重塑人的思维和心理联想，以创造出更多我们希望看到的结果。神经语言程序学作为一种心理治疗方法，教育人们发展自我觉察，帮助人们有效沟通，并改变固有的思维和情感行为模式。

安德里亚斯（Andreas）姐妹发展了神经语言程序学的核心转化过程，来改变人们不理想的行为、情感或反应方式，帮助人们实现更高层次的整体性，让思想、情感和行动和谐一致。她们的工作建立在人类心理所期待的五种"核心状态"基础之上：存在；内在和平；爱；接纳；合一。[2]

---

[1] Bandler, Richard & Grinder, John (1979). Frogs into Princes: Neuro Linguistic Programming. Moab, UT: Real People.

[2] Andreas, Connirae & Andreas, Tamara (1994). Core Transformation: Reaching the Wellspring Within. Moab, UT: Real People.

成人学习理论

成人学习理论和教练理论之间的紧密相似始于 20 世纪 60 年代，当时的一些早期生命教练课程是从成人学习项目发展而来。1973 年，马尔科姆·诺尔斯（Malcolm Knowles）等人提出了成人学习的原则，以促进成人学习的课程设计。这些成人学习原则与现行的教练原则非常相似：

> 成年人需要积极参与学习过程，所以我们引导成年人发现知识，而不是给他们灌输事实。
>
> 成年人需要把学习和生活经验联系起来，因此我们提炼学习者的经验和知识。
>
> 成年人以目标为导向，知道自己想要达到什么目标。我们为实现这些目标提供支持和架构。
>
> 成年人必须看到学习的理由。我们可以帮助他们看到，学习内容被如何运用在他们的生活之中，并与他们的生活密切相关。
>
> 成年人倾向于把注意力放在对生活有用的课程上，而我们帮助他们把学习成果落到实处。
>
> 成年人有着丰富的经验，并需要在这方面得到尊重和肯定。我们把成年学习者视为平等的对象，鼓励他们自由表达。[1]

上述每一条原则都适用于转化教练过程，因为我们同样尊重客户本身具备的资源和学习风格。

---

[1] Knowles, Malcolm S., Holton, Elwood F. & Swanson, Richard A. (1988). The Adult Learner: The Definitive Classic in Adult Education and Human Resource Development. Houston, TX: Gulf Pub.

学习风格

在20世纪70年代,邓恩(Dunn)夫妇发展了一个被广泛应用的学习风格分类,这个分类扩展了神经语言程序学:

视觉型学习者
听觉型学习者
动觉型学习者[1]

视觉型学习者更喜欢通过视觉来学习。他们用视觉形象思考,通过视觉教具、表格、活动挂图、插图、图片、讲义和做笔记学习效果最好。

听觉型学习者更喜欢通过听觉来学习。他们倾听讲话中的细微含义,包括语调、音高、音量和节奏。他们在听讲座、听录音、参与讨论或大声朗读时学习得最出色。

动觉型学习者更喜欢通过体验(移动、触摸和做)来学习。他们喜欢通过活动、实验、角色扮演和其他形式的探索来学习。动手操作的方法能够促使他们积极探索环境。

1987年,在大卫·科尔布和彼得·哈尼(Peter Honey)工作的基础上,艾伦·芒福德(Alan Mumford)发现了人们学习的四种不同风格。这些学习风格是:经验型学习、反思型学习、理论型学习者和实务型学习。[2]

---

[1] Dunn, R., Dunn, K. & Price, G. E. (1984). Learning Style Inventory. Lawrence, KS, USA: Price Systems.

[2] Honey, P. & Mumford, A. (1982). The Manual of Learning Styles. Maidenhead, UK: Peter Honey Publications.

经验型学习者喜欢新体验、新理念，但对实施感到乏味。他们在参与、合作、挑战和领导时学习成效最好。

　　反思型学习者喜欢收集数据，从不同的角度仔细考虑和观察情况。他们在观察、回顾、分析或撰写报告时学习成效最好。

　　理论型学习者喜欢把观察结果转化成合乎逻辑的复杂理论。他们在需要技能和知识的复杂环境中，在目标明确的结构化环境中，在需要思考有趣的想法或概念时，或者能够提出问题和探索时，学习成效最好。

　　实务型学习者喜欢尝试，喜欢直接应用概念，回避冗长的讨论。在学习主题和任务之间有明显的联系时，他们可以尝试新技术并得到反馈。他们看到具有明显优势的技术和可以复制的模型时，学习得最好。

　　许多教练都使用学习风格工具，例如学习风格量表，利用客户首选的学习风格来实现客户想要达成的目标。

认知疗法

　　在所有的心理学学科中，认知疗法与教练的关系最为密切。认知疗法由亚伦·贝克（Aaron Beck）提出。其原理是：我们的行为方式是感受的产物，而我们的感受是思维的产物。[①] 认知疗法与许多其他形式的疗法不同，它关注人现有的思维系统和方法，成年人可以重新训练他们，以在将来有更有建设性的新思维和新行为。认知疗法并不关注是什么原因导致了当前不利的思维和行为模式。

　　认知疗法的重点是帮助行为失调者学习更有帮助的新行为。此外，认知疗

[①] Alford, B. A. & Beck, A. T. (1998). The Integrative Power of Cognitive Therapy. The Guilford Press.

法的理论和实践也可以用于帮助普通人学习新的行为方式，以促进普通人实现目标。教练与认知疗法类似，也是基于思想会影响行为的理论。转化教练的工作方式与认知疗法有相似之处，例如转化限制性信念，与内在批评者对话，扩展视野和运用可视化方法。

变革抗拒

1984年，基根（Kegan）和拉海（Lahey）提出，人的发展意味着人能够从经验中提取意义。这两位研究者研发了"变革抗拒"的过程，帮助人们意识到为什么人们尽管愿意改变自己的行为方式，却往往还是难以做到落实改变。为了揭示出变革的隐藏障碍，他们绘制了包含四列内容的变革抗拒地图，探索承诺与竞争承诺背后的动机，以及哪些"大假设"驱动着个体的行为、限制着个体改变或阻碍个体发展。

神经生物学

近年来，神经生物学领域极大地增进了我们对大脑如何影响情绪和行为的理解。我们现在知道，神经具有可塑性，我们大脑能够改变和成长，人在一生中的所有时期都有可能获得成长和改变。我们也知道了肠脏及心脏如何与大脑的特定部分沟通，以及面部表情、身体反应与神经系统的特定部分有联系。

资源

莎拉·佩顿（Sarah Peyton），www.empathybrain.com。

丹·西格尔（Dan Siegel），www.drdansiegel.com。

史蒂文·波格斯（Steven Porges），www.stephenporges.com。

这些知识对教练实践有很多启示。我们可以和客户重复练习想要培养的思维行为模式，在大脑中创建新的路径。假如客户面临着羞辱、恐惧或压力，而教练带着温暖、接纳的态度临在，那么客户的神经系统能够得到安抚，建立起新的神经连接，以前似乎无法达到的目标将逐渐变得触手可及。

神经生物学的新发现也影响了转化教练在身体与深层情感方面的工作。

教练进行时｜创伤知情教练模型
CFT 转化教练莱斯利·布朗

客户在描述她自己与上司最近的互动时，空气里弥漫着她散发的厚重能量。突然，她的声音变小了，我注意到她的思绪回到十年前的一次会议上。我一面聚精会神地倾听，肯定创伤性回忆给她带来的痛苦，一面支持她继续前进，邀请她审视自己十年来经历的成长。许多教练都与遭受过重度创伤的客户打过交道，对我所描述的这种情况耳熟能详。

什么是创伤

"心理创伤包括目睹或遭遇了极端的痛苦、严重的身体伤害或损伤、胁迫性剥削或骚扰、性侵犯、种族暴力、政治暴力或直接的死亡威胁。"（Marcenich, 2009）

创伤有什么影响？

创伤超出了客户的应对能力，并可能使他们难以发挥身体、情感、智力或灵性的能量和力量。不同个体对于创伤的感知和遭受影响的程度差异很大。许多人为了保障生存会表现出多种反应，包括但不限于：

- 战斗；

- 逃跑；
- 停滞；
- 屈服；
- 终止非必要的任务，这就意味着理性思考的概率降低。

为客户开展教练引导的三阶段方法

生而为人，我们都经历过创伤事件，它们往往会对我们如何经历人生产生深远影响。我们可以使用三阶段的创伤知情教练模型，帮助客户放慢节奏，带着好奇的心态，确定创伤事件的影响，再确定接下来的行动。在第一阶段，我们努力提供安全、支持的教练环境。在第二阶段，我们营造空间协助客户辨识和肯定创伤的影响。这包括与客户有机会讨论他们是否需要额外的精神健康支持。最后，我们在第三阶段创造机会来肯定客户的韧性和内在资源，支持客户重拾自己的力量。

第一阶段：提供安全、支持的教练环境

在第一阶段，教练通过创造有利于身体和情感安全的教练环境来支持客户。为了保障客户的人身安全，教练要帮助客户找到一个不受合作伙伴、家人、顾客、访客或员工威胁或伤害的地方。如果教练引导在线上开展，那么教练应该和客户沟通，确保客户处于他们感到安全的地方。

为了保证客户的情感安全，教练在开始一切教练关系的时候，都与客户共同确定有意识的社区协议。此协议确定了利于保障客户情感安全的策略，包括顺利及困难时期的计划，客户的精神健康历史回顾，确定支持系统，以及规划客户连接社区资源。

第二阶段：协助客户辨识和肯定创伤的影响

在第二阶段，教练支持客户辨识创伤对他们日常生活的影响。创伤往往反映了许多人失去了自己的一部分。我们可以通过辨识创伤，帮助客户与自己失去的部分重新建立连接。

当创伤被引发时，我们可以支持客户暂停下来，并肯定与创伤相关的疼痛、麻木或困惑的存在。

我们也可以帮助客户连接当下，立足于当下，从而协助客户进行创伤性回忆（创伤性回忆是指将客户带回创伤初始时刻的短暂的停顿状态）。

教练的前提是客户已经具备较高功能，并且能够采取前后一致的行动步骤走向他们自己的生活愿景。因此，如果我们注意到客户的创伤使他们无法运作，追求他们自己的目标，我们会：

"确认何时可能需要向客户提出进行心理治疗及／或医学评估的转介。（见第十一章。）

辨别客户在什么时候其实在请求接受心理咨询服务，但依然称之为'教练引导'。

理解高功能人群与需要心理治疗才能摆脱困境的人群所面临的障碍、沟壑、恐惧的强度和时长的区别。"（Benham, K.Fox, S., 2002）

安全计划

教练在支持经历过创伤的客户时，重要的一点是发现带有自杀倾向的行为迹象。活跃的自杀意念包括：已经产生了自杀的愿望，并伴随有待实施的自杀计划。任何人如果有活跃的自杀意念，或认识有活跃自杀意念者，都应该立即拨打911，或前往最近的急诊室。消极的自杀意念指有自杀念头，但没有具体的自杀计划。

制订安全计划

当我们观察到客户有消极的自杀意念，或客户表明他们有消极的自杀意念时，我们支持客户制订安全计划，即一份列明了优先次序的应对策略和支持资源的清单。

安全计划中应该列出可能会导致自杀危机的一切诱因，如失去亲人的周年纪念日、酒精或人际关系压力。安全计划中还应包含医生或治疗师的联系电话，以及在紧急情况下愿意提供帮助的朋友和家人的联系电话。安全计划的基本组成包括：

1. 识别自杀危机临近的警告信号。
2. 协助客户确定和运用他们的内在应对策略。
3. 确定客户的一些联络人，以分散自杀意念和冲动。这包括进入健康的社会环境，如咖啡店或礼拜场所，或与家人或朋友互动，他们可以提供支持而无须讨论自杀的想法。
4. 协助客户联络可能帮助他们解决危机的家人或朋友，并可以与这些人讨论自杀的想法。
5. 联系精神健康专业人士或机构。
6. 协助客户降低近期自杀的潜在可能性。

第三阶段：肯定客户的韧性和内在资源，支持客户重拾自己的力量

在第三阶段，教练肯定客户所具有的韧性和内在资源，协助客户重拾他们因为创伤经历而丢失的力量。"韧性是指面对重大变化、逆境或风险时成功应对的能力。内在资源是指人们在面对新情况或遇到困难时，迅速且有技巧地处理问题的能力。"（Stewart et al., 1991；Greene and Conrad 引用，2002）为了在本阶段帮助客户，教练应该：

- 抱持客户的目标议程；
- 停下来，庆祝客户具有韧性；
- 识别客户善用资源的机智，并进一步发展这项能力；
- 协助客户重拾自己的力量，进而采取行动、实现目标。

我们用这个模型开展教练工作时，自己也可能会经历间接创伤。对教练来说，良好的自我关爱永远必不可少。

参考资料

美国疾病控制与预防中心（Centers for Disease Control and Prevention, CDC）。

童年创伤经历（Adverse Childhood Experiences, ACE）研究，参见 http://www.cdc.gov/ace/。

Greene, R. R. (Ed.) (2002). Resiliency: An Integrated Approach to Practice, Policy, and Research.Washington, D.C.:NASW Press.

Marcenich, L. (2010). Trauma Informed Care, Powerpoint Presentation, Available at: http://smchealth.org/sites/default/files/docs/LMarcenichPwrpt.pdf.

Meinke, L. Top Ten Indicators to Refer a Client to a Mental Health Professional, Retrieved on May 7, 2015 from: www.coachcommunity.de/networks/files/ download.162283.

Stanley, B. & Brown, G. K. (2008). Safety Planning: A Brief Intervention to Mitigate Suicide Risk. Submitted for publication. Retrieved on May 7, 2015 from: www.mentalhealth.va.gov/docs/VA_Safety_planning_manual.doc.

教练模型

我们在教练行业谈论的很多东西都是抽象无形的，例如，情感、价值观、希望和梦想。客户和教练双方都可能感到如堕云雾，而教练模型为我们提供了结构和支持的导航工具。模型是一种概念地图，或者是展示地表总貌的地形图。教练模型作为体系或一系列步骤，清晰地列出项目计划的策略，显示出情感成长的途径，帮助沟通，或协调平衡不同的时间要求。

我们认识到自己的文化视角，帮助我们更有效地与他人合作，而不把自己的信条和价值观强加给他人。黛安·伦纳德（Diane Lennard）说："模型把复杂的教练过程明晰化。教练可以运用模型来关注教练过程中的关键因素，并管理复杂的各个方面，而非忽视教练过程的复杂性。"

虽然教练模型可以作为教练过程的框架和容器，但是这并不意味着我们必须严格遵从模型。与此相反，模型可以支持教练发挥创造力，作为我们可以依赖的支持，特别是当我们把模型视为仍在不断发展的东西时。

使用教练模型的益处

教练使用模型可以帮助客户看到自己在各个阶段的进展，厘清某些问题或情境的不同组成部分，思考接下来的进展方向。不过，从主要方面来说，模型对教练的帮助大于它对客户的帮助。不管是图形模型还是文字模型，教练模型的益处在于：

- 组织教练思路，形成概念框架
- 使用简明的语言，简化概念
- 明确我们对教练的理解和独特观点
- 突出关键因素，把焦点放在重要的事情上
- 创设有趣的问题，发现新的挑战
- 指引教练引导时的决策
- 清楚地表明我们要做什么及其原因
- 作为持续学习的工具

在教练中使用模型

许多教练都接受过特定教练模型的训练。不同的教练工作者可能把自己定

位为整全模式教练、共创式教练或神经语言程序学生命教练。许多模型都对教练领域做出了贡献。一旦你在转化教练方面有了根基，我们鼓励你继续探索其他教练模型所蕴藏的价值。然后，我们邀请你结合自己的文化背景、独特经验和利基市场，来开发你自己的教练模型。

下面是一些教练模型的列表，我们鼓励你来研究、实验和修改它们，以创建属于你自己的教练模型：

清晰模型（Hawkins，1982）

变化阶段模型（Procheska & Norcross，1994）

成长模型（Landsberg，1996）

系统视角（Tobias，1996）

迭代反馈模型（Diedrich，1996）

内部博弈（Gallwey，1997）

共创式模型（Whitworth，Kimsee – House and Sandahl，1998）

单回路、双回路、三回路模型（Hargrove，1999）

解决方案焦点治疗／教练（O'Hanlon，1999）

八阶段模型（Hudson，1999）

多模式治疗模型（Richard，1999）

转变发展模型（Laske，1999）

系统和心理动力学方法（Kilburg，1996，2000）

高管教练系统方法（O'Neill，2000）

CAAACS 模型（Auerbach，2001）

存在主义方法（Peltier，2001）

发展教练（Hunt & Weintraub，2002）

行为教练（Zeus & Skiffington，2002）

建构发展理论方法（Fitzgerald & Berger，2002）

真实的幸福教练（Seligman，2004）

行为框架理论方法（Cocivera & Cronshaw，2004）

REBT 模型（Anderson，2002；Sherin & Caiger，2004）

七重奏教练（Silsbee，2004）

全球经理人教练（Renwick，2006）

历奇为本教练（Kemp，2006）

转化教练（Kellogg，Michaels，Brown & Lasley，2006）

一些客户喜欢使用有结构和流程的模型，而另一些客户则更看重自由。有些人认为模型能带来清晰感、激发灵感，而另一些人则认为模型是局限性和限制性的。模型框架给教练引导提供了结构，而我们要抵制仅仅因为这样就促使客户依从模型框架工作的冲动。我们可以同时给自己一个有力量的教练框架，并在我们希望偏离的时候自由地偏离模型。

要考虑的问题

你想更深入地探索教练背后的哪些学科基础？

教练的历史背景对你的教练观念有何影响？

你还想在自己的教练实践中融入其他什么模型？

第十三章　跨文化教练

鱼只在离开水的时候才会发现它需要水。我们与自己的文化的关系就像鱼和水一样。文化支撑着我们。我们通过它生活和呼吸。被某一种文化认为是必不可少的东西，比如一定程度的物质财富，对其他文化来说可能并不那么重要。

——冯斯·琼潘纳斯（Fons Trompenaars）和查尔斯·汉普登－特纳（Charles Hampden-Turner）

主题
概览
文化
跨文化能力
跨文化教练技能
文化能力框架
拓展跨文化意识

为确保每个人都能够接受教练引导，教练需要具备文化意识并熟练掌握跨文化教练技能。实际上，每段教练关系都是跨文化的：我们都有相似之处，也都有不同之处，这些都能够指引和深化教练引导和教练关系。随着教练领域的拓展，越来越多的人可以接触到教练引导，跨文化教练逐渐发展成为教练的一个重要知识领域。

本章提供的内容是进入跨文化教练丰富和多样化世界的起始点。我们从欣赏不同文化视角出发。文化意识有助于人们探索多样性，并在此基础上发展出有创意和协同的解决方案。作为教练，我们呼应召唤，帮助客户开展跨文化的交流与互动。这些互动可能源于不同文化背景的工作场所、人际关系和社区，或者客户以外籍人员的身份移居到另外一个国家生活。这些可能像男性和女性一起工作，或者年轻人与老年人一起工作一样普遍。移民子女可能会因面临他们生活的国家的主流观点、父母的观点或原籍国的信念之间的分歧而陷入冲突。此外，工作场所、学校、社会服务机构和其他机构都有其独特的文化规范。

随着组织机构合并、团体为提升工作而开展协作以及社区成员寻求服务，客户可能会在教练引导中带来"文化冲突"的议题。教练可以帮助人们加深对自己的社会规范、价值观和信念的觉察和认识，并支持他们选择如何运作和表现。我们可以支持客户在丰富、文化多元的世界面对差异时保有一份好奇心，同时，支持他们以开放的态度面对不同的思想、价值观、传统和风格。要成为高效的教练，我们可以从探索自己的多元文化取向开始，并对自己的信念和观点保有好奇心。通过自我反省、体验式学习、对文化差异保持好奇、阅读有关文化意识的资讯、参加提升文化意识的工作坊，以及发展和练习新技能，我们可以增强自己的文化自觉。

随着全球社区规模的缩小，我们开始与越来越多的、和我们原生家庭的文化不同的人在社群中互动、合作和共同生活。科技的进步使定期与世界各地的人们进行交流成为可能，并且让各组织得以持续扩大联盟。无论是在相似的地理区域还是在全球范围的不同社群之间，教练都可以创造更多机会来发展客户的文化自觉和跨文化意识。在促进有效的跨文化交流中，教练可以在创建一个彼此更加尊重的全球社群中发挥作用，从而利用其所有多样化的资源增加集体的福祉。

在本章中，我们将探讨文化的基础，以及跨文化意识和能力对教练的重要性。我们还将回顾对于跨文化教练来说很有价值的教练技能，并提供一个审视文化差异的框架。

概　览

教练职业正在从一个较为偏狭的关注点（西方文化）和一小部分人群（企业管理者）扩展到每一个国家，并覆盖越来越多的人。尽管文化维度仍未完全融入组织和教练专业中，但随着教练引导的范围从总裁办公室的一隅扩展到主流社会和群体，来自不同文化背景和社会阶层的人对于具有跨文化意识和能力的教练的需求在持续增长中。

教练可能和来自其他文化背景的客户合作，或者促进在不同情境下的跨文化交流和学习，例如：

> 管理多个国家员工的全球经理
>
> 来自多个国家的虚拟工作团队中的专业人员
>
> 具有不同文化视角、为实现共同的团体目标而工作的组织
>
> 遇到相关跨文化差异问题的个体
>
> 在原籍国文化和所处国家文化之间进退两难的初代移民和下一代家庭成员
>
> 在原籍国以外的国家生活和工作的外籍人士

在上述任何一种情境下，教练都可以帮助客户厘清自己的文化观点，认识并尊重文化差异，解决与文化差异有关的问题，并探索新的、互利互惠的和创造性的跨文化工作和相处方式。教练还可以鼓励人们扩展视野，对合作和协同增效的可能性持开放态度，带着好奇心去倾听，提出能引起更多反思和觉察的问题，培养连接和信任。

在本章我们邀请你参与有意义的对话，探索发展有效的跨文化教练所需要

> 跨文化学习邀请我们深入地倾听，探索并挑战长期存在的假设和成见，并为更深入的新知识学习打开大门。

的知识和技能。下一章将深入探讨文化，因为文化与教练中所要涉及的权力和特权有关。跨文化学习邀请我们深入地倾听，探索并挑战长期存在的假设和成见，并为更深入的新知识学习打开大门。我们如何在不评判、不否认、不贬低并且不为自己辩护的前提下真正去听取别人的经历呢？这需要我们拿出意愿和勇气，我们不仅要面对可能出现的不适感，而且要全然拥抱它们。通过完成这部分的工作，我们装备好自己，能够更完整地服务于各种背景的客户，加深彼此之间心灵的连接。

跨文化教练需要的特质有很多：能带来新的可能性的不同视角，诚实地说出当下发生了什么，学习真正重要的东西，倾听他人以理解其如何看待世界，把握增进信任与合作关系的机会。

文 化

文化可以被定义为可被习得与共享的价值、信念和态度系统，这一系统形成和影响人们的感知与行为。文化是人们理解、解释和解决世界普遍问题的基础。文化影响着我们的视角。菲利普·罗辛斯基（Philippe Rosinski）把一个团体的文化定义为"将其成员与另一个团体区分开来的一套独有的特征"。[1]

文化有几个层次或维度，表面上是与特定文化（例如语言、手工艺品、习俗、食物、衣物、艺术和建筑）相关的有形的特征或特点，表面之下是不易被发现的较深层次，包括规范、价值观和基本假设。规范是被文化团体接受的核心内容，它们通常被认为是该团体成员"应该"做的事情。规范是团体中人们赖以生存的法律和社会规则。"那些规范明显不同的文化倾向于用极端的方式

---

[1] Rosinki, Philippe (2003). Coaching Across Cultures: New Tools for Leveraging National, Corporate & Professional Differences. London, UK: Nicholas Breakley Publishing.

来谈论彼此……使用极端、夸张的行为方式就是刻板印象。"[1] 价值观是文化团体所尊崇的理想和愿望。价值观回应以下问题：什么对我们来说是重要的？我们渴望做些什么或成为什么？基本假设是在文化环境中产生的，通常是内在化的和无意识的。当你向他人的基本假设提出挑战时，他们可能会感到困惑或恼怒。

文化不仅和国籍、民族、宗教或种族等有关，还与我们出生后所属的团体，以及我们在个人生活和职业生涯中选择交往的团体有关。我们是多个团体的成员，因此我们也会在多种文化中运作。

除了国籍、民族、宗教和种族等，文化团体还可以包括同处同一地理区域、公司、组织（宗教、专业、政府和非营利组织）、工会、社会经济地位、年龄段，拥有相同专业、性别和性取向，以及具有共同能力或同样身心障碍的人。正如各个团体具有不同的文化，不同组织以及跨国组织中的不同部门和国家分部办事处也有不同的文化。

文化团体的特征、视角和行为并不一致，而是呈钟形曲线分布。平均而言（曲线顶端），成员表现出相似的偏好和观点。在曲线的外边缘，成员会共有一部分但不是大部分的群体特征。另外，团体内部也会有亚文化。

拥有不同文化背景的人互动的现象越来越普遍。这可以表现为，来自不同地域的虚拟团队在同一项目中合力工作；一个人与来自另一个遥远国度的呼叫中心代表交谈；一个城市展现出文化多样性，比如纽约；负责多个国家/地区运营的全球经理；来自不同国家的人们在同一个网络平台上分享同一个兴趣话题；非营利组织的工作人员为低收入客户赋能；社会变革行动者们一方面致力解决核心问题，一方面与为解决方案提供资金的人们合作——我们能看到，可能性是无穷的。

你的一些客户会把跨文化的议题带入你们的教练关系中，这方面的可能性

---

[1] Rosinki, Philippe (2003). Coaching Across Cultures: New Tools for Leveraging National, Corporate & Professional Differences. London, UK: Nicholas Breakley Publishing.

越来越高。你的文化观点也会有意识或无意识地影响你的教练引导——你的感受、态度、感知和行为会影响教练引导的深度和效果。

多元文化教练经常会举办团体教练引导，以支持来自多个国家的团体讨论跨文化的挑战。下面是一个示例：

> 在第一次会议上，人们试探着展开交谈。一名来自瑞典的男子为大家没有努力读出他的名字表达了失望。一位来自德国的妇女表达了对会议延迟开始的绝望。一名来自巴基斯坦的男子哀叹英国人不理解他的幽默。他讲述自己在巴基斯坦生活时是一个非常风趣的人，现在要放弃这个部分让他感到难过。当他说到这里时，教练请大家做片刻的静默，房间里的每个人都感受到了他的巨大损失。运用沉默能够加深人们对彼此的好奇。这激发大家深度探索自己独特文化中的最欣赏之处，以及如何共创尊重差异的新文化。

我们如何看待与自己视角不同的人，通常与我们出生时所属文化团体或现在所属文化团体有关。人们针对外来刺激所做出的反应和后续的行动，与他们赋予刺激的意义直接相关。不同文化所赋予的意义可能会有所不同。比如，重视竞争、获胜和个性的文化视角能够培养对每个人独特天赋的尊重，但也会导致打击生产力的比较和评价。

跨文化能力

我认为我们必须承认彼此之间存在的恐惧，然后，以一些切实可行或日常的方式，找到与我们被养育教导的视角所不同的目光来看待他人。

——爱丽丝·沃克（Alice Walker）

> 在跨文化交流和教练中，能力并不在于到达终点，而在于持续的学习过程，这一过程可以帮助教练和客户看到新的视角并在更广泛的选择范围中行动。

当我们想到能力时，我们通常会想到精通掌握。在跨文化交流和教练中，能力并不在于到达终点，而在于持续的学习过程，这一过程可以帮助教练和客户看到新的视角并在更广泛的选择范围中行动。在这种开放的状态下，我们可以支持客户以及我们自身持续地实现一致性和成长。与价值观保持协调一致有助于投入创造性的解决方案中。正如我们在第二部分所探讨的那样，当客户越来越协调一致时，他们的关注点就会从可以为自己做点什么转移到可以为世界做出什么贡献。我们观察、理解和体验不同文化视角的能力让我们能够在世界上做出更大的贡献——在这个世界上，合作可以导向协同。

苏等人（Sue and Sue，2008）这样描述多元文化能力：

> 多元文化能力不是终点。这是一个持续学习的过程——在这个过程中不断激发自我觉察和评估继承而来的偏见、刻板印象与观点，同时提升人们的文化意识，以及对不同文化背景人群的经验的认知。[①]

苏等人把具有文化能力的助人行业人士定义为：

> 积极地意识到自己对人类行为、价值观、偏见、先入为主的观念及个人局限等的假设。（态度和信念部分）
> 积极地尝试去理解拥有不同文化背景客户的世界观。（知识部分）
> 与不同文化背景的客户合作时，积极地发展并践行适当的、相关的、敏感的干预策略与技巧。（技能部分）[②]

---

① Sue, Derald Wing & Sue, David (2008). Counseling the Culturally Diverse:Theory and Practice. Hoboken, NJ:John Wiley & Sons.
② Sue, Derald Wing & Sue, David (2008). Counseling the Culturally Diverse:Theory and Practice. Hoboken, NJ:John Wiley & Sons.

> 跨文化教练的能力延展开来，包括三个组成部分：自我意识（与态度和信念有关）、知识（与不同文化背景的他人有关）和技能（支持跨文化的连接）。

跨文化教练的能力延展开来，包括三个组成部分：自我意识（与态度和信念有关）、知识（与不同文化背景的他人有关）和技能（支持跨文化的连接）。

米尔顿·班尼特（Milton Bennett）提出了跨文化能力发展的六阶段模型。[1] 这六个发展阶段代表的是对文化差异的敏感性的提升阶段。

班尼特指出，我们是从民族中心主义阶段（以个人文化为中心）过渡到民族相对主义阶段（在其他文化的大背景下体验个人文化）来发展跨文化能力的。菲利普·罗辛斯基提出了第七阶段：利用差异。他认为这一阶段与释放人们潜能的教练理念一致。[2] 当我们经历这些阶段时，我们会提升跨文化背景下的能力。这些阶段与具体情境相关——你可以在一种情况下处于一个阶段，而在另一种情况下处于另一阶段。

民族中心主义

1. 否认（否认存在文化差异；漠不关心；回避）
2. 防御（承认文化差异并对其进行防御；消极地看待它们；我们与他们的思维定式；"我们最知道"）
3. 轻视（承认文化差异，但将其视为微不足道的；假设相似之处胜于差异；"我们很包容，没有种族偏见"）

民族相对主义

1. 接纳（承认、尊重和重视文化差异；需要更多的技能来实践）
2. 适应（表现出文化意识和跨文化能力；以适当的开放和信任来探讨文化差异）

---

[1] Bennett, M. J. (1993). Towards Ethnorelativism: A Developmental Model of Intercultural Sensitivity. In R. M. Paige (Ed.), Education for the Intercultural Experience (pp. 21–71). Yarmouth, ME: Intercultural Press.

[2] Rosinski, Philippe (2003). Coaching Across Cultures: New Tools for Leveraging National, Corporate & Professional Differences. London, UK: Nicholas Brealey Publishing.

3. 整合（将自己的文化视角与其他文化视角相融合）
4. 运用差异（充分利用文化差异，统合综效，相互促进）

我们可以使用这一模型来帮助客户评估他们是如何看待和回应文化差异的，并找到尝试其他观点、赋能他人或采取协作行动的机会。罗辛斯基认为，教练很难在自己未掌握的阶段对客户进行有效的教练工作。作为教练，我们需要引领客户实现一致性，以便客户有力量和创造性地生活。为了实现有力量的整合一致，客户需要把自己的每一个部分都带入教练过程中。他们在高度信任、有文化意识和能力的关系中可以自在地做到这一点。这就要求身为教练的我们首先做好自己的文化内在工作。

曾经独立的数个本地团队，如今新组建为一支多元化全球团队。在教练的帮助下，他们完成了班尼特所定义的文化发展阶段。

一家在许多国家开展本地业务的大型公司开始全球化他们的团队，同时标准化了各项工作。工作团队变得越来越多样化，对于一个全球性的IT团队而言，团队的成功、生存以及按时完成项目取决于团队消除差异和学习相互信任的能力。这个团队从班尼特的第二阶段（防御）起步。团队承认文化差异，但显然不愿意被组织成一个团队。当时的信任度处于历史最低点。欧洲人不相信美国人能完成工作。美国人不喜欢欧洲公司总部制定的规则。这显然是"他们"与"我们"的思维定式。全球负责人组织了一系列面对面的团队建设会议以解决信任问题，并创造跨文化学习和分享的机会。这些会议在瑞士、德国、法国和英国举行。因此，作为活动的一部分，团队成员有机会体验各种当地文化。这些经历成为该团队成员工作生涯中最丰富、难忘的部分。该团队人员包括美国人（黑人、白人、华裔和菲律宾裔）、德国人、法国人、瑞士人、英国人、澳大利亚人，基督教徒、穆斯林，男性、女性，年轻人、中年人，苗条的人、超重的人，运动员和非运动员。为增进彼此的了解和相互支持，解决对于不同成员来说难易程度不同的挑战，他们学会了放下控制，开始去倾听，并敞开包容。在最初几年的全球团队合作中，面对面的团队建设经验带来了高度的信任和友谊。一开始他们先分享各自的故事以增进彼此的了解，然后他们共同解决身体和智力方面的挑战。工作之余他们会开启远足旅行，也会在酒吧里对饮笑谈。

信任使他们能够像一台运转良好的机器一样全天候工作，利用全球时差来保持项目的顺利运行。他们学会了利用文化差异，重视每个团队成员的贡献，协作按时完成项目。他们知道每个人都是值得依赖的。除了与工作相关的合作之外，他们还通过组织视频会议来增进联系，比如跟另一个国家的团队成员聚在一起，庆祝人生大事。

跨文化教练技能

特定的教练技能和方法可帮助教练建立有效的跨文化教练伙伴关系，并支持他们在跨文化互动中拓宽客户的视角。接下来，我们在跨文化背景下来探索其中的一些技能。

意识

每当我们进行教练，尤其是跨文化教练时，我们如何警觉到自己的无知呢？我们如何才能放下对客户经历自以为是的了解，把一切都视为待解的谜团来处理呢？提升意识的一部分是学习和拥抱我们自己的文化和经验，另一部分是学习文化偏见和特权，由此，我们才不会假设别人也有跟我们相同的经历。谦虚来自意识。我们是如何表达探索和学习的愿望的呢？

好奇心

一旦清楚地知道我们并不了解他人的经历，我们便可以带着好奇心进行教练。为避免做出假设，我们要带着好奇心针对客户的经历去发问。

脆弱

当我们愿意谈论自己的经历以及缺乏经验时，我们便为客户提供了一个安全和开放的空间。

自我管理

我们学会在自己的情绪反应被触发时辨识它并与自我连接。我们照顾好自己，这样我们就不会陷入愤怒或者匮乏。我们从自己的文化经验中学习并欣然拥抱自己的文化经验，这样我们就不会在面对他人的文化经验时感到被威胁。我们的情绪反应被触发时，客户会注意到，并且以后可能会避免触碰这一话题，除非我们愿意以开放的心胸说出正在发生的情况，并可以进一步探索或者保持临在。自我管理的另一个方面是认识到我们对客户基本假设的评判，并将其转化为好奇心。这样一来，我们便可以理解客户的观点以及产生这些观点的文化基础。由此，我们能够从多个角度来看问题。

赋能式问题

遇到客户可能退缩隐瞒时，帮助我们了解发生了什么的一种方法是提出引发思考的开放式问题，以唤醒客户和我们双方的深层觉察。

深度、转化式的倾听

在深度、转化式的倾听中，当客户提出问题时，我们会倾听自己的观点或评判，同时也会倾听客户的用语、语调、语速以及更为深层的信息——那些没有表达出来的部分。我们也倾听想要显露出来或释放出来的部分。

除了上述核心技能外，我们还可以通过直面跨文化问题并抓住机遇来唤醒内在力量。实现一致性的五种路径有助于支持客户解决跨文化问题：

  探索需要和价值——与文化价值建立同理连接
  扩展视野——探索各种选择，改变文化观点
  体验当下——支持全然的临在陪伴困难的情绪
  展望未来——敢于去梦想一个所有人都受到尊重并被荣耀的世界
  拥抱阴影——回应内化压迫

位于美国东海岸和西海岸的两家公司进行全球合并和重组后，重组公司为美国东海岸的团队设计了一个团队建设工作坊，其中融入了转化教练技能：

> 文化冲突使得美国企业的合并变得特别具有挑战性。结果是，对于东海岸团队的成员来说，很多事情发生了许多变化。有些人失去了弹性的工作时间，有些人被安排了他们不喜欢的新工作职责。尽管团队成员仍然努力工作、关注客户，但是团队的士气却比较低落。对合并的不满及其对工作的影响，使团队陷入无能为力的局面。教练首先与当地经理开展了一系列面对面的会议，然后与团队成员一对一访问，这有助于教练评估整体情况，并让团队成员有机会表达他们各自的担忧。一个为他们量身定制的体验式工作坊支持他们学习一系列的教练和沟通技巧，从而支持他们搭建一个更为高效、投入和有力量的团队。他们学会了探索自身的感受和需要，提出开放式问题，更有效地倾听，提供建设性反馈，提出请求并探索不同的观点。他们共同为团队设计了一种更能激励成员参与的推进方式。当他们有能力设计新的协作方案，解决他们曾经认为无法解决的问题时，团队成员之间的关系以及他们与经理之间的关

系开始得到改善。在并购过程中，即使是在同一个国家，不同的组织文化也经常会发生冲突。通过提升我们对不同观点的开放性和意识，我们就能找到机会开发出新的、更具协同作用的方法——这种角度源于一种融合了双方优点的两全其美的新文化。

文化能力框架

文化以隐性和显性的方式影响着每一个个体和群体。荷兰跨文化传播和国际管理理论家冯斯·琼潘纳斯与查尔斯·汉普登-特纳共同提出了一个关于民族文化差异的模型。[①] 琼潘纳斯和汉普登-特纳研究了国家层面的文化差异如何影响人们共同开展业务或管理他人。他们发现："每种文化都是通过针对特定问题选择特定解决方案的方式而区别于其他文化的，这些问题通常会暴露出让人们进退两难的困境。"[②] 在他们的研究中，他们观察到各种文化对具体情形、策略和方法所赋予的意义。该模型有七个维度，这些维度代表着不同民族文化中的人们如何解决来自三个主要领域的问题：与他人的关系、与时间流逝的关系以及与环境的关系。前五个维度阐述了我们如何与他人相处。这些维度有助于理解来自不同民族团体的人们之间的互动。

该模型的七个维度是：

1. 普遍主义与特殊主义（规则与关系）
2. 个人主义与社群主义（个人取向与群体取向；"我"与"我们"）
3. 中立与情感（表达情绪的程度）

[①] Hampden-Turner, Charles & Trompenaars, Fons (1998). Riding the Waves of Culture: Understanding Diversity in Global Business. Second Edition. New York, NY: McGraw-Hill.

[②] Hampden-Turner, Charles & Trompenaars, Fons (1998). Riding the Waves of Culture: Understanding Diversity in Global Business. Second Edition. New York, NY: McGraw-Hill.

4. 具体与分散（以具体的预定方式形成相互关系，与不断变化以及背景相关）
5. 成就与归属（通过努力和工作获得地位，基于家庭和权力来获得地位）
6. 对时间的态度（例如，顺序与共时性；一次做一件事情与一次做几件事情；关注当下/未来与关注过去）
7. 对环境的态度（例如，内部与外部；我们控制环境与环境控制我们）①

琼潘纳斯与汉普登－特纳在55个民族文化中测试了这些维度。企业管理者或组织领导者可以运用这些研究结果来预测拥有不同文化背景的人在工作环境中的表现。该框架还为教练提供了有力的视角，以支持客户使用有意图的语言来命名和回应文化议题。通过支持他们意识到文化的潜在影响，我们可以为他们赋能，让他们有能力做出新的、大胆的选择。

下表提供了琼潘纳斯与汉普登－特纳所提出的三个文化维度的具体特征：

1. 普遍主义与特殊主义	普遍主义：标准和规则优先于关系。可以定义和应用正确的解决方案
	特殊主义：关系和独特的环境比规则或合约更重要
2. 个人主义与社群主义	个人主义：人们把自己视为社会中独立存在的个体
	社群主义：人们认为他们的个体身份与他们在更大群体中的角色是融为一体的
3. 中立与情感	中立：情绪是被禁止的，并非决策时的关键因素。冷静的逻辑被视为保持决策清晰的关键
	情绪化：有各种各样的情绪是正常的，如开怀大笑、生动的手势和提高音量

资料来源：改编自汉普登－特纳与琼潘纳斯②。

---

① Hampden-Turner, Charles & Trompenaars, Fons (1998). Riding the Waves of Culture: Understanding Diversity in Global Business. Second Edition. New York, NY: McGraw-Hill.
② Hampden-Turner, Charles & Trompenaars, Fons (1998). Riding the Waves of Culture: Understanding Diversity in Global Business. Second Edition. New York, NY: McGraw-Hill.

教练领域普遍认为，个人有能力创造自己想要的生活。我们相信能为客户提供无限的可能性，并帮助他们最大限度地发挥个人潜能。

普遍主义与特殊主义

作为琼潘纳斯与汉普登-特纳模型的一个实际应用例子，普遍主义的观点和解决问题的方法在瑞士、美国、加拿大、澳大利亚和英国更为普遍。在这些国家，人们重视规则多于关系。相比之下，法国和印度则倾向于采用特殊主义的方法，因为人们重视关系多于规则。这对在全球组织中工作的人们有什么影响呢？对于那些来自具有普遍主义倾向的国家，但其文化根源是特殊主义的人（例如华裔美国人），又会产生怎样的影响呢？想象有一家新兴的全球化制药公司，其虚拟工作团队由来自美国、英国、瑞士、法国、德国、波兰、澳大利亚和印度的成员组成。那么他们所面临的挑战是什么，机遇又会是什么？其中一个例子是，普遍主义的方法可能是通过简短的会议和详细的法律合同进行商务往来，而在奉行特殊主义的国家，人们则更看重花时间建立关系，因为基于这种关系的某人所说的话比合同重要得多。当公司追求全球化时，它们常常试图在不同国家推行标准化方法。其基本假设是一种普遍主义的观点："在这里行得通的东西，对每个人来说都是好的"，或者"在我们这里行得通的东西，在其他地方一样也行得通"。这种方法没有考虑到的是，这些政策和方法在不同的文化中如何被接受，特别是在关系比规则更重要的文化中。

个人主义与社群主义

教练引导是基于关系的，它虽然起源于美国，但同时也在以下基本假设下运作：我们的教练方法适用于所有文化（个人主义）。因此在有些情况下，我们也适宜调整教练引导，以尊重、肯定和支持各种文化差异。

在美国的个人主义文化中，人们更强调独立于社会的个人成就。教练领域普遍认为，个人有能力创造自己想要的生活。我们相信能为客户提供无限的可能性，并帮助他们最大限度地发挥个人潜能。我们相信这一点，并且希望持续地意识到基于这种信念而产生的文化偏见——尊重我们的某些客户可能会有不同看法。例如，对于像来自印度这样的奉行社群主义的国家的客户来说，要认同这一观点并非那么简单，因为在印度，家庭和群体责任通常与个人成就和满足一样重要。

普里亚（Priya）是一位三十岁出头的印度裔美国女性。她开办了一家小型整全健康修习馆，目前运转也很成功。最初来参加教练引导时，普里亚想要规划如何实现事业上的目标——她想要进一步扩展业务，将其发展得更像是一个"成熟的生意"。她的客户喜欢她脚踏实地的精神、温馨的办公氛围、她的拥抱，以及她所提出的针对医疗保健各个方面的有爱建议。经过数次教练引导，针对她的职业目标进行了梦想、厘清和目标设定后，普里亚透露了一些令她深感困扰的事情。虽然她一如既往地热爱自己的事业，但按照家庭的评价标准，她并不成功。有一间更令人赞叹的阔气办公室、全体员工身着制服、有前台接待、发展出专业风范，这些才是令家人满意的状态。她的热情并不在此。然后普里亚透露，她和男友（非印度裔）想结婚，他们已经秘密交往了六年。她的父母认为他们只是一般朋友。她说自己必须在男友和父母之间做选择，然而她又不知道该怎么办。她的父母根本不会接受他，并且父母也会为她的选择感到羞耻。她讲述了当姐姐从家里逃走并嫁给一个低种姓的印度男子时，父母当时多么伤心。普里亚与父母的关系非常亲密，也因为还是单身，她和父母生活在一起。朋友给她的忠告是要嫁给自己爱的人。在父母和男友之间如何抉择？普里亚感到左右为难，因为她认为两者不可兼得。

你将如何为普里亚提供教练引导呢？
普里亚如何做到在尊重自己的同时，也能保留对她来说重要的文化连接？
当她面对这些问题时，作为教练，你将如何给她提供最好的支持呢？

曼努埃尔（Manuel）是一位富有戏剧天赋的拉美裔美国人。他于2004年从墨西哥移居美国，至今还不能熟练运用英文交流。2006年，曼努埃尔在从事外联工作期间，因为与移民和无证人口的接触而感染了艾滋病。他经常生病，需要保持高度警觉定时服药、定期看医生，照顾好自己的身体。所有这些对于健康的关注使得曼努埃尔在他兄弟和表亲看来是个"软弱"的人。他经常被戏弄，还被嘲笑"很娘"。曼努埃尔非常爱他的家人，他无法想象没有他们的生活。但是，亲人们的表现极大地影响了他的自尊和自我形象。他认为家人怀疑他是同性恋，这导致了他们会开这些麻木不仁的笑话。尽管曼努埃尔在工作和个人生活中已经公开出柜，袒露了他的同性恋身份，但他没有想过向家人公开。他认为，这对他们来说太难接受了，这会让他遭受与家人断绝关系的风险。与此同时，在家人面前掩盖一大部分真实的自己也让曼努埃尔感到非常痛苦。

你将如何为曼努埃尔提供教练引导呢？
考虑到曼努埃尔的文化将会影响他实现梦想的能力，你会如何教练他？
曼努埃尔发展个人身份认同的能力是如何受到其文化价值观影响的？

塔拉（Tara）是一位年轻的巴基斯坦裔美国人，现年24岁。她是加州大学伯克利分校公共政策专业的半读学生，同时她还在一家非营利组织做兼职工作，帮助无家可归、与外界脱节的18至24岁年轻人。在塔拉的教练引导中，她经常谈论内在两个自我的撕裂感受——每个星期五晚上都要回到父母家中与家人度过周末的自我，以及积极参与咖啡馆的政治讨论、逛旧货商店，并用在车库大甩卖中捡漏的缝纫机给自己做衣服的具有波希米亚艺术气质的自我。塔拉分享了她对家人的愤怒和不

> 跨文化能力之旅始于自我评估和自我觉察。它需要我们带着一份同理心去深度倾听跟我们有文化差异的人。

满，因为家人不鼓励她追求自己的梦想和充实的人生。塔拉的大家族给她的父母灌输了很多恐惧，因为他们的女儿还没有嫁给一个优质的穆斯林男人。此外，让塔拉感到沮丧的是，她的大学同学们不需要做兼职来支付学费。塔拉认为自己一直处于劣势，因为她不像同学们拥有很多闲暇和学习时间。

你将如何为塔拉提供教练引导呢？
在塔拉实现梦想的能力中，文化起到了怎样的作用？
集体主义文化对塔拉产生了怎样的影响？
个人主义文化又如何影响了塔拉？

在工作领域中，个人主义方法的一个实例是按绩效付薪酬，即对个人的努力给予认可和奖励。而在更倾向于社群主义的国家中，这种突出某些员工的方法与他们认为团体比个人更重要的观点相悖。他们可能不接受这样的方法，即展现某些成员的出色之处，同时对团队其他成员有负面影响或招致负面比较的方式。他们可能将个人的杰出表现看作是个体的努力使团队所有成员受益。

反思你的文化教育，琼潘纳斯与汉普登-特纳提出的哪个文化维度最能准确地反映你和你的文化群体？

在跨文化企业工作时，该模型如何帮助管理者、领导者和教练？想想和你交往的来自另一种文化的人，你认为哪一种描述适合他？

这种意识会如何影响你的跨文化交流和沟通？

拓展跨文化意识

跨文化能力之旅始于自我评估和自我觉察。它需要我们带着一份同理心去深度倾听跟我们有文化差异的人。在我们寻求建立基于相互关系、开放和信任的跨文化联盟时，它也邀请我们去挑战长期以来的成见、偏见、先入之见和传统的行事方式。我们通过进行困难的对话、换位思考、以新的眼光看待问题，培养跨文化的能力。有规律地练习、愿意直面失败并从中学习，有助于我们发展与人相处的新方式。这段旅程颇具挑战性，但在挑战之中也蕴藏了丰厚的回报。对他人的不同观点和经验持开放态度，也给我们带来了丰富的新主意、新观点和新智慧，使我们能够更好地成为国际社群中完整、真诚和慈悲的一员。通过踏上这段旅程，我们开始摆脱那些令我们陷入精神萎靡的恐惧和习得的偏见。人类是社会性动物；我们注定与彼此连接交流。当我们彼此被隔绝时，我们就不再完整。

加强跨文化教练的建议：

审视自己对客户所在文化团体的观点、想法、偏见和刻板印象。

邀请客户帮助你从他们的角度看问题。

基于客户的文化背景和个人需求来考虑指导性或结构化的方法。

可以利用与文化相关的一些东西，比如传统习俗、电影、故事、音乐、榜样人物等，以比喻、布置作业或探索问题的手法运用到教练关系中。

警惕那些不能引起某些客户共鸣的教练习语。

来自中立文化的客户不太习惯于个人分享和情感表达，因此，他们提出的问题可能更多地与学术或职业问题有关。

对于外来文化的客户，他们提出的议题可能更多地与学校和工作场合有关，也会更多地涉及挑战他们的核心价值的领导方式和社会压力。

考虑分享信息背后的文化背景，并根据需要调整你所采用的方法。

了解每个客户的文化背景以及客户独特的自我身份认同。

对一些文化来说，灵性更多的是一种通过习俗、仪式和对信念的肯定来践行的文化观点。根据客户的兴趣和需求，将这些不同的做法融入教练引导中可能会令人耳目一新。

在集体主义文化中，你可能不仅仅是在教练一个个体。个体可能会比较强烈地认同自己是家庭或社群不可分割的一部分，影响客户的也就意味着会影响整个家庭或社群。

在探索环节中倾听种族身份认同。

确保你运用的素材能够反映出客户的多样性。

要考虑的问题

你最早或重要的文化差异经历是什么？

在文化或身份认同（年龄、种族、民族、宗教、性别、性取向、能力等）上，你如何定义自己？

在融合跨文化差异的有意义的对话中，对你来说什么是重要的？

在学习并致力发挥文化能力的过程中，我们重视的价值是什么？

反思你的文化教养背景，你接收到了怎样的文化信息？这些信息又是如何塑造你的？

为来自不同文化背景的客户提供教练引导时，可能会出现哪些问题？

想要成为一个具备高文化能力的教练，你会怎么做？

在文化能力教练引导中，你的价值观是什么？

第十四章　权力、特权和教练

我的工作跨越种族、阶级、地域和民族的隔阂，直接与人们的心灵、思想和情感相连。

——叶莉莉（Lily Yeh）

主题

概览

为什么意识很重要

理解权力的外部力量

特权

微歧视

信任

交叉性——同时生活在多重世界里

多样化的经历和声音

案例研究

总结

随着教练行业的不断发展，教练从企业界延伸到许多其他领域。为达到理想的教练效果，教练需要理解权力和特权如何影响跨文化互动。那些致力培养文化能力的教练会越来越有意识地建立加深信任的真实连接，并积极地提升自身的相关能力。这包括理解权力、特权、偏见和歧视如何有意识或无意识地影响着关系。

我们都是文化影响的产物，并且我们还会把自己的价值观、准则、信仰、生活方式和生活机会带入我们的关系中。

我们如何共创一个教练联盟，从而让客户和教练能够充分、全面地展示彼此完整的状态呢？我们如何创造条件，让我们每个人真诚脆弱地分享基于种族、宗教、性别、能力、性取向、种族或年龄的偏见或歧视经历呢？当某位客户以刻板形象给其他群体贴标签，或者说了一些让我们感觉被冒犯或伤害的话时，我们该说点什么或者做点什么呢？我们如何在不贬低或否定他人的感受、价值观、观点和生活方式的情况下，对触发我们情绪的诱因保持警惕并管理好我们的情绪反应呢？我们都是文化影响的产物，并且我们还会把自己的价值观、准则、信仰、生活方式和生活机会带入我们的关系中。在跨文化教练关系中，当我们没有回应那些未被言说的暗涌时，它们可能会影响教练引导的整体效果。那些愿意进行深层次的内在学习和跨文化学习的教练，将有机会为世界的变化和转化工作做出贡献。

机会有哪些呢？转化领导力组织将权力、特权、等级和文化贯穿于课程设置，以及组织政策和实践，因此具备文化能力的教练可以在以下方面做出贡献：

增强教练职业的包容性和多样性。

让教练引导对每个人来说都更加有效、更易获得，无论大家的种族、性别、性取向、年龄、社会经济地位、身体能力或语言能力如何。

支持不同文化背景的客户回应内化压迫，并支持他们勇敢地活出自己完整的力量，让他们自己、他们的家庭和他们所处的社区受益。

改变人们跨文化领导、沟通和合作的方式，以解决世界各地的社群问题。

支持客户加深对多样性的意识，并关注他们希望如何利用所拥有的特权做出更大的贡献。

在本章中，我们将：

引入有关文化身份认同、信念、偏见、先入为主的成见和刻板印象的自我觉察；

提高对导致跨文化误解和不信任因素的认识；

提供信息，以增进对其他不同文化背景人群的了解；

探索教练如何与提出安全、尊重或权力差异议题的客户建立信任、有效的关系。

概　览

> 我们都知道，多样性织就了一张绚丽多彩的挂毯。我们也应当明白，挂毯上的所有丝线，无论颜色如何，其价值都是平等的。
>
> ——玛雅·安杰卢（Maya Angelou）

属于主导文化（权力文化）的人很容易在日常生活中忽略自己的权力和特权带来的影响。当人们感到自在时，他们会把很多事情视为理所当然，比如贷款、住房和教育等资源的享有资格。他们可能没有意识到那些拥有权力或特权较少的人所面临的问题。

保罗·基维尔（Paul Kivel）说过："每当一群人比另一群人积累了更多的权力时，这个更有权力的群体就会创造出一种环境，将其成员置于文化中心，而将其他群体置于边缘。"在更有权力的群体（"内群体"）中的人会被接受为常态，所以如果你处在那个群体中，你会很难看到自己所获得的好处。[①] 群体内的成员没有意识到他们被自己的权力文化所包围。他们往往不知道自己的视角是受限的，或者他们不知道如何去跨越差距，从而成为有效的跨文化交流者和协作者。基维尔继续说道："我们仍然没有意识到我们所拥有的优越地位和机

---

① Kivel, Paul (2000). The Culture of Power. Retrieved from http://paulkivel.com/articles/cultureofpower.pdf.

会,仅仅因为我们是白人、男性、身体健全的人或异性恋者……处于边缘的人只能在不利条件下和他人的评判中参与,这让他们拥有极大的劣势。为了融入主流文化,他们往往不得不放弃或隐藏自己的身份。"[1] 作为教练,我们的部分职责便是帮助客户摆脱自我隐藏,大胆地分享更多自己的面向。

从历史上看,教练专业源自并集中于白人、中上层阶级、异性恋和企业文化。因此,其文化源头自然会产生一些固有的盲点。考虑到以上因素,教练引导和慈善项目(Coaching and Philanthropy Project,CAP)[2] 的目标之一便是为教练培训组织收集建议,以更有效地回应文化能力议题以及服务非营利组织。这些建议是通过有色人种教练联盟(C3)提出的,这是一家在有色人种社群有着深厚根基的非营利专业人士组织,其成员通过 CAP 的培训成为教练。他们建议做出调整,使教练专业在文化上更加贴合非营利领域。例如,大多数教练模式和框架仅限于主流社会成员的经验和思想,他们的理念和商业模式要求并不包括来自世界各地的、拥有其他背景和传统的人的经验。此外,有色人种教练联盟发现,许多教练培训师没有以有色人种的生活经验为基础,也没有搭建可供有色人种及其社群参考的积极框架。此外,培训师通常以劣势思维为出发点,而没有使用具有文化意识的语言。

在我们与有色人种教练联盟的对话中,他们提出了许多建议。针对如何发展具有文化能力的教练专业,他们的建议有:

> 要求培训师参加文化能力、反偏见和白人特权方面的培训,并使文化能力成为教练认证要求的一部分。

---

[1] Kivel, Paul (2000). The Culture of Power. Retrieved from http://paulkivel.com/articles/cultureofpower.pdf.

[2] 教练引导和慈善项目是由 BTW、CompassPoint 非营利服务组织、捐款者有效组织以及有效领导力组织共同发起的。来自 W. K. 凯洛格基金会、哈尼施基金会、詹姆斯·欧文基金会、戴维·露西尔·帕卡德基金会以及伊芙琳和小瓦尔特·哈斯基金会的慷慨资助和支持促成了该项目工作的开展。

保持好奇心和开放是关键。我们可以积极探索并改变我们的文化偏见，以及任何阻碍我们和与我们不同的人之间连接的东西。

发掘以下问题背后的假设，包括教练的背景和经历如何影响他们看待世界的方式？这些观点和范式又如何影响他们所提出的各类问题（或让他们感到好奇的事物）？

引入有关内在的、人际的和结构化压迫的信息，并探讨这些压迫如何与客户产生关联。

提升对当今种族主义及其影响的认识，并肯定这是存在于世界上大多数国家的现实。

建立来自非营利领域的案例研究。

为非营利领域的受训者提供智库、兴趣团体和支持性组织等方面的赞助。

积极提供免费或低成本的项目和资源，以扩大影响，惠及最能受益的人群。

转化领导力组织的愿景是：让每个人都有机会得到教练引导。我们展望了一个未来世界，在那里人们可以基于自己的各个方面进行创造。为了支持教练引导更广泛地惠及所有人，教练需要学习如何与主流文化之外的人建立有效的教练联盟。例如，我们如何支持一个残疾人在为健全人创建的世界里生活？或者，当有人生活在一个大多数人的宗教信仰与其不同的社区中，当新移民在新的文化环境中挣扎，又或当有色人种不得不面对微小的或者公然的种族歧视时，我们将如何向他们提供支持呢？

我们的目标是创造安全的环境，支持人们讲出真话和分享相关的生活经历。这需要我们每一位教练参与一些内在的工作，这样我们才能真诚地传递我们对每个人的文化经历和背景的重视。保持好奇心和开放是关键。我们可以积极探索并改变我们的文化偏见，以及任何阻碍我们和与我们不同的人之间连接的东西。

我们如何更好地了解自己的个人影响力？跨文化意识和能力培养包括以开放的心态向我们视为与自己不同的人，以及将我们视为与他们不同的人学习。

> 跨文化交流邀请我们进行持续的自我评估、体验式学习和技能提升，以促进可以跨越文化和权力差异的心灵连接。

这可能包括向因种族、族裔、性别、性取向、能力、年龄或其他差异而经历过偏见或歧视的人学习。

为什么意识很重要

> 我认为我们必须承认彼此之间存在的恐惧，然后以一些切实可行或日常的方式，找到与我们被养育教导的视角所不同的角度来看待他人。
>
> ——爱丽丝·沃克

作为教练，我们与客户共同创造了一种关系，以激发他们的真实性、探索力、活力、与核心价值观的一致性以及有勇气的行动。对于主流文化之外的人来说，这种关系的共创并不总是那么直接和简单，因为他们为了在这个世界有所作为而学会了隐藏自我的一些部分。我们可以通过建立信任、开放、真诚的伙伴关系，以及分享和真诚邀请来唤起那些被隐藏的部分。这并不意味着教练和客户只是简单地认为，具有不同文化背景的客户可以自由地把所有东西都带进教练过程，并把这个责任放到自己身上。你说了什么、如何说的（甚至你没有成功说出的话）都会影响这段关系。例如，如果一位教练说："种族和文化对我没有任何意义。我只是把你视为一个个体。"客户可能会感到疏远。即使抱有最好的意图并且毫无恶意，我们也可能传达出这样的信息："你的经历与挣扎，你来自哪里，这些并不重要"，或"我不想跟你一起去那些混乱、敏感、艰苦的地方"。

我们如何以真实、尊重和有意义的方式与来自不同文化背景的人（包括那些我们认为拥有和我们相同的文化或身份认同的人）建立连接和信任，会影响到他们分享最关切话题的意愿。跨文化交流邀请我们进行持续的自我评估、体验式学习和技能提升，以促进可以跨越文化和权力差异的心灵连接。我们审视自身特权、偏见和成见的能力会影响我们的教练效力。随着我们自我审视能力的不断提升，我们也准备好更真诚地为客户作贡献。具备高文化素质的教练会设法创造安全的环境，并积极邀请客户比较不自在的部分呈现出来。

作为教练，我们也是为了给自身赋权而做这项工作的。唤醒客户的力量，需要我们立足于自身的力量。内在转化的工作，无论是回应我们的特权还是内化压迫，都帮助我们解放自我，从而更好地为客户和社群作贡献。

最终，教练支持客户扩展意识不仅是为了学习，也是为了帮助客户确定他们想要做什么。我们不会坐视客户把自己视为性别歧视、种族主义、异性恋或其他伤害性行为的受害者，从而造成他们与自己的力量脱钩，我们会帮助他们做出选择。他们可能会带着愤怒、悲伤或沮丧的心情来接受教练引导，他们希望明白自己的言行，处理愤怒，理解自己的痛苦并疗愈过往。然后呢？我们可以教练他们去探索并肯定自己的感受，确定他们想要如何向前推进。我们可以进行角色扮演对话，这样他们就可以练习将最初的情绪反应转化为成效卓著、富有慈悲心或充满勇气的回应。我们的职责不是诊断或标签化客户的行为，而是帮助他们建立支持系统并制订行动计划，以尊重其真实的声音和文化传承。

> 反思在你成长过程中的各种文化影响，你如何描述自己所属的文化群体？
>
> 回想一个与你有交往的来自另一文化背景的人，你如何加深对其文化的意识？
>
> 你如何支持管理者、领导者和其他教练拓展他们的跨文化意识？

理解权力的外部力量

对强者和弱者之间的冲突袖手旁观意味着站在强者一边，而不是保持中立。

——教育家保罗·弗雷尔（Paulo Freire）

> 所有的社会交往都充满了权力互动。
> 权力互动影响着人们如何看待谁有专业能力、什么是"对"或"错"、谁的需求是重要的以及谁有选择。

"社会制约"这一术语指的是个人被教导在社会情境中什么是可以接受的方式。例如，幼年时，我们在学校就被教导回答问题的时候不要大声嚷嚷。通过正向和负向的强化，学生们学会了在课堂上举手，并且等待被点名发言。之后这个迷你课程从教室转移到了我们生活中的其他方面，比如在有些情况下，我们对某些事情不赞同，但在分享自己的想法之前会有所迟疑，或者我们担心不会有人在乎我们的看法，担心我们发表看法的事情"压根儿跟我们没关系"。即使我们有内在的力量站出来发声，我们也可能质疑自己的权力位置或权威能否带来改变。

所有的社会交往都充满了权力互动。比如，孩子告诉成年人，他认为成年人为他做出的某个决定是不公平的；老师告诉家长，她的孩子被开除了；又或者医生告诉病人，她需要做手术……我们可以设想当以上情形发生时，有何种权力互动在发生作用。在这些情况下，地位性权力互动都可能包括因年龄、教育或阶级而产生的权威。权力互动影响着人们如何看待谁有专业能力、什么是"对"或"错"、谁的需求是重要的以及谁有选择。

此外，由于书籍、文章和历史记录通常是由拥有地位性权力和资源的人所撰写的，因此作为教练，我们可能接触不到与客户所属的特定群体相关的信息，甚至我们可能对自己所属的文化群体知之甚少。搜寻我们想要了解的文化群体记录的信息可能会有所帮助，尤其是关于优势、成就和韧性的信息，这样我们就不会向客户寻求有关"他们所属人群"的信息而给客户增加额外的负担。比如，我们对残疾人在残疾人权利运动成功中发挥的作用的了解，可以帮助客户感受到他们作为残疾人的力量。

教练进行时 | 我们如何提供帮助，又如何伤害：加深我们对文化、权力、特权和地位的理解
约翰尼·曼宗－桑托斯

个体可以体验到权力、特权和地位，这是他们通过自身努力在生活中

获得地位的结果，比如取得专业证书或学术成就。这些地位的标志可能相对明显，比较容易预知和处理。然而，来自我们认同或归属的社会群体的权力、特权和地位可能更加微妙，难以指认和互动。这些形式的社会权力、特权和地位不是靠努力赢得的；它们是某些群体与生俱来的特质。

每个社会群体都有属于自己的一套规范、标准、信念和价值观，所有这些都有助于构建其独特的文化。每个群体的成员对如何表现和融入社群都有着深刻、无意识的理解。他们知道哪些行为会被重视、哪些不被重视。他们知道互动的规则。

处于主导地位的社会群体的成员被赋予权力、特权和地位，并且他们通常会体验到一种普遍的自在感，因为他们所处的环境符合他们的规范、标准、信念和价值观。他们所感受到的轻松自在有助于其建立内在的自信，并会形成一种每个人的想法和感受都跟他们的相似的信念。他们会带有一种微妙的资格感，想说就说，想做就做。

另外，主导群体之外的人往往会感到被边缘化。他们会认为自己缺乏归属感，也体验不到内在自信。他们的行为是试探性的，当他们有不同意见时，他们可能不会大声说出来。主导群体的成员倾向于用权威的口吻说话，仿佛他们的世界观就是"真理"。

当个体在言行举止中，对他们所属的社会群体相关的权力、特权和地位缺乏意识时，他们的态度和行为可能会贬低、排斥或忽略他人。这种伤害有时会被称为引起了微歧视。在教练情境中，这些权力、特权和等级差异可能会扭曲来自主导群体的教练和来自边缘群体的客户之间的沟通效果。如果教练不曾意识到自己在各种主导社会群体中的身份被赋予的权力、特权和地位，那么这对教练过程的影响可能是有害的，而不会是有益的。在此，我们希望提升的是所有人的文化体验——主导群体和边缘群体双方的文化体验。

在下面的表格中，不同的社会群体并不是按重要性排序，所举的类别也不是全面详尽的。更确切地说,这个列表是为了抛砖引玉,激发教练和客户共同思考权力、特权和地位的不同类别可能会如何呈现。我们同样鼓励你思考自己所了解的或有一手经验的其他类别,以及这些类别的互动变化如何影响你的教练工作。

类别	占主导地位的社会群体	边缘化的社会群体
公民身份	公民	居民、移民、侨民、难民、无证人群
世界公民身份	第一世界或北方世界公民	第三世界或南方世界公民,无领土民族,部落
语言	英语【北半球】	非英语【北半球】
年龄	成年人	儿童、青少年、老人
性取向	异性恋者	男同性恋、女同性恋、双性恋、酷儿、双灵①(Two-Spirits)【北美】
宗教	基督教【西半球】	伊斯兰教、佛教、犹太教、印度教、传统主义者、无神论者、不可知论者
种姓	高种姓(婆罗门、刹帝利、吠舍)【印度】	低种姓(首陀罗、达利特)【印度】
种族	白种人/欧洲后裔	有色人种【北美】;拉丁美洲人/西班牙裔;亚洲后裔;本土/土著/"第一民族"人【加拿大】;黑人/非洲后裔;有色人种【南非】;阿拉伯后裔;罗马人【欧洲】;混血人

---

① 双灵是至少150个北美原住民部落都有的一种社会角色,指的是"第三性"。双灵人在当代美国被归类为男女同性恋、双性恋、跨性别、雌雄同体等人。以上说的部落各有自己的名词称呼,双灵这一概括所有北美原住民类似观念的词源于1990年加拿大举行的第三次第一国族男女同性恋大会。在北美原住民传统部落中双灵人通常被视为体内拥有男女两个性别之灵魂的人,服装混合了男女两性的服装,在部落中有其特殊的身份与社会角色。例如在某些部落中男身双灵人会做巫医、辅导师或埋葬死者的工作,又例如有女身双灵人做酋长与猎人工作的记录。其婚姻状况则类似普通人。在美国犹太基督教观念的影响之下,现代双灵观念已不被许多印第安人重视。——译者注

续表

类别	占主导地位的社会群体	边缘化的社会群体
搬迁的自由	自由个体	被囚者
性别	顺性别男性（对自己性别的体验与出生时的性别一致的男性）	顺性别女性、跨性别、性别多元、同性恋、双性人
阶层	拥有阶级、富人、上层阶级、中产阶级	工人阶级、贫穷、无地、无家
教育水平	大学教育	教育程度较低
心理健康水平	心理健康	有心理挑战
身体能力	身体健全/健康	残疾、有身体挑战
外貌	符合主流审美标准	不符合主流审美标准
其他		

请记住，某个特定社会群体的主导地位通常取决于其所处的具体情境。例如，白人不一定在任何情况下都拥有权力、特权和地位。在多种族的工作场所中，占少数的白人男性如果无法与同事们进行有效的沟通，他可能会感到被社会边缘化；然而，决策者也可能会觉得——甚至是无意识地觉得，这名白人更有升职价值。

我们与各种社会群体的联系可能非常复杂。我们所有人可能会认同自己属于多个主导群体和多个边缘化群体。我们的客户很可能也是如此。我们如何意识到优势群体的文化和边缘化群体的文化，以及我们如何在教练引导以及我们的内在保持觉察这种复杂性和交叉性（生活在多重世界中），是至关重要的。

与文化相似，权力结构有时内化在个人的选择或人际互动当中，有时又外作为教练，了解权力文化的互动变化，有助于支持客户理解自身的感受或需要。因为如此多的权力互动变化是被感受到的，而不是被清晰地表达出来的，因此通常在我们确切地知道它到底是什么之前，就能感觉到有什么东西被"关掉"了。

显于系统和过程中。系统权力是指管理某群体或社会的秩序结构和系统，比如法院、保险公司、税收、教育、银行或投票权都属于系统权力，它们都是以大规模的、非个性化的方式来建立一套规则体系，以规范其他人的行为。基于你是谁以及你的具体情况，系统的权力结构可能会保护你的权利，也可能以牺牲你的利益为代价来保护其他群体的权利。

保罗·基维尔在《权力的文化》(*The Culture of Power*) 一文中写道："如果你是女性，加入了男人们的会谈；或者你是一个有色人种，进入了一个白人的组织；或者你是一个孩子，走进了校长办公室；又或者你是一个犹太教徒或者伊斯兰教徒，进入了一个基督徒的场域，那么你知道踏入不属于你的权力文化之中的具体体验是怎样的。你可能会感到恐慌、不安全、不被尊重、被忽视或被边缘化。你知道自己必须小心行事。"[①]

作为教练，了解权力文化的互动变化，有助于支持客户理解自身的感受或需要。因为如此多的权力互动变化是被感受到的，而不是被清晰地表达出来的，因此通常在我们确切地知道它到底是什么之前，就能感觉到有什么东西被"关掉"了。作为教练，我们可以帮助人们找到语言来表达这些"感知"到的动态。而且，对于属于权力文化的个体而言，他们可能很难辨识出该文化到底是什么，甚至无法辨识出文化的存在（他们可能将其视为一种规范），或者他们也很难辨识出该群体之外的人们的感受。文化常被比作地心引力。只有当你纵身一跳，被什么东西向下拽的时候，你才会意识到地心引力的存在。即使在无意识之中，我们每个人都有方式运用权力支配他人，或放弃我们的权力。我们可能很善于识别出自己在什么时候受到排斥或很难融入一个群体，但很难意识到我们用什么方法把他人排斥在群体之外。我们甚至可能体会不到"群体"的存在，而是认为"事情本来就是这样的"。

[①] Kivel, Paul (2000). The Culture of Power. Retrieved from http://paulkivel.com/articles/cultureofpower.pdf.

要考虑的问题

你从权力和特权文化中有什么获益?

权力和特权让你受到了什么伤害?

你拥有的权力和特权或你所欠缺的权力和特权会如何影响你的教练关系?

你可以为你的客户做什么,以成为他们有意识的盟友?

特　权

爱是我们与生俱来的。恐惧是我们后天习得的。踏上灵性的旅程是为了去除恐惧和偏见,让爱回归我们的心灵。爱是本质的现实,也是我们活在地球上的目的。有意识地觉察爱,体验到爱就在我们和他人之中,这就是生命的意义。意义并不存在于事物之中,意义在于我们自己。

——玛丽安·威廉姆森(Marianne Williamson)

特权被描述为"完全基于其种族、文化、宗教、性别、性取向、身体能力或其他关键特征而赋予个体和群体的不劳而获的权利、利益、豁免权和恩惠"。[1] 特权的另一种形式是社会经济阶级和种姓。在每种特权的类型中,特权群体均被视为规范,其他群体被视为异类或在规范之外。具有文化优势的群体定义了规则和可被接受的行为,同时,其他人群也被预期要遵守这些规则。

---

[1] 向相关从业者发出邀请来讨论特权与统治,这是一份基于萨洛米·拉西姆(Salome Raheim)、谢丽尔·怀特(Cheryl White)、大卫·登波罗夫(David Denborough)、查尔斯·瓦尔德格雷夫(Charles Waldegrave)、奇维·特玛斯(Kiwi Tamasese)、芙洛拉·塔哈卡(Flora Tuhaka)、安妮塔·富兰克林(Anita Franklin)、休·福克斯(Hugh Fox)和麦琪·凯利(Maggie Carey)之间的对话所创建的文件,见 http://www.dulwichcentre.com.au/privilege.html。

> 拥有特权的人通常看不到自身所享有的特权，通常特权被拥有者视为"事情本来就是如此"或"事情应该如此"。

拥有特权的人通常看不到自身所享有的特权，通常特权被拥有者视为"事情本来就是如此"或"事情应该如此"。有些人可能属于好几个特权群体，而有些人则可能是少数特权群体的一员，或者不属于任何特权群体。

举例来说，男性特权和相关权力是与同工不同酬有关的（女性的平均工资低于男性），男性就业率高于女性，担任高层领导和决策职位的男性多于女性，家庭暴力和性暴力的目标受害者通常是女性，侵犯人权的目标受害者也通常是女性。

在美国，基督教是占主导地位的宗教。结果是，基督徒拥有更高的政治地位并控制着更多的立法决议，因此他们拥有更多的权力和特权。美国白人男性历来是权力的主导群体，而美国的种族关系历史也导致了白人和非白人之间的区别。在欧洲人建立过殖民地并继续拥有权力和特权的国家，比如澳大利亚和南非，情况也是如此。有趣的是，尽管有些白人能够看到这一点并提及其他种族，但他们对自我身份认同或被认定为"白人"的身份感到不自在，他们还会否认拥有这样一种"文化"。

在成为社会主导群体的同时，伴随而来的还有权力和特权。亚当斯（Adams）、贝尔（Bell）和格里芬（Griffin）（2007）将白人特权定义为：

在种族主义社会中，白人通过其肤色无意识或有意识地获得了资源和社会奖励，以及塑造社会规范和价值观的权力。

佩吉·麦金托什（Peggy McIntosh）在她的文章《白人特权：打开隐形的背包》（*White Privilege: Unpacking the Invisible Knapsack*）中写道：

我被教导只在个体的卑鄙行径中，而不在隐形的系统所赋予我的群体与生俱来的优势中来审视种族主义……作为一个白人，我意识到我被教导把种族主义看作是让人处于劣势的东西，但同时，也被教导不从进一步的推论中去探究白人特权，然而恰恰是白人特权让我处在优势地位……我逐渐把白人特权看作是一整套隐形的不劳而获的资产，我每天都有信心把这些资产变现，但对于这一现实我"本应"视而不见、避而不谈。①

教练进行时｜阶层的巡航
CFT 转化教练贝尔玛·冈萨雷斯

我曾经为一名拉丁裔工人阶层的年轻女孩提供教练引导，我把她化名为伊丽莎白（Elizabeth）。伊丽莎白在一家为有色人种家庭提供服务的小型社会正义组织中担任项目主管。她的上司西德尼是一位富有的中年白种女性，是该组织的执行董事和创始人。西德尼和朋友们组建了董事会，他们大多是年长且富有的白人。

当西德尼决意引退时，伊丽莎白似乎是理所当然的继任者。几年来，伊丽莎白监管财务、人事和所有的日常运营，受到了优异的评价。鉴于该组织的使命，请一位有色人种担任执行董事也是合理的。西德尼一直在为组织筹集资金；伊丽莎白也曾在另一家机构担任发展总监，她与机构的资助者有着长期的良好关系。西德尼告诉伊丽莎白：只要她有意愿，她就会成为新的执行董事。伊丽莎白也告诉西德尼，她确实想要担任执行董事。

然而，董事会决定进行一次全面审核。并且，伊丽莎白只听说她需要提交一份申请来配合审核。西德尼没有告诉她发生了什么变化，但伊丽莎白决定打开这个话题。她了解到董事会对她的"成熟度"表示出担忧。伊丽莎白把这件事作为教练的议题来解决："我想我需要变得更成熟一些。我怎样才能学习变得更成熟呢？"我问伊丽莎白，这对她意味着什么，她是怎么想的。伊丽莎白犹豫了。我有一种强烈的直觉——我怀疑"成熟"并

---

① McIntosh, P. (1988), "White privilege:Unpacking the invisible knapsack," Independent Student, Winter 1990, volume 49, number 2.

不是关键点。"关键点？"伊丽莎白问，然后她又说，"哦哦哦……"我问她"哦"是什么意思。"你的意思是说好像我……跟他们不一样？"我说："我们可以直接说出来吗？"接着，她说："这是阶层上的问题。"于是我说："也许还有种族和年龄的问题吧？"伊丽莎白回答说是的。我们都认为对于这一点我们尚不能确定，不过，我们可以基于自己的生活经验和直觉来关注我们对于它的感受。

然后我们一起探索她想做些什么。最终，伊丽莎白的策略是稳住自己：去认识到，她相信自己是那个最佳人选；她的技能、经验和热情非常适合这个职位；她的种族、阶层和年龄都是优势。在面试中，伊丽莎白与面谈人分享了这一点。与此同时，他们邀请她担任临时董事（那时西德尼正在休无薪假期），伊丽莎白明白他们是在考验她。在我的非营利工作经验中，非营利组织常有匮乏的视角，因此我对她有两份工作的情况（担任临时执行董事和项目主管）感到好奇，同时，我也很好奇她对此事的想法。本次教练引导结束之后，伊丽莎白再次和董事会谈判：如果她可以提拔另一名员工担任临时项目主管，并雇用一名临时行政人员，她就同意担任临时执行董事。

长话短说：董事会安排伊丽莎白担任为期三个月的临时执行董事，有少量加薪，又安排她参加了三次面试，最后董事会正式任用了她。在教练引导中，伊丽莎白讨论了她在这个过程中的挫败感，并决定基于她在组织中的价值和榜样形象表明自己的立场：她同意接受这个职位，前提是她能够领到在做临时执行董事期间的补发工资。

伊丽莎白还要求把创始人从董事会除名，因为创始人同时也是主要捐赠者，存在利益冲突。董事会同意了。然后，她正式提拔了临时项目主管（没有让他走招聘程序），并邀请了一些新成员（有色人种）成为董事会成员。现在，她依然承担着执行董事的职责，致力改变社会和教育不平等的伟大工作。

麦金托什描述了许多与白人特权有关的事情，之前她对白人特权并没有很多的意识，只认为是理所当然。她列举了50条中的几条，如下所示：

> 如果我需要搬家，我很确定的一点是，我能在自己负担得起并且想要居住的地方租到房子或买到房子。
> 我可以非常肯定的是，我的邻居们会以中立或者愉快的态度对我。
> 大多数时候我都可以独自去购物，我很确定自己不会被跟踪或骚扰。
> 打开电视或报纸头版，我能看到我的种族有广泛的代表。

博主巴里·多伊奇（Barry Deutch）转述了一位网友说过的一段话："白人、男性、上层经济阶层的人、身体健全的人、异性恋者（我想以上一条或两条涵盖我们之中的绝大部分人）可以努力去削弱的第一项大特权就是对特权的忽视。"[1] 我们如何提高对特权的意识？在不造成人们隔阂或对立的情形下，我们如何有意识地引入权力和特权的意识，帮助不同的人群建立真实的关系？

微歧视

任何真正的改变对一个人来说，都意味着他所熟知的世界解体，失去赋予其身份认同的一切，安全感终结。在这样的时刻，一个人既看不到也不敢去想象未来会带来什么，他会紧紧地抓住自己所知道的，甚至幻想自己所拥有的东西。然而，只有当一个人能够放下苦涩或自怜，去放弃他长久以来所珍爱的梦想或长期所拥有的特权时，他才会获得自由——他全然地解放了自己，为更高尚的梦想和更伟大的特权。

——詹姆斯·鲍德温（James Baldwin）

---

[1] 摘选自：http://www.amptoons.com/blog/the-privilege-checklist/。

微歧视是一种微妙的、通常是无意的行为或言论，它反映了人们继承而来的、基于感知到差异的偏见，包括种族、性取向、性别或其他。由于微歧视常常是无意识的，而且是由自认为没有偏见的人引发的，因而我们可能会在无意中刺痛跟我们不同的人。作为教练，我们需要警惕造成微歧视的可能性，它可能会导致人们认为他们不受欢迎、被孤立、不安全或感到疏离。不同的解释可能会让微歧视的接受者不确定这种"侮辱"是有目的的、有意的还是由误解所造成的。

下表中列举了一些微歧视的行为和语句示例。

微歧视	信息
"当我看着你的时候，我没有留意到肤色差异。" "美国是一个大熔炉。"	否认有色人种在种族、族裔上的经验。
向亚洲裔人求教数学或科学问题。	所有亚洲人智商都很高，他们都很擅长数学和科学。
在黑人或拉丁裔人走近的时候，白人握紧了他们的手袋或钱包。	你是一个罪犯。
用男性的"他"来指代所有人。	男性经验是普遍性的。女性经验没有意义。
假设亲密关系状态只有两种选项：已婚或单身。	同性恋、双性恋和跨性别关系不重要或没有意义。
女医生被认为是护士。	女性承担养育者的角色。

注：摘自注释[1]。

作为教练，当你的客户谈论他的微歧视经历时，你会如何处理？作为客户，如果分享你的经历，可能有哪些危险？如果不分享的话，你又会牺牲什么？要

---

[1] Sue, D. W. & Sue, D. (2008). Counseling the Culturally Diverse: Theory and Practice, 5th edition. New Jersey:John Wiley & Sons.

发展出真正意义上的跨文化交流和尊重，我们需要用好奇心和勤奋去回应微歧视，而不是忽略、漠视或把它们大事化小。

通过意识到微歧视的言论或问题及其对他人的影响，我们可以获得成长。无论我们的意图是什么，无论我们是怎么看待具体情形的，我们都可以认同说话者的感受，并给予沟通微歧视经历的人反馈。使用"我"句式的反馈比使用"你"句式的反馈能够提供更多的连接机会。

下面的例子来自两个教练学员之间的交流。"你很聪明，而且很善于表达。"当白人女学员说出这番话的时候，她认为自己在赞美黑人男学员。然而她的这番言辞却激怒了黑人学员，并导致两人关系的破裂。如果使用"我"句式来回应的话，黑人学员可以这样说："作为一名黑人，当你说'你很聪明，而且很善于表达'时，我感到很生气，因为我把这理解为'你是个例外'。[1] 我需要尊重所有被定位为既不聪明也不善于表达的黑人男性！"当人们被充分倾听时，洞见和学习会发生，人际关系也会真正发展起来。例如，当一个人有勇气分享微歧视的痛苦经历时，倾听者有可能通过感激、共情和好奇的回应建立连接。如果教练说"我并不是性别歧视者"，这跟下面的说法会有很大不同——"感谢你让我关注到这一点。我明白了那句话对你的影响有多深。请跟我多分享一点。我真的很想了解这一点。"请注意，焦点是在那些感觉受到伤害的人身上，而不是在那些希望解释、证明、轻视或转移话题的人身上。

下面是一个关于微歧视可以如何在教练引导中发生的例子：

安（Ann）：董事会的一个男同事总是在我说话的时候打断我。我很生气。

教练：不用放在心上！（微歧视）

安：你的反应破坏了我们之间的信任，我很生气。我觉得我同事的行为是一种性别歧视。他不会打断我们的男同事。即使你不同意我对他行为的评价或给他贴的标签，我也需要你听到并肯定我的经历。

---

[1] 可以把这句话延伸理解为"你是男性黑人中的例外"。——译者注

> 建立信任需要我们认识并肯定别人的经历。

教练：安，谢谢你的反馈。我们之间的信任很重要。你帮助我从不同的角度看待你的经历。我肯定你对他的行为感到愤怒，以及你对我的回应感到悲伤，因为你需要自己的经历被尊重，对吗？

安：谢谢你倾听到了我所有的感受和对尊重的需要。

教练：让我们来头脑风暴一下，看看有哪些办法能够让你在与同事的互动中重新获得自己的力量。

请注意，在这个案例中，教练引导不仅是客户向教练传授多元文化主义，教练引导还成为一个平台，在推动教练工作和教练关系向前发展。教练可以帮助这位客户意识到，给同事的行为贴上"性别歧视"的标签会让他们之间产生更大的距离。如果她能学会与同事分享自己的感受、需要和请求，就像她与教练沟通一样，她就有可能增进他们之间的联系。

信　任

基于种族关系和其他跨文化差异的历史，在向不熟悉的人透露对差异的感受和态度时，我们会多一点小心和谨慎。我们是如何被直接或间接的信息教育去避免讨论种族或其他差异的？对许多边缘化群体来说，偏见和歧视的日常经历仍然是现实。因此，少数族裔以及其他身份群体，如同性恋、双性恋和跨性别人群、残疾人等，一开始可能会谨慎地与不同群体接触。在教练关系中，这可能意味着自我表露和深度分享将会姗姗来迟，直到彼此之间建立了信任。建立信任需要我们认识并肯定别人的经历。

好奇的问题会激发更多的交流，给客户一种教练"很懂我"的感觉，这有助于建立信任。与此同时，教练需要当心，避免问太多问题，以免得到客户诸如此类的回应："要不断地跟异性恋的人讲授同性恋是什么样子，我很厌倦。拜托提前做点功课,好吗?"如果教练敢于自我表露,展现出自身缺乏认识的脆弱,并表达出想要了解他人个人经历和文化背景的渴望,随着时间的推移,这样的做法会让彼此建立信任。

教练进行时 | 家庭中的教练引导
CFT 转化教练凯瑟琳·穆尔

在和19岁儿子的教练引导中,我暂时放下妈妈的身份,扮演起了教练的角色。在刚刚结束大学一年级的学习之后,他回到了家里,也带回了一些我们家庭无法接受的行为习惯。他的高中生活比较波折,他有好几次被校方抓到喝酒,其中有一次他醉醺醺地出现在了校园。作为他的母亲和学校董事会主席,尤其是他的蔑视给了我挑战。

身为父母,我们把每一个错误都视为成长的机会,并努力帮助孩子从中学习。然而,当他暑期离开校园回家居住时,弟弟在他房间里发现了大麻。我是时候把他当作一个成年人进行教练引导,而不是再把他当小孩来管教了。由于他的选择可能会影响到我们两个年幼的孩子,因此必须做出一些改变。我提醒自己,他现在已经是一个成年人了,在教练的帮助下,他完全有能力自行去探索有哪些可能性。

教练:我们来确认一些你重视的价值,可以吗?

安德鲁(Andrew):好的。

教练:我会分享一些我看到的,然后会请你在清单上添加。我认为对你来说重要的东西包括独立、隐私和冒险。这些是你的价值吗?

安德鲁:是的。

教练:你认为还有哪些价值是重要的?

安德鲁:隐私很重要。尊重、乐趣很重要。其他的我就不知道了。

教练：那家庭关系呢？

安德鲁：当然咯。

教练：在你这个年纪，你的家庭关系的价值可以如何与独立协调共存呢？

安德鲁：它们都很重要。

教练：当你对独立的需求与家庭价值观产生冲突时，与家庭保持良好的关系会是怎样的？

安德鲁：那样会行不通，但我想做属于自己的选择。

教练：有什么办法可以在维持你的家庭关系的同时又保有独立呢？

安德鲁：我不知道。

教练：如果在维持与家人关系的同时，也能做出自己的选择，你可以做点什么呢？

安德鲁：我可能选择不住在家里。

教练：这是一种选择。还有吗？

安德鲁：我可以尊重家庭的期望，在运用我的独立性方面做出不同的选择。

教练：那会是怎样的？

安德鲁：我可以继续住在家里，和家人在一起，但不会违反家里的规矩。

教练：那会感觉如何？

安德鲁：比较难。但我觉得这是可能的。

教练引导的结果是，许多事情发生了变化。他留在了家里，找到了别的方式来感受独立性。如果我以他母亲的身份站出来，泾渭分明地评判是非对错，然后摆出选项给他选，事情不会像现在这样顺利。

文化在人们学习行为、价值观和信念的社会化过程中起着不可或缺的作用。社会化的目标是让人们为成为社会的活跃成员而做好准备。

交叉性——同时生活在多重世界里

文化在人们学习行为、价值观和信念的社会化过程中起着不可或缺的作用。社会化的目标是让人们为成为社会的活跃成员而做好准备。[1]一般来说，父母或监护人是社会化的主要媒介，[2]他们为儿童提供社会规范和秩序；[3]社会化的次要媒介则可能包括媒体、权威机构和教育机构，它们遍布于生活的每个角落。在某些情况下，当一个孩子属于社会主导群体时，这个孩子的社会化过程可以保持无缝的一致性——社会化的主要媒介和次要媒介会强化社会公认的行为、价值观和信念。

生活在美国的拉丁裔、亚洲裔、黑人或移民父母面临的任务是，让孩子在一个贬低他们族裔或种族的社会中生存和发展。社会化的次要媒介所提供的信息可能与家庭和文化群体中其他人所传授的文化信息不一致。例如，如果你正在教练引导一位拉丁裔家长，他的孩子所就读的美国学校会轻视、禁止或惩罚孩子说西班牙语，你会如何支持双重社会化？如果老师认为说西班牙语不利于孩子的学习，你的客户可能想要在教练引导中探索如何与老师沟通这个议题。与此同时，客户可能想要勾画出能够尊重家庭中长者的思路图，包括通过说西班牙语来尊重他们的文化。在处理价值观冲突以及决定如何教育孩子融入多种文化和环境方面，你的客户可能需要得到支持。

---

[1] Thompson, V. L. S. (1994). "Socialization and its relationship to racial identification among African Americans." Journal of Black Psychology 2:175–188.

[2] Peters, M. F. (1985). Racial Socialization of Black Children. In H. P. McAdoo & J. L. McAdoo, Black Children: Social, Educational, and Parental Environments (pp.159–173). Beverly Hills, CA: Sage.

[3] Glass, J. & Bengston, V. L. (1986). "Attitude similarity in three-generation families: Socialization, status inheritance, or reciprocal influence?" American Sociological Review, 51: 685–698.

另外一个移民以及来自其他非主导文化家庭的青少年、成年子女和孙辈们面临的共同挑战是来自父母及其文化社群的压力，要求他们遵从原有的文化期待，即使他们希望采纳一些来自主导文化乃至其他文化的有意义的方式和做法。这可能包括在有违他们实际愿望的情况下，要求他们和来自同一文化背景的人结婚，或者遵从某一文化中的宗教信仰和仪式。有时候客户的压力负荷过大，他可能会觉得需要在截然不同的两个世界里做出抉择——是牺牲个人的价值观、需要和信念，还是放弃与家庭和所属文化社群的连接？你将如何帮助你的客户应对、平衡并尊重他们个人的渴望和遭遇的压力之间的冲突呢？

你将如何帮助客户解决种族或民族社会化的问题——帮助孩子们了解他们独特的传承、文化以及他们在社会中的少数群体地位？客户可能需要就面对跨越两个或更多世界的挑战进行教练引导。在一个世界被接纳的东西，在另一个世界可能不被接纳。在一个世界被重视的东西，在另一个世界可能根本不会显现。这可能包括教练引导少数族裔融入工作场所或社群的双重世界。或者因为被要求在家人和所爱的人之间做出选择，客户在这样的两难选择中可能想要寻求支持。归属的渴望也会导致双重或多重世界的冲突；每个世界都有一套作为群体成员的规则和认知，影响着我们如何回答"我是谁，我融入其中吗？"这个问题。W. E. B. 杜波依斯（W. E. B. Dubois）在《黑人的灵魂》（*The Soul of Black Folk*）一书中描述了奴隶制对非裔美国人的影响——他们生活在一个"双重意识"的世界里，透过主导文化的眼睛来定义和看待自己。[①]

双重社会化是有色人种以及其他群体在有意识或无意识的生活中普遍经历的一种现象。你将如何支持你的客户在他们各自的族群或身份认同下生活的同时，也能在主导文化中很好地应对？要管理好双重社会化需要情感和思维具有极强的敏捷性。为了在主导文化下生存，他们需要持续不断地学习和适应不言而明的规则，因此高情商对于双重社会化来说必不可少。

在学术界或其他专业领域中，情感上的孤独是黑人、拉美人、印第安人和

---

① DuBois, W. E. B. (1903). The Souls of Black Folk. Chicago: A. C. McClurg & Co.

亚洲人群常有的体验。对于有此类生活经历的客户来说，恐惧、不信任和自我保护可能会成为代代相传的内心评判的声音。与此同时，重要的是我们要记住，客户对其文化的自豪感而生发出的内心力量和韧性可能会和这些内心的评判声音共存。

既然父母或监护人是社会化的主要媒介，那么当孩子是由跟自己原属文化不同的父母或监护人抚养时，又会产生怎样的影响呢？例如，有色人种的孩子被白人父母收养，或者女同性恋、男同性恋、双性恋或跨性别恋者被异性恋父母抚养长大。为拥有此类生活经历的人提供教练引导，教练可能要帮助他们在所生活的各种文化中探索——他们可能会经历来自家庭成员的孤立、疏远和污名化。

> 你如何可以发现，对于来自非主导文化的客户来说，在工作场所承担风险会是怎样的感受呢？
>
> 你如何支持那些在家庭和社群的压力和个人内心的渴望之间进退维谷的客户呢？
>
> 在为来自不同文化背景的客户提供教练引导时，你希望时刻记在心头的是什么？

多样化的经历和声音

以下是教练们针对跨文化教练所做的一些反思。后续的反思和案例研究只是跨文化教练方面对话的开始，帮助你思考跨越文化和权力差异进行有效沟通和教练引导的不同层面。当你阅读这些经验、反思和案例研究时，可以考虑你将如何为每一位客户提供教练引导。

对我来说，身为教练最为重要的是理解，同时教练也要深入地分享自己的经历。教练的自我表露对我很重要。过去，我有过一位非裔美国治疗师，但我发现自己并没有向她敞开太多。我不想因为我们有着相同的肤色而被她评判或者认为她就应该理解我。我还有一个治疗师，他是一位年长的犹太人，他也会坦然地分享自己的困境。这让我觉得和他在一起很舒服。我也感觉到他是真心想要理解我。他把我当作一个独立的个体看待。我向他敞开了心扉，我们的关系一直很好。后来，当有一天我告诉他我和男朋友分手了时，他给我的建议清楚地表明了他对非裔美国男性有种族偏见和成见。从此我们的关系宣告终结。

——一位非洲裔美国人女性

要考虑的问题

当你读到这段经历时，有什么想法进入你的意识中？

在教练关系中，对这位客户来说真正重要的是什么？

你如何与这位客户共创一种有效的跨文化或相同文化的教练关系？

在多元文化中教练是一种微妙的舞蹈。在跨文化教练中，我不会一开始就谈论我的亚洲裔人或种族差异的相关经历。我可能认为我的教练不会理解这一点，或者他们可能认为我不要放在心上就好了。如果我的教练是来自另一种文化背景的人，当我提到我经历过的种族歧视时，我的教练如果能说出类似下面的话会很有帮助："我在这方面没有太多的经历，你能跟我多分享一些吗？请帮助我从你的立场出发，体会你的经历，这样我就可以尝试从你的角度看问题了。"这样的回应会让我觉得能够敞开心扉，能把我的经验传授给我的教练，我会感觉很好。

——一位韩国裔美国女性

要考虑的问题

你从以上分享中获得了怎样的洞见？

这个案例研究对你的跨文化教练有怎样的启示？

在一场种族歧视的社交活动中，有很多兄弟会成员顶着三K党的尖帽、罩着三K党的长袍。我看着他们，不禁打了个寒战。突然，我从我的父亲、祖父母和祖先的精神中汲取了力量和勇气。来自我过往的声音把我的演讲推向了听众。我开始大声疾呼："我向你们每一个人发出挑战，请你们认识到种族主义的存在……"

——一名第一代墨西哥裔美国女大学生

要考虑的问题

如果一位客户以上述内容作为教练引导的开场白，你需要用到什么工具来为进一步的探索创造安全的空间？

在这里你想要肯定的是什么？

你会向客户提出哪些具有文化意识的、赋权的问题？

你觉得对这个客户来说真正重要的是什么？

失明似乎依然是最为艰难的事情——主要是围绕失明的态度和问题。人们会说一些比较傻的话，比如"你失明了，那你怎么能做好工作呢？"。为什么我必须要跟人解释我是怎么做事情的呢？人们对待我的态度就像是我坏掉了或者我低人一等。人们总是认为我需要帮助。因为周围的一切都是为有视力的人准备的，这就是为什么我们需要帮助。人们没有意识到这一点。对于他们需要做点什么来帮助我，他们只是略知一二。对于残疾人在这个世界上应该是什么样子，人们抱有一定的期望。他们把我们评判和看待为不同的人——他们认为我们是不正常的人。我最好的朋友不会针对我的失明做任何事。他们当我是普通人一样和我在一起。如果我需要帮助，我会开口求助。我想自在地待在一个空间里。提供帮助对我来说是无法承受的。我更喜欢人们对于失明这件事不过于紧张或者不那么挂在心上。有些残疾人喜欢或需要帮助。还有一些残疾人，比如我，更喜欢别人询问我是否需要帮助。我真正想要的是人们能够提前做周全的考虑，把残疾人和非残疾人的需求融合起来。例如，在教室里，老师可以比较自然地把饮用水、糖果盘子和洗手间等的位置发布在班级内务通知上。这样的话，失明人士在课堂上就会得到和其他人一样的信息。不要把他们单独挑出来，给予特别指引。

我仍然面临着歧视。当我想要租一间公寓的时候，我租不到楼上的公寓，因为人们担心我会从楼梯上摔下来。我希望人们能认识到，对于残疾人来说如果有外部障碍的话，若可能，请帮忙改变它们，或者至少认同这一局面确实很糟糕，然后鼓励客户为改变发声。关于教练引导，我期待倾听并挖掘表面之下的东西，触及关注的核心，并形成心灵的连接。只有听到了彼此的声音，真正的探讨才会发生。我希望我的教练能够理解这个问题有多大。

——一名残疾女性

要考虑的问题

想象你的客户刚刚分享了这个故事，现在你的直觉在告诉你什么？

客户的话语中所包含的感受和需要是什么？请花点时间去关注它们。

你如何让客户知道你真的听到了她的话？

你怎样可以更深入地理解她所面临的挑战呢？

你如何处理自己的微歧视行为？

案例研究

或许你会认为你的行为毫无意义，也不会有任何帮助，但这不是借口，你必须行动起来。

——圣雄甘地

珍妮丝（Janice）

珍妮丝现年四十岁，她嫁给了一个比她年长的男人。他们要从塞拉利昂收养一名婴儿，目前正在走流程。珍妮丝经常谈起自己在办公室里和同事们相处有困难。她认为在公司里没有人喜欢她。她在教练引导中谈到很少有人邀请她参加集体午餐。会议结束后，也没有人在她的办公桌前聊天或者分享各自的周末时光。她经常说起要搬进她梦想中的家园，那是一个高档社区。珍妮丝不喜欢现在的家，她很少打理花园，尽管在院子里做园艺和放松是她喜欢的减压方式。在一次和教练的谈话中，珍妮丝透露，作为一个非裔美国人，在一个以白人为主的社区里，她感到很不自在。她认为，如果自己花太多时间在户外，邻居们就会注意到她，她现在的房子就会贬值，从而影响转售价格，进而会损害她购买梦想中的住宅的能力。

要考虑的问题

你会如何为珍妮丝提供教练引导？

文化在珍妮丝实现梦想的能力中扮演了怎样的角色？

你会问哪些问题来核实珍妮丝有关邻里种族的看法是否对她的工作关系产生了影响？

瓜达卢佩（Guadalupe）

瓜达卢佩是第一代墨西哥裔美国人，她出生于得克萨斯州圣安东尼奥市，也在此地生活。她完全接受了两种文化，也精通双语。瓜达卢佩取得了公共政策硕士学位。如今她在一家著名的倡议组织工作，业余时间还在纽约从事专业的现代舞表演。在瓜达卢佩参加教练培训期间，一位同学询问她名字的由来。她解释说她的父母在她出生前从墨西哥移民来美国，她的名字源自墨西哥的主保圣人。听到这里，她的伙伴说："哇！你看起来很像美国人，而且看样子受过良好的教育呢！"瓜达卢佩说，当她意识到自己突然成了这个女人眼中的"外国人"时，她感到自己被贬低了，也很震惊和受伤。她结结巴巴地说："哦，我是美国人。并且……我在美国学校接受的教育，哦……还有……"她忽然打住了，因为她意识到自己正在扮演这个"外国人"的角色，试图在"武断的法官"面前解释她的"美国人属性"和她的"受教育程度"。瓜达卢佩分享说，她感受到这件事情在很多层面上是错误的，而且这种事情也不是第一次发生。她接着解释说，在类似的场合中愤怒会蔓延至她的心头，但在那一刻，她没有安全的空间来释放这样激烈的情绪，不然她会被视为一个"情绪化的拉美人"或"危险的墨西哥人"。她说，这种愤怒会一下子冲到腹部，然后猛然爆裂，爆裂成了悲伤，接着又打着旋儿坠落到了深深的、忧郁的孤独之中。

要考虑的问题

你会如何为瓜达卢佩提供教练引导？

作为她的教练，你想说的第一点是什么？

当你把这些经历和分享听进去时，请留意你身体里的感受。你觉察到了什么感受和想法？

你会运用哪些多元文化的教练技能？

你会如何处理你们之间的互动，以支持瓜达卢佩对你的信任？同时，你将如何帮助另一位学员感到被理解，并认识到她的话语所造成的影响？

总　结

当我们说话的时候，我们会害怕我们的话不能被听到或者不受欢迎。但是当我们沉默的时候，我们依然感到害怕。所以还是说出来比较好。

——奥德·洛德

> 教练的核心是要建立深刻而真实的心灵连接。

在这一章中，我们邀请你深入自己文化的根源，去思考权力和特权对你生命的影响。我们也邀请你敞开心扉、开放思维，去了解那些作为少数文化群体的一员在置身于歧视性氛围、边缘化和/或受压迫时的经历和文化观点。我们每个人都经历过成为少数人的感觉，也经历过成为多数人的感觉——哪怕只是短暂的体验。即使在不同的社会经济水平和能力水平上，我们也希望更多地关注到那些容易遭受排斥的人。教练的核心是要建立深刻而真实的心灵连接。来自权力文化的人可以选择成为文化权力较小的人的盟友，而文化权力较小的人也可以信任他人并与他人合作，为个体、组织、社群乃至整个世界开创鼓舞人心的转化。

要考虑的问题

教练可以改变世界！你将如何为改变世界作贡献呢？

请向两个有色人种和两个白人发问："身为一名白人意味着什么？"

特权如何影响你的教练？

你会如何跟自己讲述那些在文化上与你不同的人的故事？

当你在教练工作中出现个人偏见时，你将如何回应它们？

第十五章　组织中的教练

在急剧变化的时代，只有学习者才能继承未来。没有受过良好训练的人将会发现自己是为生活在一个不复存在的世界里做了准备。

——埃里克·霍夫（Eric Hoffer）

主题

改变思维模式

组织的挑战

组织中的教练的益处

建立多重关系

领导力教练

GROW 模型

SWOT 分析

组织发展的五个阶段

欣赏式探询

文化变革

引领变革中的人员面向的七个步骤

教练评估

教练在组织中的作用尤为突出。在本章中，我们将介绍与组织尤其相关的教练过程，包括从上司思维转变为教练思维，建立多重关系，制定成功的合作衡量标准等。我们探讨领导力教练以及 GROW 模型和 SWOT 分析。我们也会深入了解组织发展的五个阶段、欣赏式探询和组织中的教练评估。在个人转化以外，我们会探讨组织和文化的变革，包括引领变革中的人员面向。

很多组织同时使用组织内部和外部的教练。组织中的教练和个人教练的一个不同之处在于，组织中的教练常常会回应不止一个议程。被教练的人员有自己的议程，但为教练付费的组织或部门也有自己的议程。

很多组织使用"教练方法"（coach approach），也就是说管理者使用教练技巧和核心原则来改善他们与别人一起工作的方式，并让所有人发挥出最大的潜能。他们可能提供结构化的教练引导，或者把技巧融入作为管理者的角色中来提供即时的教练引导。教练技巧能够为人们赋能，进而创建更有效、更享受的工作场所。

改变思维模式

学习和整合教练技巧的领导者和管理者能够从上司的思维模式转变为教练的思维模式。下表展示了当领导者运用教练为他人赋能时可能发生的变化。

从上司的思维模式	到教练的思维模式
利用人的恐惧实现让人顺从的目的	共享权力来激发他人的创造力
寻找亟待解决的问题	寻找可以善用的优势
发出命令	提出请求
运用权力进行控制	通过赋能来引导和协作
知道答案	寻求答案
指出错误	庆祝学习
委派责任	建立问责制

续表

相信知识就是力量	相信脆弱就是力量
发出指令	参与对话
视人为"成本",让成本最小化	视人为"资产",培养人

组织中最常见的使用教练的方面包括：

领导力发展

行为改变

培训后的跟踪

情感能力

问责制结构

愿景、使命和策略规划

解决问题和制定决策

能力建设

管理改变

衡量绩效

明确角色和责任

平衡工作与生活

培养合作文化

组织的挑战

企业环境下的个人和领导者面临着许多挑战，这些挑战可以成为对高管、中层管理人员或团队进行教练的机会。有些挑战是常规的，而另一些则可能发生在变革时期。一些企业面临的挑战包括：

合并和收购——当公司重组、缩小规模或合并时，团队和职责重组会增加压力，降低士气，导致人际冲突和怨恨。教练引导可以帮助团队建立信任，明确愿景和角色，并支持公司向混合文化型公司过渡。

新团队组建——当组建某个项目的新团队时，人们可能会经历动荡期，直到团队清晰地建立和明确不同的角色、责任、沟通渠道、愿景和任务。教练引导可以支持一个团队的形成和发展。

线上全球团队——当人们是地理上分散的团队的一部分时，教练引导可以支持他们跨时区工作，并决定如何有效地合作。

目标设定——基于公司、分支或部门的目标，教练可以支持个人和团队参与制定公平、可实现的目标。同时，教练引导可以帮助管理者确保个人目标与组织目标的连贯性和一致性。

绩效目标——人们测评、沟通和奖励个人与团队绩效的方式会激励或降低员工的工作积极性。教练引导可以帮助人们识别自身的能力，并建立激发动力的领导力发展计划。

赋能——当有权力的人对他人进行微观管理时，就会出现士气低落、信任缺乏等方面的问题。培养教练文化有助于提升各级领导的能力，因为在这种情况下，反馈是双向的。

社会领域的挑战包括：

偏离使命——当组织改变其使命以满足资助方的要求时，教练引导可以支持组织忠于自己的目标。

匮乏心态——当组织为筹集资金而挣扎时，大多数非营利组织受贫困的心态驱动。教练可以支持组织转变贫困心态。

救援者综合征——即使非营利组织的本意是好的，但它们救援他人的努力往往会导致依赖。教练引导可以支持相关人员建立有效的伙伴关系。

倦怠——当领导者真的相信他们的工作比他们的身心健康更重要时，

对于教练来说，组织的挑战意味着很多机会。当教练对他们的组织客户所面临的独特挑战感到好奇时，他们可以建立一种有效的、为他们所支持的个人或团队服务的关系。

教练引导可以帮助他们建立一种自我关爱的文化。

董事会发展——当董事会成员回避筹资或缺乏监督的技能时，教练引导有助于培养成员们充分参与的董事会。

依赖性——与低收入客户合作的方式可能会造成客户的依赖和缺乏自给自足的动力。在组织内部以及与客户之间建立一种教练文化，可创造相互依存的关系。

领导能力——当非营利组织把客户放在第一位、把员工放在最后时，它们不会在自身的专业发展上投入资源。教练可以通过领导力教练来支持能力建设。

无力感——当社会变革的倡导者缺乏实现变革的政治智慧时，他们就会感到心碎并相互攻击。教练可以通过帮助同事重拾梦想并制订可持续的行动计划，让组织重新焕发活力。

对于教练来说，组织的挑战意味着很多机会。当教练对他们的组织客户所面临的独特挑战感到好奇时，他们可以建立一种有效的、为他们所支持的个人或团队服务的关系。

对教练们来说，为组织进行教练的一些机会包括与高管、中层经理或非营利组织领导人单独合作，或与公司团队、非营利组织董事会或员工们等进行团体合作。教练还可以教授教练技巧，带领愿景规划、策略规划或团队建设的工作坊，并支持团队成长和发展。教练有助于提升团队运营效率、沟通、建立信任、建立同理心、反馈和建立共同的价值观。

组织中的教练的益处

命令、强制和控制模式也许在紧急情况下会起作用，但可能无法充分发挥

> 教练会问一些严谨的问题,帮助被教练者明确对他来说最重要的东西。教练关系帮助人们聚焦和连接重要的事情,探索新的可能性,并选择行动计划。

人的潜力。如今,当被赋能的员工解决问题时,持续的绩效改进通常会成为一种生活方式。

很少有组织没有经历过裁员、削减预算和精简运营的压力。与此同时,世界各地的人们都希望自己的工作有意义、对工作满意并得到尊重。教练能帮助个人开发领导潜能,支持他们全心全意地工作,以及改进组织的底线。接受教练的员工不是害怕改变的后果,而是拥抱改变,相互合作,一起创造更美好的未来。

组织进行教练的一些好处:

  通过提升士气和增强信任来提高工作满意度
  促进专业发展
  促进职业发展和继任计划的实施
  吸引、培养和留住有才华的领导者
  培养创造力、创新精神和团队精神

除了赚取工资,工作也是人们获得成就感的重要来源,是发挥潜能的方式,是表达创造力的出口。教练引导可以鼓励员工把他们最好的想法和最大的努力带到工作中,提高对组织和集体成功的投入。

与督导或顾问不同,有经验的教练很少提供解决方案或建议。相反,教练会问一些严谨的问题,帮助被教练者明确对他来说最重要的东西。教练关系帮助人们聚焦和连接重要的事情,探索新的可能性,并选择行动计划。教练帮助人们在价值观和愿景的指引下,提升能力,发挥领导才能,做出最大的贡献。

教练是一种合作关系,而不是独裁关系。教练专注于解决问题而不是分析问题。教练不需要成为客户专业领域的专家;教练的重点是培养意识,设定并实现具有挑战性的目标,促进个人和组织的可持续发展。

教练进行时 | 声音和选择　CFT 转化教练贾古缇·盖拉

为全世界的孩子们培养和体现教练意识

让我们把镜头拉近到印度古吉拉特邦瓦多达拉小镇的一个课后学习中心，这个中心叫作奥拉（AURA），有 15 个孩子正在学习英雄主义的主题。8 岁的拉胡尔（Rahul）刚刚第三次扰乱了课堂——这次是把水洒在了地板上。普丽缇（Priti）老师感到苦恼，想给他一个严厉的警告。她停下来深呼吸——她意识到自己内心的苦恼，静默地肯定自己需要秩序和合作。她触碰到了自己对于孩子们在课堂上如何学习和相互连接做出贡献的渴望。然后她提醒自己她的"贡献咒语"（这是她的教练立场的一部分）——最好的学习和连接来自此时此地。她用全新的眼光好奇地看着拉胡尔，说："拉胡尔，我发现我们今天的课堂学习中断了 3 次，因为你遇到了一些问题。你可能有些难过，我想知道发生了什么。我真的很想听你说说并理解你。接下来的 10 分钟我们组成分享圈讨论这个问题，怎么样？"

分享圈是普丽缇参加教练培训后在课堂上引入的一种仪式。每当遇到需要立即关注的困境或冲突时，孩子们就会和老师围坐成一圈，形成深入倾听、给予和接受同理心的空间。孩子是智者，而普丽缇是智者的向导。所有的人都可以参与到对话中来，而普丽缇会引导对话。约定的时间是神圣的，今天是 10 分钟。如果还需要进行进一步的对话，可以在课后或在大家同意的情况下继续。

在拉胡尔被倾听时，他说他的母亲对他大喊大叫，说他是个懒惰的孩子，还拽着他的胳膊让他在来奥拉之前捡起玩具和颜料。普丽缇和孩子们轮流帮助拉胡尔说出他的感受，了解他的需要。拉胡尔的情绪从愤怒转变为受伤和恐惧。他得到了同理倾听,他希望他的母亲尊重、关心他,并且是温柔的。这种同理倾听触动了拉胡尔。他说,被人说懒让他感到最受伤,他其实是想让妈妈在他收拾东西之前先看看他的艺术品。他需要她的关注和理解。这次对话帮助拉胡尔从激动转向平静。普丽缇在对话进行中问拉胡尔,他是否能从他母亲的眼睛里看到母亲的情况,并试着猜猜她心里发生了什么。拉胡尔能够猜到她是因为时间仓促、焦虑,并且可能是累了。普丽缇在10分钟的分享圈结束时说,拉胡尔希望得到理解,并提议课后与他合作、帮助他。然后课堂在合作与和谐中继续进行。普丽缇非常满意她能够体现一种意识,使整个群体都能够获得丰富的学习。

普丽缇是接受过基本教练技巧培训的教师之一,也参加过转化教练模式的介绍课程。参加这些培训唤醒并激励了他们,让他们意识到教练意识是如何改变孩子和成人之间互动的方式的。我们可以有一个成人和儿童共享权力的世界,儿童可以在很小的时候就被赋予选择权。

当这些老师学习了教练方法后,再次和我们见面时,他们分享了让我们惊奇和敬畏的故事,我们被孩子们的智慧所折服。而且,他们为自己的丰富转化而欢欣雀跃。他们回来后声称教练引导不仅仅是训练和技能,而且是一种存在方式!

建立多重关系

当你给组织提供教练时,谁是你的客户?当组织的领导和你签约,为员工提供教练服务时,他们希望看到清晰的投资回报,渴望知道教练干预取得的进展。你可以建立具体的问责制,同时尊重教练关系的保密性。处理这个问题的方法包括:

设计由客户发起的报告结构。这样你就不需要参与沟通的过程。

安排三方会议，让客户和他们的资助者或经理讨论进展，你可以引导或见证对话。

无论如何设计这个报告结构，你与所有相关人员明确表示，你不会违反保密协议。这让你保持教练关系的完整性，并让客户能把工作做到最好。如果资助者想知道教练的进展，清楚地表明你不会以私下谈话的方式谈及进展。

有时客户会因为接受了教练而离开公司。你可以提前告诉组织领导这种可能性，以免他们措手不及。一旦员工（尤其是那些遇到问题的员工）开始深入思考他们想要什么，以及他们目前的工作在多大程度上支持到了他们的需要，他们可能会选择离开。另外，客户变得更觉察，明确他们的激情，变得更专注于组织的使命，并提升他们的领导能力。

想象一下，一位人力资源总监让你去教练一位高级副总裁，因为他在人际交往方面存在问题。你的客户是谁？在这种情况下，你实际上不只是在回应一个人的各个议程。人力资源总监是教练的资助者，所以你需要回应一些议题，比如如何留住员工、设计报告流程以遵守保密协议和付费协议。而副总裁是你教练的客户，你在开始教练之前，评估对方对教练引导的接纳程度、安排如何为客户保密并设计报告架构等，都有助于你开展工作。

组织教练中常见的误区是把教练与咨询混淆。大多数组织雇用咨询师（通常雇用某领域的专家，用他们的专业知识来解决公司的问题），但是聘请教练的情况比较少见。探索环节是确保你的客户理解教练、咨询、督导和治疗之间区别的好时机。

领导力教练

教练已经成为最受欢迎的领导力发展过程。在 2006 年的研究中,布莱恩·安德希尔(Brian Underhill)博士发现:

> 43% 的首席执行官和 71% 的高级管理团队表示他们曾接受过教练。
> 63% 的受访企业表示,他们计划在未来 5 年内增加对教练的使用。
> 92% 接受过教练的领导者表示,他们计划再次使用教练。[1]

安德希尔说:"两个指标都有力地证明了教练的重要性,其中一个是支付教练费的组织,另一个是实际接受教练的领导者。"

《哈佛商业评论》2009 年的调查发现,即使在紧张的商业环境中,领导力教练的受欢迎程度和认可度仍在持续上升。这项调查的结论是,客户之所以会不断回来接受教练,是因为"教练有用"。报告还发现:

> 超过 48% 的公司现在使用教练来培养有高潜力的表现者的领导能力。
> 教练每小时的平均工资是 500 美元(从最低的 200 美元到最高的 3 500 美元)。
> 典型的教练聘用期是 7 至 12 个月。[2]

---

[1] Bolt, Jim. Coaching: The Fad that Won't Go Way. Fast Company. April 10, 2006.
[2] Coutu, Diane; Kauffman, Carol; Charan, Ram; Peterson, David B.; Maccoby, Michael; Scoular, P. Anne; Grant, Anthony M. What Can Coaches Do for You? Harvard Business Review, 00178012, Jan 2009, Vol. 87, Issue 1.

供职于卡皮塔（Capita）的克里斯·夏普（Chris Sharpe）在2008年《今日人事》（*Personnel Today*）上发表的文章中证实，越来越多的组织追求高管教练技能，以"培养高级经理，使其更有效地领导他们的团队"。他表示，越来越多的学习和发展专业人士"在当今市场上获得了教练资格"。

很多大型组织期望在不久的将来拥有教练部门。达伦·舍洛（Darren Shirlaw）在2007年《今日人事》上发表的文章中写道，"10年后，公司将会有教练部门"，大多数公司"5年后将会有一位首席学习官"。文章称，组织中80%的教练是高管和领导力教练，其中业务教练约占20%。

尽管很多组织都把教练作为一项福利，但人力资源部门越来越严格地衡量领导力教练的投资回报率（Return on Investment，ROI）。戴维·莱杰伍德（David Ledgerwood）在他的白皮书《高管教练有回报吗？》（*Does Executive Coaching Pay?*）中对教练的投资回报率的研究进行了总结。衡量这一问题的还有《高管教练是一种骗局吗？》（*Is Executive Coaching a Con?*）与《高管教练的蛮荒西部？》（*The Wild West of Executive Coaching*）。

无论我们是内部教练还是外部教练，我们都可以选择把组织中的每个人视为领导者。虽然有些人天生就有领导能力，但任何人都可以培养领导技能。教练能激发人们内在的领导力。在进行教练的过程中，领导者看到自身的力量——能够看到需要发生什么事情挖掘资源并实现改变。作为教练，我们有意识地寻找客户的优势，并为我们的客户打开新的成长机会。

我们是客户创造更美好未来的愿望的见证者。我们教练人们更深入地生活，玩更大的游戏。怎么做呢？通过使用以客户为中心的模式，我们帮助他们提升领导能力，深化他们的学习，建立他们的关系，唤醒他们的真实性，扩展他们的愿景，投入实践行动，并为集体福祉做出贡献。

我们的领导力教练模型提供了一个专业发展的架构：

领导力教练模型

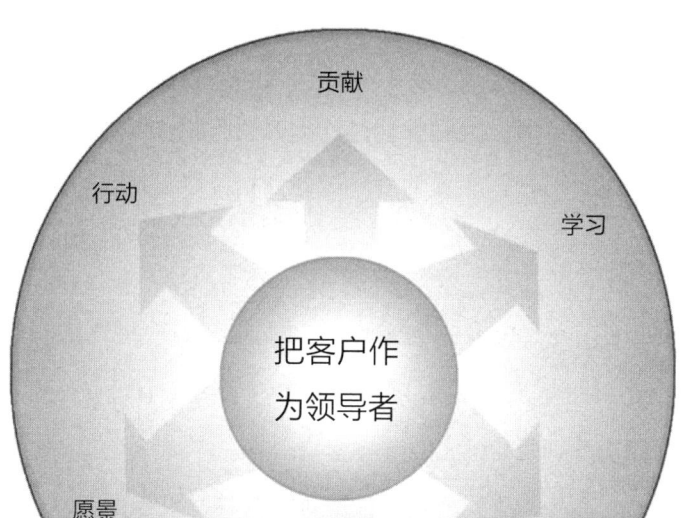

学习：寻找机会深化觉察，挑战旧有的做事方式，寻求创新，承担风险，紧跟潮流，发展新的洞见。

真实：肯定团队成员独特的天赋和多样性，鼓励充分的自我表达、价值观，言行一致，庆祝热情。

关系：探索各种方法来建立关系，肯定他人的贡献，鼓励心与心的连接，表达欣赏，为团队赋能，建立支持系统，促进共同决策和庆祝成功。

愿景：拓宽视野，从无限的可能性中创造，设定新的意图，交流兴奋之事，设计更美好的未来。

行动：创造机会设定明确的目标，制订行动计划，把项目分成几个步骤，建立问责制来衡量结果，庆祝里程碑成果。

贡献：对贡献的内在渴望建立觉察，创造机会服务、支持并创造性地为总

> 高管教练不仅仅是一种开放、信任的关系；它是深化觉察、创造学习文化、发展领导能力和推动转化性成果形成的伙伴关系。

利益做贡献。

企业面临的风险高，变化以光速发生，大多数领导者愿意有机会和自己信任的教练用一个小时放慢速度，探索他们情感的细微差别，扩展视野并实现计划。在给客户进行教练时，大家都会讨论类似的问题，但在给领导者和高管进行教练时，你可以针对一些主要的差异做好计划。以下建议可以帮助你与这些客户合作：

进行全面、深入的评估，包括360°反馈、迈尔斯－布里格斯性格分类法（MBTI）、人际基本关系导向行为™（FIRO-B®）和DISC（支配性、影响性、稳定性、服从性）。

在客户、教练和客户的主管之间达成有力的约定。

利用模型和工具支持结构化的教练引导。

支持高管利用内在激励的动力来实现可持续的、可衡量的行为改变。

提供有挑战性的、"不中听"的行为反馈和可见变化的证据。

将高管作为教练结果的主要受益人来衡量投资回报。

增强领导者自我评价和向他人收集可靠反馈的能力。

争取他人的支持，以促进所期望的行为改变。

通过服务组织和被教练人员的需要来展示投资回报。

高管教练

高管教练不仅仅是一种开放、信任的关系；它是深化觉察、创造学习文化、发展领导能力和推动转化性成果形成的伙伴关系。

在很多组织中，高管们被视为皇室成员，但他们倍感孤独，很少收到别人的反馈，很少有榜样可学，可能会对自己的局限视而不见。教练为他们的学习和反思提供安全的环境。与此同时，教练向高管提出深化觉察的挑战，并扩展成长和发展的机会。

作为高管旅程中的伙伴，教练以结果为导向的方式对待领导者遇到的具体挑战。玛莉·贝斯·奥尼尔（Mary Beth O'Neill）说："你自己标志性的临在是你教练他人的主要干预工具。"她对标志性的临在的定义是："在为客户进行教练的每个时刻带着自己，包括你的价值观、激情、创造力、情绪和敏锐的判断力等。"这对高管来说尤其重要，他们希望在各个层面上得到有活力的回应。虽然很多教练从未担任过C[①]级领导[首席执行官（CEO）、首席运营官（COO）、首席财务官（CFO）等]，但他们仍然可以通过把全部的自己带到教练关系中来进行有效的教练引导。

公司高层管理者希望与了解权力动态、职位需求和不断加速变化的教练一起工作。他们还需要信任的关系，这样他们可以安全地表达自己的恐惧和不确定，并找到寻求支持的方法。教练可以从倾听客户的挫折感开始，然后帮助他们抽出时间进行反思，征求坦诚的反馈，深化自我觉察，厘清自己的动力，并理解自己对整个系统的影响。

教练进行时｜打开空间　CFT转化教练苏诗玛·夏尔马

教练关系指的是共同追求更多的东西。我们渴望什么？对我来说重要的是打开空间。空间成为冒险和发现的沃土。

容器是一个安全的空间，让各种分享得以发生。在充满爱和信任的容器中，我是一个朋友和知己……在这里，梦想可以畅游，显著的差异可以被探索。

举一个例子：我碰到了一位潜在客户，他不是很确定是否要接受教练，但是他跟我说："我得到了360°反馈，但我不太明白。我是两个上司的下属。其中一个评价说我非常开放，另一个评价说我很封闭。怎么可能呢？

---

① C级中的C是文中指的是英文字母chief的首字母，指"首席"。——译者注

我就是不明白，一个人怎么会给别人两种截然不同的体验呢？"

我问："你和这两个人在一起时有什么不同？"

他说："在其中一个人面前我不是很开放。"

"你和他在一起时，你体现到的障碍，如果有的话，是什么呢？"我问道。

"我和他在一起时会闭上嘴，我不是很随性自在。而和另一个人在一起时，我就很活跃。"

我问："那么，这段关系发生了什么？"

他提到了他的一个前上司。这个上司会告诉他期望，直到工作完成后才会找他。所以他感到被信任。而在当前的情况下，他体验到了不信任。

"那么，你觉得他怎么了？"

"我猜是焦虑。"

"那么，你做了什么帮助你的上司和你建立信任呢？"

"没什么，我不喜欢汇报和宣扬我所做的一切。"

"你们不在同一个城市，他如何得知你所做的一切呢？"

"你说到点子上了。我总想弄明白他为什么微观管理我。我讨厌这一点。所以我不经常跟他说我的工作。他对我的工作进展一无所知。"

"你体验到和他之间真正的障碍是什么？"我问。

"我无法忍受他不信任我，因此我保持沉默，因为我不想发生冲突。"

"那么，教练可以帮助你发展新能力来处理你们的沟通问题。"

"我喜欢你说的这一点。我感到窒息，于是我求助于沉默。我需要知道如何与一个焦虑的领导者建立信任。你好像明白我的意思……我们如何一起向前推进？"

"我的教练工作的基础是建立在真实和大胆的对话上的。这有助于我们拥有新眼光和新视角。如果你愿意，我准备好了和你一起探索……"

我们决定开始进行教练。这个挑战吸引了他……他感到自己被理解了，对自己的行为有了新的看法。我在扩展我们探索和反思的界限。此时此刻，体验这个过程，谈话空间被创造出来了，他可以不加评判地分享，就像在玩耍。他觉得自己的方式有些可笑。

当公司进行合并的时候，高层领导要完成一个评估过程，这是一个非常令人焦虑的过程，因为他们不知道自己最终是否会得到一个较低的职位。我说："我完全能理解你的焦虑。把我放在类似的情况下，会引发我很多的自我怀疑和愤怒。"这些情绪对我来说是鲜活的，我分享了当下的感受。他说："我想你真的理解我了。"然后他开始倾诉更多的焦虑。我们都不自我审查，如实地分享了这些感觉和影响。这样的坦诚分享创造了平等的伙伴关系。

在一次与我的客户和他的上司的谈话中，我问他的上司："你如何看待你和我的客户的关系？"他将其描述为非常良好的关系，相处非常轻松。我的客户很震惊。他说："我完全不这么看。"然后他开始分享他私下里和我说过的所有事情。上司听到了一些罕见的洞见，请我给他和其他四个人进行教练。直觉是我进行教练引导时的一个重要部分，它会让我问一些当时令我印象深刻的问题。

最初，高管教练是一种由组织资助的为期六个月的关系，专注于绩效、领导力发展或改变期。教练帮助领导者认识到当前的现实和组织的全部潜力之间的差距。与此同时，教练也支持客户用全新的眼光看待自己。转化教练注重自我觉察、改变思维方式和优化行为改变。

最终，高管教练与组织中的男性和女性领导者合作，帮助他们设计成功的变革计划。高管教练领域不再是一次只教练一位高管，而是转向培养核心的领导者群体。尽管大多数教练在培训时侧重于个人发展，但他们正在扩大自己的作用范围，以支持双重客户——个人和组织。教练引导越来越关注促进集体领导力提升，以及建立领导者和团队之间的关系。

> 缺乏人际交往技巧是人们在职场失败的首要原因，而人际交往技巧是可以学习的。

通过发展核心领导的人才库，教练计划可以带来更大的投资回报。转向团队教练的工作方式，需要教练建立对团队动态、组织发展、更广泛的系统中的形态和模式，以及合作过程方面的充分觉察。当教练与整个高管领导团队签订合同时，他们就在如何合作方面发生了集体的转变。与个人客户一起工作本身不再是目的，因为教练帮助高管们合作，以带领下一阶段的组织发展。

前馈

高管和领导力教练可以帮助领导者使用前馈过程识别和改变行为。行为教练马歇尔·戈德史密斯（Marshall Goldsmith）被福布斯列为世界十大教练之一，他创建了前馈来支持个人领导力的发展。这个过程通过让客户选择一个为他们的领导力带来最大改变的行为改变，支持提升觉察和意识。缺乏人际交往技巧是人们在职场失败的首要原因，而人际交往技巧是可以学习的。前馈过程通过让多个利益相关者参与到行为改变过程中来支持被教练者。最终，前馈不仅会改变行为，还会改变他人的看法。

你是否曾经在收到一些反馈后改变了自己的行为，但却没有人注意到？他们仍然记得三年前你失手的那次做了什么。

通过前馈，我们请客户让很多人参与他们的行为改变过程，因为他们每月会面（询问他们注意到了哪些变化及客户还可以做什么），所以他们成为客户行为改变过程中的利益相关者。最终，如果客户改变了行为，同时改变了人们对他们行为的看法，他们和其他利益相关者之间也可以建立稳固的联系以及支持性、发展性的关系。

须10分钟完成的前馈问卷让利益相关者给出建议来支持客户某个能力的发展。这些问题不是看后视镜，而是关注未来。前馈帮助客户展望和关注积极的未来，而不是失败的过去。

这种前馈过程是专门为那些在职业生涯中取得了很大成功的客户设计的，这个群体倾向于抵制负面评价。

GROW 模型提供了一个清晰易记的结构，帮助人们建立目标和行动计划。这个模型帮助个人和团体确定什么是重要的，并采取相应的行动。

GROW 模型

虽然少数人有主动性并获得了他们所需要的支持，帮助自己到达顶峰，但大多数人都需要得到很多帮助。教练文化能为组织各个层面赋予真实、有力的领导能力。无论组织是使用外部教练还是内部的专业教练，或是在组织内部发展同伴教练关系，教练文化都能帮助人们把他们的心和灵魂投入工作中。

教练让人们对自己认为重要的行为负责。建立教练文化的组织鼓励 360° 的联系，人们在这里寻求全方位的教练关系。他们积极主动地教练同事、下属、上司、客户、甚至家人。

正如《绩效教练》(*Coaching for Performance*)的作者约翰·韦特默（John Whitmore）所描述的那样，GROW 模型提供了一个激励学习、行动和成长的简单过程。

> 目标（GOAL）：为每次教练引导及短期与长期发展设定目标。
> 现状（REALITY）：查看现状，探索当下的情形。
> 选项（OPTIONS）：选项和备选策略或行动方案。
> 前进：明确做什么（WHAT）、何时（WHEN）做、由谁（WHO）做及做这件事的意愿（WILL）。

GROW 模型提供了一个清晰易记的结构，帮助人们建立目标和行动计划。这个模型帮助个人和团体确定什么是重要的，并采取相应的行动。从目标而不是现状开始考虑听起来可能与直觉相悖，但从人们想要的东西开始可以提供方向和清晰感。即使人们在开始教练环节时已对自己的目标非常清楚，探索更宽阔的目标或加深对相关目标的觉察，也会推动整个团队向前。

现状阶段的目的是带着同理心发现人们期望的改变背后的情感和动机。带着觉察，这个过程有助于人们自我连接，深入探索和了解细致的动机。按照传统，现状阶段用来帮助人们识别弱点、障碍、阻力和预算限制，但它的反面更重要。确定团队的优势，包括人们的相关经验、获得资源的途径和过去的成功，所有这些都支持朝着理想的未来前进。为了揭示真实的情况，我们连接人们的情感和价值观，进而触及问题的核心。

在这个模型的选项阶段，我们支持人们头脑风暴，找到满足需要的策略。这是吵闹、离谱和有趣的阶段。自由发挥想象力不仅可以激发创造力，也给人们提供了一系列的选项。我们拿出魔棒，充分地允许人们做梦。一位教练说："有时候，如果我说'想象一下你的预算没有任何限制'，团队中的会计师就会翻白眼，但这种探索总能帮助人们发现新的可能性，然后他们就能找到更实惠的方法来得到他们真正想要的东西。"敞开大门可以激发团队的智谋。同样，我们也可以提出"如果你没有预算和时间，你会怎么做？"的问题，帮助该组织找到成本更低的替代方案。

产生一系列广泛的选项后，我们进入前进的阶段，帮助团队制订令人信服的行动计划。这是将构想付诸行动的测试时刻。这一步了解人们实际将做什么，以及他们何时付诸行动。在这个阶段，我们通过问三个简单的问题来让客户做出承诺并建立问责制：你将做什么？你什么时候做？你将如何跟踪你的进展？

目标	你想要什么？ 那会给你带来什么？ 这个目标有什么令人兴奋的地方？ 还有什么比这个目标更重要呢？ 你将如何衡量结果？ 成功是什么样的？ 全局是什么样的？

续表

现状	现在情况怎么样？ 你感觉怎么样？ 什么价值和需要是最重要的？ 你最大的担忧是什么？ 可用的资源有哪些？ 你面临什么障碍？ 阻力到底意味着什么？
选项	有什么方法可以解决这个问题？ 你愿意头脑风暴，找出一些选项吗？ 在你最疯狂的想象中，你会选择什么策略？ 如果你有更多的钱、时间或权力，你会怎么做？ 如果你能重新开始呢？ 每个选项的优点和缺点是什么？
前进	哪个选项是你最好的选择？ 你什么时候开始？第一步是什么？ 你还需要做什么？ 从1分到10分打分的话，你对这个计划的承诺程度如何？ 什么会让你的承诺达到10分？ 什么样的问责制会支持你？ 你将如何庆祝成功？

如果我们在目标阶段花了很多时间，在现状阶段用了更多时间，那么选项阶段就会相对快一些，人们在这个阶段会迸发出各种想法。前进阶段是非常短暂的，因为人们全身心地投入，有愿景，有动力，对行动计划有了拥有感。在目标和现状阶段花的时间越多，选项和前进阶段进展得越快。

如果我们在模型的前进阶段看到人们犹豫不决，不愿意承诺采取行动，那通常是因为我们没有在目标或现状阶段花足够的时间来明确愿景或人们真正关心的东西。如果行动计划没有具体成型，或者承诺水平为低于1~10分评分的7

分，我们可以重新考虑这个目标，使其更具吸引力，或者用另一个人们准备好承诺执行的目标取代它。所以 GROW 模型并不总是线性的，有时我们绕回来厘清目标或进一步了解现状。

虽然 GROW 模型是最早的教练模型之一，但它仍然在组织中被广泛使用，也被重视结构和清晰性的教练和客户使用。

在团队中使用 GROW 模型

除了个人可以使用 GROW 模型，组织的各个团队也可以使用它。下面是在团队中使用 GROW 模型的示例。这个经过整理的例子突出了教练的角色，而实际上团队成员说得更多，作为协作者的教练干预的频率少得多。

目标

特瑞（Terry）：好了，我们知道今天要做什么了——和其他团队更好地沟通。

协作者：这有什么重要的？

玛丽莎（Marissa）：我们的团队就像在一个小岛上，我们不知道如何拓展一件好事。

协作者：你想拓展的好东西是什么？

菲利普（Philippe）：好好合作。尊重彼此。在工作中享受乐趣。

萨尔（Sal）：是的，但还不止这些。没有其他团队的合作，我们的效率真的很低。

协作者：哦，如果你可以拓展你们团队在一起工作的方式，让其他团队也以这样的方式进行，那么有什么可能呢？

特瑞：我们应该为同一个目标而合作，而不是相互竞争，按时并在预算范围内推出这种新的绿色技术。

萨尔：和他们一起工作就像去参加一个派对而不是争吵。

协作者：好的，如果你来描绘一幅你的愿景图，你和其他团队之间的理想关系是怎样的？

克洛伊（Chloe）：理想的？要做到这一点，我认为我们需要扩展"我们"的概念。当我想到工作的时候，我就会想到这个核心群体是我的家人，而其他人都是外人。

菲利普：我想运用一种方法来改变这种情况，保持我们努力建立起来的团队精神，并让其他团队进入我们的核心圈子。

协作者：你会如何衡量你的成功？

萨尔：它不是有形的，但当我们看到它的时候就会知道。

玛丽莎：少抱怨。我们的瓶颈会更少。

菲利普：我们会和他们进行更多的对话，而不是背后谈论他们。我们会和他们一起庆祝成功。

协作者：你想从今天的教练环节中得到什么呢？

特瑞：一种架构，某种从我们的岛出发建立桥梁连接其他团队的计划。

现状

协作者：是什么阻碍了你和其他团队的连接？

萨尔：最让我伤心的是，他们讨厌我们，因为他们看到我们的团队玩得很开心，而他们所做的一切就是打架。

菲利普：他们所做的就是向我们抱怨。

玛丽莎：是的，但如果我们看看我们是如何造成这种情况的，我们就会明白我们并没有真正倾听或正视过他们的抱怨。

特瑞：我跟他们说有些事情做不到，而他们说："当然可以做到。"我们都很奇葩。我认为我们都缺乏沟通技巧。

协作者：如果你深究一下，当他们说"当然可以做到"时，你认为他们真正需要的是什么？

特瑞：可能是权力。不，也许是尊重。或者他们只是想让别人承认他们有一个好主意，他们有一些可以贡献的东西。

　　协作者：你们的团队需要什么？

　　菲利普：增加善意，建立伙伴关系，被信任。完全被信任。我们真正需要的是合作。

选项

　　协作者：你们知道你们需要与其他团队合作，而且他们可能需要尊重和贡献他们的想法。让我们看看有哪些选项。

　　萨尔：邀请他们共进午餐，增进彼此的了解。

　　玛丽莎：听起来对他们来说有点过分亲昵了。我们可以聚在一起开一个头脑风暴会，在会上真正尊重他们的想法。

　　特瑞：是啊，但我想让市场部明白我们不可能在他们的截止日期前完成。

　　菲利普：或者我们需要理解为什么我们必须在他们的截止日期前完成任务。

　　协作者：什么是你真正想要却不相信会成为可能的？

　　萨尔：我只是想让他们喜欢我们。

　　玛丽莎：我不在乎他们是否喜欢我们。我希望他们能理解我们所带来的价值。感谢我们在发起过程中所扮演的角色，而不是把我们当成一个大噩梦。

　　特瑞：也许我们应该给予他们我们想要的感激。

　　萨尔：我们给他们发感谢信怎么样？

　　特瑞：谢谢你给了我们不可能完成的任务和不可能的截止日期？

前进

　　菲利普：我们来讨论一下我们要做什么。

　　玛丽莎：让我们把每个团队的代表聚集在一起，回应跨职能的分歧。

我们一起创建一个合作计划。

> **特瑞**：其中的一部分可以是加深理解每个团队的功能和对全局的贡献。
>
> **协作者**：那么谁将在什么时候做什么呢？
>
> **萨尔**：好的，我会根据我们谈过的内容整理一份邀请议程，并在周五前发给你们每人一份草稿。
>
> **玛丽萨**：我会安排下个月的会议时间和场地。
>
> **特瑞**：我想利用GROW模型来引导这次会议。你们有谁愿意和我一起引导吗？
>
> **菲利普**：我和你一起玩。听起来我们都同意这个计划，但我只是想确认一下承诺的程度。有人反对推进这个计划吗？

评估

> **协作者**：听到大家很安静，似乎大家讨论结束了，是吗？现在你们已经使用过几次GROW模型了。想要评估一下它的使用效果吗？
>
> **萨尔**：我最喜欢的是我们有了一个架构和方向感。
>
> **玛丽莎**：我对我们没有充分利用选项阶段的方式感到不满。我希望我们能花更多的时间在那里，探索我们最狂野的梦想——去扩展可能性。
>
> **菲利普**：我们也可以在设定实际目标时做到更具体明确。
>
> **特瑞**：我喜欢我们中的一些人担任协作者的方式。我想突破自己，让自己更经常地这样做。

人们喜欢GROW模型，因为它简单。任何人都可以使用它，不需要大量的训练或实践。在会议期间把模型挂在墙上可以给人们展示一个清晰的流程，整个团队很快就会协作和互相支持。GROW模型以应用速度快而闻名，但不是非常深入，这正是一些群体想要的。然而，我们可以在行动之前在现状阶段多做停留、深化觉察，以提升它的应用深度。

SWOT 分析

SWOT 分析是一种常见的商业工具,用于了解环境并为策略规划提供信息。你可以用它来评估组织和个人。传统的 SWOT 分析着眼于优势、弱点、机会和威胁。与其着眼于弱点,你不如关注愿望。从欣赏的角度来看,看到愿望比看到你不想要的东西更能激发你的灵感。留意一下,你说"我希望拥有优秀的时间管理技能"的时候和说"我的缺点是时间管理不善"的时候相比,会不会更鼓舞人心?当你的客户表达愿望时,仔细听他们的用语,因为愿望已经暗示着行动。优势和愿望指向内心的景观,是我们可以控制的事物。机会和威胁都集中在我们无法控制的外部环境上。

下面是一个简短的个人 SWOT 分析的例子。

探询式 SWOT 分析	
优势 有远见的领导人 冒险者,探索发展的新方法 让自己周围都是才华横溢、有能力的人 给予诚实、真实、启发人心的反馈	愿望 发展新的方式为我的团队赋能 更有耐心和更临在 放松时间更长和让创意迸发 招聘技巧更强
机会 和米格尔一起把希捷的想法具体化 减少直接汇报的次数,腾出时间来做创新项目 撰写我一直在计划的书 为我的创新想法吸引风险投资	威胁 经济不景气,影响了在教练和培训上的花费 并购谈判——我的职位可能会受到影响 我的督导和合作伙伴可能很快就要退休了 在我的细分市场,教练已经饱和了

注:查看附录 A 中的 SWOT 分析。

探询式 SWOT 分析

你可以使用 SWOT 分析来辨识发展趋势，这将使你有可能拓展自己，产生你想要的影响，并重新定位自己作为专业教练的角色。

> 哪三种方法可以利用你的优势来实现你的愿望？
> 你希望在你的组织中产生什么样的影响？
> 你如何重新定位自己，使自己发生你希望看到的改变？

探询式 SWOT 分析来自玛莎·拉斯利所著的《勇敢的愿景：如何在你的生活和组织释放激情能量》(*Courageous Visions: How to Unleash Passionate Energy in Your Life and Your Drganization*)。

组织发展的五个阶段

教练通常是组织发展（organization development，OD）的开端。组织发展的阶段包括：

> 开始和制定合约
> 体察和发现
> 诊断和反馈
> 计划干预措施和行动
> 评估和结束

当组织发展顾问进入组织来收集数据、诊断组织需求、设计干预措施和评

> 愿望比目标更能带领我们深入。通过激发人们的热情，我们可以清楚地了解个人和组织的期望。

估进展时，我们也可以发展内部组织能力来做同样的事情。组织发展过程的每个阶段都有不同的目的。让我们看看这是怎么做的。

开始和制定合约

真诚、临在和同理倾听是开始阶段的重要组成部分。在最初的对话中，我们通过不带评判地倾听和提供支持来建立信任。这种方法不是掩盖或审查问题，而是让潜在顾虑和机会浮出水面。通过深入倾听、理解客户的问题和建立联盟，我们发现客户的目标和更深层次的愿望。愿望比目标更能带领我们深入。通过激发人们的热情，我们可以清楚地了解个人和组织的期望。一旦我们与他们的内心建立了连接，我们就共同创造了想要的结果，明确了角色和责任，并设立了商业合作条款。

体察和发现

我们在很大程度上依赖直觉，同时也在硬性数据的基础上收集信息。我们使用对话、调查、访谈、评估工具和焦点小组等方式收集信息和建立关系。在整个过程中，强调建立关系意味着我们更有可能产生信任，这有助于我们深入问题的核心。

诊断和反馈

我们寻找什么是有效的和什么是可以善加运用的。有别于病理学的诊断方法，我们会帮助组织成员在工作中找到赋予生命的能量，发现他们的需要和愿望。基于信息和共同分析形成的汇总报告是深化认识、吸引选择和激励行动的催化剂。很多组织都偏爱硬数据、分析现状的评分系统和衡量进展的方法。做一些轶事记录所带来的影响可以是非常感人、让人们产生心灵共鸣并鼓舞人心的。为客户分析数据可以提供大量信息，但没有共同分析那么赋能。总的来说，我们可以探讨和分析当前情况与预期情况之间的差距。

计划干预措施和行动

除非我们以真诚的反馈进行干预，否则最终只是单向沟通，无法得到客户足够的支持。反馈促成一张变革和合作行动计划的蓝图出现。行动计划被分成若干小步骤，设有问责制结构，包括由谁负责和商定的完成日期。行动计划的实施可以包括各种各样的组织发展干预措施，如个人或团队教练、培训、领导力发展、团队建设、多样性对话和冲突解决都是支持变革倡议的。

评估和结束

开始明确下来的成功评估标准是共同制定的。评估可以包括财务指标，如底线影响（盈利能力或投资回报）或利益相关者满意度（生活质量或员工留存率）。组织发展工作是亲密的过程，需要一种赋能式的结束。我们提倡连续庆祝，而不是每年一次的公司圣诞晚会庆祝。我们不仅庆祝成功，也庆祝从失望或失败中获得的新见解。两者都提供了建立心灵连接的机会，并促进了通向新机会的对话。

欣赏式探询 [1]

欣赏式探询是渗透到教练世界的组织发展过程。这个过程始于这样的信念：我们所关注的一切都会得到增长，即成长和发展。当我们关注客户的问题时，这些问题就变得更加根深蒂固、更加困难。当我们关注优势、创造力、活力和行动时，这些部分就会成长并变得更强大。

---

[1] 华夏出版社已出版"欣赏式探询系列"，包括《欣赏式探询的威力》、《欣赏式探询团队协作案例集》、《创建欣赏式探询团队》、《欣赏式探询助你实现高效对话》。

> 欣赏式探询的核心是选择将人类视为神秘、运动、变化、扩展、肯定生命、有创造力、有灵性的生命体。

欣赏式探询的核心是选择将人类视为神秘、运动、变化、扩展、肯定生命、有创造力、有灵性的生命体。一旦我们做出这样的选择，我们就不再把人看作是需要解决的问题或需要修正的事物。我们与客户一起，深入观察，呼唤和滋养已经存在的生命力，创造更快乐、更满足的当下和未来。

为了创造这样的当下和未来，教练使用以下欣赏式探询的原则：

专注于任何有效、有创意、有活力的东西。

容纳失败和崩溃。与其分析问题，我们不如关注积极的一面。

从消极中发现积极。"当你说和上司的沟通很糟糕时，我看到你对良好沟通有一个图景。你能描述一下吗？"

建造积极的形象，而不是试图消除消极的形象。

专注于"你想要什么？"。

不带评判地倾听。通过抱持他们的完整性和创造力来给予他们力量，即使他们经历了崩溃。

用故事来探索他们在过去发掘出的优势和能力，并将它们锚定在他们当下的力量中。

明确并选择进一步探索的主题。

塑造人们想要的生活的图景和愿景，利用他们的优势和梦想，并通过创新的方式来实现他们想要的生活。

欣赏式探询的四个阶段

欣赏式探询研讨会通常持续数天，组织的所有人员聚集在一起探索欣赏式探询的四个阶段。组织中各个层级的同事们相互面谈，发现彼此的故事，畅想未来，设计他们想要如何一起工作及实现预期的结果。

1. 发现——欣赏

在发现阶段，我们厘清价值，用讲故事的方式捕捉其中最好的东西。我们找到是什么赋予了组织生命力和活力。我们首先让人们两人一组互相访谈，收集令人难忘的故事，并发现组织的优势和资源。分享和收集这些故事可以让人们重视和扩展现存最好的东西，有助于发展组织能力。

在收集故事时，问以下问题：

当谈到你的组织时，你最引以为豪的是什么？

什么让人们充满活力？

与这个组织相关的最好故事是什么？

2. 梦想——展望愿景

在梦想阶段，我们拿出魔杖，想象可能发生的事情。我们一起畅想，分享我们对工作和关系的希望。我们着眼于个人和组织的召唤，探索我们更大的目标和最深的愿望。在这个阶段，我们通过演出我们的梦想来戏剧化各种可能性，拓展想象力。

此阶段的问题：

这个世界呼唤你的组织做什么？

如果没有限制，你会探索哪些新的可能性？

如果你们周围都是奉献生命的力量，那会是什么样子呢？

3. 设计——共同创建

在设计阶段，很多人聚集在一起共同创建未来的组织。在各个小组中，我们探索梦想阶段的伟大图景，并确定什么是可能的。我们探讨它是怎样将价值、结构、系统、使命与理想整合一致的。在这一阶段，大家提出一些激动人心的主张来发展组织。我们探索可能的行动和选择来设计和创造更理想的未来。

此阶段的问题：

什么选择可以把我们的梦想变成现实？

在一个最理想的系统中，每一部分都是什么样子的？

为了创造一个更美好的未来，你会采取什么行动？

4. 交付——维持

在交付阶段，我们制订行动计划，以实现这些激动人心的主张。在开放式讨论中，我们让员工决定他们的贡献和希望服务的方式。我们建立个人和组织的承诺来完成这些贡献，并决定实现什么目标。不同小组在这个过程中产生的新计划的基础上进行协作。因为人们深入参与了前三个阶段，所以在第四个阶段很容易做出承诺和达成一致。

此阶段的问题：

为了创造美好的未来，你需要实施什么样的行动计划呢？

如何实现持久的文化变革？

你需要做什么来维持你喜欢的未来？

欣赏式探询的问题

这些问题可以触及客户服务生命的品质的核心。

讲一个你遇到了困难并将其克服的故事。你内心有什么让你克服了困难？

谈谈你为自己感到骄傲的一次经历。

讲述一个内外一致的故事——那时的你体验到与自己、工作、灵性、他人或自然深度连接。在讲述故事的同时，和你身体里能量所在的地方连接起来。

> 故事激发想象力，并带出来自思维以外的信息。

当你"回到内在的家"时，你在哪里？你在做什么？你和谁在一起？

想象你收到了一封来自你的向导的信，提醒你已经忘记了关于自己的哪些东西及你生命中的可能性。上面写了什么？

讲述一个你感到被深深地支持的故事。

谈谈你自己都感到惊讶的一次经历。

什么让你高兴？什么吸引你的感官？什么让你捧腹大笑？你喜欢什么？是什么让你想站起来跳舞？

关于自己，你最看重的是什么？是工作性质，还是你所在的组织？

你认为赋予组织活力的核心因素是什么？

设身处地为客户着想。他们说的什么话让我们感到独一无二？

考虑哪些最佳策略、架构、操作程序和流程把我们带到了这里，那都是使我们想为这公司工作的东西。随着我们的不断发展，我们必须维护和保持其中的哪一些呢？

你可能会注意到，其中很多问题都涉及讲故事。故事讲述者劳拉·希姆斯（Laura Simms）说："讲故事能够让你直接与心灵和想象力互动，从而激发更深层次的倾听，打开感知的眼睛。最深刻的学习发生在未说出来的故事中，脑海中产生混合着在讲述中唤起的图像……思想的心灵被内容所陶醉，而意象下沉，揭示并唤醒听者梦想中的想象和直觉的智慧。"故事激发想象力，并带出来自思维以外的信息。

要使用欣赏式探询来构想关于未来的故事，考虑一下这个场景：

5年后，当你醒来，你会发现这个公司非常成功。

你看见什么在发生？人们在做什么，说什么？

公司和目前有什么不同？技术是如何提升客户服务的？

为了创造这样的未来，今天需要做出哪些决定？

> 文化变革是一种系统改变的激进形式，它建立在已经存在的积极能量之上。我们不是谴责过去的价值观、规范、信念和行为，而是找出那些已经在为组织文化服务的东西，并找到方法扩展生命力。

为了使未来的景象成为现实，我们现在应该开始的三个行动是什么？

作为教练，我们可以用讲故事的方式提出问题，唤醒客户基于以前成功的可能性。在他们重复讲述失败的故事时，我们可以打断。

欣赏式探询如何应对消极方面

欣赏式探询不是让人盲目乐观的方式。我们处理那些不起作用的方面，但是用积极创造的方式来进行。我们可以用负面信息来揭示人们想要什么："你说你和新员工的关系不好，你经常生气，最后以你不喜欢的方式行事。它告诉我你知道你想要的那种关系是什么样的。告诉我你对你的新员工关系有什么期望。"倾听消极的声音是很有力量的，它为积极的声音留出空间。我们可以专注于"愿望"的问题，从消极的一面过渡到可能的一面。

文化变革

就像在个人教练中一样，在组织教练中，变革的方法把重点放在改进整个系统而不是解决具体问题上。

文化变革是一种系统改变的激进形式，它建立在已经存在的积极能量之上。我们不是谴责过去的价值观、规范、信念和行为，而是找出那些已经在为组织文化服务的东西，并找到方法扩展生命力。我们深入观察内在，发现在经济、生态和人性方面已经有效的东西，来识别活力和集体智慧。然后，我们利用集体智慧提出解决方案。

社会企业家林恩·特威斯特（Lynn Twist）与帕尔查妈妈（Pachamama）联盟进行创新工作。在她的书《金钱的灵魂》（*The Soul of Money*）中，她讲述了达兰马布里（Dharmapuri）的妇女们杀害女婴的故事，因为她们认为："对一个女孩来说，生活太可怕了，她会成为家庭的经济负担。让一个女孩活着是残忍的，杀死她更仁慈。"

在和她分享了秘密、羞耻和悲伤之后，这些妇女发誓终结这个循环。当她们说"没有你们外来的耳朵和眼睛，我们不可能迈出这勇敢的一步"时，林恩感到很震惊。

经过几天的亲密交谈，达兰马布里的女人们开始了解林恩。她们问她，在她的文化中有没有什么东西让她不知所措。林恩分享了她对美国媒体描绘的暴力以及这些可怕的信息传播到世界各地的极度不满。她们凝视着她的眼睛，告诉她要记住她们会在她身边，鼓励她说出来。

在此之前，她一直认为电影中的暴力与杀婴的恐怖相比还算温和。在我们的文化中，无缘无故的暴力已经变得如此易于接受，以至于她认为这是一种理所当然的行为。当媒体行业的利润助长了暴力的欲望时，她感到绝望。人们可以想象，来自和平文化的人们对媒体暴力的恐惧，就像我们对杀婴的恐惧一样。达兰马布里的妇女可以激励我们寻找机会来改变我们自己的文化。

所有这些都表明，当我们深化觉察、探索创造服务生命的文化的新方式时，分享我们内在和外在转化的故事是有价值的。从个人转化的涟漪效应来看，坚持变革的立场和领导文化变革的倡议可以对社会产生深远的影响。

引领变革中的人员面向的七个步骤

文化变革以及引领变革中的人员面向的七个步骤改编自玛莎·拉斯利的书《从心引导》（*Facilitating with Heart*）。

1. 评估变革的准备程度

从长远的角度来看待和探索团队、文化或组织在变革方面的相关历史。找出过去成功改变的因素，并寻找组织能够应对更多改变的证据。如有必要，为改变发展额外的能力。

2. 建立一个变革的案例

   发现引起人们注意的紧急危机和机会。研究推动变革过程的市场和竞争力量。探索对底线的影响。想象一下如果你不做出改变会发生什么。

3. 招募一组变革推动者

   首先找到最高级别的变革发起人。从组织的各个层面寻找其他重要的有影响力的人。招募那些有能力领导变革的人，并让其他人加入进来。

4. 制订一个变革沟通计划

   设计最好的方式来沟通变革的优缺点。描绘你的愿景，这样你就能让别人有能力做出贡献。将变革如何服务于最高利益并帮助组织成功的愿景纳入其中。

5. 管理变革的阻力

   找出最有可能反对变革的人，并确定你将如何回应他们的需要。预测障碍，制订计划来克服改变的阻力。

6. 创造动力

   注意节奏和基调，这样人们容易吸纳改变。在过程中庆祝阶段性的成功。明确你将庆祝的里程碑事件。

7. 维持乐于接受变化的文化

   管理持续的个人改变过程并展示你的开放性。设定期望、期待的行为和人们需要发展的能力来支持期望中的变化。维持一个持续提升的文化，保持活力，以确保未来的成功。

教练评估

设立共同衡量成功的机制

我们如何挖掘组织的生命力？我们如何创建共同衡量成功的机制？教练计划的成功是基于与组织目标相关联的标准来衡量的。创建共同衡量成功的机制的步骤包括：

将教练计划与组织目标联系起来。
设置与计划直接相关的可观察目标。
具体说明如何运用教练来实现这些目标。
通过搜集实施教练计划前后的数据或使用比较法来呈现教练带来的单独效果。

有时，被教练的人有充分的自主权，以他们希望的任何方式使用教练。更常见的情况是，教练计划的发起者、被教练的人和教练合作设定可衡量的目标。目标从动词开始。有时候我们的目标是模糊的，但可以用360°反馈评估进行衡量。为了改善模糊的目标，我们提炼可观察的、可操作的、容易衡量的目标。

模糊的目标	可衡量的目标
提升沟通技能	减少员工流失
与跨职能团队合作	简化反馈过程
提高团队的工作效率	提高市场占有率
深化个人觉察	缩短回应投诉的时间
发展决策技能	降低诉讼成本

并不是每样东西都需要衡量。有些目标最好是为教练带来的无形利益，但可以把其他转化为经济利益。例如，如果营业额减少了，客户投诉减少了，或者新产品提前推出了，都会转化为底线的影响。挑战在于如何将无形的成果（例如加强沟通技巧、提升内部领导能力或提高员工的生活质量）转化为可衡量的成果。

祖思（Zeus）和赛飞顿（Skiffington）列举了几种用于评估结果的测量工具：

访谈可以是结构化的，也可以是非结构化的，但是在教练开始之前和之后的访谈往往是最有价值的。

自我报告往往不够客观，但客户发现自我反思很有价值。

他人的评分和许多公司使用的360°评价相似。

自我监察与自我报告相似，但自我监察是持续的。

直接观察通常通过跟踪客户的行为来完成，教练在白天跟踪、观察和评价客户。

要考虑的问题

你觉得组织教练有什么吸引力？

当你在组织中与个人或团体一起工作时，什么样的架构会支持你？

你需要什么来提高你在组织中教练的能力？

第十六章　社会变革教练

永远不要怀疑一小群深思熟虑、有决心的公民可以改变世界；事实上，这是改变世界的唯一途径。

——玛格丽特·米德（Margaret Mead）

主题
把教练带给全世界
社会领域教练的发展历程
社会领域的独特挑战
建立教练文化
合作项目和社群
社会领域的创新教练方法

把教练带给全世界

如果我们预测教练的未来发展情况，就将看到教练的影响会扩展到非营利组织、学校、医疗保健和政府机构。让我们畅想，世界各地的每个家庭、每个组织和每个社群都可以很容易就找到教练人员。让我们更进一步，畅想大家在高中毕业前学习教练技能，每个人每天都能体验深层的倾听和赋能式提问。如果政客们带着开放的心态互相倾听，那么会产生什么样的结果？如果老师提出赋能式问题，并相信学生有能力找到自己的答案，那么学生会有怎样的前景？

如果社会工作者能够利用同伴教练的过程，来唤醒服务对象的全部潜能并支持他们，那么他们将会产生多么广大的影响？所有这些都已在全球各地小范围内发生了，而教练行业被呼唤将教练技能普及给大众。

自1998年以来，转化领导力组织①一直通过教练培训和领导力发展项目来支持个人和组织。开始的时候，我们面向所有人提供教练及培训服务。不过，我们很快就认识到，我们被关心人类进步、支持社会变革的人所吸引，于是开始与他们工作和合作。我们与社会行动者、非营利组织领导人、政府机构和慈善组织合作，逐步把教练技能更深地引入社会中最需要这些技能的领域。我们不帮助有特权的人去获得更多的特权，而是与变革者合作，支持他们为社会问题制定系统性的解决方案。有些变革在地方层面开展，还有些在全球范围内开展。无论我们是与社会企业家合作，还是与直接服务弱势群体的组织人员合作，我们都努力发展他们所在组织的教练文化，从而为他们赋能。最终，我们共同创建可持续的项目，直接惠及有需要的人。

社会领域教练的发展历程

教练最初起源于商业领域，为商业领域当前领导人和未来领导人的资源之一。不过教练行业目前已经在社会领域扎根，并继续进一步发展。

社会领域的教练实践最初侧重于领导力发展和组织能力建设，例如改进组织的系统、流程和结果。社会组织的执行理事及社会变革计划的关键领导人参与一对一的教练引导，提升了他们的领导能力，并推动他们在组织中实施渴望的改变。

---

① 变革领导力组织位于美国宾夕法尼亚州特洛伊市，致力为个人及团体提供教练培训，帮助他们发现自己的力量，从而推动良性变革。——译者注

转化领导力组织与罗盘焦点（CompassPoint）及BTW促进变革、高效组织资助方合作，开展了前所未有的深入研究，了解非营利组织对教练技术的支持及应用情况。这项工作属于CAP项目的组成部分。在为期七年的项目工作中，各合作组织评估并提升了教练技术，把教练用作建立高效非营利组织的策略。CPA项目主要着重领导力发展和组织能力建设。

在后续工作中，转化领导力组织同其他教练组织一道帮助非营利组织的领导者把教练技能融入组织的各个层面。不同组织的领导者们在各自的组织中建立教练文化，让员工团队得到更多赋权、更高的效率和满意度。各组织通过持续反馈来逐步获得演变，组织领导者们则使用教练方法来激发团队的潜力。因此，创造教练文化成为教练发展的一股主要推动力。

最近，转化领导力组织为非营利组织中提供直接服务的工作人员提供教练技能培训，这极大地改变了他们与服务对象开展工作的方式。这些专业的工作人员（包括个案工作者、财务顾问和其他提供直接服务的非营利组织工作人员）在原有专业技能以外又掌握了教练技能后，就会把重点从解决问题转移到培养合作关系上，从而拓展出更多可能性，并让服务对象重拾拥有感和责任感。提供直接服务的工作人员指出，他们感觉压力变小了，同时服务对象得到了更多赋能、参与度更高，并带来了可持续的成果。

在社区合作项目中，把教练作为基础技能的潮流方兴未艾。协作项目涉及基金会、非营利组织、政府机构、社群领导、志愿者和社区居民等合作伙伴，他们协力合作以实现社区的共同目标。合作伙伴接受教练技能培训和个人教练，以利于他们开展合作、沟通交流、头脑风暴、开辟新的可能性，将局限性视角转换为赋能式视角，以引发更富有创造性的行动。不仅如此，在整个项目期间有许多机会来拥抱和善用文化的多样性。

我们希望把教练技能直接传递给所有需要它的人，无论他们收入水平如何。我们希望教练能继续在各种组织、学校、家庭、社区和各行各业的人群中传播。我们期盼人们继续使用这种有效的沟通和合作方式，创造可持续的社会变

> 运用教练促进变革有无限的可能性，我们作为实践者的想象力是唯一的限制因素。

革。运用教练促进变革有无限的可能性，我们作为实践者的想象力是唯一的限制因素。

转化领导力组织仍然处于开拓性工作的前沿，包括为客户提供需求评估、战略规划支持、初阶及高阶教练技能培训、一对一督导、教练技能强化团队支持、分享最佳实践的机会、在线学习社群以及项目评估。我们的目标是通过与资助方、非营利组织和社群领导合作，把教练带给更广泛的人群。

社会领域的独特挑战

2008年经济危机期间，基金会捐款急剧减少，且后期复苏缓慢。许多组织失去了政府资助，私人捐款也面临减少的局面。来自社会领域的需要越来越多，各种组织被期待用更少的资源做更多的事。即便非营利组织有领导力发展方面的预算，那也需要酌情调低，这是削减预算时首先要考虑砍掉的一项支出。

在企业环境中，培训和发展部门普遍认识到组织的长期健康取决于领导力发展。而在非营利领域，除了大型组织外，大多数组织都没有专门的员工来投入时间和资源进行领导力发展，因此它们面临的最大挑战往往是如何把教练引导引入组织内部。

绝大多数（95%）参与了 CAP 项目调查的教练都认同：为了在非营利组织中有效地开展教练工作，教练需要了解非营利组织的文化。[①] 要想在社会领域开展有效的教练工作，教练们需要了解以下几点：

组织结构（执行董事、理事会以及理事会委员会、理事会治理等领导

[①] Coaching and Philanthropy: An Action Guide for Coaches. 2009. Kim Ammann Howard, BTW informing change Michelle Gislason, CompassPoint Nonprofit Services Virginia Kellogg, Leadership that Works.

动态）

文化意识（权力动态、特权、造成内部分化的各种"主义"和理念、内化压迫）

筹资与财务管理（预算编制、资本不足、第三方资助、资助者标准、非营利组织工作人员对可持续性的需要）

志愿者管理（招募、选拔、发展和评估志愿者）

使命（制定并实践使命、愿景和价值观）

人员角色（执行董事和高层职员的许多种角色构成的复杂状况）

人力资源（回应倦怠、缺乏问责、工资不足等问题）

匮乏（将组织从资金有限及缺乏人力资源、支持和时间的文化，转向为以资源为本的文化）

牺牲（殉道者心态、救援者综合征、工作生活平衡、内化压迫）

传承计划（创始人综合征、发展领导能力）

教练充分地了解社会领域的挑战后，就更容易从以资源为本或优势的角度开展工作，激发客户的热情和核心价值。教练熟悉了非营利组织文化后，就可以驾轻就熟地应对权力、文化和反复出现的主题方面的议题。在以使命为导向的组织文化中，教练可以通过连接客户渴望的愿景，帮助他们自我反思、进行战略思考，并采取有效行动。

社会领域的教练们可能会发现，他们在支持领导者们从依赖"英雄领袖"转向共享领导力的文化。社会领域的领导者不同于企业领导者，前者更有可能使用创造性的赋能式领导模式。例如，致力促进社会公义的组织经常使用有多个领导者的集体领导模式，或采取共享领导力模式，在这种领导力模式中，团队中的每个成员都视自己为领导者。他们的决策过程通常更具包容性，且使用参与式决策过程来激发组织的创造力。

下面是教练与某个新任执行董事开展工作的例子：

我曾教练一位 35 岁左右的执行董事。他名叫瓦尔迪兹（Valdez），曾是一名社区组织者，并接受了所在组织创始人的指导。由于一名联合执行董事突然去世，另一名联合执行董事不想独自担任执行董事，瓦尔迪兹便被擢升为执行董事。他接管了一个资历悠久的组织，而年长的成员质疑他是否有能力领导这个组织。前理事看起来像是因为工作劳累而离世。真的。因此，瓦尔迪兹心想："我不想死在这份工作上。"

瓦尔迪兹既害怕又兴奋，既自豪又紧张，因为他将要传承联合创始人的这份遗产。他知道，他注定要接管这个组织，让每个人都认识到："即使组织由别人来领导，我们也能生存下去。"他的工作是让婴儿潮一代相信，X 世代①，甚至更年轻的一代，也可以成为变革运动的领导者；他们能够继承前人的衣钵。瓦尔迪兹对自己的角色拥有令人难以置信的责任感。他说："作为一名年轻人，我必须把事情做好，因为老一辈认定我们会失败。他们在等着看我们工作不投入、不努力。"瓦尔迪兹经常听到上一代人这样的评论："你们都不像我们那么用心。我们是创办了组织的那批人。看看我们，这么多年过去了，我们还在继续做这份工作。"瓦尔迪兹非常关心这个问题，他想要确保这个组织能够在过渡时期生存下来，所以我为他提供教练引导，支持他建立蓬勃发展的组织，即使有朝一日他卸任，组织也将继续传承发展下去。我们应用了若干路径——拥抱阴影，以帮助他面对恐惧；扩展视野，以探索他面临的挑战；展望未来，帮助他拓展梦想。他充分达到一致性状态后，我问他希望如何与他人合作，这将帮助他发挥出自身的领导力。

下面两段内容讲述了社会工作领域的教练某次事关组织生死存亡的工作经历。

---

① 婴儿潮一代指出生于第二次世界大战后（1948—1964）的一代人。X 世代指出生于 1965—1980 年间的一代人。——译者注

我过去面向非营利组织执行理事开展的教练工作主要集中在四个方面：如何有效地与理事会进行合作？如何逐步退出组织工作？怎样获得工作与生活的平衡？如何筹集资金？不过，这些客户很少思考自己是什么样的领导，以及自身的领导方式对他们所有决策的影响。

　　在当下时代，许多组织都已破产。某位执行理事正准备向一家基金会提出一项数额巨大的"申请"，并通过寻求教练引导来增强自己的信心。我和这位女性客户探讨了两件事："介绍你的组织工作最好的方式是什么？""在你提出请求的时候，你希望记得自己身上哪些最吸引人、有说服力的特质？"她当时面临着日益激烈的竞争，考虑与其他组织合并，不确定如何开展合并商谈而不损害她的组织。她的个人领导风格非常开放和分享，而职场现实需要她更有战略眼光。教练能够帮助她在这两者之间取得平衡。

另一位教练描述了社会领域教练的乐趣和挑战：

　　许多执行董事现在面临退休，然而他们实际上没有退休计划，因为他们根本没有其他的经济来源。他们工作的时候，个人需要往往被放在次要地位。我为那些不确定如何与理事会有效沟通的高管做过很多教练引导。他们会提出这个问题："我是执行董事，我的工作是指示理事会，还是接受理事会的指示？"执行董事的工作成功与否取决于理事会的工作效率和效能。获取资金是另一个主要问题。偏离使命[①]现象多有发生，组织在慢慢地改变自身的使命，来迎合资助方的标准。当一个组织对资助方说"你资助什么项目，我们就做什么项目"时，组织中就会出

---

① 偏离使命指一个组织逐渐偏离了原本的使命，去做许多不在自身使命范围以内的事情。——译者注

现很多的依赖和权力问题，导致整个体系功能失调。在资金不足的时候，这个问题愈发严重。

当教练理解这些权力动态后，我们就能帮助领导者们真正明确自己的使命。他们如何以资助方能够理解的方式沟通组织的使命，而非毫无原则地迎合资助方的要求？教练可以帮助执行董事挺起脊梁——立场坚定地维护组织使命。

在下面这个教练的例子中，客户非常重视她自己的价值。

我当时在教练一名非营利组织的理事会成员。她强烈地主张多样性、多元文化意识和社会公义。她加入了她原本以为符合她价值观的理事会，却又发现这个组织实际上根本不在乎社会公义。尽管该组织在网站上放了一些冠冕堂皇的话语，却没有采取任何推动社会变革的行动。她承诺自己只为重视多元文化的组织服务，因此她面临着一个艰难的抉择——不是决定是否退出理事会，而是决定怎样退出理事会。她为许多问题苦恼："我要拿自己的声誉冒险，来声援社会进步吗？还是我应该默默地退出，不解释原因？在这个表面和谐的文化中，我会被视为一个抱怨者吗？我会毁了自己尽心尽力才建好的桥梁吗？"

我作为她的教练，知道这件事对她很重要，因此我要推动她坚定立场。我还帮助她重拾自信——相信她自己有影响力，而且她的立场可以带来组织的改变。她离开组织之前，组织为她提供一个机会为服务不足的社区居民运营一个多元文化项目。一番深思后，她拒绝了这份工作，但她为他们的决定感到高兴，并推荐了其他人选来管理这个项目。

为了透彻地理解社会领域工作的复杂性，教练可以通过下列途径获得经验：

就培养领导者、发展组织而言，教练是一种非常有效的策略。许多非营利组织的领导者认为，教练是培养、锻炼关键领导和管理技能的一种途径。

> 在非营利组织中担任领导职务
> 加入非营利组织的理事会
> 在非营利组织中担任志愿者
> 采访社会领域的领导者，了解他们的成就及挑战

非营利组织领域有一句话这样说道："如果你见过一个非营利组织……那么你就见过一个非营利组织。"虽然各个组织都有其独特的挑战，但是你可以通过浏览以下网站来加深对非营利组织普遍问题的认识：

> 罗盘焦点：http://www.compasspoint.org
> 管理领域帮助：http://managementhelp.org
> 非营利组织的核心：http://www.nonprofitnearts.netml
> 罗克伍德领导机构：http://www.rockwoodleadership.org

领导力发展和能力建设

在过去，社会领域的大多数资助方和管理团队都把焦点放在项目成果上，而不会想到花费部分预算用于领导力发展。社会领域在培养下一代领导者方面面临着严重的问题。一项名为"敢于领导"的调查研究，调查了 3 000 多名执行董事，研究发现 75% 的人计划在未来 5 年内离开所在组织，而其中只有不到 17% 的人有培养继任者的计划。面对领导者是"内部制造"还是"外部购买"的提问，他们甚至毫无头绪。他们将无法从其他机构招募领导者，原因是没有足够的候选人员。内部领导者的发展对社会领域工作的可持续性至关重要。

CPA 项目开展的研究表明，就培养领导者、发展组织而言，教练是一种非常有效的策略。许多非营利组织的领导者认为，教练是培养、锻炼关键领导和管理技能的一种途径。

一些非营利组织领导者使用了罗盘焦点的教练转介和匹配服务。下表显示

出一些共通的"教练主题"。这些主题出现在为期 12 月的时间框架内，内容按重要程度排列。①

寻找帮助的理由	重要观点
管理他人	授权，做出反馈，处理不同的个性或领导风格，向上管理
自我觉察	明确或改进沟通风格，确定个人优势和个人愿景
自我管理	管理时间，筹划工作，管理压力
一般领导力/共享领导力	从管理者到领导者的角色转变，拥抱新职位的权力和责任，传递愿景，获得一致的愿景，维护外部关系，加强和管理理事会的关系，树立自信，发展后备力量，培养领导者，开始实施继任者计划
变革管理	制定管理变革的个人策略，争取他人支持变革，发展组织的新身份，处理大家对于变革的情绪反应，管理文化变革
有针对性的教练内容	培养能力和技能，以解决分散的、具体界定的组织问题，如财务、理事会发展或筹集资金
工作与生活的平衡	应对倦怠，分清工作的轻重缓急，自我关爱，设定界限，说"不"
个人专业发展	职业发展规划，职业规划，发现与个人成长相关的优势和弱点
退出过渡/新任过渡	退出过渡：制订退出计划，决定何时离开，下一步做什么，放手，应对创始人综合征 新任过渡：处理新任执行董事或管理者所面临的压力，满足期望，了解新工作的内容，如何为成功做准备

如果社会组织领导者处于组织生命周期中的关键时刻，那么教练尤其能为他们提供宝贵的支持，这些关键时刻包括：

---

① Coaching and Philanthropy: An Action Guide for Coaches. Kim Ammann Howard, BTW informing change Michelle Gislason, CompassPoint Nonprofit Services Virginia Kellogg, Leadership that Works Source: CompassPoint, Coaching Referral and Matching Service Intake Data, September 2008 – September 2009.

执行董事换届过渡

创始人的角色转变

有新的战略计划

管理变革

实施扩张或削减项目，增加或减少资金

机构初创

下面的故事来自某位教练，讲的是执行理事如何与理事会建立理想的关系。

我曾教练过一位执行董事，她说："理事会总是敌对我，在每一个环节诋毁我，从不坦诚地对待我。我觉得我的工作有危险了。"她不喜欢去工作，感觉自己的价值观每天都在妥协。她持有一种根深蒂固的观点，认为理事会专门针对她。只要她还相信这一点，她就没有办法做出改变。因此，我们需要努力把她的观点转变为："我可以创建一个真正适合我的理事会。我能得到我所需的支持。"她从这种赋能的视角出发，制订了一项行动计划，以便与理事会建立理想的关系。按照此行动计划，她先努力寻找自己的声音，再向理事会提出请求。她从来没有想象过自己能够说出自己需要什么，提出请求。

后来，她保住了自己的工作，请一些理事会成员退出，并创建了一个回应组织需要的新理事会。最重要的是，新理事会改变了与她沟通的方式，她终于得到了一直渴望的尊重。她以"建立有意识的关系"这个理念，与理事会一同明确了双方想要如何合作。此后，她也与员工建立了有意识的关系。

对她而言，最有效果的教练工具是"唤醒内在力量"和"挑战"。她的观点曾经如此根深蒂固——她反复地说："这是不可能的；我永远也做不到。"作为一名教练，我抱持的立场让她大吃一惊："你当然做得到,你有很多的选择。"虽然当初我并不知道这对她来说会有什么结果,但是我立场坚定地捍卫她的机智和快乐,而且我知道探索的历程会对她有用。

大多数人之所以进入社会领域,是因为他们对所在组织的使命充满热情。他们成为管理者是出于"偶然",而不是因为他们十分希望去管理人事或管理组织。因此,他们经常需要在发展管理技能方面得到支持,包括如何在组织中创建教练文化。他们面临着复杂多样的挑战,而且通常需要巩固一些基本技能,比如说"不"、让别人接受问责、确定不同目标的轻重缓急。

大卫·科尔曼(David Coleman)是一名经验丰富的高管教练,他为非营利组织的领导者提供教练引导。他曾指出,教练的主要益处包括:

> 帮助领导者从新角度看待自身和自身处境
> 树立领导者的信心
> 留住有价值的员工
> 培养新的领导者
> 给长期担任领导角色的人注入新活力,使他们能够再次投身承担未来的任务[①]

一位教练只为促进社会公义的组织提供服务,她用下面的例子来阐明她所面临的挑战:

> 我为社会公义组织的工作人员提供教练引导。这些人正在努力通过行动来改变世界,使世界变得更加公平。他们有从心而发的内驱力,非常注

---

① David Coleman, "A Leader's Guide to Executive Coaching," Nonprofit Quarterly, Spring 2008.

重价值，非常有启发性。他们来接受教练，不是因为"我不知道该怎么生活……"；他们知道自己在做什么，也知道为什么要这么做。

然而，为这个人群提供教练引导富有挑战性，因为他们不知道如何平衡生活中的其他重要事项。他们往往注重集体而忽视了自己。我的一位新客户说："照顾好我自己没有照顾好员工、组织或运动重要。"

这位客户感到周围有许多的不平等现象。他说："我不能休息，因为其他人拥有的远远比我少，我怎么有资格休息呢？我需要继续为这项事业努力。"有鉴于此，我的很多工作都围绕着可持续性进行。我对他说："是的，确实存在着不平等现象，不过如果你继续这样工作，我们将失去你，你会耗尽精力，会生病。"他意识到他不会用对待自己的方式对待任何其他人之后，就改变了他自己的工作和生活方式。

越来越多的资助方把教练纳入领导力发展计划，以建设组织的能力。当领导者应对组织的挑战和机遇时，教练过程会对他们的家庭、社区和运动产生涟漪效应。

建立教练文化

随着教练对非营利组织领导者的价值越发凸显，转化领导力组织和其他教练组织也开始为非营利组织的员工团队提供教练技能培训，在组织内部打造教练文化。只有组织的高管和高层经理都支持教练并接受过教练技能培训，教练在组织内才能发挥最有效的作用。员工教练与同伴教练项目相结合，有利于在组织中建立教练文化，并能够使员工团队更高效、更投入、更重视工作成果。当组织与他们的合作伙伴一起参加教练培训时，教练文化就会像社会传染病一样快速传播，并能使以行动为导向、赋能个体和有效合作变成组织和社区的常

> 教练技能可以打造团队的共同语言，培养员工与员工、员工与用户之间的信任关系。领导者开始实践教练技能的同时，也在示范新的行为方式，并且将这种新行为方式渗透到整个组织中。

规现象。

如果我们看到下列情况，我们就已经塑造了教练文化：

  教练全方位展开——向上、向下、横向教练
  学习成为一种生活方式
  人们积极地寻求他人反馈
  人们开展互相尊重、充满能量、坦诚的对话
  团队培养热情和充分参与
  合作式决策加速了变革过程

员工建立了有力的教练技能后，他们对工作的投入感就会加深，他们与同事、客户和利益相关者的沟通也会更真实。最终目标是把教练技能嵌入整个组织，并扩展到组织的关键伙伴关系中。

教练技能可以打造团队的共同语言，培养员工与员工、员工与用户之间的信任关系。领导者开始实践教练技能的同时，也在示范新的行为方式，并且将这种新行为方式渗透到整个组织中。随着领导者和员工学会提出有效的问题，培养以解决方案为导向的思维方式，他们都会开始以不同的眼光来看待周围的世界。这个过程将帮助人们改变陈旧的信条观念，对工作产生热情。

有别于传统以奖惩方式来激励员工，在教练型文化中，员工很容易释放彼此的内在力量和智慧。这有助于员工畅想更美好的未来，设定更有吸引力的目标，做出更好的决定，并采取行动、实现目标。教练型文化的一些其他益处包括：

  建立更为牢固的管理者与员工之间的关系
  赋能给管理者的直接下属
  设立有挑战性的目标

提升决策技能

建立有效的问责制

为员工发展提供方向

改善公司系统

组织怎样使教练发挥出更大作用？首先，确保组织各个层面都认同教练技能，并让多类员工接受教练培训。我们为组织中支持发展教练的员工提供支持。我们不一次性完成所有培训，而是将培训分散在6个月内开展，让组织与一位导师保持联系，并得到导师的专业支持。在初阶和高阶培训的时间间隔里，我们为组织提供同伴支持和线上学习会议，一起利用这些机会来头脑风暴哪些技能产生了效果，以及如何应对相关的挑战。

为提供直接服务的工作人员提供教练技能培训

组织打造教练型文化大有裨益。除了获得上述收益，为提供直接服务的工作人员提供教练技能培训还将改变他们与服务对象互动的方式。"美国邻里工作"（Neighbor Works America）组织、安妮·凯西基金会（Annie E. Casey Foundation）和本地创新支持公司的综合服务项目都在为提升教练技能投资，以改善与服务对象的长期互动情况。这种工作方式可以帮助服务对象取得重要成果，而不仅仅是达成短期目标。提供直接服务的工作人员通过使用教练式方法，把教练技能整合到现有技能中，从而为团队和服务对象赋能，激发他们的活力和责任感。另一个益处在于，工作人员会工作得更有热情，减少工作倦怠。

提供直接服务的工作人员通过学习赋能式提问、肯定、挑战、请求和问责等教练技能，提高了工作成效。在非营利组织中，提供直接服务的员工要帮助服务使用者取得可衡量的结果。例如，在财务能力培训项目中，每位用户须每月节省"若干具体数额的"金钱，或者用户要在某个日期之前完成个人预算，才能继续得到非营利组织的服务。财务顾问在原有工具箱中加入教练技能后，并非要用教练引导完全代替以前所擅长的工作方法，而是在原有工作中融入教练技能，以提高工作成效。

在密歇根州巴特尔克里克（Battle Creek）开展的"儿童早期人际关系项目"（Early Childhood Connections Project）中，家庭教练为家庭户主（可能是父母、祖父母、阿姨、叔叔或其他人）提供教练服务。教练引导成为递送社会服务的路径，所有的员工和教练人员都接受教练引导，并且接受教练培训，以建立教练技能。教练成为服务递送的通用语言、员工的通用方法，为家庭建立了一致的服务期望。

住户服务协调员、财务教育工作者和财务教练发现，他们自己在参加过教练技能培训后，改变了与服务对象的工作方式。他们在培训评语中写下自己如何改变了与服务对象互动的方式。他们这样写道：

我现在使用开放式（赋能式）问题来帮助服务对象了解他们自己，并形成他们自己的目标和行动计划。

我以不同的方式倾听用户。我带着好奇心和专注倾听，以发现"真正的问题"。

我倾听服务对象是谁、他们在说什么，而不只是关注服务对象希望他们自己成为什么样的人。

我减少了评判，把服务对象视为整全的、拥有资源的个体，这样，服务对象不会感到被威胁。

我不再试图解决服务对象的问题，而是帮助他们形成自己希望怎么做的想法。

我帮助用户发现他们自己重视什么价值，并采取符合这些价值的行动。

我发现服务对象比以前更主动了，他们负责制订计划、改善自身的生活，并且自我监督以取得目标结果。

在部分培训评语中，提供直接服务的工作人员讲述了他们如何利用教练为服务对象的生活带来积极改变的多个故事：

> 我过去查看信用报告时，会立即关注信用评分，然后告诉服务对象需要做什么来纠正错误，提高信用评分。这种方法通常很难让服务对象听得进去并做出回应，尤其是在他们信用分数非常低的时候。现在，我首先与服务对象进行对话（围绕价值观、生活目标对话），然后再把信用报告与他们想要的生活联系起来。我通过帮助用户从合适的服务对象的角度看待信用评分（它只是一个工具），并提出有效的问题来帮助服务对象了解如何提高信用分数，能采取其他什么步骤来达到目标（比如向家人朋友借钱或改善业务计划），从而帮助服务对象更接近自己的目标。
>
> 一位服务对象请求紧急食物援助。我问了一些有力量的问题，来弄清楚她这个月为什么没有食物了。随后，她发现了一个她原本忽视的健康问题。我帮她找到了医疗援助以及食物。
>
> 我正在与服务对象一起撰写服务计划。在我们谈到教育计划时，服务对象看起来无精打采。这位服务对象提到了美容——她过去曾尝试参加美容课程，但失败了。我问她，当她想到成为一名美容师的时候，她有什么感受。她很快振作起来，变得很兴奋。我把我听到的兴奋反馈给她，并帮助她克服"她做不到"的负面信念。她想要成为美容师 10 年了，但一直没有做到。她下个星期回来的时候，已经报名参加了美容课程。她说，这是第一次有人问她真正想做什么，并相信她能做到。
>
> 我们学习了有效的倾听技巧，以帮助服务对象制订他们自己的计划。通过这次培训，我开始真正懂得如何为他们服务，而不把我的意见和评判强加在他们身上。我终于理解了什么是"以客户为中心的倾听"，这对我和服务对象、同事及合作伙伴进行沟通的方式产生了巨大影响。我比以前更了解服务对象的目标、希望和关切事项。
>
> 教练培训教会我们如何把解决问题的责任从社区工作者身上卸下来，回归到社区居民自己身上。

合作项目和社群

让我们想象这样的社区情景：

父母充分参与孩子的生活、教育和健康事宜。

家庭学习如何营造财务稳定性。

社区成员共同创建食品系统、卫生系统、金融系统和教育系统，打造公平的竞争环境。

有各种举措来促进坦诚沟通，建立有效的反馈机制。

人们普遍相信，所有人都有能力创造有意义的幸福生活。

经验丰富的领导者、非营利组织的工作人员和崭露头角的新一代领导者得到支持，有时间和精力来从事专业工作，从而在社区中推动改变。

我们畅想，各社区都掌握了教练技能，家长、教师、社会工作者和创变者的工作欣欣向荣。我们致力为不同社群提供教练技能，以释放潜力，让所有利益相关者都参与进来，包括边缘化群体。

通往明天的桥梁

美国肯塔基州路易斯维尔的"盖恩斯明日之桥"（Gheens Bridges to Tomorrow）项目是教练可以支持社区项目的生动例子。该项目是个独特的合作项目，涉及非营利组织、基金会、企业捐助方、社区中心、志愿者和社区家庭，大家共同努力来实现同一个目标：确保孩子们做好准备，在幼儿园及以后的生活中取得成功。

"盖恩斯明日之桥"项目有着远大的目标，其成功关键是通过教练引导促进儿童和家庭获得成功。盖恩斯是美国肯塔基州最大的私人基金会之一，该基金会邀请路易斯维尔的一些非营利组织提交概念构想，说明它们将如何利用基金会的大笔资金"对社区产生持久的影响"。这一邀请启发了路易斯维尔"联合之路"组织（Metro United Way）员工的创造性思维。他们在概念构想中把儿童早期发展与家庭经济稳定性联系在一起，并假设如果家庭经济稳定，将大大地提高孩子在学校获得成功的概率。

盖恩斯选择在4年时间里给"联合之路"的提案投资200万美元，因为这项提案"具有开创性和创业精神"。[①] 这项敢于冒险的投资开启了一种革命性的新方式，把社区中的父母和孩子放在中心，真正地支持家庭和社区。

"盖恩斯明日之桥"项目在路易斯维尔最贫困的社区中设立了4个儿童保育和早期发展中心，以支持社区中的家庭。该项目开展的活动包括富有创造性的幼儿发展课程、家庭教练人员与家庭户主的一对一工作以及全面的社区资源合作，致力为家长提供教育、卫生、财务和就业方面的服务。

项目初期，包括"联合之路"在内，所有合作机构的高管和主要员工都参加了教练培训。大家都被教练方法吸引住了，并决定把教练作为服务提供模式的基石。2008年，转化领导力组织与"盖恩斯明日之桥"项目开展合作，培训当地的教练人员，并持续提供支持，以确保教练文化能够完全融入项目中。项目包括为期两年的现场培训，以及为执行董事、高层员工和家庭教练提供督导。此外，一位当地的导师还为常驻社区中心的家庭教练提供支持。

带着新的教练技能和与使用社区中心的家长建立关系的任务，家庭教练们接触了数十位家庭户主，并与他们建立了关系。2008年7月，路易斯维尔的斯伯丁大学对"盖恩斯明日之桥"项目开展了评估。[②] 报告指出，此项目实施了

---

① Dare to Dream Bigger, a First Year Diary of the Gheens Bridges to Tomorrow Initiative, Metro United Way, p.1.

② Gheens Bridges to Tomorrow, Program Evaluation, Year Two: 2008-2009, Evaluation Team: Ken Linfield et al., 2010.

"一系列最佳实践,以及一种尤其出色、有着广阔基础的方法"。① 报告指出:"该项目为人们赋能,虽然这样做通常比直接下达指令见效慢,但是更可能带来更持久的改变。""盖恩斯明日之桥"项目面临许多挑战(其中一项重大挑战是为这种基础广泛、以家庭为中心的方法提供持续的资金支持)。斯伯丁大学的评估发现,教练作为核心的项目战略具有很大的潜能:

> 一些家庭户主报告说,他们的家庭已经出现了远远超出预期的积极变化。这些户主描述了态度和行为的巨大转变。改变不仅涉及财务决策,还涉及身体健康和家庭关系。虽然家庭户主们将这些积极变化特别归因于家庭教练和教练赋能的工作方法,但他们也认可了一些其他因素,如家庭户主们形成了社区意识,相互支持和督责。此外,整个项目致力实现共同的愿景,这也给许多参与者和工作人员留下了深刻印象,让他们觉得对项目有归属感。②

"儿童早期人际关系"项目

与上述项目类似,密歇根州巴特尔克里克县开展了"儿童早期人际关系"(ECC)项目。由于社区中的许多幼儿在还没有机会发展潜力之前,就先面临着遭遇失败的风险,因此"儿童早期人际关系"项目聘请了家庭教练。这些教练走访了该县每一个有新生儿的家庭。他们在评估婴幼儿及其家庭环境方面训练有素,并让这些家庭和更广泛的社区建立重要联系。在许多情况下,家庭教练只需要进行一次家访,就能够为这些婴儿及家庭开启走向未来的成功道路。教练人员一旦明确了这些家庭需要什么,就会为其介绍联系合适的社区服务以及

---

① Gheens Bridges to Tomorrow, Program Evaluation, Year Two: 2008–2009, Evaluation Team: Ken Linfield et al., 2010, p.2.
② Gheens Bridges to Tomorrow, Program Evaluation, Year Two: 2008–2009, Evaluation Team: Ken Linfield et al., 2010, p.1-2.

> 教练技能帮助各个家庭以新眼光看待生活，得到赋能，为家长及孩子规划更美好的未来，并制定一系列行动策略，来促进他们自己实现生活目标。

线上家庭资源中心。家庭教练和转介服务机构的代表还负责进行后期随访。家庭教练也与当地学区合作，把有需要的家庭介绍给学校社区。这种"从摇篮服务到幼儿园"的项目方法有助于建立家校关系，确保儿童入学第一步就取得成功，同时为儿童在学校持续取得成功铺平道路。

"儿童早期人际关系"项目认识到，赋能式模式能够让社区与家庭建立融洽的关系，提高家庭的参与度。教练引导是这个项目的核心。家庭教练们说着共同的语言，全部运用教练技巧，倾听家庭户主诉说对孩子的希望，并帮助户主制订成功计划，做好"孩子的第一任老师"。

"儿童早期人际关系"项目并不满足于只在这一个项目中使用教练，还为许多合作机构提供教练技能培训，这些合作机构也可以为巴特尔克里克社区的家庭提供服务。这个项目的目标是把教练的语言和实践带给整个社区，让社会服务机构的用户家庭可以充分参与赋能机制中来。

地平线上的风景

为社区成员提供教练服务及教练技能培训是社会变革教练的一个新兴趋势。在这些项目中，接受了教练引导的家庭户主（父母和监护人）请求接受更多培训，以更有效地支持孩子。新近的前沿工作包括：把教练作为生活技能，直接分享给儿童家长。教练技能帮助各个家庭以新眼光看待生活，得到赋能，为家长及孩子规划更美好的未来，并制定一系列行动策略，来促进他们自己实现生活目标。这些例子表明，教练技能可以直接造福社区成员，尤其是低收入社区。当每个人都有机会学习和掌握教练技能时，无论他们现在的收入水平如何，社区改变的可能性是无限的。

让我们畅想这样一个更光明的未来：

> 孩子们自创他们热爱的人生愿景，并学习设计支持系统，以延续他们的梦想。

十岁上下的青少年开展同伴教练，度过充满挑战的青春岁月。

帮派成员有效地沟通，减少暴力行为。

社区团体之间彼此合作，而不是互相竞争。

家长和教师更有效地开展合作，以支持孩子的学习和发展。

青少年更有效地与父母及生活中的其他成年人沟通他们的感受、需要和请求。

把教练技能直接提供给需要的人群很有益处，而通过志愿者工作把教练技能分享给狱友的潮流方兴未艾。一批批狱友学习掌握教练、沟通和解决冲突的技巧后，将会把学到的技能融入自己的生活，做出扭转人生的选择。不仅在服刑期间如此，等到他们回归社会以后他们还将继续这么做。狱友们不仅在与其他同伴互动时使用教练技能，还可以利用教练技能来规划未来，彼此之间进行非正式的同伴教练，并能够与外界协作者一起开展培训活动。

教练进行时 | 塔特瓦·沙克蒂·达拉（Tattva Shakti Dhara）①：解放力量的流动——教练推动组织重新定位
CFT 转化教练阿努拉达·普拉萨德

印度西部的库奇地区位于半干旱区域，当地人主要依靠手工艺、旱地农业和游牧畜牧业生活。非政府组织库奇·马希拉·维卡斯·桑加桑（Kutch Mahila Vikas Sangathan，后文简称为库马维桑组织）位于首府布吉市，成立于 1989 年，组织贫困农村妇女应对性别不平等问题。该组织培养妇女的领导能力，以改变妇女的处境，提升她们的经济、政治、社会和文化地位。

库马维桑组织的妇女运动通过组织、动员和教育活动来提升女性的意识，从单一的农村妇女合作集体成长为包含七个基层妇女组织的网络，成

---

① 塔特瓦·沙克蒂·达拉，梵文音译，意思是"本质力量的流动"。——译者注

员包括2万多名女性领导者、组织者和从业者。

牧民、农民、工匠、渔民、工薪族、音乐人、民选代表、助产士和单身自主创业的女性团结起来，组成了若干合作单位，激发本地区农村妇女的变革潜力。

然而，最近的一项深入分析显示，库马维桑组织已经慢慢地变得更加注重项目，渐渐与女性及女性议题失去了联系。

一种新假说指出，组织由于承受了太多为发展活动筹资的压力，正在被推向非常男性化的立场。为满足资助方要求，制订项目计划、实施项目、写项目报告占据了优先位置。无论个人层面还是组织层面，与女性内在特质的联系都在逐渐消失。

库马维桑组织为了重新重视女性的领导力和赋能，开始重新定位组织的工作过程、项目和活动。为了做到这一点，领导层认识到他们首先需要改变自己。

因此，库马维桑组织的15位最高领导人，无论男女，都参加了"本质力量的流动"活动，学习如何向社区基层女性领导者传授教练技能。这一过程的主要文化基础在于库奇苏菲文化重视个人以及人际关系中的爱、和平与和谐。这个活动帮助领导者寻找他们的内在力量，以重振组织，发展社区领导者的力量。

我个人很想知道库马维桑组织是怎样丢失了初心的。对于这个问题，我眼前出现了一个图像：让河流再次流动起来。什么河流？我问自己，库奇哪里有河流？深入冥想之后，我得到了"萨拉瓦蒂"这个词，它是传说中已经消失在地下的神秘河流。出于好奇，我在谷歌上搜索这条河。令我惊讶的是，我发现萨拉瓦蒂河据信曾经流经库奇兰恩地区的地下，而后注入阿拉伯海。

这条河流是库马维桑组织重新焕发力量的象征，库马维桑组织将能解决库奇女性今天面临的无数问题。流动的河给了我内在的一致感，并成为后续工作的基础。

教练行业中出现了三种快速增长的趋势，可以让投入的资金发挥更长久的影响。这些趋势包括同伴教练、团体教练和社群教练。

社会领域的创新教练途径

教练行业中出现了三种快速增长的趋势，可以让投入的资金发挥更长久的影响。这些趋势包括同伴教练、团体教练和社群教练。

同伴教练是一项长期投资，能带来丰厚的回报。组织成功打造了同伴教练的文化后，就能建立起高度互信的关系，并跨越传统界线以支持彼此的领导力发展。人们可以开展360°的教练——处于不同层级的员工向上、向下或横向开展教练都不罕见。《教练之心》（*The Heart of Coaching*）一书的作者托马斯·克莱恩（Thomas Crane）描述了教练型文化的7个特点：[1]

1. 领导者是积极的榜样
2. 每个成员都关注客户反馈
3. 教练的方向是全方位的，包括向上、向下、横向教练
4. 团队变得充满热情和有能量
5. 团队体验到学习收获，做出更有效的决策，变革进展更快
6. 人力资源系统协调一致并充分整合
7. 组织有共同的教练实践和教练语言

随着整个组织协作创建培训型文化，并且对教练实践形成一致理解，组织成员能支持彼此的成长和发展。系统的教练实践提升了组织的发展和变革能力。[2]

团体教练指使用教练原则来支持团体专业发展的引导过程。在此过程中，团

---

[1] Crane, Thomas, 2011. Business Coaching Worldwide (2005, Volume 1, Issue 1).

[2] Crane, Thomas, 2011. Business Coaching Worldwide (2005, Volume 1, Issue 1).

队的智慧、能量和经验将产生协同作用。这一过程为领导者提供了宝贵的机会，让领导者与同伴建立联系，知道自己并非独自面对挑战。团体教练将有助于打破筒仓心态①，在更有效地利用领导力发展资金的同时，积极地处理紧急问题。

社群教练是一个团体过程，它使用教练的思维模式和技能来支持寻求改变的社群。教练担任催化剂的角色，激发社群的集体智慧。教练使用范围广泛的教练工具帮助客户团体，以：

1. 明确工作内容，滋养集体愿景。
2. 催化团队学习，发现新的选项。
3. 分析现实情况，并开发合作的过程。
4. 克服变革障碍，综合战略计划。
5. 做出集体决定，并继续共同工作。

社群教练的引领者玛丽·埃莫里（Mary Emery）和肯·哈贝尔（Ken Hubbell）列出了社群教练的成果，如下文所述。②

教练带来的七种成果

1. 社群采用新方式来共同生活和工作。
2. 社群团队发现促进社群成功变革的新想法。
3. 人们开始看到不同视角下的不同现实情况，可以更有效地与他人合作，减少冲突，为学习型社群的创建创造条件。
4. 领导者接纳包容整个社群，而不只是少数人或传统精英。
5. 团体成功地挑战现状。
6. 社群团体能够自己确立方向，自行决定什么措施有效、如何实施及

---

① 筒仓心态指一个组织的不同部门、不同员工之间不愿意共享信息或知识，各自为政的心态。——译者注
② Mary Emery and Ken Hubbell, retrieved from http://communitycoaching.com/six-rs_2.html.

为什么选择这些措施。

7. 团体找到方法来摆脱困境,并将他们的战略性工作与他们的愿景联系起来,或重新联系起来。

教练进行时 | 飞鱼　CFT 转化教练莱斯利·布朗

我坐在空荡荡的培训室里,一面等待着参加住房项目的一小群年轻人,一面发现自己的头脑中一片空白。突然间,我想不起教练的定义,也想不起我今天有什么意图。在混乱的漩涡中,我看到了小鱼尼莫(Nemo)。我用它来提醒我自己要"不停地游"。突然间,我的意图清晰起来,我开始将能量聚焦于我的深度议程,就是把教练介绍给这些年轻客户,让他们互相联系,并开始考虑他们在寄养期结束后将如何生活。

当一个个年轻人带着含糊不清的问候和愁眉苦脸的表情到来时,我开始怀疑我自己。我做好准备开始第一次团体教练了吗?看着这些年轻人身穿拉低的帽衫、低着头往下看,我意识到他们和我一样紧张,然而我的角色是为他们创造一个安全的空间,让他们能够敞开心扉,参与进来。我拿起小鱼尼莫,我看到他们中的一些人对这条鱼的出现和它有什么意义感到非常好奇。利用大家的好奇心,我问谁看过《海底总动员》(*Finding Nemo*)这部电影,好让大家活跃起来。几个年轻人举起了手,我邀请一位勇敢的志愿者来概括性地介绍这部电影。我的下一个问题是:"这部电影与寄养青少年的生活有什么关系?"突然,我注意到,随着大家不再猜测我的想法,而是自己思索眼前的问题,团体的能量发生了转变。

我邀请一些人分享他们的想法,然后继续创建安全的空间。我开启了有意识的团体对话,并再次利用小鱼尼莫来推动引导过程。这样开展活动的目的是确保团体中的所有声音都能被听到,并且每个人都有明确的支持搭档(支持搭档负责肯定搭档分享的内容,或者结合自己的经验来回应搭

> 随着教练行业不断发展,赋能正在成为一种生活方式。赋能不仅仅只为有经济能力的人贡献力量,而是惠及所有人。

档的想法)。我让每个年轻人轮流回答这个问题:"你需要什么来让自己在团体中取得成功?"一些年轻人觉得难以回答这个问题,而另一些人能够清晰地做出解答。这样一来,他们便可以借鉴彼此的想法,得出自己的答案。在大家贡献自己的想法的同时,我捕捉大家回答中出现的主题,写在大图纸上。共同讨论之后,我们制定了有意识的团体协议。

完成该协议后,我进行到最后的活动,向他提问:"青少年离开寄养家庭后,在过渡期面临的核心障碍是什么?"房间里突然安静下来,许多年轻人开始在座位上扭来扭去,想要回避这个问题。在我感到被团体的紧张能量吞噬的时候,我眼角的余光瞥到了小鱼尼莫。我拿起它,把它扔给一个年轻人。他抓住尼莫后,就开始分享他的回答,然后自然而然地把尼莫扔给他的支持搭档。在我们一起度过的时光里,这个策略非常好用。飞鱼尼莫为我们的分享注入了帮助和动力。我学到的最大功课在于,团体教练所需的流动感始于教练、终于教练,其关键是"不停地游";教练的力量将接管团体并支持团体不断向前发展。

埃莫里与哈贝尔指出:"由这些教练提供支持的活动包括发展理事会、振兴经济、促进公民参与、帮助低收入妇女获得经济独立、做社区规划、鼓励组织合作。这些教练的目标是帮助各团体在就业、教育、扶贫、住房、环境改善、商业发展、经济复兴和领导力发展等方面取得进步。"

随着教练行业不断发展,赋能正在成为一种生活方式。赋能不仅仅只为有经济能力的人贡献力量,而是惠及所有人。教练和客户继续共同寻找改良世界的方法,为世界带来积极的改变。社会领域的教练事业发展势头良好,其转化性影响将绵延不绝。

要考虑的问题

关于在社会领域拓展教练实践,你有什么愿景?

你感到自己受到召唤来为社群创造什么改变?你可以怎样开始呢?

第十七章 灵魂和精神

当一个人与自己的灵魂相遇时,她就发现了自己独特的天赋、命运以及人生目标或个人的意义。通过与灵魂的邂逅,她得知为什么精神和大自然孕育了她这个独特的个体,以及她在这个世界特别的归属方式。

——比尔·普罗金(Bill Plotkin)

主题

灵性、灵魂和精神

连接到日常生活

以精神和灵魂与客户工作

与灵魂工作

与精神工作

发展内在的见证者

教练世俗的客户

我们如何支持客户与他们的灵魂(核心本质)进行深入连接,以及他们对与精神(比自己更伟大的东西)的深度连接的渴望?客户来找我们是因为他们有某种渴望。他们的渴望可能表现为想要在工作中得到更多的满足,赚更多的钱,或者希望拥有某种更令人满意的关系。他们也可能想写一本书,创作一段舞蹈或来一次旅行。但我们知道不止如此,所以我们与客户互动,揭示他们对改变的深切渴望。

> 每个人都想体验与自己的神圣本质的深刻连接。在我们所有的渴望之下，是我们渴望最深刻地表达自己，以及感受到我们真正属于这个世界，并且在这个世界上是重要的。

在我们明显的渴望背后，我们渴望自己的天赋在世界上受到欢迎和加以发挥。每个人都想体验与自己的神圣本质的深刻连接。在我们所有的渴望之下，是我们渴望最深刻地表达自己，以及感受到我们真正属于这个世界，并且在这个世界上是重要的。实现我们的所有潜能和创造改变是转化议程的核心。

很多客户多年来都忽视了灵魂和精神的召唤。他们对它的渴求可能甚于任何东西，但又害怕走向它。品味这种渴望成为通往更深层、更满足的生命的途径。作为教练，我们为客户创造空间，让他们更深入地观察，坚持对充实生命的真正表达。

在这一章，我们将探讨灵魂和精神的领域，分析灵魂和精神与教练的关系，帮助客户深化觉察灵魂和精神以及与它们连接的方法。灵魂和精神教练提供了一种支持客户更深度探索的方式，无论他们是否认为自己是世俗的、笃信宗教的或灵性的。

灵魂和精神教练是让教练与另一个人一起见证和呼唤灵魂展开的过程，呈现在他们对世界的独特和最深刻的贡献上。当我们与客户在一起时，我们见证并唤起他们作为精神存在的展开——通往与自己、他人和世界合一的觉知之旅。我们召唤他们在物质和物理世界展开，并支持他们将这些行动在灵魂和精神中整合一致。同时，作为教练，我们通过这种见证去成长和深化我们自己精神上的连接。

灵性、灵魂和精神

（精神）一个领域……向上朝着光明……帮助我们从策略思维的骚动中解脱出来，让我们重获我们真实本性的内在宁静、和平和完整。它是关于培养完全活在当下、与万物合一的幸福体验。

（灵魂）另一个领域不是向上引领我们走向上帝，而是向下引导我们走向我们作为个体的黑暗中心，以及走进自然的丰富体验……它向我们展示了在哪里以及如何提出我们的立场。在这半段的灵性旅程中，我们不是升向天堂，而是落向我们渴望的中心。

——比尔·普罗金

灵性

许多人认为灵性是一种无法理解的神秘事物。对一些人来说，灵性是与生俱来的权利。对于几乎所有人来说，当谈到灵性时，几乎都有与这样一种观点有关的想法：生命中有比我们看到的更多的东西，我们每个人都是独一无二的，我们的价值超过了我们对经济或我们的村庄、国家、民族的价值。

要确切地说出我们所说的精神或灵性是什么，绝对不是一件容易的事。《道德经》中有一句精彩的陈述："道可道，非常道。"即使单纯从教练角度来看，对它的描述也因人而异。

对一些人来说，灵性是宗教的另一种说法。另一些人则认为，灵性是宗教的对立面，一种与意义的连接，不涉及任何形式的超自然现象。在与客户进行灵性探索时，你可能会发现以下一些共同点：

对日常生活意义的追求——一种生活有价值或意义的感觉。
坚守价值观，并遵从价值观生活。
追求超越自我或物质的生命。
欣赏生命在自我、他人、神圣存在和自然之间的相互连接。
致力转化，成为更有觉悟、更有连接或更充实的生命存在。
与比自己更大的事物连接，可能是有着共同目标的一群人，例如追求社会变革或挑战不公正。

> 我们每个人来到这个世界上都带着一颗种子,那就是我们注定在这个世界上做的工作。

灵魂

灵魂是自我个人的、独特的一面,包含了我们个性的本质。当客户提到"真实的我"时,他们会触及内心最狂野、最自然的部分。大卫·怀特(David Whyte)在他的诗中描述了灵魂:

> 一个生命,你可以称之为你自己的。
> 它在你的种子中等待着成长,在未来的天空中伸展它的枝叶。
> 那小小的、明亮的、难以形容的自由之楔,就在你自己的心里。
> 那一行已经写在你心里了。
> 在你与生俱来的形象的中心,有你自己的真相。

我们独特的目标是我们灵魂的使命。我们每个人来到这个世界上都带着一颗种子,那就是我们注定在这个世界上做的工作。灵魂在承载我们内心深处的地方,它承载着我们的目标,永不放弃。在我们的一生中会得到一些线索,指引我们去做我们要做的事情。因此,灵魂工作是一个发展过程,不断探索和了解内心深处的目标,并发现如何最好地实现我们在这个世界上的灵魂工作。

精神

精神是纯粹能量广泛的、共同的面向,由所有灵魂共享。它是神秘和无限的。当客户体验到与生命的交互连接时,他们是在与精神连接。这种精神、上帝或生命力在很多传统中都有所提及,有些传统崇拜神灵,有些则不崇拜。

连接日常生活

与灵魂和精神的连接，引领人们的日常生活，仿如日常生活之下一条流动的河流，给予人们方向感。作为教练，你帮助客户更多地成为自己。当你保持着这种状态去面对你的客户时，它会影响他们如何看待自己。

道家著作说：

> 在古代，人们过着整全的生活……
> 心灵、身体和精神融合在一起……
> 如果你想要停止困惑，那么……
> 让你的工作和娱乐融为一体，它们是一样的……
> 为他人服务的同时滋养自己……
> 要懂得，真正的成长来自用一种对自己和他人和谐的方式面对和解决问题。

在瑜伽的核心经典之一《薄伽梵歌》（*Bhagavad Gita*）中，开悟大师奎师那（Krishna）对他的弟子阿诸那（Arjuna）说："不完美地完成自己的工作，比完美地完成别人的工作要好。"

灵魂与自我的连接，通过核心力量在这个世界上变得可见。这些核心力量是在世界范围内行动所体现的价值、知识和能力。价值是我们那些必须呈现出来的、与内心最深处的自我一致的部分（正直、冒险、激情、安全感等等）。这里的知识指的是你内在的力量，它知道什么对你是最好的。这里的知识不是指学来的信息，而是你认知的核心。能力是指你的技能和才能，帮助你创造和显现你的核心自我。

教练的第一个核心原则是把客户视为完整的,同时支持他们更全面地表达自身的完整性。作为教练,我们通过支持客户直面他们生活中分裂的一切来发现他们更大的完整性。

一个"小小的、静静的声音"讲述着关于我、我的工作和这个世界的真相。我听见了,却装作没有听见。当我过着分裂的生活时,我会付出巨大的代价——我感到被欺骗,担心被人发现,为自我否定的事实而沮丧。在我的生命中有一条断层线,每当它破裂的时候,我的言行便脱离了内心的真实,我周围的东西就开始颤抖、开始崩溃。

——帕克·帕默尔(Parker Palmer)

以精神和灵魂与客户工作

当我们不评判并且不强迫客户改变时,我们就会为客户创造自我接纳的空间。与此同时,我们最大限度地抱持客户的潜力,信任他们,相信他们资源丰富。他们有自己生活的答案。使用核心原则帮助我们在见证他们的进展时记住由内而外地支持他们。

"不强迫改变"开启了强大的可能性的大门。有力量的改变来自内在经验的觉醒。"深入交谈深度的东西"的过程超越了智力。当我们帮助客户打开他们的感受、他们身体的智慧、他们的核心个性的独特性以及与所有生命的连接时,我们就会激发他们的洞察力和行动力,从而采取有效的行动。三个有力量的教练精神和灵魂的途径是:

> 作为教练，我们希望帮助客户走向他们个性的核心及与万物合一的领域。

通过觉察去见证的力量——见证、反映和尊重当下展开的一切，并为仍在等待诞生的一切抱持空间。

爱、慈悲和同理心的力量——给予无条件的爱和完全的透明，以支持连接灵魂和精神。

一致性与发展身体、心灵、灵魂和精神的力量——将所有核心的教练技巧和实现一致性的路径应用到服务中，使客户与自我、核心价值和精神领域整合。

与灵魂工作

通常，客户在不了解灵魂领域的工作的情况下来到我们这里。现代文化中，人们对自然和自己的野性存有偏见，这导致许多客户过分强调精神领域。"带我走向光明"是我们经常听到的疾呼。作为教练，我们希望帮助客户走向他们个性的核心及与万物合一的领域。

我们如何让客户更接近他们个性的核心？一开始，我们接纳并轻松面对他们目前的状况，并平衡我们强烈地呼唤他们去看到的可能性，加上好奇心的力量以及寻找自然打开的美好。然后，我们和他们站在一起，在他们的痛苦和欢乐中，在他们的停滞和创造力中。这让他们放松，让他们的内在资源流动。

在共创的空间里，我们可以使用很多特定的工具来让我们的客户与他们的灵魂更近距离地接触。例如，自然给了我们简单而有力量的方式来与客户在灵魂的领域工作。大自然的野性与灵魂的内在本质相匹配。即使在野外待上一小段时间也能唤醒灵魂。帮助我们的客户与灵魂连接的具体方法包括与大自然工作和与创伤工作。

与大自然工作

我们可以让客户在大自然中散步,或者在野外安静地度过一段时间。提出一个让他们静观反思的问题并且不强迫他们找到答案,以帮助他们创造一个情境;或者,请他们与自然里或地球上的某样东西进行对话。这可以通过在一个固定时间段里先谈话后倾听的形式来进行。请注意,大自然是一面镜子;进入大自然时保持静默和开放的状态,以便看到这面镜子。

整个宇宙是一项成长的资源,在大自然中的工作就是对这个可能性保持开放。地球正在等待与我们所有人建立关系,而进入这种关系可以带来深刻的洞察力和知识。

玛雅:由于我们一直在探索灵魂和自然,我有时会想起我内心狂野的孩子的一面——我的那一部分总是喜欢冒险,对一切都非常好奇。她是那个当我还是个孩子的时候,喜欢海滩,坐在水边的岩石上做白日梦的部分。她是月亮的凝视者,也是我喜欢赤脚走在草地上的一部分。她不被我的家庭所理解,所以我把她带走了。我想念她。

教练:当你想到内心那狂野的孩子时,你容光焕发,声音似乎很流畅,并且婉转动听。当你谈论你的那一部分时,你注意到了什么?

玛雅:我感觉自己充满活力,有很强的连接感,就像曾失去的重要东西回到了家。我想和她一起玩、一起探索。我爱我的感觉!

教练:她在大自然中似乎很有活力。这个星期你能怎么和她玩?

玛雅:嗯,有很多方式——有那么多我想和她一起去的地方……我们会在树林里散步,或者沿着海边散步。

教练:当你在那里的时候,你会向什么开放?

玛雅:对大自然中所有让我微笑的美好事物以及大自然为我保留的所有信息,我都保持警醒。我感到一种踏实和回归自我的感觉,这种感觉是

> 承认创伤的力量可以增强我们的力量，因为生命中情感上的痛苦事件可以转化为力量和幸福。

如此强大。我每天都要为我的那一部分腾出空间。

帮助你的客户设计个人的仪式和典礼来标记重要的里程碑，或者寻求无形力量的帮助。当客户知道他们想要与他们的灵魂自我有更深的连接，或与神圣的他者有更深入的对话时，典礼可以帮助他们。典礼是一个提供回馈的时间，让人与自我和神圣的他者建立更深的关系。典礼和仪式可以是让人肃然起敬的，也可以是大胆离谱的；可以是一个简单的时刻，也可以是社群见证的事件。帮助你的客户发挥创造力，基于他们最深层的智慧创造仪式和典礼。

对教练来说，使用这些工具需要勇气。由于跟从主流大众的社会压力，有时候对一些客户来说，与灵魂的工作似乎是在"过分亲昵地表露情感"。这就是你的力量所在，邀请他们与灵魂连接将帮助他们走进未知。你巨大的勇气可以把他们召唤到一个他们可能会避免或不确定的领域。你可以依靠的是，你的客户想要与真实的自己有更深层次的连接，以及多条路径会把他们带到那里。

与创伤工作

一些灵魂工作的线索是我们一次又一次被明显吸引到的地方。不太明显的地方是我们的神圣伤口，那些具有挑战性的、经常是创伤性的事件，有可能释放我们的力量。承认创伤的力量可以增强我们的力量，因为生命中情感上的痛苦事件可以转化为力量和幸福。

在比尔·普罗金看来，我们生活中最大的心理创伤只是伤口，因为它们阻碍了我们完成灵魂的工作。

例如，克莱顿（Clayton）最大的伤口来自被遗弃和缺乏连接。引导他了解森林中的自然连接网络（如蜘蛛网和有机菌丝体），花时间与大自然相处，并对真菌的信息敞开心扉，给他的灵魂带来了深刻的见解。对他来说，制作与这些有力量的自然符号相关的艺术品是一个治愈过程。他的教练帮助他探索多种机会，将他的伤口作为新的成长点。

> 精神就像一个大型的支持系统。这个观点与我们每个人在这个世界上都有一个灵魂使命的观点相吻合。

我们可以通过倾听客户分享他们生命中的创伤或伤疤，帮助他们探索每个创伤或伤疤可能拥有的更深层次的意义，以了解客户潜在的灵魂工作。这与转化议程有关。在日常问题的表面之下隐藏着深刻的希望。我们与客户的合作将他们带入深度的探索。

这样的创伤或伤疤是因人而异的。对一个人来说伤害很大的事件，对另一个人可能是微不足道的，即使是兄弟姐妹。从灵魂工作的角度来看，一个事件可能只会给那些有灵魂使命的人带来创伤或伤疤。

其他帮助客户与灵魂建立更深层次连接的工具包括独处、写日记（自由写作）、积极想象、愿景板、诗歌、讲故事和梦境工作。所有这些都呼唤出客户最深处的灵魂激荡，帮助他们以不那么让人头疼的方式认识自己。我们还可以鼓励客户使用舞蹈、打鼓、吟诵或创作艺术作品等方式来更深入地接触他们自己。这些工具也可以帮助我们与自己的灵魂深深地连接，为自己和客户提供服务。

我们可以提供给客户的其他资源是愿景展望和愿景追寻。追寻的美妙之处在于，我们的客户进入仪式空间，排除干扰，邀请他们与神圣的他者和他们的灵魂进行非常深入的对话。有许多可用的追寻愿景的类型。对于已经准备好深度倾听的客户来说，愿景追寻可以深刻地改变生命。我们可以选择深入灵魂或连接到精神的追寻。

与精神工作

精神就像一个大型的支持系统。这个观点与我们每个人在这个世界上都有一个灵魂使命的观点相吻合。当我们连接时，我们可以把精神视为任何我们可以依靠的东西。把灵性看作是一种与精神（或宇宙，或更高的目的，或上帝——无论你的客户怎么看待）的关系，可能有所帮助。对莉莉（Lily）来说，地球是她深入连接和理解她在合一中的位置的地方。拉吉（Raji）依靠甘尼希（Ganesh）清除障碍，让他沉浸在一种敬畏和惊奇的状态里。每个客户对精神的理解都是不同的，我们工作的一部分就是为每个人抱持他们独有的观点。

我们寻求客户与精神之间的施与受。这种关系会随着时间的推移而成熟和改变，所以我们为这种改变抱持空间。我们也抱持空间，支持与精神在不同层面的互动，除了语言，还包括心灵、身体、艺术、声音、工作和情感。这适用于教练的所有方面，但特别重要的是要在灵魂和精神的工作中记住，因为许多宗教传统已经缩小了与精神互动的范围。

冥想和觉察练习

冥想的目的是使头脑静止、提高注意力，从而获得更大的智慧。通过定期的冥想练习，人们可能会体验到与精神更深层次的连接，从而增进智慧。有些冥想集中在让人更快乐，有些则关注管理情绪；有些专注于呼吸和身体感觉，有些会观察想法而不与它们互动；有些是静止的，有些是动态的。对很多练习者来说，打太极是一种冥想方式。

当我们让某人用十秒钟或一分钟整合某种体验时，我们使用的是一种有冥想基础的简单技巧——关注当下身体、心灵、情绪和环境中正在发生的事情；不加评判地注意。当我们带客户进行觉察身体练习时，我们是在使用冥想或内在专注的方式。

有各种冥想工作坊可以帮助人们快速开始练习冥想。令人惊讶的是，与一大群人或朋友一起冥想比独自冥想更容易。即使是每天时间很短的冥想，人们也能从中获益良多。所以，初学者可能会发现每天只是花几分钟进行冥想，比时间更长的日常冥想更有用。在网上有很多可用的引导冥想的资源。

另外，请记住，对于一些客户来说，冥想不是他们的答案。鼓励客户找到他们自己的方式——也许是看起来不同于静静地坐着的方式。他们可能安静地走路或有意识地工作。

教练进行时 | 与精神连接
CFT转化教练达蒙·阿扎利－罗哈斯

除非教练是开放的并与精神相连,否则很难帮助他人与精神连接。当我深入地给客户进行教练的时候,我融入了精神,这影响了我的直觉和对比喻的运用。

我在某个非洲传统宗教里当了10多年的牧师了,但在18个月前,我认为自己与灵性的觉察是断开的。我觉得我主持的仪式和讲解完全是机械的。我这么说是因为如果我能做到这一点,我认为任何人都能做到。

在一个项目中,我呼吁祖先们到场,邀请人们连接社会正义能量,或者只是呼吸并保持觉察。有个人觉得这很异化。嗯?我不是一直确定我的灵性是否受到欢迎。我的感觉是,主流社会在他们的日常生活中相当脱离真正的精神,而被受到操纵的政治精神言论所引导。我选择完全进入我自己的灵性,同时谨慎地避免冒犯别人。

在我看来,教练可以做几件事来支持我们自己和我们的客户进入精神:

- 做我们自己的灵性工作/练习,并能够使用我们了解到的东西来意识到什么时候精神出现在客户面前。当它出现时,说出它来。
- 本着理解和好奇的精神,询问我们客户的信仰,并分享我们自己的信仰(而不是比较我的传统比你们的更古老或更好)。
- 邀请客户提高他们生活中对精神的觉察。去寻找它,去请求它。冥想,与自然交流。音乐和祈祷可以唤醒这种感觉,然后我们可以支持客户在日常生活中邀请这种感觉到来。
- 对于世俗的客户,利用我们发展出来的天赋,把它转化为让他们感到舒服的语言(例如,普世的连接或社会运动能量,相对于上帝或精神)。

我与精神更大、更广阔的愿景相连接,它与这个星球上所有的生物以及环境的神圣性相连。我们的许多客户需要支持来区分这些方面,以管理好他们的灵性道路。

瑜伽、太极和气功

东方的瑜伽、太极和气功有助于身心和谐和更深层次的灵性连接。在这些传统中,呼吸是连接身心的纽带;结合正念运动,保持特定姿势和呼吸有助于身体、心理和灵性的健康。这些做法对不同宗教或精神信仰的人都是有益的。通过专注于呼吸和身体感觉,这些练习提升觉察,放松头脑,清晰思维,同时减少压力、焦虑和紧张。

西方文化中,我们的想法常常主宰我们的内心。一个改变内心和看到更多可能性的方法是改变身体。瑜伽、太极、气功和类似的训练可以增强身体内分泌和神经系统的功能。它们同时作用于身体、心灵和精神。

伴随对身体当下感觉的觉察,伸展动作等简单的姿势和身体活动会影响呼吸和情绪,并使头脑清醒。

这些可以整合到教练环节中,不是作为单独的伸展环节,而是作为打破习惯的一种方式,将身体和直觉的智慧带入教练的探究中。

很多客户发现,将这些练习融入日常生活中或参加一门能给他们提供支持的课程是很有帮助的。

祈祷

祈祷,简单地定义为"对上帝或敬拜对象的虔诚祈求"[1],历来被视为一种直接与上帝/圣灵沟通的方式。事实上,所有的宗教都有祈祷仪式,而且很多宗教都有大量的书面祈祷文供人参考。这些书面祈祷文提供了传统中如何向上帝或诸神诉说的范例,也提供了慰藉和灵感。在一些宗教中,祈祷是即兴的,

---

[1] dictionary.com.

或者来自口口相传的传统。通常，了解一个客户的祈祷生活可以打开一扇窗户，让我们了解他最珍视的对宇宙的信仰。作为教练，无论我们是否与客户信仰的宗教产生共鸣，我们都可以仔细聆听祈祷是如何让客户获得最深层次的灵性的。

阅读激发灵性的文学作品

你不能通过了解什么是精神而得到精神。神秘主义者、诗人、教师或木匠在与精神连接的状态下写作，就像一根火柴一样，点燃了深刻的认识。

教练进行时 | 祈祷把我带入教练
CFT 转化教练安妮·亚德利

在我退休后的那个春天，我在寻找接下来做什么。去年夏天我就退休了，给自己一些空间放松一阵子。我读过西比尔·麦克白（Sybil MacBeth）的《彩色祈祷》（*Praying in Color*），决定把我的祈祷画下来，作为预苦期的灵性修行。就在第一天，我画了我一个有洞察力的祷告——一只倾听的耳朵，一些表达我生命中不同事情的词语，一些对上帝的比喻。那天晚上，我对丈夫说："我想成为一名生命教练。"听到这话从我嘴里说出来，没有人比我自己更吃惊了！

我终身都是基督徒，是自由的新教徒，在音乐、自然和静默中对上帝有最深刻的体验。我经常在家里边弹钢琴边唱赞美诗来与上帝建立最深刻的连接。我花了很多年才意识到这是一种祈祷。作为一名活跃的教堂音乐家和神学院的教授，我被宗教语言和思想、符号和声音、仪式和圣礼包围着。它们是我作为人和教练的重要组成部分。当我花时间去满足自己与上帝/精神联系的需要时，无论是从"内心的微小声音"来看，还是从大自然的宏伟力量来看，我都是一个很好的教练。

毫不奇怪，我对我的客户的灵性及其表现形式非常好奇。他们从自己的信仰传统中已经获得的工具和资源是什么？他们过去的经历是否阻碍了他们与他们的上帝/精神的接触？我有什么办法可以帮助他们更全面地整合？

  对我来说，教练灵魂和精神就是转化教练的全部内容。实现一致性的路径帮助我们自己和我们的客户活出完整的生活，我们的行为与最深的价值和信念一致的生活。宗教传统有很多教导我们通往这类完整性的路径。

作为人类发展的终生学习者，教练们经常学习心理学、灵魂和精神方面的知识。我们所做的工作对我们的客户产生了影响，并为他们打开了可能性。我们是相互依存的存在。

  正如了解人类行为的动态是很有帮助的，从灵性真理和指路明灯中得到滋养也是很有帮助的，这为我们打通了通往真实本性的道路。

内省和写日记

  由于思想可能会陷入纠缠不清的模式中，通过写作有意识地让它们每日呈现出来能够带来清晰感。通过写作让客户了解你在教练过程中做了什么通常是有用的。写作打开了大脑直觉和有创意的部分，是一种灵性理解和体验的载体。

  花时间把我们的想法写下来，可以把以前不连贯的模式、想法、观点和梦想集中起来和具体化。写诗歌或日记可以成为与自我对话和理解灵魂的途径。不自我审查的写作或者自由写作，都有不可思议的能力，可提供创造性的答案。这是一种进入未知、集体无意识和宇宙意识的方式，也是一种"下载"思想的良好方式。

行动和服务

  与客户一起，让他们的意图与他们的渴望、身体的激情及信息、思想、情绪、精神保持一致，是灵性工作的重要部分。行动是所有灵魂和精神领域所做

> 自我觉察和想法不一样。当我们不带想法地体验生命时，我们就有了自然的节奏和流动。

的深入工作的补充。行动是灵魂和精神得到满足的地方。

服务工作的滋养价值提供了审视我们自身处境的视角，并能打开通往爱和慈悲的大门，这是极好的疗愈。

为了行动而行动，与和身体、思想、情感、灵魂、精神一致的行动之间存在着天壤之别。这种一致的行动就是我们在转化教练模型中所称的创造，因为它源于理解和内在的富足资源。

发展内在的见证者

见证意识是指来到我们的内在空间，搁置评判，并完全为客户临在。在这种心境下，我们最能注意到发生在客户身上和其关系中出现的任何情况，并有创意地做出回应。

我们的意识中有一部分觉察正在发生的事情，而不被它奴役。我们的这一部分永远是自由的，是我们内心平静的中心。它是我们精神的核心。

自我觉察和想法不一样。当我们不带想法地体验生命时，我们就有了自然的节奏和流动。当运动员在巅峰状态时，他们是在心流的状态下。这个状态超出了有意识的思想。当教练以同样的方式全然临在，而不是被束缚在线性思维的轨道上时，移动和转变的可能性成倍增长。

一个愿意和客户一起进入未知的教练，踏入了不平凡的世界，无法想象的世界，那是纯粹的可能性的领域。当教练站在见证者的位置时，新的可能性就会出现。

灵魂和精神教练示例

唐恩（Dawn）：我想看看为什么我在灵性上仍然如此割裂，为什么我的身体仍然觉得我需要在公司模式下工作（高压力，高节奏），而不是以我梦想中为自己工作的平衡方式工作。昨天我在听一个关于土著人智慧的唱片，其中提到有三个词是西非传统的关键：精神、社群和心连心的分享。后来我想起了第四个：家。

教练：这些词有什么重要性吗？

唐恩：嗯，社群和心连心的分享是我热爱的工作的一部分，现在也是我生活的一部分。要做好这件事，我需要与精神有很深的关系。我想要平衡与和平，这样家就会变成一个更滋养、更有吸引力的空间。这种平衡和和平也来自与神的深入连接。

教练：这些术语之间的关系是什么？

唐恩：我意识到，它们之间的关系并不重要，重要的是我的灵魂和每个术语之间的关系。

教练：进一步说说吧。

唐恩：真正的我，也就是本质上的我，需要与每一个建立更深的关系。这需要一种流动。在过去，瑜伽和冥想会把我和精神连接起来。最近，当我这样做的时候，我的大脑总是无法平静下来。

教练：我觉得精神、社群和心连心的分享就像在一个圈子里。你觉得呢？

唐恩：是的，我已经把它们写在一张纸上了，而且我已经在它们周围画了一个圆圈。灵魂这个词也在圆圈的中心。

教练：当你看着和反思这些词的时候，你注意到了什么？

唐恩：我的头脑与新的存在方式背道而驰。好像它认为我仍然在公司工作，而不是为自己工作。

教练：在公司工作的方式是怎样的？

唐恩：竞赛，竞赛，竞赛。最后期限，压力，竞争，恐惧，焦虑。我现在觉得自己就像不知道战争已经结束了的战士——世界已经改变了。

它们试图以旧的方式捍卫。它们想让我远离新的生活方式，确保我的安全。

教练：我注意到你说的战士是复数形式，不止一个战士。

唐恩：这真有意思……是的，有很多……我看到我的脑子里有很多彩色的球。它们就像在弹球机中同时移动一样。有50个，红的、黄的、蓝的球。

教练：当你看着它们移动的时候，你感觉到了什么？

唐恩：它们代表了我待办事项清单上的事情。它们都想引起我的注意。它们担心出现了严重的问题，它们需要得到解决。它们想让我远离新的生活方式，以确保我的安全。

教练：就像你的灵魂改变了你大脑里的游戏？

唐恩：完全正确。

教练：继续看着球……我感觉你的大脑就像一群必须要适应新事物的小孩。你怎么让他们适应？

唐恩：不，它们不觉得自己像小孩。它们觉得自己更年长，就好像它们是负责的人。为了引起我的注意，它们上蹿下跳，说："我先来。""不，我。""不，有人在等我，所以我先来。""不，我，你迟迟不能完成我的任务。"它们让我很沮丧。它们让我感到疲惫和有压力。当我坐下来做瑜伽时，就像房间里有一百只小狗，我让它们都坐下一样。我让其中的一只小狗坐下，其余的还继续跑来跑去。我祈求上帝赐予我能力，让我做自己喜欢做的事来谋生，而我有幸拥有这样的能力。我知道，只有当我与神有更深的关系时，我才能得到我所渴望的平衡、喜乐与和平。

教练：你还注意到了什么？

唐恩：这很有趣。现在我看到圆筒形的灰色薄雾出现在球的左边。

教练：告诉我薄雾的事情。你注意到了什么？它的边缘是什么样子的？它的密度有多大？

唐恩：它是浅灰色的，有一个固定的圆柱形，就像它在一个高玻璃杯中，但没有坚固的边界。它并不浓重，就像一团灰色的雾。它挺拔，坚定，扎根，中正。

教练：所以它是可渗透的？

唐恩：是的。当我继续看的时候，我注意到球变少了。

教练：你对这雾有什么感觉？

唐恩：我觉得它是我的灵魂。看着它时我感觉更平静了。现在没有球了。

教练：你的声音很柔和，我能感觉到你内心的平静。

唐恩：我好奇这一切意味着什么。这很有趣。我想知道这是否意味着……

教练：（打断）与其诠释它，不如步入雾中。

唐恩：哇，感觉很明显。是的，我现在就在那里，我感到完全平静了。

教练：现在你身处其中，注意到了什么？

唐恩：觉得很湿，好像雾在脸上的皮肤一样潮湿。它闻起来就像走在雾中——清新、潮湿、干净。这里的平静如此之深。一切都放慢了脚步。我在这里感到和精神合一了。

教练：通过你的"雾眼"，你还看到或感觉到什么？

唐恩：这太有趣了！球回来了，但它们都静止不动。它们都被雾遮住了。它们就像堆积在我面前一样，全都被薄雾笼罩着。慢慢地，一个球向我走来。只有一个。

教练：看到它的影响是什么？

唐恩：当我走进雾中充分感受它时，球静止了，被雾包围，只有一个球向我走来。当我扎根于我的核心——与我的灵魂接触时，我自动地与精神连接，并接受关于在任何时候要做一件重要事情的指引。这感觉太强烈了！

教练：我感受到了你的平静，听到了你对这个洞见的重要性的兴奋。你用"雾眼"看待生活中的一切。

唐恩：是的，我喜欢。这里有一种力量——一种温柔的力量，以及指引与和平。太棒了。我怎样才能留住它？

教练：是啊，你怎么做到的？

唐恩：我会每天写日记，每周发邮件给你，让你知道我学到了什么。我还会在我的黑莓手机里设置一个每天重复的提醒："你今天站在雾里了吗？"现在，我觉得自己与灵魂和精神的连接更加紧密了。谢谢你！

在上面的教练例子中，教练是如何支持唐恩与她的灵魂和精神重新连接的？

什么转折点把唐恩带向更深入的觉察？

在这个例子中，灵魂和精神教练是如何与实现一致性的路径结合在一起的？

教练世俗的客户

理想情况下，我们在探索环节讨论灵性，并知道我们的客户在灵魂和精神方面的立场。有些客户可能渴望灵性教练。其他人可能会强烈反对，不管从宗教的角度来看，还是从一个无神论者或不可知论者的角度来看，或只是不感兴趣。

一个客户似乎对灵性领域的术语感到不舒服，我们仍然可以用世俗的术语做深入的工作。我们可以问"你什么时候会觉得与超越自己的事物更有连接？"或者"除了你自己的幸福之外，你还抱持什么价值？"。

我们可以通过冥想、身体觉察、以地球为本的教练和本章中建议的许多练习与客户工作。也要记住这些活动带来的灵性益处：

  艺术——音乐会、展览

  社区——家庭活动、聚会、仪式

  身体活动——游泳、玩耍、性

  大自然——日落、风暴、死亡、出生

  有很多方法可以将灵性带到那些寻求更多的客户的日常生活中。以下是一些传统的灵性修行以及世俗的修行。我们可以与客户一起，选择与他们产生共鸣的做法，并建立结构和问责制，就像我们对待任何行动步骤一样。请记住，与其他一些行动步骤，比如每天锻炼身体或发送求职申请相比，灵性练习对我们的客户来说可能更个人化或更敏感。

灵性练习的要素

传统宗教的	世俗的
冥想	沉思
祈祷	视觉化、愿景板、咒语、意图、询问
经文、佛法	学习
安息日	假期、周末
教会服务	志愿服务
会众、僧伽	社区、社会
仪式、典礼	传统（生日、节日、葬礼）
苦行	训练
祭坛、图腾、服饰	地幔、纪念品、服饰
圣诗	音乐

要考虑的问题

你想用什么方法来探索灵魂和精神教练?

你如何支持心灵连接和灵魂的深度个人表达?

你如何提供空间支持与灵魂的连接?

附录 A 表格模板和资源

客户信息表——个人情况

姓名：

公司：

账单地址：

工作电话：

手机：

传真：

邮件：

职业／头衔：

家庭住址：

家庭电话：

出生日期：

生活中重要人士的姓名：

客户问题

在第一次会面前回答这些问题并反馈给教练。所有问题都是可选择回答的，根据你的选择简单或详细地作答。

你想从教练中获得什么？

在你的一生中，你希望发生什么事情，使你觉得自己的生活令人满意、过得很好？

如果在你的生活中有一个秘密的抱负，那会是什么？

描述你的"梦想职业"（是什么，什么时候，在哪里，和谁）。

描述一下你的支持系统。在你的生活中，有没有人相信你、鼓励你、给你提出挑战或陪你渡过难关？

你的五项"天赋"或才能是什么？

你有什么独特的东西可以贡献吗？

你是自己最大的敌人吗？

你最激动人心的成功或最自豪的成就是什么？

哪些活动对你有意义、打动你的心？

谁给你带来启发？

你一直在拖延的五件事是什么？

在接下来的一年里，你希望看到的最大的个人改变是什么？

教练引导的焦点

明确的目标会带来成功。第一次会面的一部分工作是定义你的目标并制订完成它们的计划。

填写这张表格,确保包括每个目标的内容及实现日期。

个人目标

(健康、平衡、人际关系、娱乐、金钱、灵性成长、个人发展)

在_____日前完成:

1.
2.
3.

商业或职业目标

在_____日前完成:

1.
2.
3.

其他目标

在_____日前完成：

1.
2.
3.

你还想让你的教练知道什么？

有什么事情你一直在拖延，现在可以开始了？

教练引导客户准备表

在每次开始教练前,请将此表格电邮或传真给教练。

姓名　　　　　　　日期

上次电话后我已经完成了:_____
_____
_____

我没有做到:_____
_____
_____

我现在可以利用的机会:_____
_____
_____

我现在面临的挑战和问题:_____
_____
_____

我今天如何最好地运用我的教练环节:_____
_____
_____

在下次教练环节前我打算做:_____
_____
_____

其他:
_____
_____

欢迎参加教练信样本

你的标识

20××年2月19日

亲爱的（客户名字）：

欢迎来教练！我期待着和你一起工作。请填妥以下信息，并于探索环节前发到（你的电邮地址）或传真至（你的传真号码）。

个人信息
教练焦点
客户问题
教练协议

  这些问题的目的是帮助我更好地了解你，让你为教练引导提前做些准备。可能会有一些问题你无法回答，或者不适用于你。没关系。你的答案可以根据你的选择简单或详细地作答。

  活页夹的其余部分包含了一些表格，供我们在第一次录取会面和整个教练关系中使用。查看它们，但等到探索环节再填写。

  很兴奋我们能结成联盟！我相信我们在一起的这段时间里，你真的可以创造一些令人兴奋的改变和可能性。

  谨致问候！

（你的名字）

关于教练的常见问题

什么是教练？

教练是一种有力量的、持续的关系，帮助你专注并实现你的愿景和目标。在专业教练的帮助下，你将得到工具和支持来消除障碍，促进改变。

人们雇用教练的原因是什么？

计划一次职业发展

让你现在的工作更有成就感

根据对你来说最重要的事情来规划你的生活

为了更有条理

为你的生活创造更多的平衡

集中精力完成或计划一个项目

提高作为一名行政人员、经理或销售人员的效率

与你的团队一起工作以提高生产力和效率

让你的生活更充实

创业

激励自己

增加你的收入

教练引导如何进行？

一般来说，个人教练是通过电话进行的，每月进行4次半小时的教练。为了给你的生活带来深刻的改变，我们要求客户承诺进行三个月。

> 教练关注的是策略规划和个人成长，而不是试图治愈情感创伤。

教练是治疗吗？

不，教练不是治疗。你会发现教练关注的是策略规划和个人成长，而不是试图治愈情感创伤。对于更适合治疗关系的问题，教练定期向客户推荐其他专业人士。

一次典型的教练环节是什么样子的？

教练的特点是自己负责。客户设定教练环节的议程，教练遵循议程。你可以期待有力量和带来清晰感的问题，集中且精准的规划工具，以及有效的问责制。作为你的教练，我会对你寄予厚望，并全力支持你。

雇用教练的费用是多少？

每月4次半小时的环节教练费用为X美元。有些客户每周和教练一起工作一两个小时，这会增加费用。每个月的第一天支付费用。为了更方便，你可以用维萨卡或万事达卡支付。

你的教练费是一笔能带来丰厚回报的投资。如果你和大多数人一样，那么钱是可以买到你真正想要或需要的东西的。你在花钱时是否很谨慎，是否在意做出明智的选择？你可以做以下三件事来最大化你的投资：

> 雇用合适的教练。寻找具备最符合你需要的专长的教练。
>
> 在你的第一次教练环节中，设定一个值得完成的90天目标。确保你的目标是值得你支付教练费用的，是你愿意为之付费的。
>
> 充分利用你的教练时间。告诉你的教练你想要什么结果，你的教练会帮助你实现它。

我如何开始教练?

很容易。联系我安排一次样本教练环节,我们会讨论一下你是否适合进行教练。如果我们合拍,并且你决定进入下一个步骤,我们会拿出我们的日历来安排你的探索环节。几天后,你就会收到"欢迎参加教练"资料包,里面有一些自我评估和计划工具。而这仅仅是个开始!

教练协议模板

我，_____，承诺与莎莉·琼斯（Sally Jones）结成教练联盟。教练同意对我们的所有教练内容完全保密。我承诺创建一个成功的联盟来支持我实现我的目标，过我想要的生活。

我同意进行最少三个月的教练。　　____是　____否

我同意通过以下方式建立教练关系以满足我的需求：
分享我对自己的动机的了解。　　____是　____否
共同设计支持我的结构。　　____是　____否
如果教练策略不起作用，要求改变。　　____是　____否

我允许教练：
用有力量的问题向我挑战。　　____是　____否
当我确定对我来说重要的事情时，请求我采取行动。　　____是　____否
支持我对自己承诺的行动负责。　　____是　____否
提供探询的课题让我思考。　　____是　____否

我同意以下商务安排：
每月费用：_____。　　____是　____否
在月初支付。　　____是　____否
一次性录取环节的费用：_____。　　____是　____否

费用包括每月 4 次半小时的教练环节以及无限制的电邮。　　___是　___否

如果一个月内有 5 周，其中 1 周休息。　　___是　___否

本人同意以下安排事项：

如果我在约定的时间迟到了，我的教练环节就会缩短。　　___是　___否

我会提前 24 小时重新安排任何预约，否则取消预约并支付费用。　　___是　___否

两次错过约定而未重新安排，联盟将被终止。　　___是　___否

我会提前一个月通知结束教练关系，并在最后一次环节为教练作结。　　___是　___否

客户签名　　　　　　　　日期

教练签名　　　　　　　　日期

探索环节大纲样本

1. 欢迎

2. 环节议程：为我们共同工作中的可能性创建一个有力量的愿景。

3. 录取要素

4. 什么是教练
    a. 我可以说我给你做教练吗？
    b. 提问，而不是给答案。
    c. 顾问和教练。
    d. 个人责任。
    e. 问责制。

5. 建立有意识的关系
    a. 你希望从教练中获得什么？
    b. 你将如何充分利用我们的教练关系？
    c. 你会用什么标准来评估你在教练方面的投入（时间和金钱）？
    d. 你希望得到怎样的教练引导（挑战、支持、探询、问责）？
    e. 你想听听我的教练哲学吗？
    f. 保持关系神圣（机密、亲密、深刻、诚实）。
    g. 共同设计一个教练关系的庆祝性结束环节。
    h. 我们对彼此的指导方针、问题或请求是什么？

i. 签署教练协议？

6. 分享资源

   a. 教练准备表。

   b. 价值、目的、愿景、目标设定表。

   c. 什么样的评估工具对你有帮助？（DISC、360°反馈表、九型人格、MBTI、塔罗牌、占星表。）

7. 具体安排

   a. 付款协议。

   b. 假期。

   c. 错过的环节。

   d. 预约。

8. 探索

   a. 想象一下，你正在从你内心最高、最好、最有活力的地方创造生活。描述那个地方。

   b. 如果你在那里创造，生活中有什么可能呢？

   c. 你需要我了解你什么？

   d. 你是谁：

   ・光明的地方，黑暗的地方，哪里有效，哪里无效？

   ・应对内心批评者的策略是什么？

   ・当事情不像你期望的那样进行时，会发生什么？

   ◎你想让我怎么做？

   ・使命/目标。

   ・你还想让我了解你些什么？

- 价值工作。

9. 设计未来
   a. 教练目标。
   b. 预约/问题。

10. 结束——我们还合得来吗?

感 受

和平	爱	快乐	好玩	投入
幸福	深情	有信心	冒险	专心致志
无忧无虑	多情	乐意	活着	警醒
气定神闲	同理	狂喜	活跃	唤醒
镇定	友好	鼓励	充满活力	惊讶
广阔	感恩	兴奋	旺盛	好奇
充实	有爱	极度振奋	飘飘然	热切
安静	滋养	感恩	傻乐	全神贯注
放松	开放	感到满意	顽皮	丰富
释放	光芒四射	有希望	探询	热情
满足	敏感	受启发	精神抖擞	着迷
宁静	温柔	欢喜	活泼	感兴趣
安宁	信任	骄傲	淘气	惊讶
信任	温暖	合心意	神清气爽	感动

生气	伤心	害怕	疲劳	不安
焦躁	犹豫	发怵	无奈	非常痛苦
愤怒	情绪低落	焦虑	无聊	冷漠
恼火	抑郁	担忧	无趣	一团乱麻
苦涩	无望	绝望	尴尬	懊恼

续表

担心	沮丧	恐惧	疲惫	困惑
恶心	气馁	可怕	疲劳	疏离
烦躁	丧气	惧怕	伤害	挫败
激怒	冷淡	吓坏了	冷漠	无助
愤怒	痛苦	嫉妒	疏懒	犹豫
挫败	阴郁	紧张不安	昏昏欲睡	困惑不已
大发雷霆	沉重	孤独	无精打采	迷惑
不满	无助	紧张	闷闷不乐	怀疑
有敌意	孤单	敏感	不知所措	撕裂
没耐心	悲惨	震惊	被动	干扰
大怒	不知所措	吓了一跳	不情愿	不舒服
易怒	悲伤	可疑	不安定	心烦意乱
盛怒	扰乱	吓坏了	困	不稳定
忿怒	不开心	担心	疲倦	退缩

共通的需要和价值

表达	庆祝，活力，幽默，激情，创造力，想象，梦想，灵感
和谐	和平，保障，安全，秩序，一致，平静，稳定，放松，舒适，轻松，安心，美丽
自主	独立，梦想，自由，选择，个性，空间，自发
完整性	真诚，意义，目的，正义，公平，诚实，临在，开放，信任，尊重，平等
社群	相互依存，信任，连接，包容，归属，合作，团结，协同，整合，忠诚，参与，伙伴关系，接纳
贡献	掌握，成长，服务，礼物，丰富，赋能，支持，肯定，帮助，滋养
连接	理解，亲近，欣赏，同理，支持，体贴，爱，亲切，陪伴，相互关系，抚育，亲密
玩耍	冒险，挑战，勇敢，刺激，乐趣，幽默，娱乐，笑声，快乐，感官愉悦
意义	觉察，庆祝，清晰，能力，意识，创造力，理解，希望，学习，目的，效率，成长，发现
福祉	健康，食物，安全，住所，休息，性，食物，衣服

用身体能量开展教练：转动脉轮，走向觉醒

身体是意识的载体。脉轮是支撑身体的生命之轮——帮助它历经考验、磨难和转化。

——阿诺达·朱迪思（Anodea Judith）

阴影		光明
依附 过度：灵性成瘾，混乱 不足：限制性信念，唯物主义		觉察 知晓的权利 智慧、知识、灵性的连接
幻觉 过度：无法集中注意力 不足：看不到问题，否认		直觉，想象力 看见的权利 准确地诠释，想象力，看见
谎言 过度：无法倾听，绕圈子说话 不足：害怕大声说话		沟通 倾诉与被倾听的权利 清楚沟通，创造力，共鸣
悲痛 过度：界限模糊，嫉妒 不足：孤独，苦涩，批评，缺乏同理心		爱与关系 爱与被爱的权利 平衡，慈悲，关系，自我接纳

续表

羞耻感 过度：指责，咄咄逼人，分散注意力，总在"做事" 不足：缺乏自信，恐惧，被动	○	力量，意志 行动的权利 意志，目标感，自尊，驱动力，自发性
内疚 过度：强迫性依附，界限模糊 不足：害怕享乐，情感麻木	●	性，情感 感受，欲求的权利 流动性，愉悦，感受和情感
恐惧 过度：囤积，沉重，懒散，物质主义 不足：频繁地恐惧，缺乏自律，呆滞	●	生存 存在及拥有的权利 稳定，扎根，繁荣，信任，身体健康

策略规划轮

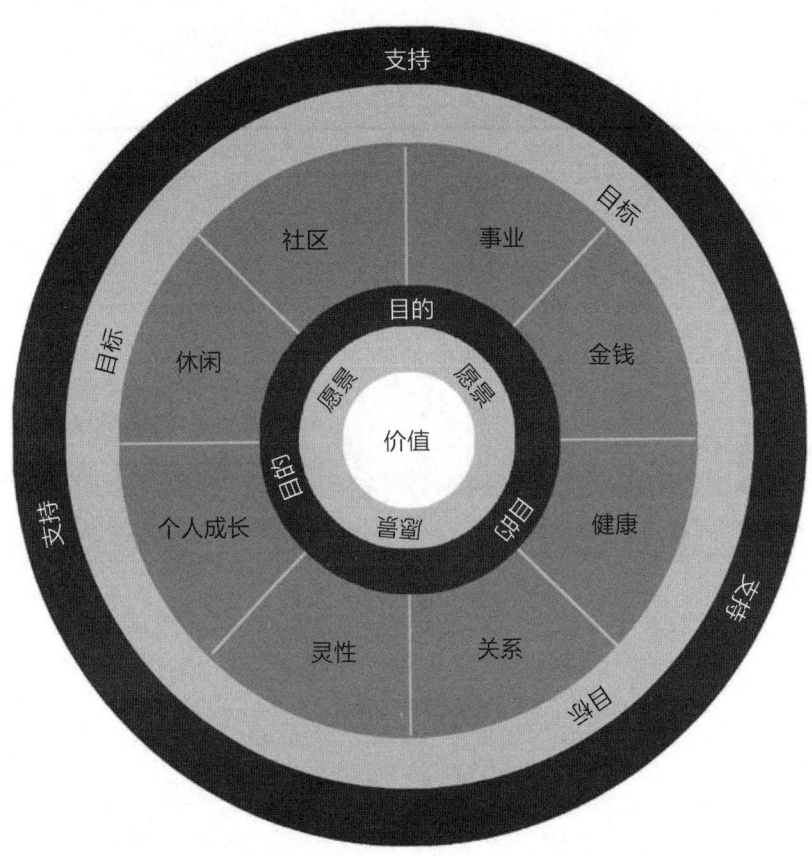

平衡轮

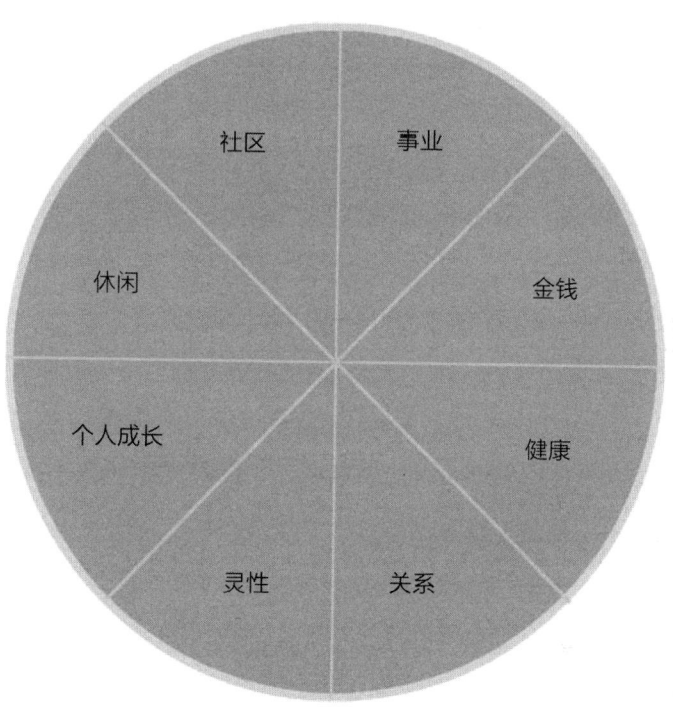

舒适区

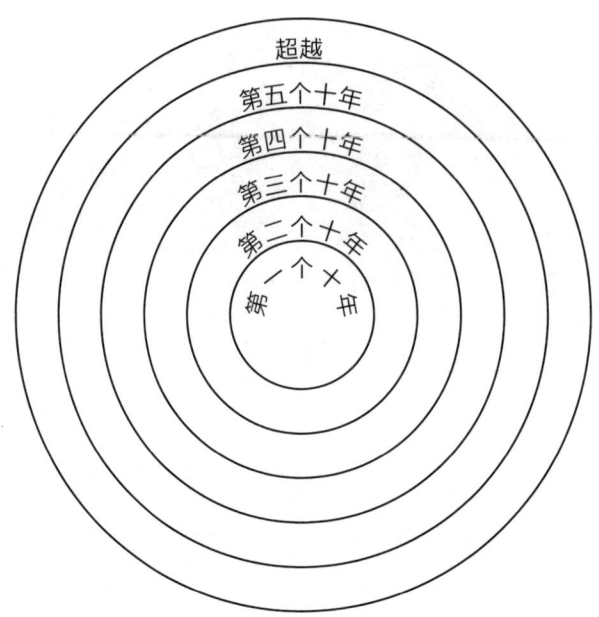

支持网

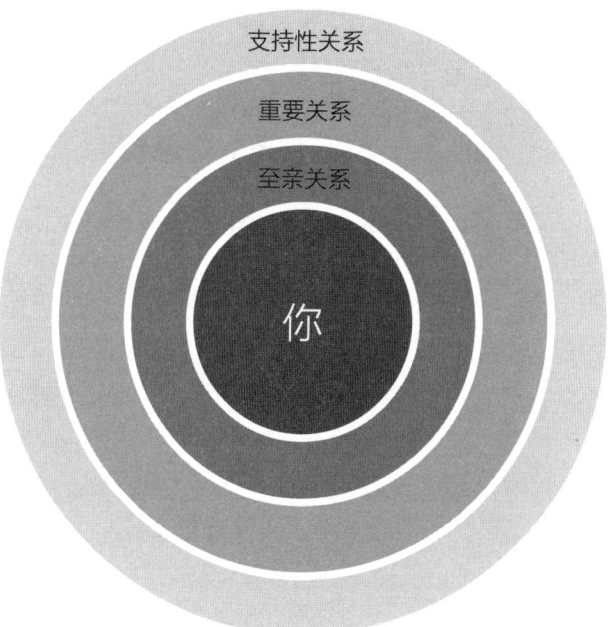

SWOT 分析

探询式 SWOT 分析	
优势	愿望
机会	威胁

目标与行动计划工作表

目标与行动计划工作表
目标：
优先等级：
价值：
承诺等级：
有日期的行动步骤：
1.
2.
3.
目标：
优先等级：
价值：
承诺等级：
有日期的行动步骤：
1.
2.
3.

续表

目标:
优先等级:
价值:
承诺等级:
有日期的行动步骤:
1.
2.
3.
目标:
优先等级:
价值:
承诺等级:
有日期的行动步骤:
1.
2.
3.
目标:
优先等级:
价值:

续表

承诺等级：
有日期的行动步骤：
1.
2.
3.
目标：
优先等级：
价值：
承诺等级：
有日期的行动步骤：
1.
2.
3.
目标：
优先等级：
价值：
承诺等级：
有日期的行动步骤：
1.

续表

2.
3.
目标：
优先等级：
价值：
承诺等级：
有日期的行动步骤：
1.
2.
3.

附录 B　国际教练联盟

永远不要忘记，你是独一无二的。永远不要忘记，如果这个世界不需要独一无二的你，那么你一开始就不会存在。永远不要忘记，无论生活中的挑战和问题看起来有多么艰巨，一个人也能够改变世界。事实上，世界上所有重要的改变之所以能发生，都是因为有一个人来发起。因此，让我们做那个人。

——巴克明斯特·富勒（Buckminster Fuller）

主题

ICF 认证

ICF 核心能力

ICF 道德准则

ICF 认证

转化教练属于国际教练联盟的认证教练培训项目。如果您在完成转化教练课程以后，选择争取获得 ICF 证书，那么你将需要参加 ACTP 项目。ICF 的认证流程要求您参加认证培训；除此之外，还需要您完成"教练知识评估"、教练实践达到一定的小时数，并且客户数目需要达到最低要求。您在参加转化教练项目期间，将从项目起始阶段立即开始教练实践，并在项目运行期间不断强化教练技能。我们鼓励您一做好心理准备，就立即开始为客户提供教练辅导（有偿、无偿皆可）。

ICF 是面向教练专业人士的全球最大资源网，也是致力推进教练行业发展的全球领先组织。ICF 设立高水平教练行业标准，提供独立的认证项目，并为获得认证的教练人士组建人际网络。目前，只有 ICF 提供全球认可的独立认证项目。

ICF 认证项目简介

为认证专业教练人员及教练培训机构设立最低标准并予以执行。

向公众保证，参与认证项目的教练人员及机构能够达到或超过最低标准。

强化教练行业的鲜明特色和自我调节能力。

获得 ICF 认证的教练接受过专门的教练培训，达到了指定的实践小时数，并接受过一名导师的督导。ICF 提供三种级别的认证，分别是助理教练（ACC）、专业级教练（PCC）和大师级教练（MCC）。

ICF 助理教练认证适合实习教练。它要求教练人员完成一定时间的教练培训课程，具备至少 100 小时的教练实践经历，有至少 8 名客户，并完成教练知识评估。

ICF 专业级教练认证适合具备了一定经验的教练。它要求教练人员完成一定时间的教练培训课程，具有至少 500 小时的教练实践经历，有至少 25 名客户，并完成教练知识评估。

ICF 大师级教练认证适合达到专家水平的教练。它要求教练人员完成 200 小时的教练培训课程，具有至少 2 500 小时的教练实践经历，有至少 35 名客户，完成教练知识评估，并通过实际表现考核。

更多信息参见 ICF 网站（http://coachfederation.org）。

ICF 核心能力

A. 建立基础

　　遵守道德准则及职业标准

　　订立教练协议

B. 共创教练关系

　　与客户建立互信、亲和的关系

　　确保教练临在的状态

C. 有效沟通

　　积极倾听

　　提出有效力的好问题

　　直接沟通

D. 促进客户学习，得到预期结果

　　创造觉察

　　设计行动

　　制订计划，明确目标

　　管理进展及落实责任

A. 建立基础

遵守道德准则及职业标准——理解教练的道德准则及职业标准，并且能够在所有教练情境中恰当运用。

理解ICF道德行为准则，并落实在自身行为中（见ICF道德准则的第三部分）。

理解并遵守全部的 ICF 道德指引。

清楚地传达教练与咨询、心理治疗以及其他支持性行业之间的区别。

根据需要将客户转介给其他支持性专业人士，知道什么时候需要转介，也知道有哪些可用的转介资源。

订立教练协议——能够明确特定的教练互动情境有什么要求，并能够与潜在客户及新客户就教练过程及教练关系达成协议。

理解教练关系要遵守哪些指引和具体标准，并与客户就具体话题展开有效讨论（比如统筹安排、费用、日程以及在适当的时候让他人加入）。

与客户在这些方面达成协议：教练关系中什么行为合宜、什么行为不合宜，教练提供与不提供什么服务，教练及客户各自有什么责任。

确定自身的教练方法能否有效地满足潜在客户的具体需要。

B. 共创教练关系

与客户建立互信、亲和的关系——能够创建有安全感的支持环境，有利于与客户培养持续的尊重和互信关系。

对客户的福祉和未来表现出真正的关心。

时刻展现出教练的个人诚信、诚实和真诚。

订立清晰的协议，遵守诺言。

展现出对客户的洞察、学习风格和个体存在的尊重。

持续支持、帮助客户采取新的行为和行动方式，包括那些涉及冒险、害怕失败的行动。

在进入敏感的新领域之前，先征求客户许可。

确保教练临在的状态——能够在充分觉知的状态下，通过开放、灵活、自信的教练风格，与客户建立自然、自发的关系。

在教练过程中，保持临在和灵活的状态，在每个当下舞动。

连接自己的直觉，相信自己的内在感知——"跟从直觉的指引"。

态度开放地接纳自己不知道答案并承担风险。

了解与客户开展教练工作的多种方式，并根据当下情况选择最有效的方式。

有效地运用幽默感，来创造轻松感和能量流动。

自信地转换视角，尝试各种不同的行动方式。

在客户情绪激烈的时候，展现出自信；能够自我管理，不卷入或受制于客户的情绪。

C. 有效沟通

积极倾听——能够完全专注于客户说出以及没有说出的话，结合客户的渴望来理解客户话语的含义，支持客户自我表达。

专注于客户和客户的计划，不要专注于教练对客户有什么计划。

倾听客户的关切、目标、价值观，以及在客户的信念中，何为可能，何为不可能。

辨别不同词语、语调和身体语言的含义。

对客户说的话进行总结、复述、重申、镜像重复，以确保清晰地理解了客户。

鼓励、接纳、探索及强化客户各个方面的表达，比如客户的情绪感受、洞察、关切事项、信念、建议等。

整合客户的想法和建议，并把它们作为基础。

理解客户的"底线"或客户传递的本质信息，帮助客户达成目标，而不沉迷于冗长、琐碎的故事。

允许客户宣泄或"清理"某种情况，不予评判，不设附加条件，从而进行接下来的步骤。

提出有效力的好问题——能够通过提问来揭示出必要的信息，为教练关系及客户带来最大的收益。

提出的问题能反映出教练积极倾听并理解客户。

提出的问题有利于客户有所发现、获得洞见、做出承诺或采取行动（例如，提出挑战客户前摄思维的问题）。

提出开放式问题，促进客户更加明确，看到更多可能性，或者学到新功课。

提出的问题能够推动客户追求他们渴望的东西，而不是让客户寻找理由或沉湎于过往。

直接沟通——能够在教练会面期间有效地沟通，使用的语言能够对客户产生最大化的积极影响。

在与客户分享、提供反馈的时候，语言明确，口齿清晰，表达直接。

用新方式组织语言来表达，帮助客户从另一个角度来理解他们自己想要什么或他们不确定什么。

明确地陈述教练的目标、会面的讨论日程，以及所用方法或练习的目的。

使用合宜的语言，表现出对客户的尊重（例如：不包含性别歧视、种族歧视，不涉及专业技术或行话）。

使用比喻和类比来阐明某个要点，或让语言具有画面感。

D. 促进客户学习，得到预期结果

创造觉察——能够整合并准确评估多种来源的信息，也能够进行阐释，以帮助客户觉察，得到约定的结果。

在分析客户关切的事项时，不要停留在客户的字面表达上，不要迷失在客户的描述中。

启发客户探询，以获得更深入的理解、觉察并提升清晰度。

帮助客户发现：他们的深层关切、他们看待自身以及世界的典型固定模式、事实及其解释之间的区别，以及客户想法、情绪和行动之间的差距。

帮助客户自己发现他们有什么新的想法、信念、洞察、情绪、状态等能够增强他们采取行动、实现重要目标的能力。

向客户传递更广阔的视角，启发客户做出承诺，来改换视角，发现采取行动的新可能性。

帮助客户看到有哪些互相联系的不同因素会影响他们及他们的行为（如想法、情绪、身体和环境因素）。

用对客户有用且有意义的方式，表达教练的深入见解。

在教练过程中，发现客户的主要优势以及客户可以进一步学习和成长的主要领域，并确定哪些最重要的问题有待处理。

在发现客户言行不一的时候，请客户分辨什么问题微不足道，什么问题意义重大，自己有什么行为是偶尔为之，什么行为长期反复。

设计行动——能够同客户共创持续学习的机会（包括在教练会面期间以及在工作和生活场景中），并能够与客户共创机会以利于客户采取新行动，最高效地达成约定的教练结果。

头脑风暴，协助客户制订行动计划，促进客户通过这些行动来展现自己的学习成果并加以练习，得到深化。

帮助客户注意且系统地探索，有哪些具体的关切事项和机会对达成约定的教练结果具有核心意义。

与客户一同探索不同的想法和解决方案，对不同的选项进行评估，并做出相关决定。

促进客户积极尝试，发现自我；促进客户在教练会面结束后，立即把会面期间讨论和学习的内容应用在自己的工作或生活中。

庆祝客户取得的成功，欣赏客户未来的成长潜力。

挑战客户的前摄思维及视角，激发客户的新想法，寻找做出不同行动的新可能性。

倡导或提出与客户目标相一致的观点，鼓励而非迫使客户考虑它们。

在教练会面期间，帮助客户"现在就做"，即时提供支持。

鼓励客户拓展思维、接受挑战，但同时让学习节奏张弛有度、感觉舒适。

制订计划，明确目标——能够与客户制订并开展有效的教练计划。

综合收集到的信息，与客户共同制订教练计划，确定发展目标，同时处理客户的关切事项，关注客户可以在哪些主要方面得到成长发展。

制定的目标结果可实现、可衡量、具体、有截止日期。

随着教练过程及情况变化而调整计划。

帮助客户发现和利用不同的学习资源（例如书籍、其他专业人士）。

确定早早地获得哪些成功对于客户具有重要意义，并把它们作为短期目标。

管理进展及落实责任——能够注意到什么对于客户而言是重要的，并能够让客户承担起行动的责任。

清楚地请求客户采取能够更接近自身目标的行动。

表现出教练的督责功能，询问客户上次会面时承诺做出的行动现在情况怎么样了。

自从上次或以前若干次会面以来，客户做了什么事，不再做什么事，学习到了什么，或觉察到了什么；认可客户在上述这些方面的表现。

有效地准备和组织教练会面期间得到的信息，并与客户一起回顾。

关注教练计划、预期成果、约定的行动轨迹及以后要讨论的话题，从而保证客户在多次教练会面期间走在一致的轨道上。

关注教练计划，但同时也能根据教练过程的动态转变，心态开放地调整行为和行动。

能够在看见客户前进的整体方向、框定正在讨论的话题的背景及客户希望前进的方向之间切换自如。

提高客户的自律性，让客户负责采取他们说过将要采取的行动，争取通过意向行动得到预期结果，落实带有时间框架的计划。

提高客户做出决定、解决重大关切事项、发展自我的能力（征求他人反馈、确定优先事项、决定学习节奏、反思过往经历并从中学习）。

如果客户没有采取约定中的行动，那么教练要态度积极地问客户的责。

ICF 道德准则

前言

ICF 致力维持并推广卓越的教练实践。因此，ICF 期待所有成员及认证教练（包括教练、教练导师、教练督导、教练培训人员及学员）遵守道德准则的各个要素和所有原则；要足以胜任，在教练工作中有效地整合 ICF 核心能力。

依照 ICF 核心价值观及 ICF 对于教练的定义，道德准则旨在为承诺遵守本准则的所有 ICF 成员及认证人员提供适宜的指引、问责和实施标准。

第一部分：定义

教练：教练指通过一种启发思考的创造性过程，与客户互相协作，以最大限度地实现客户的个人及职业潜力。

ICF 教练：同意践行 ICF 核心能力、承诺接受 ICF 道德准则问责的教练从业者。

专业的教练关系：如果教练履行协议（包括合同）来界定各方的责任，那么专业的教练关系就成立了。

教练关系中的不同角色：为了明确教练关系中的不同角色，通常有必要把客户和赞助方区分开。在大多数情况下，客户就是赞助方，因此被统一称为客户。不过，为了区分这二者，ICF 做出了下面的界定：

客户：接受教练服务的人。

赞助方：赞助方是为教练服务付费或安排教练服务的实体（及其代表人）。如果客户和赞助方是不同的人，教练协议就应该无一例外清晰地界定客户和赞助方的权利、角色和责任。

学员：参与教练培训项目，或是接受教练督导或导师指导，以学习教练过程、发展提高教练技能的人。

利益冲突：在有利益冲突的情况下，教练有一些私人利益，足以影响教练履行专业职责时要达成什么目标。

第二部分：ICF 道德行为标准

第一节：整体专业操守

作为一名教练，我将：

1) 在所有教练活动中遵守 ICF 道德准则，包括在教练培训、担任教练导师及督导期间。

2) 承诺采取适宜于教练、导师或督导的行动。如果我意识到有任何违反道德准则或疑似违规的行为，不管涉及我自身还是他人，我都会联系 ICF 处理。

3) 与他人沟通，提升他人的觉察，包括各种组织、员工、赞助方、教练和其他可能需要知道本准则规定职责的人。

4) 在职业活动中避免非法歧视，包括年龄、种族、性别、民族、性取向、宗教、国籍或残疾等方面。

5) 对我提供的教练服务、教练职业或 ICF 进行真实准确的口头和书面陈述。

6) 准确地展现我的教练资格、专业知识、经验、培训、证书和 ICF 认证。

7) 认可并尊重他人的努力和贡献，只对自己创作的材料宣称拥有所有权。我明白违反这一标准可能会使我受到第三方的法律诉讼。

8) 在任何时候，都努力意识到我有哪些个人问题可能会损害或干扰我的教练表现或职业教练关系，或是与我的教练实践产生冲突。我将立即寻求相关的专业协助，并确定采取什么行动，包括在实际情况需要的时候应否暂停或终止教练关系。

9）认识到道德准则适用于我与教练客户、被教练者、学员、我指导及督导对象的关系。

10）有能力依照公认的科学标准和相关学科规范，诚信地开展研究并形成报告。我在研究时将征求相关人员的许可及批准，保护参与者免受任何潜在伤害。所有研究工作在开展过程中都将遵守所处国家的全部相关法律。

11）维护、存储和处理教练实践过程中形成的所有记录，包括电子文档和通信资料，以确保保密、安全和保护隐私，并遵守所有的相关法律和协议。

12）仅以 ICF 授权的方式、在 ICF 授权的范围内使用 ICF 成员的联系信息（电子邮件地址、电话号码等）。

第二节：利益冲突

作为一名教练，我将：

13）努力意识到是否存在现实或潜在的利益冲突，公开披露任何此类冲突，并主动回避遇到此类冲突的情况。

14）明确内部教练的角色，设定界限，与利益相关者一起审查教练和其他职能之间可能出现什么利益冲突。

15）向我的客户和赞助方披露我可能从第三方获得的所有预期报酬，包括我为他人转介客户得到的报酬，以及我为了得到客户所支付的报酬。

16）不论报酬形式如何，都重视教练和客户之间的平等关系。

第三节：面对客户的职业操守

作为一名教练，我将：

17）恪守诚信，在解释教练过程或我作为教练的潜在价值时，对客户、潜在客户或赞助方讲我确定为真话的话。

18）在初次会面当场或之前，仔细向客户和赞助方解释教练的性质、保密的性质和限制条件、财务安排及教练协议的任何其他条款，并努力确保他们能够理解。

19）在开始一段教练关系之前，先与客户及赞助方订立清晰的教练服务协议，并遵守协议。协议内容包括有关各方的角色、责任和权利。

20）负责意识到并且设定清晰、适当、具有文化敏感性的界限，在我与客户或赞助方互动时（肢体互动或其他方面的互动）遵守这些界限。

21）避免与任何现在的客户、赞助方、学员或接受我指导、督导的学员发展任何性关系或浪漫关系。此外，我将警惕其他相关人员与之发生性关系的可能性，包括我的员工或助理，并将采取适当行动来解决问题或取消预约，以提供一个整体安全的环境。

22）根据协议规定，尊重客户在教练过程中任何时候终止教练关系的权利。我将保持警觉，关注教练关系的价值发生变化的迹象。

23）如果我认为其他教练或其他资源能够更好地服务客户或赞助方，就会鼓励客户或赞助方做出改变，并在必要或适当的时候，建议客户寻求其他专业人士的服务。

第四节：隐私保密

作为一名教练，我将：

24）对客户和赞助方的所有信息予以最严格的保密，除非法律要求公开。

25）对教练、客户和赞助方之间如何交流教练信息制定明确的协议。

26）在作为教练、教练导师、督导或培训师时，与客户和赞助方、学员、指导或督导对象就可能无法保密的情况达成明确协议（例如，法院下达命令或传票要求公开；即刻或潜在威胁到自身或他人安全等等），并确保客户和赞助方、学员、指导或督导对象自愿并知情的情况下，以书面形式同意这些保密限制条件。如本人有理由相信存在上述某种情况，则可能需要通知有关部门。

27）要求与我合作、为我的客户提供支持的所有人遵守 ICF 道德准则（第四节第 26 条之保密和隐私标准）以及道德准则中可能适用的任何其他条款。

第五节：继续学习

作为一名教练，我将：

28）致力持续不断地提高自己的专业技能。

第三部分：ICF 道德承诺

作为一名 ICF 教练，我认可并承诺遵守我对所教练的客户、赞助方、同事和大众的道德和法律义务。我承诺遵守 ICF 道德准则，并对我教练、教学、指导或督导的对象践行这些准则。

如果我违反了本道德承诺或 ICF 道德准则的任何部分，我同意 ICF 自行裁决怎样追究我的责任。我进一步同意，违反 ICF 道德准则的追责方式可能包括处罚，如撤销我的 ICF 会员资格或 ICF 认证。

如欲了解关于道德操守审查程序的更多信息，包括提交投诉的链接，请访问 www.coachfederation.org。

以上内容由 ICF 全球理事会于 2015 年 6 月通过。

附录 C　推荐阅读

教练模型

Britton, Jennifer J. (2010). Effective Group Coaching: Tried and Tested Tools and Resources for Optimum Coaching Results. John Wiley & Sons Canada, Limited.

Crane, Thomas G. and Lerissa Nancy Patrick (2002). The Heart of Coaching: Using Transformational Coaching to Create a High-performance Culture. San Diego: FTA.

Flaherty, James. (2010). Coaching: Evoking Excellence in Others. Amsterdam: Elsevier Butterworth-Heinemann.

Stoltzfus, Tony (2008). Coaching Questions: a Coach's Guide to Powerful Asking Skills. Virginia Beach, VA: Tony Stoltzfus.

Whitworth, Laura, Henry Kimsey-House, and Phil Sandahl (2006). Co-active Coaching: New Skills for Coaching People toward Success in Work and Life. Mountain View, CA: Davies-Black.

Williams, Patrick and Diane S. Menendez (2007). Becoming a Professional Life Coach: Lessons from the Institute of Life Coach Training. W. W. Norton & Company.

组织教练

Hargrove, Robert A. (2008). Masterful Coaching. San Francisco: Jossey-Bass.

Lasley, Martha (2004). Courageous Visions: How to Unleash Passionate Energy in your Life and Organization. Discover Press.

Orem, Sara, Jacqueline Binkert, and Ann L. Clancy (2007). Appreciative Coaching: a Positive Process for Change. San Francisco: Jossey-Bass/Wiley.

Skiffington, Suzanne, and Perry Zeus (2007). Behavioral Coaching: How to Build Sustainable Personal and Organizational Strengths. Sydney: McGraw-Hill.

Stober, Dianne R., and Anthony Grant (2006). Evidence Based Coaching Handbook: Putting Best Practices to Work for Your Clients. Hoboken, NJ: John Wiley & Sons.

Whitmore, John (2009). Coaching for Performance: GROWing Human Potential and Purpose: The Principles and Practice of Coaching and Leadership. Boston: Nicholas Brealey.

Wilson, Judith, and Michelle Gislason (2010). Coaching Skills for Nonprofit Managers and Leaders: Developing People to Achieve Your Mission. San Francisco, CA: Jossey-Bass.

Zeus, Perry, and Suzanne Skiffington (2002). The Coaching at Work Toolkit: A Complete Guide to Techniques and Practices. New York, NY: McGraw-Hill.

执行教练

Goldsmith, Marshall, and Laurence Lyons (2006). Coaching for Leadership: The Practice of Leadership Coaching from the World's Greatest Coaches. San Francisco, CA: Pfeiffer.

O'Neill, Mary Beth (2007). Executive Coaching with Backbone and Heart: A Systems Approach to Engaging Leaders with Their Challenges. San Francisco: Jossey-Bass.

Peltier, Bruce (2010). The Psychology of Executive Coaching Theory and Application. New York: Routledge.

Ting, Sharon, and Peter Scisco (2006). The CCL Handbook of Coaching: A Guide for the Leader Coach. San Francisco: Jossey-Bass.

Underhill, Brian O., Kimcee McAnally, and John J. Koriath (2008). Executive Coaching for Results: The Definitive Guide to Developing Organizational Leaders. San Francisco: Berrett-Koehler.

多元文化教练

Belf, Teri-E (2002). Coaching with Spirit: Allowing Success to Emerge. San Francisco: Jossey-Bass/Pfeiffer.

Lennard, Diane (2010). Coaching Models: A Cultural Perspective: A Guide to Model Development for Practitioners and Students of Coaching. New York: Routledge.

Passmore, Jonathan (2009). Diversity in Coaching: Working with Gender, Culture, Race and Age. London: Kogan Page.

Rosinski, Philippe (2003). Coaching across Cultures: New Tools for Leveraging National, Corporate, and Professional Differences. London: Nicholas Brealey Pub.

商业教练

Brown-Volkman, Deborah (2003). Four Steps to Building a Profitable Coaching Practice: A Complete Marketing Resource Guide for Coaches. New York: IUniverse.

Fairley, Stephen G., and Chris E. Stout (2004). Getting Started in Personal and Executive Coaching: How to Create a Thriving Coaching Practice. Hoboken, NJ: J. Wiley & Sons.

Grodski, Lynn and Allen, Wendy (2005). The Business and Practice of Coaching: Finding Your Niche, Making Money, and Attracting Ideal Clients. W. W. Norton & Company.

Hayden, C. J. (2007). Get Clients Now!: A 28-day Marketing Program for Professionals, Consultants, and Coaches. New York: American Management Association.

Leshinsky, Milana (2007). Coaching Millions: Help More People, Make More Money, Live Your Ultimate Lifestyle. Xeno Press.

Mann, Monroe (2008). Start Your Own Coaching Business: Motivational, Life, Business. Irvine, CA: Entrepreneur.

The Coaching Starter Kit: Everything You Need to Know to Launch and Expand Your Coaching Practice. New York: Norton, 2003.

对教练领域有所贡献

Chodron, Pema (2004). Start Where You Are: A Guide to Compassionate Living. Boston: Shambhala.

Cornell, Ann Weiser (1996). The Power of Focusing: A Practical Guide to Emotional Self-healing. Oakland, CA: New Harbinger Publications.

Dass, Ram (2005). Paths to God: Living the Bahagavad Gita. Three Rivers Press.

Doidge, Norman (2007). The Brain Th at Changes Itself: Stories of Personal Triumph from the Frontiers of Brain Science. New York: Viking.

Goleman, Daniel (1996). Emotional Intelligence: Why It Can Matter More than IQ. London: Bloomsbury.

Heider, John, and Lao Tzu (1997). The Tao of Leadership: Lao Tzu's Tao Te Ching Adapted for a New Age. Atlanta, GA: Humanics New Age.

Kegan, Robert, and Lisa Laskow Lahey (2009). Immunity to Change: How to Overcome It and Unlock Potential in Yourself and Your Organization. Boston, MA: Harvard Business.

Lao Tzu and Brian Browne Walker (1995). Hua Hu Ching: The Unknown Teachings of Lao Tzu. San Francisco, CA: HarperSanFrancisco.

Levine, Peter A. (2005). Healing Trauma: A Pioneering Program for Restoring the Wisdom of Your Body. Boulder, CO: Sounds True.

Markova, Dawna (2000). I will Not Die an Unlived Life: Reclaiming Purpose and Passion. Conari Press.

Nemeth, Maria (2007). Mastering Life's Energies: Simple Steps to a Luminous Life. Novato, CA: New World Library.

Perls, Frederick Salomon (1973). The Gestalt Approach and Eyewitness to Therapy: Fritz Perls. Palo Alto, CA: Science and Behaviour.

Pert, Candace B. (1999). Molecules of Emotion: The Science Behind Mind-body Medicine. New York: Touchstone.

Rogers, Carl R. (2004). On Becoming a Person: A Therapist's View of Psychotherapy. London: Constable.

Rosenberg, Marshall B. (2005). Nonviolent Communication: A Language of Life. Encinitas, CA: PuddleDancer.

作者介绍

玛莎·拉斯利（工商管理学硕士，专业认证教练）

作为转化领导力组织的合伙创办人，玛莎创建了以结果为导向的项目，以给人们带来启发、激励和转化。她对指导领导者充满热情，帮助团队建立教练文化。在这种文化中，有远见卓识的人和变革推动者会改变权力格局，让所有人都能茁壮成长。作为非暴力沟通中心的一名培训师，她提倡进行内在转化的工作，以支持我们被召唤去做的外部工作。玛莎在卡佩拉大学（Capella University）担任教员并为MBA学生提供教练达10年之久。她之前写过两本书：《从心引导》和《勇敢的愿景》。

人们在玛莎面前所感受到的是，她深深地倾听着每个人的心声，并且拥有吸引人们充分利用他们力量的诀窍。她说："我与那些受困于接连不断的会议的活动家、促进者和变革者工作，而他们有震撼人心的愿景。我帮助人们实现他们的梦想。大胆、慈悲、带来转化的教练是创造更美好世界的工具——在这个世界里，人们重视文化谦逊、种族正义、共享权力和平等获取资源。我的愿景是在世界的每一个角落和缝隙中培养转化教练和协作者，让社会变革蓬勃发展。"

弗吉尼亚·克罗格（大师级认证教练）

弗吉尼亚坚持为那些被边缘化的人而战，在内心深处对自己和地球保持真实。让弗吉尼亚的工作与众不同的是她致力扩展教练职业的范围。她是让教练更容易获得的坚定支持者，将教练从目前的特权环境转移到广阔的世界。作为将教练领域与世界上更大的需求联系起来的先驱,她帮助建立了教练、非营利组织和慈善事业之间的桥梁,并将教练创新引入社会领域。她对把教练带给所有人充满热情。她挑战教练这个职业,让它变得更容易获得,与所有社群都息息相关。

她说:"我和人们一起工作,着眼于他们可能产生的最大影响,并朝着这个方向努力。它可能是基于家庭、社区或全球的工作。当我在联邦监狱系统做教练时,一切都改变了。在那里,我真正懂得了,一旦人们看到了他们所能给予的东西,哪怕只是看到了一点点,他们就会开始给予。即使被关了 30 年,他们也能找到办法奉献自己的天赋。我体会到了教练的力量,教练将人们与自己联系在一起,让他们把更多的自己带到这个世界上。"

理查德·迈克尔斯(大师级认证教练)

理查德是一名认证完形治疗师、大师级认证教练和转化教练认证培训的共同创始人。他做了 18 年的高管教练和生命教练。在过去 35 年里,理查德一直在美国、加拿大和墨西哥创造和带领个人、职业和灵性发展项目。他工作的共同主线是通过提升自我觉察、自信心、创造力、沟通技巧和有效行动深度转化。他是马萨诸塞州莱诺克斯市 Kripalu 瑜伽与健康中心的创始成员、导师、募捐者和前任受托人。

当被问及为什么要当教练时,他说:"教练过程让我很兴奋。它让我与自己和他人建立了深刻的联系。无论我的客户的任务是建立一个有灵感的团队,与董事会、员工、同事一起工作,还是认识并遵循一个新的愿景——提升自我意识、加强沟通、从新的角度看问题,这些都是发挥个人和团队潜力的基础。客户和学生们启发着我变得更加开放脆弱,更加自由,并致力转化。"

除了教练和培训,理查德也是一个充满热情的油画家。作为一种灵感、学习和满足的源泉,它深化了他看待和教练他人的方式,支持他发掘和实现他创造性的潜能。他是《在画布上的瞬间:理查德·迈克尔斯的画作》的作者,见

www.RichardMichaelsArtist.com。他已婚，住在马萨诸塞州的大巴林顿，每年有一部分时间住在墨西哥的瓦哈卡。

沙伦·布朗（理学硕士，专业认证教练）

作为个人、组织和社区变革的催化者，沙伦支持人们展望有力量的未来，克服障碍，共同创造或倡导他们对自己的生活、家庭、组织和社区想要的改变。凭借她与精神和祖先的深厚连接，沙伦带来了温暖和慈悲，以及她对合作、连接、个人和文化意识以及正义的坚定承诺。

沙伦在带领转化领导力组织的团队研发多元文化教练课程后，于2010年加入了该团队。她目前在培训和督导有抱负的认证教练，也在学校、职场、监狱和社区中教授教练技能。沙伦积极参与转化领导力组织的创新工作，使广泛的社区成员和直接服务提供者获得教练技能，并帮助改变他们与他们所服务或互动的人的沟通、合作和建立伙伴关系的方式。

沙伦说："教练技能改变了我的生命，所以我热衷于帮助人们体验教练的力量，不管是个人方式还是集体方式。我衷心相信，教练技能能够支持个人赋能、深度的跨文化连接，以及对共同创造和倡导组织与社区变革的承诺。"